PROCÉDURE
PÉNALE

PROCÉDURE PÉNALE

Corinne Robaczewski
Maître de conférences HDR à l'Université d'Artois
Enseignante associée à l'École nationale de la magistrature

3e édition

LGDJ une marque de Lextenso

Dans la même collection

Boris BERNABÉ, Élise WOLTON, Michael POYET, *La note de synthèse*, 6e éd., 2017.
Romain BOFFA, *Droit civil*, 2017.
Henri OBERDORFF, Jacques ROBERT, *Libertés fondamentales et droits de l'homme, Recueil de textes français et internationaux*, 15e éd., 2017.
Thierry REVET, François-Xavier LUCAS (dir.), *Précis de culture juridique*, 2017.
Corinne ROBACZEWSKI, *Procédure pénale*, 3e éd., 2017.

70, rue du Gouverneur Général Éboué
92131 Issy-les-Moulineaux Cedex
ISBN : 978-2-275-05626-5

» SOMMAIRE

» INTRODUCTION

1. La procédure pénale est au cœur des débats qui agitent la société française. Avertis ou non de l'art juridique, les citoyens s'intéressent au procès pénal, auquel renvoie l'étymologie de la procédure pénale. Le procès pénal représente en effet le trait d'union indispensable entre l'infraction – atteinte aux valeurs de la société – et la peine – infligée par l'autorité judiciaire en cas de condamnation. La procédure pénale est ainsi la mise en œuvre concrète du droit pénal. Elle englobe l'ensemble des règles relatives à la recherche, la poursuite et le jugement des personnes soupçonnées d'avoir commis une infraction. Or, cette mission lui impose de *réaliser l'équilibre entre des intérêts largement contradictoires*, puisqu'il lui faut protéger la société par la punition de tous les auteurs d'atteinte à l'ordre public, tout en préservant la liberté individuelle contre les investigations abusives ou condamnations arbitraires. La conciliation de ces impératifs, qui nécessite un arbitrage entre les règles rigoureuses et les règles plus libérales, fait de la procédure pénale une matière particulièrement révélatrice des valeurs d'une société. Il n'est donc pas étonnant que la procédure pénale soit l'objet de débats passionnés, faisant écho à l'exubérance législative qui caractérise la matière[1]. Depuis quelques années, l'engouement du législateur s'est même accentué. Le Code de procédure pénale est sans cesse retouché par des lois de plus en plus longues et relatives aux sujets les plus divers[2]. C'est que la procédure pénale doit aussi s'adapter à l'augmentation prodigieuse du nombre des infractions. Ainsi confrontée depuis ces dernières décennies à un contentieux de masse, la justice pénale est devenue la cible privilégiée de l'inflation législative.

2. Le présent ouvrage consacre donc une place particulière aux *évolutions récentes de la matière*, notamment depuis la très importante loi du 15 juin 2000 renforçant la protection de la présomption d'innocence et les droits des victimes[3]. Les lois du

1. B. Bouloc, « Faut-il réformer la procédure pénale ? », in *Mélanges F.-C. Jeantet*, Litec, 2010 ; G. Di Marino, « Du Code de procédure pénale version 1958 au Code de procédure pénale version 2000 », *RPDP* 2000, p. 87 ; S. Guinchard, « Vers une démocratie procédurale », *Justices. Ce qui a changé dans la justice depuis 20 ans*, Dalloz, 1999, p. 91 ; J. Leblois-Happe, « Continuités et discontinuités dans les nouvelles réformes de procédure pénale », *JCP* 2007, I, 181 ; J. Pradel, « La procédure pénale française à l'aube du troisième millénaire », *D.* 2000, 1.
2. V. à propos de la loi du 14 mars 2011, le commentaire de Ph. Conte, « "LOPPSI II" ou la sécurité à la petite semaine. À propos de la loi du 14 mars 2011 d'orientation et de programmation pour la performance de la sécurité intérieure », *JCP* 2011, 626.
3. La loi n° 2000-516 du 15 juin 2000 comporte 142 articles réformant un nombre quasi identique de dispositions du Code de procédure pénale. Un exemple topique de la complexité de la loi est son article 140, qui prévoit une application échelonnée de ses dispositions.

9 septembre 2002 d'orientation et de programmation de la justice, du 9 mars 2004 portant adaptation de la justice aux évolutions de la criminalité, du 1er juillet 2008 instaurant de nouveaux droits pour les victimes et améliorant l'exécution des peines, ou encore les lois du 14 mars 2011 d'orientation et de programmation pour la performance de la sécurité intérieure, du 14 avril 2011 relative à la garde à vue, du 10 août 2011 sur la participation des citoyens au fonctionnement de la justice pénale et le jugement des mineurs, du 13 décembre 2011 relative à la répartition des contentieux et à l'allégement de certaines procédures juridictionnelles, et du 27 mars 2012 relative à l'exécution des peines ont en effet considérablement remanié la matière. Ensuite, les lois du 28 mars 2014 relative à la géolocalisation, du 27 mai 2014 relative au droit à l'information dans le cadre des procédures pénales, du 20 juin 2014 relative à la réforme des procédures de révision et de réexamen d'une condamnation pénale définitive, du 13 novembre 2014 renforçant les dispositions relatives à la lutte contre le terrorisme, puis celles du 24 juillet 2015 relative au renseignement, du 17 août 2015 portant adaptation de la procédure pénale au droit de l'Union européenne, constituent autant d'indices d'une prolifération des sources, et du 3 juin 2016 renforçant la lutte contre le crime organisé, le terrorisme et leur financement, et améliorant l'efficacité et les garanties de la procédure pénale ont façonné un nouvel équilibre entre les impératifs de sécurité et de liberté, bien souvent au détriment du second. Plus récemment, deux importantes lois ont été adoptées : l'une est la loi du 18 novembre 2016 relative à la modernisation de la justice du XXIe siècle ; l'autre est la loi du 27 février 2017 portant réforme de la prescription en matière pénale. Cette évolution permanente des règles relatives à la recherche et au jugement des délinquants peut se comprendre, tout autant par l'histoire de la procédure pénale que par l'influence croissante des instruments des droits de l'homme, particulièrement celles de la Cour européenne des droits de l'homme et du Conseil constitutionnel.

3. *L'histoire de la procédure pénale* est une oscillation constante entre la sécurité et la liberté, impératifs contradictoires qui se concrétisent en deux modèles procéduraux : le modèle inquisitoire et le modèle accusatoire. La procédure pénale la plus ancienne est de type accusatoire. Protecteur des libertés individuelles en garantissant la publicité, l'oralité et le caractère contradictoire de la procédure, *le système accusatoire* suppose que l'action pénale soit mise en mouvement par l'accusation d'une partie privée et que la procédure soit régie par la contradiction permanente entre l'accusateur privé et l'accusé. En raison de l'équilibre entre les parties, le juge n'intervient pas dans la recherche des preuves ; il conduit les débats, tel un arbitre. L'inconvénient de ce système est que faute d'accusation, par crainte, inertie ou intérêt de la victime, l'infraction peut rester impunie. Aussi, et bien que favorable à l'accusé, il ne fût retenu en tant que tel que dans la France féodale. Si aujourd'hui encore, ce système se trouve consacré dans les pays anglo-saxons, il est bien souvent atténué par l'introduction de règles tendant à garantir l'impératif opposé de protection de la société.

4. Utilisé à l'origine dans le Bas Empire romain, *le système inquisitoire* est surtout celui de la procédure ecclésiastique des tribunaux de l'Inquisition[4]. Reprise dans l'ordonnance de Villers-Cotterêts de 1539, la procédure inquisitoriale est également

4. Le modèle inquisitoire tire son nom de l'« inquisition », dont l'étymologie – inquisitio – renvoie à l'enquête.

consacrée par l'ordonnance criminelle de Saint-Germain-en-Laye en 1670. Certes, ce modèle procédural est plus protecteur de la société, en permettant au juge de déclencher lui-même le procès pénal, dans le cadre d'une procédure secrète, écrite et non contradictoire. Mais il suppose la participation d'un personnel de justice professionnel et dépendant d'un pouvoir centralisé : le ministère public. En France, le glissement vers un modèle inquisitoire s'est accentué par le développement progressif du ministère public au cours du XIVe siècle. C'est au cours de ce siècle en effet que sont apparus les *procuratores*, mandataires occasionnels du roi, ayant pour mission de protéger les intérêts de la couronne, mais dont la fonction a été progressivement confiée à des magistrats, chargés de dénoncer les crimes et d'en rassembler les preuves. Dans le système inquisitoire, le juge joue un rôle très actif, tandis que l'accusé et l'accusateur n'ont qu'un rôle purement passif. Mais ce type de procédure n'est pas, lui non plus, sans inconvénient puisqu'il sacrifie les intérêts de la défense au nom de la protection sociale. Pour assurer l'efficacité de la répression, la procédure inquisitoire a pu conduire à l'utilisation de moyens condamnables, tel celui de « la question » des juridictions de l'Inquisition. Aussi, une atténuation dans le sens d'une protection des libertés individuelles paraît ici encore nécessaire.

5. La législation mise en place à la Révolution tient compte des critiques émises par les philosophes des Lumières à l'égard de la procédure de l'Ancien Régime, en instituant les jurys d'accusation et de jugement, fortement inspirés de la procédure anglaise. Mais dès 1793, la période de la Terreur voit se développer des procédures d'exception sans jury, destinées à rétablir l'ordre public. Cette volonté d'un État autoritaire, doté d'une procédure pénale maîtrisée, est celle encore de la période de codification napoléonienne. Ainsi *le Code d'instruction criminelle de 1808* s'inspire-t-il de la procédure inquisitoire de l'Ancien Régime, jugée plus efficace, tout en la conciliant avec la procédure accusatoire de la Révolution plus garante des libertés individuelles. Depuis lors, la procédure pénale française apparaît comme une synthèse des deux systèmes, consacrant le système inquisitoire dans la phase présentencielle tout en s'inspirant du système accusatoire dans la procédure de jugement. Mais la combinaison des deux types de procédure laisse une large possibilité de déplacer le curseur entre l'intérêt général et celui des individus. À cet égard, le législateur a beaucoup évolué, dans un mouvement d'allers et retours constants entre la nécessité d'assurer la sécurité publique et le souci d'accroître la garantie des droits de la défense. Ainsi l'évolution législative fait apparaître, dès la fin du XIXe siècle, une première tendance à l'augmentation des droits de la défense, notamment avec la loi *Constans* du 8 décembre 1897, qui autorise la présence de l'avocat dans le cabinet du juge d'instruction. À l'inverse, le mouvement dans un sens plus rigoureux s'impose parfois lui aussi, à l'instar de la loi du 8 août 1935 réduisant les voies de recours.

6. *Le Code de procédure pénale de 1958*, qui se veut lui aussi conciliateur de ces différents impératifs, est rapidement enrichi de nombreuses évolutions, tantôt dans une finalité libérale, tantôt dans un objectif « sécuritaire ». Dans le sens d'une protection accrue des libertés, on peut citer, parmi les nombreuses réformes, la loi du 17 juillet 1970 tendant à renforcer la garantie des droits individuels des citoyens, qui transforme la détention préventive en détention provisoire et qui vise à rendre celle-ci exceptionnelle. Toujours dans le même sens, et s'inspirant des propositions formulées par la commission Justice pénale et droits de l'homme[5], la loi n° 93-2 du 4 janvier 1993 permet aux avocats d'avoir un entretien avec les personnes gardées à vue. La loi du 14 avril 2011 relative à la garde à vue va plus loin encore, en donnant au suspect un véritable statut protecteur. La loi du 5 mars 2007 relative à l'équilibre de la procédure pénale renforce quant à elle le contradictoire dans la phase d'instruction du procès pénal. Mais inversement, dans le sens « sécuritaire », la loi du 15 novembre 2001 relative à la sécurité quotidienne marque un tournant à la suite des attentats du 11 septembre 2001, en créant notamment une réglementation protectrice des témoins[6]. Quant à la loi du 9 mars 2004 portant adaptation de la justice aux évolutions de la criminalité, elle crée une procédure dérogatoire en matière de lutte contre la délinquance et la criminalité organisées, accordant des pouvoirs accrus aux enquêteurs[7]. La tendance à vouloir concilier les impératifs de sécurité et de liberté apparaît plus clairement encore dans la loi du 3 juin 2016 renforçant la lutte contre le crime organisé, le terrorisme et leur financement, et améliorant l'efficacité et les garanties de la procédure pénale. Si la loi accroît considérablement les moyens d'investigation dans le cadre de l'enquête préliminaire et de l'information judiciaire, elle introduit aussi des éléments de procédure contradictoire dans les enquêtes. Parallèlement à cette évolution, une tendance nouvelle s'est imposée pour prendre aussi en considération les intérêts de la victime[8]. Dans son article préliminaire, introduit par la loi du 15 juin 2000 renforçant la protection de la présomption d'innocence et les droits des victimes, le Code de procédure pénale prévoit que la procédure pénale « doit préserver l'équilibre des droits des parties » et que « l'autorité judiciaire veille à l'information et à la garantie des droits des victimes au cours de toute procédure pénale ». Depuis la loi n° 2015-993 du 17 août 2015 portant adaptation de la procédure pénale au droit de l'Union européenne, le titre préliminaire du Code de procédure pénale se trouve enrichi d'un sous-titre consacré aux « droits des victimes »[9]. Bien plus, en insérant dans le Code de procédure pénale, le concept de « justice restaurative », inspiré du modèle anglo-saxon, la loi du 15 août 2014 relative à l'individualisation des peines et renforçant l'efficacité des sanctions pénales permet à la victime d'une infraction de participer activement à la résolution des difficultés résultant de celle-ci, et notamment à la réparation des préjudices (Art. 10-1 CPP).

7. Fruit d'une mixité de système, la procédure pénale est en outre affectée aujourd'hui d'un enchevêtrement des sources nationales et internationales. L'importance donnée à *la jurisprudence de la Cour européenne des droits de l'homme* n'est pas sans poser de difficulté. Celle-ci tend en effet à imposer un « nouveau modèle de procès pénal »[10] dont l'objectif prioritaire est celui du respect de l'égalité des armes. D'inspiration anglo-saxonne, ce modèle s'intègre difficilement dans la procédure pénale française, qui assigne traditionnellement au procès pénal un objectif prioritaire de découverte de la vérité. Ce nouveau modèle pose donc la question du point d'équilibre entre les

5. Rapport sur la mise en état des affaires pénales, sous la dir. de M. Delmas-Marty, La Documentation française, 1991.
6. Art. 706-57 et s. CPP.
7. Art. 706-73 et s. CPP.
8. Privatisée, la justice pénale risque d'être instrumentalisée au profit d'intérêts particuliers. V. X. Pin, « La privatisation du procès pénal », *RSC* 2002, p. 245.
9. Art. 10-2 à 10-5 CPP.
10. J. Buisson, S. Guinchard, *Procédure pénale*, LexisNexis, 10e éd., 2014.

organes du procès pénal. Ainsi, par exemple, le rôle du ministère public s'est accru par l'effet de réformes successives, permettant de faire l'économie d'une instruction ou de réduire le rôle du juge qui en est chargé. La question de la place et du rôle du juge d'instruction dans le procès pénal, tout comme celle de l'indépendance du ministère public, est également liée à l'interprétation que fait la Cour européenne des droits de l'homme de la notion de « magistrat habilité par la loi à exercer des fonctions judiciaires » prévue à l'article 5 § 3 de la Convention de sauvegarde des droits de l'homme. La Cour européenne refuse au parquet la qualité de magistrat habilité à contrôler la légalité d'une arrestation ou d'une détention au motif qu'il est susceptible d'exercer des poursuites contre la personne arrêtée ou détenue[11].

8. Quant à *la constitutionnalisation de la procédure pénale*, elle peut être d'autant plus observée depuis l'entrée en vigueur de la question prioritaire de constitutionnalité[12]. Le juge judiciaire doit respecter l'autorité absolue de chose jugée des décisions du Conseil constitutionnel qui, selon l'article 62, alinéa 3, de la Constitution, s'impose « à toutes les autorités juridictionnelles ». Ces décisions sont en principe effectives à compter de leur publication, sauf si le Conseil a décidé d'un effet différé. Les réserves d'interprétation sont elles aussi prises en compte par les juridictions judiciaires. Certes, la portée des décisions constitutionnelles a été nuancée par la Cour de cassation[13], qui a pu douter aussi de la compatibilité de la QPC avec le droit de l'Union européenne. Saisie par elle d'une question préjudicielle en interprétation[14], la Cour de justice de l'Union européenne n'a cependant conclu à l'incompatibilité que dans l'hypothèse où le caractère prioritaire de cette procédure a pour conséquence d'empêcher les juridictions nationales d'écarter une loi incompatible avec le droit de l'Union ou de saisir la Cour de justice d'une question préjudicielle avant la transmission d'une QPC au Conseil, ou après sa décision[15]. Enfin, tandis que le Conseil constitutionnel énonce que « tout justiciable a le droit de contester la constitutionnalité de la portée effective qu'une interprétation jurisprudentielle constante confère » à la disposition invoquée[16], la Cour de cassation refuse de transmettre les questions qui portent plus sur l'interprétation de la loi que sur la loi elle-même. Dans quatre arrêts rendus par l'Assemblée plénière le 20 mai 2011, la Cour de cassation a refusé de renvoyer au Conseil constitutionnel la question prioritaire de constitutionnalité relative à la prescription de l'abus de biens sociaux dans l'affaire dite des « emplois fictifs de la mairie de Paris ». Pour refuser le renvoi, l'Assemblée plénière considère que la prescription n'est fondée sur aucun principe fondamental, ni aucune règle de valeur constitutionnelle, et que les règles

11. CEDH, 4 déc. 1979, *Schiesser c/ Suisse*; 23 oct. 1990, *Huber c/ Suisse*. La même solution a été appliquée à la France dans les affaires *Medvedyev* et *Moulin*. V. *infra* n° 23.
12. Const., art. 61-1 issu de la loi constitutionnelle du 23 juill. 2008, entrée en vigueur le 1er mars 2010; art. R. 49-21 et s. CPP.
13. Cass. ass. plén., 10 oct. 2001, n° 01-84922: « si l'autorité des décisions du Conseil constitutionnel s'attache non seulement au dispositif, mais aussi aux motifs qui en sont le soutien nécessaire, ces décisions ne s'imposent aux pouvoirs publics et aux autorités administratives et juridictionnelles qu'en ce qui concerne le texte soumis à l'examen du Conseil; qu'en l'espèce, la décision du 22 janv. 1999 n'a statué que sur la possibilité de déférer le président de la République à la Cour pénale internationale pour y répondre des crimes de la compétence de cette cour; qu'il appartient, dès lors, aux juridictions de l'ordre judiciaire de déterminer si le président de la République peut être entendu en qualité de témoin ou être poursuivi devant elles pour y répondre de toute autre infraction commise en dehors de l'exercice de ses fonctions ».
14. Cass., QPC, 16 avr. 2010, pourvoi n° 10-40002.
15. CJUE, gde ch., 22 juin 2010, *Aziz Melki* (C-188/10) et *Sélim Abdeli* (C-189/10).
16. Déc. n° 2010-39 QPC du 6 oct. 2010.

relatives à son point de départ et à l'incidence de la connexité satisfont au principe de prévisibilité, en ce qu'elles « sont anciennes, connues, constantes et reposent sur des critères précis et objectifs » et qu'elles sont conformes au principe de légalité, dès lors qu'est assuré le droit à un recours effectif devant une juridiction. Or les règles contestées sont jurisprudentielles[17]. La Cour de cassation, saisie d'une question prioritaire de constitutionnalité, est donc compétente pour en vérifier la recevabilité alors même que la question conteste sa propre jurisprudence. Toutefois, et à propos de la motivation des arrêts de cours d'assises, la Cour de cassation a admis que « la question fréquemment invoquée [...] présente un caractère nouveau au sens que le Conseil constitutionnel donne à ce critère alternatif de saisine »[18].

DÉCRYPTAGE : UN NOUVEAU CODE DE PROCÉDURE PÉNALE ?

La profusion des sources en la matière a conduit le ministère de la Justice à envisager une refonte du Code de procédure pénale. En mars 2010, après remise du rapport par le comité de réflexion sur la justice pénale présidé par le haut magistrat Philippe Léger[19], un avant-projet de nouveau Code de procédure pénale a été soumis à consultation. Il s'agissait de mettre en place une nouvelle terminologie de la procédure. Ainsi, l'enquête judiciaire pénale remplaçait à la fois l'enquête préliminaire, l'enquête de flagrance et l'instruction. Le juge de l'enquête et des libertés se substituait au juge d'instruction. L'action publique se transformait en action pénale, par souci de cohérence avec l'action civile, et la personne mise en examen devenait la partie pénale, par opposition à la partie civile. Composé de plus de 700 articles, ce projet de nouveau code modifiait en profondeur les phases préparatoires et décisoires du procès pénal. L'une des modifications les plus significatives devait consister à confier l'enquête judiciaire, à charge et à décharge, au ministère public. Mais le juge de l'enquête et des libertés, magistrat juge du siège, devait avoir pour mission d'arbitrer les conflits entre le parquet et les parties privées (par ex. refus d'une demande d'acte) et de se prononcer sur le placement de la partie pénale sous contrôle judiciaire, assignation à résidence ou détention provisoire. Ainsi la réforme conduisait-elle à la suppression du juge d'instruction, et nécessairement par là-même à un bouleversement de l'équilibre des organes de la procédure pénale.

Véritable « révolution »[20] de notre système procédural, l'avant-projet a suscité de vives critiques. Le Conseil national des barreaux et l'Union syndicale des magistrats ont réagi dans un communiqué commun en relevant notamment que le texte ne répondait pas aux exigences du procès équitable dès lors que l'indépendance des magistrats du ministère public n'y était pas assurée. Réunis en assemblée générale, les magistrats de la Cour de cassation ont quant à eux rendu un avis négatif sur l'avant-projet, estimant que celui-ci « ne garantit pas suffisamment les équilibres

---

17. Cass., ass. plén., 20 mai 2011, n° 11-90025, 11-90032, 11-90033, 11-90042. Les questions portaient sur une jurisprudence constante selon laquelle le caractère clandestin du délit d'abus de biens sociaux repousse le point de départ de la prescription triennale au jour où ce délit « est apparu et a pu être constaté dans des conditions permettant l'exercice de l'action publique », et selon laquelle l'effet interruptif de prescription doit être étendu aux infractions connexes.
18. Cass. crim., 19 janv. 2011, n° 10-85159.
19. Le comité, instauré en 2008, avait pour mission de « réfléchir sur les mesures propres à redonner aux Codes pénal et de procédure pénale la cohérence qui leur fait aujourd'hui défaut, en veillant à ce que ces codes rénovés répondent à la fois aux exigences d'une lutte plus efficace contre toutes les formes de délinquance et à un respect accru des droits des mis en cause et des victimes ». Le comité a remis son rapport définitif le 1er sept. 2009.
20. J. Larguier, Ph. Conte, *Procédure pénale*, Dalloz, coll. Mémento, 23e éd., 2014, p. 13.

institutionnels et l'exercice des droits de la défense et de la victime». Pour l'heure, le projet est abandonné, mais la nécessité d'une adaptation des règles relatives à la recherche et au jugement des délinquants est perpétuellement avancée.

Le 10 juillet 2014, les membres de la mission présidée par le procureur général Jacques Beaume, ont remis au garde des Sceaux un rapport relatif à l'architecture de l'enquête pénale : «Rénovation de l'enquête pénale»[21]. Le rapport se veut beaucoup moins révolutionnaire, en proposant une amélioration de la procédure pénale actuelle plutôt que son changement total. Le rapport conclut par la nécessité de simplifier les dispositions législatives, de renforcer les moyens matériels et financiers consacrés au traitement et au jugement des procédures pénales, mais aussi sur la «nécessité absolue de la réforme constitutionnelle relative au statut du parquet». Ce rapport vient compléter celui remis, en novembre 2013, par la commission présidée par le procureur général honoraire Jean-Louis Nadal. Avec pour mission de «refonder le ministère public», la commission Nadal propose notamment de faire inscrire dans la Constitution le principe de l'unité du corps judiciaire pour que «soit explicitement reconnue et consacrée [...] la place du parquet au sein de l'autorité judiciaire». Ce sont ces deux rapports qui ont vraisemblablement nourri la loi renforçant la lutte contre le crime organisé, le terrorisme et leur financement, et améliorant l'efficacité et les garanties de la procédure pénale[22]. Cette loi, composée de 34 articles à l'origine, a pris de l'importance au fur et à mesure de son examen par le Parlement puisqu'elle en contient plus d'une centaine dans sa version définitive. Son objectif est d'améliorer l'efficacité de la procédure dérogatoire applicable à la criminalité et à la délinquance organisées, mais aussi de renforcer les garanties apportées au justiciable, en particulier au stade de l'enquête initiale. Parmi les nombreuses mesures prévues par le texte, il s'agit notamment, dans le cadre de l'enquête préliminaire ou de flagrance, d'autoriser le recours à des actes jusqu'ici réservés à l'instruction. Un peu plus encore donc, les missions du procureur de la République – lequel devra désormais veiller à ce que les investigations soient «à charge et à décharge»[23] – se confondent avec celles du juge d'instruction, qui instruit déjà à charge et à décharge. Mais si de nombreuses voix s'opposent à une réforme de la procédure pénale, c'est surtout pour l'affaiblissement qu'elle porte au «rôle constitutionnel de l'autorité judiciaire»[24].

---

9. Afin de mieux mettre en exergue l'évolution permanente des règles relatives à la recherche et au jugement des délinquants, chacune des leçons proposées par cet ouvrage propose un point d'approfondissement de l'actualité, permettant au lecteur un «*décryptage*» des grandes problématiques posées par les sujets contemporains.

21. H. Matsopoulou, «Une nouvelle réforme de la procédure pénale? Les principales propositions de la mission de réflexion sur les possibles évolutions de la procédure pénale», *JCP* G, 2014, 957.

22. C'est en tout cas comme le fruit de ces réflexions collectives que le projet a été présenté en conseil des ministres en février 2016.

23. V. art. 39-3 CPP : «Dans le cadre de ses attributions de direction de la police judiciaire, le procureur de la République peut adresser des instructions générales ou particulières aux enquêteurs et contrôle la légalité des moyens mis en oeuvre par ces derniers, la proportionnalité des actes d'investigation au regard de la nature et de la gravité des faits, l'orientation donnée à l'enquête ainsi que la qualité de celle-ci. Il veille à ce que les investigations tendent à la manifestation de la vérité et qu'elles soient accomplies, dans le respect des droits de la victime, du plaignant et de la personne suspectée, à charge et à décharge.»

24. Le 1er février 2016, le premier président de la Cour de cassation et les premiers présidents des cours d'appel, regrettaient, dans une délibération commune, l'affaiblissement du «rôle constitutionnel de l'autorité judiciaire, gardienne de la liberté individuelle, [...] par des réformes et projets législatifs en cours».

De tels approfondissements, conçus aussi comme des enrichissements conceptuels, contribuent à aborder la procédure pénale avec une certaine hauteur de vue. À cet égard, la méthode d'exposition choisie, sous forme de leçons, ne se résume pas à un exposé aride des règles techniques de procédure, mais guide le lecteur dans une appréhension plus fine de ses enjeux. L'analyse théorique est, en effet, le corollaire indispensable de la maîtrise technique, pour tout professionnel de la justice. Ainsi cet ouvrage s'adresse-t-il à ceux qui préparent à un examen ou un concours ouvrant aux carrières judiciaires (magistrature et barreau, mais aussi police, administration judiciaire et pénitentiaire...) en leur présentant les connaissances imposées par le programme de l'épreuve de procédure pénale, mais aussi la méthodologie des exercices demandés dans le cadre de cette épreuve (cas pratique, commentaire d'arrêt, dissertation ou questions à réponse courte). Chaque leçon propose un exercice corrigé, faisant partie intégrante de celle-ci, et offrant au lecteur un véritable outil de mise en œuvre de ses connaissances. Quel que soit l'exercice proposé, en effet, il s'agit de mettre en valeur les enjeux globaux de la matière, pour aider à se forger une vision complète et argumentée de la procédure pénale. Les règles techniques n'en seront alors que mieux maîtrisées et utilisées. Compte tenu de son format et de son contenu, l'ouvrage se destine aussi à tous les étudiants ayant à travailler la procédure pénale à l'université (notamment dans le cadre d'un master « contentieux »). Plus généralement, il s'adresse à ceux qui souhaitent assimiler les règles essentielles de la procédure pénale, tout en étant avertis des difficultés et des enjeux qui sont propres à une matière propice aux débats publics.

BIBLIOGRAPHIE POUR ALLER PLUS LOIN

A. Botton, « Le rôle du Conseil constitutionnel dans le processus de juridictionnalisation de l'enquête pénale », in *La juridictionnalisation de l'enquête pénale* (dir. O. Décima), Cujas, 2015, p. 55.

J.-Y. Chevalier, « Vol au-dessus d'un nid de réforme – Observation sur des réformes en rafale – L'adaptabilité du législateur dans la lutte contre la criminalité », in *Mélanges J. Pradel*, Cujas, 2006.

A. Laingui, « Une révolution permanente : la réforme de la procédure pénale française (1780-1958) », *in Code pénal et Code d'instruction criminelle – Livre du bicentenaire*, Dalloz, 2010.

V. Malabat, « L'avant-projet du futur Code de procédure pénale : refonte, simplification ou confusion des phases de la procédure pénale ? », *AJ Pénal* 2010, p. 162.

D. Thomas, « L'évolution de la procédure pénale française contemporaine », *in Mélanges R. Ottenhof*, Dalloz, 2005.

LEÇON 1

L'organisation judiciaire pénale

10. L'organisation judiciaire pénale se compose de trois types d'organes, à savoir, dans l'ordre chronologique de leur intervention dans la procédure pénale: le ministère public, qui après avoir déclenché l'action publique, défend les intérêts de la société au cours du procès pénal (Section 1); la juridiction d'instruction, qui réunit les éléments du dossier, y compris l'identification du responsable lorsqu'il est inconnu (Section 2); la juridiction de jugement, qui porte une appréciation définitive sur la culpabilité du mis en cause et se prononce sur la peine (Section 3).

11. En principe, ces trois organes sont différents dans une même affaire, conformément au *principe de séparation des fonctions judiciaires*. L'article préliminaire du Code de procédure pénale consacre expressément la séparation des fonctions de poursuite et de jugement[1]. Mais la séparation concerne aussi la fonction d'instruction[2].

12. Ces organes ne présentent pas nécessairement un *caractère professionnel*. La professionnalisation de la justice comporte quelques limites. Les juridictions sont parfois composées de personnes, non-magistrats de carrière, mais compétentes à certains titres: magistrat exerçant à titre temporaire dans les tribunaux de police, assesseurs du tribunal pour enfants, assistants spécialisés... Les juridictions sont aussi parfois composées de jurés. Tel est le cas de la cour d'assises. Les non-professionnels jouent également un rôle important dans le traitement des affaires de petite délinquance, en étant chargés de procédures alternatives aux poursuites[3]. Tel est le cas des médiateurs et des délégués du procureur de la République.

1. Il occulte cependant la fonction d'instruction. Cette omission pourrait encourager une remise en cause de la fonction même du juge d'instruction, bouleversant ainsi l'équilibre entre les acteurs de la procédure pénale (accroissement du pouvoir de la police judiciaire – et du ministère public qui la dirige – et économie d'instruction...).
2. Pour le Conseil constitutionnel, « en permettant au juge des enfants qui a été chargé d'accomplir les diligences utiles pour parvenir à la manifestation de la vérité et qui a renvoyé le mineur devant le tribunal pour enfants, de présider cette juridiction de jugement habilitée à prononcer des peines, les dispositions contestées portent au principe d'impartialité des juridictions une atteinte contraire à la Constitution » (Déc. n° 2011-147 QPC, 8 juill. 2011).
3. Art. R. 15-33-30 et s. CPP.

DÉCRYPTAGE : VERS UNE DÉPROFESSIONALISATION DE LA JUSTICE PÉNALE ?

Les exceptions au caractère professionnel de la justice pénale tendent à se multiplier ces dernières années[4]. Une *loi du 10 août 2011 sur la participation des citoyens au fonctionnement de la justice pénale*[5] avait créé, à titre expérimental, les « citoyens assesseurs » pour siéger devant les juridictions correctionnelles, les juridictions de l'application des peines et les cours d'assises pour les crimes punis de quinze ou vingt ans de réclusion hors cas de récidive légale (à la place du jury traditionnel). Toutefois, un rapport remis en février 2013 au garde des Sceaux ayant préconisé leur suppression[6], il a été mis fin à ces expérimentations dans les deux cours d'appel concernées dès le 30 avril 2013[7], et l'extension aux autres ressorts a été annulée à compter du 1er janvier 2013[8].

Soumise à un contrôle de constitutionnalité, la loi du 10 août 2011 avait fait l'objet d'une réserve d'interprétation du Haut conseil[9]. Certes, « la Constitution ne fait pas obstacle à ce que, pour une part limitée, des fonctions normalement réservées à des magistrats de carrière puissent être exercées à titre temporaire par des personnes qui n'entendent pas pour autant embrasser la carrière judiciaire ». Mais en présence de citoyens ne disposant pas de compétences juridiques, les « questions de droit ou de fait sur lesquelles les citoyens assesseurs sont appelés à statuer, ainsi que les procédures selon lesquelles ils statuent », doivent être définies « de manière à ce qu'ils soient mis à même de se prononcer de façon éclairée sur les matières soumises à leur appréciation ». En outre, le Conseil constitutionnel a rappelé que la participation des citoyens à la justice pénale doit être accompagnée de garanties d'indépendance et de capacité des personnes qui sont appelées à occuper ces fonctions. Déjà, en effet, dans une décision du 8 juillet 2011[10], le Conseil constitutionnel, saisi d'une QPC relative à la composition du tribunal pour enfants, avait validé la présence des assesseurs, considérant toutefois que « doivent être apportées des garanties appropriées permettant de satisfaire au principe d'indépendance, indissociable de l'exercice de fonctions juridictionnelles, ainsi qu'aux exigences de capacité, qui découlent de l'article 6 de la Déclaration des droits de l'homme et du citoyen de 1789 ; que, s'agissant des formations correctionnelles de droit commun, la proportion des juges non professionnels doit rester minoritaire ». En revanche, les citoyens assesseurs ne doivent pas nécessairement être soumis aux droits et obligations des magistrats de carrière.

Plus récemment, la loi n° 2014-896 du 15 août 2014 a introduit un nouvel article 10-1 dans le Code de procédure pénale, consacrant le concept de justice restaurative. Ce concept trouverait son origine dans une affaire canadienne datant de 1974, au

4. J. Pradel, « Le citoyen comme juge pénal », *JCP* G, 2011, 923.
5. Les dispositions de la loi sont entrées en vigueur, à titre expérimental, le 1er janv. 2012 dans le ressort des cours d'appel de Dijon et Toulouse. Elles devaient entrer en vigueur au plus tard le 1er janv. 2014 sur l'ensemble du territoire français.
6. Pour les auteurs du rapport, « l'expérimentation des citoyens assesseurs, si elle présente l'intérêt d'offrir l'image d'une justice qui prend son temps et favorise la connaissance de l'institution par certains habitants d'un ressort judiciaire, a montré que le dispositif instauré était extrêmement lourd pour les juridictions, sans effet sur le fond des décisions, coûteux tant financièrement qu'humainement, tandis qu'il n'offre pas la garantie de voir les affaires examinées par de véritables "juges" au sens déontologique du terme ».
7. Arr. 18 mars 2013, art. 3, *JO* 22 mars.
8. Arr. 13 juin 2012, art. 1er, *JO* 23 juin.
9. Cons. const., 4 août 2011, n° 2011-635 DC.
10. Décision n° 2011-147 QPC du 8 juillet 2011.

cours de laquelle un agent de probation aurait proposé, lors d'une réunion d'un groupe d'étude, à deux jeunes hommes ayant plaidé coupable pour divers actes de vandalisme, de rencontrer leurs victimes pour mettre en place les conditions de leur réparation[11]. Ainsi le principe même de la justice restaurative conduit à ce que la mesure de justice soit « mise en œuvre par un tiers indépendant »[12]. Si le Code de procédure pénale n'apporte pas plus de précision sur l'identité de ce tiers, hormis le fait qu'il doit être « formé à cet effet »[13], il semble néanmoins évident que ce nouveau modèle de justice, importé des droits américain et canadien, n'est pas placé sous le contrôle d'un magistrat professionnel.

Section 1

LE MINISTÈRE PUBLIC

13. Le ministère public trouve son origine au XIIIe siècle dans la fonction des « procureurs du roi », assurant la défense du roi et de l'intérêt général, devant les juridictions royales. Mais c'est la loi des 16 et 24 août 1790 qui institue le « ministère public », composé à la fois de « commissaires du roi », nommés par lui et chargés de veiller à l'application de la loi, et d'« accusateurs publics », élus par le peuple et chargés de mettre en mouvement l'action publique. La loi du 27 janvier 1801 réalise l'unité du ministère public, en lui confiant le droit de poursuite et de réquisition, sous le contrôle du pouvoir exécutif. En 1804, sont créés les « procureurs ».

14. Les membres du « parquet » (désignation courante du ministère public) sont des magistrats, mais pas des juges[14]. D'une manière plus générale, les membres du parquet sont à la fois des magistrats, gardiens des libertés individuelles, et des agents du pouvoir exécutif. C'est cette double qualité qui soulève d'importantes difficultés.

15. Les membres du parquet sont nommés par décret du président de la République sur proposition du ministre de la Justice, après avis du Conseil supérieur de la magistrature. Contrairement aux magistrats du siège, les membres du ministère public sont *amovibles et révocables* après avis du Conseil, présidé par le procureur général près la Cour de cassation. Ils sont aussi *interchangeables* auprès d'une juridiction. Ils peuvent donc se remplacer au cours d'un procès, ce que ne peuvent pas faire les magistrats du siège. C'est l'indivisibilité du ministère public.

---

11. R. Cario, « Justice restaurative », *Rép. pén.*, 2010, n° 50.
12. Art. 10-1 CPP.
13. Art. 10-1 préc.
14. Aussi, les magistrats du parquet ne peuvent contrôler une ingérence grave dans la vie privée, telle la « géolocalisation », qui ne peut être exécutée que sous le contrôle d'un juge. V. en ce sens Cass. crim., 22 oct. 2013, 2 arrêts, n° 13-81-845 et 13-81849. La loi n° 2014-372 du 28 mars 2014, votée en urgence pour donner un cadre normatif à cette technique, prévoit que dans le cadre d'une instruction, le juge d'instruction autorise l'opération « pour une durée maximale de quatre mois renouvelable ». Dans les autres cas, c'est le procureur de la République qui décide « pour une durée maximale de quinze jours consécutifs », après quoi l'autorisation est donnée par le JLD « pour une durée maximale d'un mois renouvelable » (art. 230-32 et s. CPP).

16. Devant la Cour de cassation, le ministère public se compose d'un procureur général et d'avocats généraux[15]. Devant la cour d'appel, un procureur général, des avocats généraux (qui prennent la parole aux audiences) et des substituts généraux (qui assurent le travail administratif) constituent le parquet général. Devant les tribunaux correctionnels, le ministère public est représenté par le procureur de la République et les substituts (des procureurs adjoints sont toutefois nommés dans les tribunaux importants). Devant le tribunal de police, le siège du ministère public est occupé par le procureur de la République pour les contraventions de la cinquième classe ne relevant pas de la procédure de l'amende forfaitaire ou par le commissaire de police pour toutes les autres contraventions, sous le contrôle du procureur[16].

17. Certains agents administratifs, n'appartenant pas au parquet, sont investis par la loi d'un droit d'action publique pour quelques infractions limitativement énumérées. Ces substituts sont tantôt concurrents (le fonctionnaire investi peut engager l'action publique indépendamment du procureur de la République, qui conserve néanmoins sa compétence. Ex: infractions fiscales, contraventions douanières de cinquième classe), tantôt conjoints (le fonctionnaire ne peut exercer l'action qu'avec le ministère public. Ex: délits douaniers).

I. LE STATUT DU MINISTÈRE PUBLIC

18. Le ministère public ou « parquet » est soumis à une organisation pyramidale, en raison du *principe de subordination hiérarchique*. Le ministre de la justice exerce un droit de surveillance des magistrats du parquet (qui ne sont pas inamovibles) et d'impulsion, en donnant des instructions générales pour mettre en place une politique d'action publique sur l'ensemble du territoire. Mais le ministre de la Justice ne dispose pas de la possibilité d'intervenir auprès du procureur général dans des dossiers individuels, ni dans le sens d'un déclenchement des poursuites, ni dans le sens d'une décision contraire[17].

19. Les membres du ministère public sont également hiérarchisés entre eux. Le procureur général près la cour d'appel a autorité sur les avocats généraux et les substituts, sur le procureur de la République. Il peut lui ordonner des poursuites par instruction écrite et versée au dossier, notamment à la suite d'un recours contre une

15. Ce parquet n'exerce pas l'action publique. V. *supra* n° 26.
16. Art. 45 CPP.
17. L'article 30 du Code de procédure pénale, issu de L. n° 2013-669 du 25 juill. 2013, prévoit que « le ministre de la Justice conduit la politique pénale déterminée par le gouvernement. Il veille à la cohérence de son application sur le territoire de la République. À cette fin, il adresse aux magistrats du ministère public des instructions générales. Il ne peut leur adresser aucune instruction dans des affaires individuelles. Chaque année, il publie un rapport sur l'application de la politique pénale déterminée par le gouvernement, précisant les conditions de mise en œuvre de cette politique et des instructions générales adressées en application du deuxième alinéa. Ce rapport est transmis au parlement. Il peut donner lieu à un débat à l'Assemblée nationale et au Sénat ». De l'aveu même de ses promoteurs, la loi a une valeur essentiellement symbolique. Mais surtout, elle n'interdit pas le dialogue hiérarchique relatif à une affaire déterminée. V. en ce sens, E. Bonis-Garçon et O. Décima, « Grâce et disgrâce des instructions hiérarchique. À propos de la loi du 25 juillet 2013 relative aux attributions du garde des Sceaux et des magistrats du ministère public en matière de politique pénale et de mise en oeuvre de l'action publique », *JCP* G, 2013, 955.

décision de classement sans suite[18]. Le procureur de la République a autorité sur les substituts et les membres du ministère public du tribunal de police[19].

20. Le devoir d'obéissance est toutefois limité. Le procureur général près la cour d'appel se voit reconnaître un pouvoir d'interprétation des instructions générales du garde des Sceaux, pour les adapter le cas échéant au contexte propre de son ressort[20]. Le procureur de la République peut lui aussi tenir compte du contexte propre à son ressort, pour mettre en œuvre la politique pénale définie par les instructions générales du ministre de la justice et, le cas échéant, adaptées par le procureur général[21].

21. L'adage « *La plume est serve, mais la parole est libre* » constitue encore une limite à la subordination du ministère public. En effet, si le magistrat du parquet est obligé, dans ses réquisitions écrites, de se conformer aux instructions qui lui sont données par sa hiérarchie, il dispose de la possibilité de « développer librement les observations orales qu'il croit convenables au bien de la justice » (art. 33 CPP). Les membres du parquet peuvent oralement faire savoir à l'audience que leur opinion personnelle n'est pas celle qu'ils ont par obéissance développée par écrit. Ils n'encourent pour cela aucune sanction.

22. De même, les chefs de parquet (procureurs généraux ou de la République) ont des pouvoirs propres. Les articles 40 et 41 du Code de procédure pénale leur attribuent directement le pouvoir d'exercer en leur propre nom la plénitude de l'action publique dans leur ressort. Un supérieur ne peut donc se substituer à eux, même s'ils n'exécutent pas les instructions reçues. Si une action disciplinaire peut être engagée, les actes accomplis en violation des ordres par un chef de parquet restent valables.

23. Malgré ces limites, le principe reste celui de la subordination hiérarchique. Or, cette subordination pose la question de l'aptitude du magistrat du ministère public au contrôle des mesures d'arrestation et de détention. Selon l'article 5 § 3 de la Conv. ESDH, toute personne arrêtée ou détenue avant jugement doit aussitôt être traduite devant un juge ou un autre magistrat habilité par la loi à exercer des fonctions judiciaires. Et la Cour EDH refuse au parquet la qualité de « magistrat habilité » au motif qu'il est susceptible d'exercer des poursuites contre la personne arrêtée ou détenue[22]. La solution a été appliquée à la France dans les affaires *Medvedyev* (CEDH, 10 juill. 2008, et gde ch., 29 mars 2010)[23] et *Moulin (CEDH*, 22 novembre 2010)[24]. Pour la juridiction européenne, les membres du parquet « dépendent tous d'un supérieur hiérarchique commun, le garde des Sceaux, ministre de la Justice, qui est membre

18. Art. 36 et 40-3 CPP.
19. Mais le procureur général près la Cour de cassation n'est pas le supérieur hiérarchique des autres parquets.
20. Art. 35 CPP, modif. L. 25 juill. 2013.
21. Art. 39-1 CPP créé L. 25 juill. 2013.
22. CEDH, 4 déc. 1979, *Schiesser c/ Suisse*; 23 oct. 1990, *Huber c/ Suisse*.
23. La Grande Chambre n'a pas conclu à la violation de l'article 5 § 3, les requérants ayant été finalement présentés devant un juge d'instruction.
24. La France est ici condamnée car la requérante n'avait été présentée au procureur que deux jours après son arrestation, et à un magistrat du siège seulement cinq jours plus tard. Or la Cour européenne a fixé à quatre jours le délai maximal de présentation à un juge dans une affaire de terrorisme ou de criminalité organisée (CEDH aff. *Brogan c/ Royaume-Uni* du 29 novembre 1988).

du gouvernement et donc du pouvoir exécutif [...] Ils ne sont pas inamovibles, contrairement aux juges du siège. Ils sont placés sous la direction et le contrôle de leurs chefs hiérarchiques au sein du parquet et sous l'autorité du garde des Sceaux». La Cour en déduit que «les membres du ministère public, en France, ne remplissent pas l'exigence d'indépendance à l'égard de l'exécutif». Cependant, dans une décision *Vassis c/ France* du 27 juin 2013[25], la Cour dit expressément que «l'intervention d'un magistrat du ministère public au début et pendant la garde à vue ne soulève pas, en soi, de difficulté, pourvu que la personne gardée à vue soit ensuite présentée à un juge ou à un autre magistrat habilité par la loi à exercer des fonctions judiciaires dans un délai conforme aux exigences de l'article 5, § 3». Autrement dit, l'article 5, § 3 n'impose pas une présentation immédiate au juge; et si cette présentation doit être rapide, elle n'a pas à suivre instantanément la privation de liberté[26]. Si une telle graduation dans l'intervention du magistrat du siège est également préconisée par le Conseil constitutionnel, celui-ci estime toutefois que «l'autorité judiciaire comprend à la fois les magistrats du siège et les magistrats du parquet». Pour le Haut Conseil, le procureur de la République peut ainsi prolonger la garde à vue à l'issue d'un délai de vingt-quatre heures, car il est garant des libertés au sens de l'article 66 de la Constitution[27]. Récemment, la loi n° 2013-669 du 25 juillet 2013 a modifié l'article 31 du Code de procédure pénale qui précise désormais: «Le ministère public exerce l'action publique et requiert l'application de la loi, dans le respect du principe d'impartialité auquel il est tenu».

DÉCRYPTAGE: FAUT-IL RÉFORMER LE PARQUET?

En novembre 2013, la commission présidée par Jean-Louis Nadal, procureur général honoraire près la Cour de cassation, a rendu son rapport – «Refonder le ministère public». Elle avait pour mission «de s'interroger sur la conduite de la déclinaison de la politique pénale, sur la direction de la police judiciaire, sur la redéfinition des champs de compétence du parquet ainsi que sur son organisation». Le rapport propose de faire inscrire dans la Constitution le principe de l'unité du corps judiciaire pour que «soit explicitement reconnue et consacrée [...] la place du parquet au sein de l'autorité judiciaire», gardienne de la liberté individuelle. Il recommande aussi que «la formation du Conseil supérieur de la magistrature compétente à l'égard des magistrats du parquet se voie confier le pouvoir de proposition pour la nomination aux fonctions de procureur de la République, de procureur général et de magistrat du parquet général de la Cour de cassation». En d'autres termes, il s'agirait d'aligner les procédures de nominations avec celles des magistrats du siège. Le Conseil supérieur de la magistrature serait également compétent pour statuer en matière disciplinaire, au lieu et place du ministère de la justice. Le rapport ne juge pas «opportun» en revanche d'étendre la règle de l'inamovibilité des magistrats du siège à ceux du parquet puisqu'il pourrait «être justifié, en dehors de toute faute d'un magistrat du ministère public requérant la mise en œuvre d'une procédure disciplinaire, de déplacer l'intéressé d'office dans l'intérêt du service».

25. Dans le même sens, CEDH 4 déc. 2014, aff. *Ali Samatar* et *Hassan*.
26. Encore faut-il interpréter la notion de «aussitôt» figurant dans le texte.
27. Cons. const., 11 août 1993 et 29 août 2002. La solution a été plusieurs fois réaffirmée, par ex. Cons. const., 17 déc. 2010, n° 2010-80 QPC.

Un projet de loi constitutionnelle portant réforme du Conseil supérieur de la magistrature[28] prévoit de modifier l'article 65 de la Constitution. Désormais, les magistrats du parquet seraient nommés sur l'avis conforme de la formation du Conseil supérieur de la magistrature compétente à l'égard des magistrats du parquet. En outre, cette même formation statuerait comme conseil de discipline des magistrats du parquet, alors qu'elle ne donne actuellement qu'un avis sur les sanctions disciplinaires qui les concernent.

Pour aller plus loin encore, d'aucuns souhaitent une réforme tendant à assurer une totale indépendance du ministère public à l'égard du ministre de la Justice, faisant obstacle même aux instructions générales qui mettent en place une politique d'action publique sur l'ensemble du territoire. Cependant l'indépendance du magistrat n'est pas seulement statutaire, elle doit aussi être caractérisée dans l'exercice de sa fonction. La règle vaut d'ailleurs pour les magistrats du siège, notamment le juge d'instruction[29].

II. LES ATTRIBUTIONS DU MINISTÈRE PUBLIC

A. AVANT LE DÉCLENCHEMENT DES POURSUITES

24. Le ministère public dirige l'activité des officiers et agents de police judiciaire dans le ressort de son tribunal[30]. La police judiciaire est en effet placée sous la direction du procureur de la République et sous la surveillance du procureur général[31]. Ainsi, le procureur de la République est informé par la police judiciaire des infractions constatées dans ce ressort[32]. En cas de crime ou délit flagrant, le procureur de la République a la possibilité de se transporter sur les lieux. S'il se transporte sur les lieux, son arrivée dessaisit l'officier de police judiciaire (OPJ)[33]. Il peut alors accomplir lui-même les actes d'enquête. Le procureur de la République est également chargé du contrôle (et de la prolongation) des mesures de garde à vue[34]. Les enquêteurs ont ainsi l'obligation de l'informer dès le début d'une mesure de garde à vue. Enfin, le procureur de la République apprécie *l'opportunité de déclencher les poursuites*. Il s'agit même de l'attribution essentielle du ministère public. C'est lui qui exerce l'action publique. Représentant la société et ses intérêts généraux, le ministère public exerce l'action publique sans en avoir toutefois la disposition. Il ne peut donc en principe ni transiger, ni se désister, ni acquiescer, c'est-à-dire renoncer à l'exercice des voies de recours.

---

28. Présenté en Conseil des ministres en mars 2013, le projet avait été adopté en première lecture avec modifications par l'Assemblée nationale en juin 2013, puis par le Sénat, avec modifications en juillet 2013. Un temps suspendu, le projet a été adopté le 26 avril 2016 en seconde lecture par l'Assemblée nationale.
29. V. *infra* le corrigé de la dissertation « L'indépendance du juge d'instruction ».
30. Art. 41CPP.
31. Art. 12 et 14 CPP.
32. Art. 19, 27 et 29 CPP.
33. Art. 68 CPP.
34. Art. 41 al. 3 CPP.

La possibilité d'une transaction sur l'action publique tend cependant à se généraliser. Outre l'hypothèse de la composition pénale[35], des transactions peuvent être proposées par l'administration, après homologation du ministère public[36], ou avec son accord[37]. Plus récemment, la loi n° 2014-896 du 15 août 2014 a introduit un nouvel article 41-1-1 au sein du Code de procédure pénale, pour permettre à un officier de police judiciaire, sur autorisation du procureur de la République, de proposer à l'auteur des faits, pour certaines infractions, une transaction pénale, consistant dans le versement d'une amende qui éteint l'action publique[38]. Le nouvel article 41-1-2, issu de la loi n° 2016-1691 du 9 décembre 2016 relative à la transparence, à la lutte contre la corruption et à la modernisation de la vie économique, dite « loi Sapin II », permet également au procureur de la République de transiger avec les personnes morales mises en cause pour certaines infractions d'atteinte à la probité dans le cadre d'une « convention judiciaire d'intérêt public ».

B. APRÈS LE DÉCLENCHEMENT DES POURSUITES

25. Le ministère public est une partie au procès. Il participe aux débats et peut ainsi poser des questions au prévenu, à la partie civile, aux témoins et à toute personne appelée à la barre[39]. Après la clôture des débats, il prend ses réquisitions sur la culpabilité et sur la peine[40]. Le ministère public peut exercer toutes voies de recours. Le procureur de la République dispose, pour relever appel principal, d'un délai de dix jours à compter du jour du prononcé du jugement correctionnel. Le procureur général dispose d'un délai de vingt jours en cas de jugement de condamnation. Ces délais ont été instaurés par la loi pénitentiaire du 24 novembre 2009, modifiant l'article 505 du Code de procédure pénale, après que la Cour EDH ait considéré que le délai de deux mois initialement attribué au procureur général ne respectait pas l'égalité des armes et constituait donc une violation du droit au procès équitable garanti par l'article 6 de la Conv. EDH[41].

26. Le ministère public devant la Cour de cassation n'exerce pas l'action publique. Aux termes de l'article L. 432-1 du Code de l'organisation judiciaire, le parquet général de la Cour de cassation porte la parole aux audiences des chambres mixtes et de l'assemblée plénière ainsi que dans les assemblées générales de la cour. Il peut aussi la porter aux audiences des chambres et devant la formation saisie pour avis de la Cour de cassation. La loi « justice du XXIe siècle » du 18 novembre 2016 complète le texte de la formule suivante : « Il rend des avis dans l'intérêt de la loi et du bien commun. Il éclaire la Cour sur la portée de la décision à intervenir. » Les attributions du ministère

35. En conférant au procureur de la République le pouvoir d'initier la sanction dans le cadre de procédure de composition pénale et de la procédure de comparution sur reconnaissance préalable de culpabilité, le législateur lui a en outre attribué les pouvoirs d'un « quasi-juge ». En ce sens, J.-C. SAINT-PAU, « Le ministère public concurrence-t-il le juge du siège ? », *Dr. pén.* 2007, étude n° 9. Sur la procédure de la composition pénale, v. *infra* n° 267.
36. Art. 44-1 CPP.
37. V. par ex, à propos d'une transaction par l'autorité administrative chargée de la concurrence et de la consommation, art. L. 470-4-1 C. com.
38. V. *infra* n° 255.
39. Art. 312 et 442-1 CPP.
40. Art. 346 et 460 CPP.
41. CEDH, 3 oct. 2006, *Ben Naceur c/ France.*

public devant la Cour de cassation ont également donné lieu à des condamnations de la France. Dans deux décisions *Reinhardt* du 31 mars 1998 et *Slimane-Kaïd* du 25 janvier 2000, la Cour EDH a constaté une violation de l'article 6 § 1 de la Conv. EDH en raison de la communication au seul avocat général, à l'exclusion de la partie poursuivie, du rapport et du projet d'arrêt rédigés par le conseiller rapporteur. À la suite de cette condamnation, la Cour de cassation a modifié sa pratique. Le rapport du conseiller rapporteur comprend désormais deux parties. La première partie, relative à l'exposé des faits et de la procédure, l'analyse des moyens, l'examen objectif de la question juridique, les textes et la jurisprudence utiles à la solution du pourvoi et la doctrine de référence, est communiquée à la fois aux parties et au ministère public. La seconde partie, qui est composée de l'avis personnel du rapporteur ainsi que du projet d'arrêt, n'est communiquée ni aux parties ni à l'avocat général. Dans une décision *Fabre c/ France* du 2 novembre 2004, la Cour EDH a conclu à la conformité de cette nouvelle pratique aux exigences européennes.

27. Le ministère public est enfin chargé de veiller à l'exécution des décisions pénales, au besoin en requérant la force publique[42].

Section 2
LES JURIDICTIONS D'INSTRUCTION

28. L'instruction préparatoire, également appelée *information*, est une phase de la procédure pénale, qui a pour finalité de préparer le dossier pénal en vue de son jugement en recherchant si les preuves réunies constituent des charges suffisantes. L'instruction est obligatoire en matière criminelle, et s'agissant des mineurs, en matière criminelle, correctionnelle et contraventionnelle de cinquième classe. Dans les autres domaines, l'instruction est facultative. En matière contraventionnelle, elle ne peut avoir lieu que sur réquisitions du procureur de la République. Des juridictions d'instruction d'exception existent (ex : le juge des enfants disposent de certains pouvoirs d'instruction[43]). En droit commun, il est possible de distinguer les juridictions d'instruction du premier degré et celles du second degré.

I. LES JURIDICTIONS D'INSTRUCTION DU PREMIER DEGRÉ

29. Jusqu'à la loi du 15 juin 2000, la seule juridiction d'instruction du premier degré était formée du juge d'instruction, cumulant les fonctions d'enquêteur et de juge. La création du juge des libertés et de la détention a notamment retiré au juge d'instruction le pouvoir de placer une personne en détention provisoire.

42. Art. 709 CPP.
43. Pour les mineurs, l'article 5 de l'ordonnance du 2 février 1945 relative à l'enfance délinquante prévoit une compétence exclusive du juge d'instruction en matière criminelle, mais une compétence partagée de ce dernier avec le juge des enfants pour les délits et contraventions de cinquième classe.

A. LE JUGE D'INSTRUCTION

30. L'ancêtre du juge d'instruction, le lieutenant criminel, s'était vu confier d'importantes missions dans la grande ordonnance criminelle de 1670. À la Révolution, sous l'influence du modèle anglais de type accusatoire, la phase de l'instruction est confiée à un jury. Mais dès le Directoire s'opère un retour à la procédure inquisitoire, qui impose la création de la fonction de juge d'instruction. Le Code d'instruction criminelle de 1808 lui confie la fonction d'instruire, sur les réquisitions du ministère public, mais sans lui donner encore de pouvoirs juridictionnels. À cette époque, le statut du juge d'instruction est celui d'un officier de police judiciaire, dont l'activité d'enquête se trouve placée sous le contrôle du procureur. Durant la phase de l'instruction, les pouvoirs juridictionnels sont confiés à la chambre du conseil du tribunal. La dissociation des pouvoirs d'enquête et d'instruction n'est pas sans poser de difficultés, en ce qu'elle ralentit la procédure. Aussi, la loi du 17 juillet 1856 supprime-t-elle la chambre du conseil pour confier les pouvoirs juridictionnels au juge d'instruction. Cette dualité des pouvoirs du juge d'instruction, à la fois juge et enquêteur est entérinée par le Code de procédure pénale de 1958. Le juge d'instruction est désormais un magistrat, et non plus un officier de police judiciaire. Mais la dualité de ses fonctions se trouve sans aucun doute à l'origine des questionnements actuels relatifs à la suppression du juge d'instruction.

DÉCRYPTAGE : SUPPRESSION OU COLLÉGIALITÉ DE L'INSTRUCTION ?

Un avant-projet de réforme de la procédure pénale présenté en mars 2010 prévoyait la suppression du juge d'instruction, suivant sur ce point les recommandations du comité de réflexion sur la justice pénale présidé par Philippe Léger[44]. Il s'agissait plus précisément de substituer au juge d'instruction un juge de l'enquête et des libertés, tout en confiant l'enquête judiciaire, à charge et à décharge, au ministère public. Ainsi le juge de l'enquête et des libertés, magistrat juge du siège, devait avoir pour mission d'arbitrer les conflits entre le parquet et les parties privées (par ex. refus d'une demande d'acte), et de se prononcer sur les placements sous contrôle judiciaire, assignation à résidence ou détention provisoire. Si une telle réforme devait aboutir, elle contribuerait nécessairement à la suppression du juge d'instruction, et corrélativement au renforcement du rôle du procureur de la République.

Pour l'heure, la réforme est abandonnée. Mais l'idée opposée d'instaurer une collégialité de l'instruction n'est pas pour autant consacrée. Certes, la collégialité de l'instruction avait déjà été adoptée par la loi n° 2007-291 du 5 mars 2007 tendant à renforcer l'équilibre de la procédure pénale, mais l'entrée en vigueur de cette loi a été maintes fois reportée. Entre-temps, la loi du 18 novembre 2016 de modernisation de la justice du XXIe siècle a définitivement abandonné le principe de la collégialité, en raison du manque de moyens et de la crainte de désorganiser les petites juridictions comportant moins de trois juges d'instruction.

---

44. Cf. le rapport du Comité de réflexion sur la justice pénale, présidé par le magistrat Philippe Léger, et remis au président de la République le 1er septembre 2009.

31. Le juge d'instruction est choisi parmi les juges du tribunal de grande instance, nommé par décret du président de la République, sur proposition du garde des Sceaux, et après avis conforme du Conseil supérieur de la magistrature[45]. Lorsqu'il existe dans un tribunal plusieurs juges d'instruction, le président du Tribunal désigne, pour chaque information, le juge qui en sera chargé. Il peut établir à cette fin un tableau de roulement[46]. La loi du 5 mars 2007 renforçant l'équilibre de la procédure pénale a posé le principe de la compétence exclusive des *pôles d'instruction* en matière criminelle[47]. La loi a prévu également que, lorsque la gravité ou la complexité de l'affaire le justifie, un ou plusieurs juges sont désignés pour être adjoints au juge chargé de l'instruction[48], validant ainsi la pratique de *la cosaisine*. La cosaisine relève de la décision du président du tribunal de grande instance. Elle peut intervenir soit d'office soit sur réquisitoire du ministère public ou sur requête des parties si le juge initialement désigné donne son accord. En cas de désaccord du juge ou de refus du président, un appel est possible devant le président de la chambre de l'instruction qui statue dans le délai d'un mois.

32. La juridiction d'instruction a pour mission de réunir et d'examiner les preuves, afin de prendre une décision sur le renvoi devant la juridiction de jugement. Le juge d'instruction ne peut instruire que s'il a été préalablement saisi, soit par un réquisitoire introductif du procureur de la République, soit par une plainte avec constitution de partie civile émanant de la victime. Il est *saisi* in rem, c'est-à-dire qu'il n'est saisi que des faits qui sont expressément visés dans le réquisitoire introductif ou dans la plainte avec constitution de partie civile. Il ne peut donc instruire que relativement à ces faits. N'étant pas saisi *in personam*, il peut instruire sur toutes les personnes qui paraissent avoir un rapport avec les faits, même si elles ne sont pas visées dans le réquisitoire ou dans la plainte.

B. LE JUGE DES LIBERTÉS ET DE LA DÉTENTION (JLD)

33. Créé par une loi du 15 juin 2000, ce magistrat du siège, ayant le rang de président, premier vice-président ou vice-président, le JLD est compétent pour statuer sur les placements en détention provisoire et certaines décisions relatives à la liberté (en réalité, de plus en plus nombreuses[49]). Ainsi, lorsque le juge d'instruction envisage, au cours d'une instruction préparatoire, de placer en détention provisoire une personne mise en examen, il doit saisir le juge des libertés et de la détention par le biais d'une ordonnance motivée tendant au placement en détention provisoire. L'accord des deux magistrats (juge d'instruction et juge des libertés et de la détention) est donc en principe nécessaire pour qu'un placement en détention provisoire soit ordonné. La loi du 9 mars 2004 a toutefois permis au procureur de la République de saisir directement le juge des libertés et de la détention aux fins de placement en détention provisoire en matière criminelle, ainsi que pour les délits punis de dix ans d'emprisonnement,

45. Art. 50 al. 1 CPP.
46. Art. 83 al. 1 CPP.
47. Art. 52-1 CPP.
48. Art. 83-1 CPP.
49. Sur ces compétences du JLD, v. *infra* n° 203 et s., 368 et s.

lorsqu'une requête adressée par lui au juge d'instruction aux fins d'un tel placement n'a pas obtenu de réponse favorable. Ses réquisitions doivent dans ce cas être motivées par la nécessité soit de « protéger la personne mise en examen » soit de « mettre fin au trouble exceptionnel et persistant à l'ordre public provoqué par la gravité de l'infraction, les circonstances de sa commission ou l'importance du préjudice qu'elle a causé »[50].

II. LA JURIDICTION D'INSTRUCTION DU SECOND DEGRÉ

34. Initialement dénommée chambre d'accusation, la chambre de l'instruction n'avait pas pour seule mission de contrôler le bon déroulement des procédures d'instruction (appel des ordonnances, nullité des actes). Le Code de procédure pénale de 1958 avait fait de cette chambre un second degré d'instruction obligatoire en matière criminelle, seule compétente pour mettre une personne en accusation devant la cour d'assises. En instituant un appel contre les arrêts de la cour d'assises, la loi du 15 juin 2000 a rendu superflu le second degré d'instruction en matière criminelle. Désormais il appartient donc au juge d'instruction de saisir directement la cour d'assises par la voie de l'ordonnance de mise en accusation. La « chambre d'accusation » est devenue la « chambre de l'instruction ». Juridiction collégiale, composée d'un président de chambre et de deux conseillers, la chambre de l'instruction est compétente, lorsqu'une information est ouverte, pour connaître des nullités de l'enquête de police et de l'instruction préparatoire. Elle dispose en outre d'attributions diverses comme le pouvoir général de contrôle sur les officiers de police judiciaire, et autres fonctionnaires de police[51], de réhabilitation[52] ou de règlement des juges[53]. Elle est également compétente en matière de mandat d'arrêt européen[54] et d'extradition[55]. Elle connaît des questions prioritaires de constitutionnalité posées au stade de l'instruction[56]. Mais elle statue surtout sur les appels dirigés contre les ordonnances du juge d'instruction ou du juge des libertés et de la détention.

35. En appel, la chambre de l'instruction peut être saisie à l'initiative du ministère public, dans un délai de cinq jours pour le procureur de la République, de dix jours pour le procureur général, à compter de la notification d'une décision du juge d'instruction. Les parties privées (partie civile et mis en examen) ont également la possibilité d'interjeter appel, mais des seules ordonnances énumérées aux articles 186 et 186-1 du Code de procédure pénale, dans un délai de dix jours à compter de la notification de la décision. L'appel des parties privées est soumis, en outre, au filtrage du président de la chambre de l'instruction, qui peut prendre une ordonnance de non-admission d'appel, insusceptible de recours, sauf excès de pouvoir. Saisie de l'appel d'une ordonnance relative à la liberté de la personne mise en examen (ordonnance de placement en

50. Art. 137-4 al. 2 CPP.
51. Art. 13 CPP.
52. Art. 783 CPP.
53. Art. 658 CPP.
54. Art. 695-29 CPP.
55. Art. 693-13 CPP.
56. Art. 23-1 ord. 7 nov. 1958.

détention provisoire ou de mise en liberté), la chambre de l'instruction statue aussi en référé, dans le cadre du « référé-liberté » ou du « référé-détention »[57].

36. Enfin, la chambre de l'instruction a un droit de révision de l'instruction. Ainsi, lorsqu'un délai de quatre mois (deux mois si la personne est détenue) s'est écoulé depuis le dernier acte d'instruction, l'article 221-2 du Code de procédure pénale permet aux parties de saisir la chambre de l'instruction par une requête, afin qu'en évoquant, celle-ci exerce ses pouvoirs juridictionnels. De même, l'article 221-1 du Code, autorise le président à saisir lui-même la chambre de l'instruction pour une bonne administration de la justice lorsqu'un délai de quatre mois (deux mois si la personne est détenue) s'est écoulé depuis la date du dernier acte d'instruction nécessaire à la manifestation de la vérité. Le procureur de la République dispose en outre de la possibilité de saisir directement la chambre de l'instruction en cas d'inertie du juge d'instruction ou du juge des libertés et de la détention. Sauf en cas d'appel d'une ordonnance de rejet d'une demande de mise en liberté, quelle que soit l'occasion qui l'a amenée à être en possession du dossier, la chambre de l'instruction peut en profiter pour examiner la façon dont l'instruction a été conduite. Selon l'article 201 du Code de procédure pénale, elle peut, dans tous les cas, à la demande du procureur général, d'une des parties ou même d'office, ordonner tout acte d'information complémentaire qu'elle juge utile (y compris un acte que le juge d'instruction avait refusé d'accomplir). Elle peut également, le ministère public entendu, prononcer d'office la mise en liberté de la personne mise en examen. Elle peut même, d'office ou sur réquisitions du procureur général, ordonner qu'il soit informé sur tous les chefs de crimes, de délits, de contraventions, principaux ou connexes, résultant du dossier de la procédure, qui n'auraient pas été visés par l'ordonnance du juge d'instruction[58].

37. La procédure devant la chambre de l'instruction est soumise en partie aux principes du contradictoire, de l'oralité et de publicité des débats. Certes, l'article 199 du Code de procédure pénale pose en principe que « les débats se déroulent et l'arrêt est rendu en chambre du conseil », mais les exceptions se multiplient. D'abord la personne majeure mise en examen peut demander la publicité des débats. Cette publicité est de principe en matière de détention provisoire. Ensuite le contentieux lié à l'examen de l'ensemble de la procédure est soumis par principe à la règle de la publicité[59].

---

57. V. *infra* n° 447.
58. Art. 202 CPP.
59. Art. 221-3 CPP.

Section 3

LES JURIDICTIONS DE JUGEMENT

I. LES JURIDICTIONS DE DROIT COMMUN

A. LE TRIBUNAL DE POLICE

38. Il y a au moins un tribunal de police par arrondissement. Composé d'un juge unique, juge du tribunal d'instance[60], le tribunal de police est compétent pour toutes les contraventions. Jusqu'au 1er juillet 2017, date d'entrée en vigueur de la loi n° 2016-1547 du 18 novembre 2016 de modernisation de la justice du XXIe siècle, le tribunal de police ne jugeait pas les contraventions des quatre premières classes, sauf exceptions comme l'injure et la diffamation non publiques, ni les contraventions de la cinquième classe relevant de la procédure de l'amende forfaitaire. Ces contraventions relevaient en effet de la compétence de la juridiction de proximité (juge unique également). La loi du 13 décembre 2011 relative à la répartition des contentieux et à l'allégement de certaines procédures juridictionnelles avait toutefois prévu de confier le jugement de toutes les contraventions – y compris celles des quatre premières classes – au tribunal de police. Après plusieurs reports de la date d'entrée en vigueur de cette réforme[61], c'est finalement la loi de modernisation de la justice du XXIe siècle qui a tiré conséquence de la fin programmée du juge de proximité dans le Code de procédure pénale. En somme, il s'est agi de revenir à la situation antérieure à la loi du 26 janvier 2005 relative aux compétences du tribunal d'instance, de la juridiction de proximité et du tribunal de grande instance. Toutefois, pour compenser l'importance du flux pénal jusque-là géré par les juges de proximité (créés en 2005 précisément pour pallier cette difficulté), il est prévu que le tribunal de police peut être constitué d'un magistrat exerçant à titre temporaire[62] (C. pr. pén., nouv. art. 523).

B. LE TRIBUNAL CORRECTIONNEL

39. Compétent pour les délits, c'est-à-dire les infractions que la loi punit d'une peine d'emprisonnement ou d'une amende supérieure ou égale à 3 750 euros, le tribunal correctionnel est composé d'un président et de deux juges. Mais dans de nombreux cas, il siège à juge unique[63]. Dans le ressort de chaque cour d'appel, un ou plusieurs tribunaux ont des formations spécialisées pour les infractions en matière économique

---

60. Art. 523 CPP.
61. Art. 521 CPP dans sa rédaction issue de la loi du 13 déc. 2011 relative à la répartition des contentieux et à l'allégement de certaines procédures juridictionnelles. Devant initialement entrée en vigueur le 1er janv. 2013, la réforme a toutefois été reportée au 1er janv. 2015 par L. n° 2012-1441 du 24 déc. 2012 relative aux juridictions de proximité puis au 1er janv. 2017 par L. n° 2014-1654 du 29 déc. 2014 de finances pour 2015.
62. Les anciens juges de proximité retrouvent ainsi leurs anciennes compétences, sous une dénomination différente, et selon les modalités de désignation prévues par la loi organique n° 2016-1090 du 8 août 2016.
63. Art. 398-1 CPP. Il est à noter que la liste des infractions pouvant être jugées à juge unique ne cesse de s'allonger. Récemment encore, la loi du 3 juin 2016 renforçant la lutte contre le crime organisé, le terrorisme et leur financement, et améliorant l'efficacité et les garanties de la procédure pénale y ajoute des délits.

et financière[64]. Depuis une loi n° 2013-1117 du 6 décembre 2013, un tribunal de grande instance au sein du ressort de certaines cours d'appel est seul compétent pour l'enquête, la poursuite et, s'il s'agit de délit, pour le jugement des affaires *d'une grande complexité* en matière économique et financière[65]. Cette compétence est concurrente de celle des juridictions non spécialisées, que seul le ministère public peut prendre l'initiative de dessaisir[66]. La compétence des juridictions spécialisées peut s'étendre au ressort de plusieurs cours d'appel. Il s'agit de juridictions interrégionales[67]. Ces juridictions interrégionales ont aussi une compétence dans les affaires d'une grande complexité en matière de crime ou délit de criminalité organisée[68]. Enfin, une compétence nationale est attribuée au tribunal correctionnel de Paris, de façon exclusive pour certaines infractions, comme les infractions boursières, ou de façon concurrente (par ex. : corruption, trafic d'influence, fraude fiscale, blanchiment...)[69].

C. LA COUR D'ASSISES

40. Il s'agit d'une juridiction départementale, compétente pour les crimes, et qui a même plénitude de juridiction[70]. La cour d'assises juge ainsi toutes les infractions qui lui sont déférées par l'ordonnance de mise en accusation, même si celles-ci ne s'avèrent finalement pas revêtir de qualification criminelle. La cour d'assises présente également l'originalité d'être une juridiction intermittente, qui siège par session. Modifié par la loi du 10 août 2011 sur la participation des citoyens au fonctionnement de la justice pénale, l'article 236 du Code de procédure pénale prévoit que « la date de l'ouverture des sessions de la cour d'assises est fixée chaque fois qu'il est nécessaire, sur proposition du procureur général, par le premier président de la cour d'appel ou, dans le cas prévu à l'article 235, par l'arrêt de la cour d'appel ».

41. La cour d'assises est une juridiction composée d'une cour et d'un jury populaire[71]. La cour comprend trois juges dont un président. Le président de la cour d'assises est un président de chambre ou un conseiller de la cour d'appel. Il est désigné, pour la durée d'un trimestre, par ordonnance du premier président de la cour d'appel qui fixe la date d'ouverture des sessions. Les deux assesseurs sont quant à eux choisis soit parmi les conseillers de la cour d'appel soit parmi les présidents, vice-présidents, ou juges du tribunal de grande instance du lieu de la tenue des assises. Le premier président de la cour d'appel les désigne par ordonnance pour la durée d'un trimestre.

64. Art. 704 CPP.
65. Art. 704-1 CPP.
66. Art. 704-2 CPP.
67. Art. 704 CPP.
68. Art. 706-75 CPP.
69. Art. 705 et 705-1 CPP. Pour le terrorisme, v. 706-17 CPP.
70. Art. 231 CPP.
71. En certaines matières, le législateur a institué des cours d'assises spécialisées, composées sans jury. Tel est notamment le cas des crimes commis en matière militaire (art. 697 CPP), des crimes terroristes (art. 706-25 CPP) et des crimes consistant en des infractions à la législation sur les stupéfiants (art. 706-27 CPP).

42. Le jury est composé de six jurés lorsque la cour statue en premier ressort et de neuf jurés lorsqu'elle statue en appel[72]. Les citoyens âgés de plus de 23 ans, sachant lire et écrire en français, jouissant des droits politiques, civils et de famille et ne se trouvant dans aucun cas d'incapacité ou d'incompatibilité énumérés aux articles 256 et 257 du Code de procédure pénale peuvent remplir les fonctions de juré. Une liste du jury criminel est établie annuellement dans le ressort de chaque cour d'assises. Elle comprend un juré pour 1 300 habitants. Le nombre des jurés pour la liste annuelle est réparti par communes au prorata de leur population par arrêté préfectoral. Dans chaque commune, le maire tire au sort publiquement à partir de la liste électorale un nombre de noms triple de celui fixé par l'arrêté préfectoral pour la circonscription. Le résultat de ce tirage au sort permet de dresser une liste préparatoire au sein de chaque commune. Une commission au siège de chaque cour d'assises dresse à partir des listes préparatoires communales la liste annuelle des jurés. Elle exclut les personnes qui ne remplissent pas les conditions d'aptitude légale ou qui présentent des incompatibilités et statue sur les demandes de dispense. La liste annuelle s'établit ensuite par tirage au sort parmi les noms qui n'ont pas été exclus. Dans les mêmes conditions, la commission dresse également une liste spéciale de jurés suppléants.

43. La liste de session est constituée trimestriellement à partir de la liste annuelle pour chaque session de la cour d'assises : trente jours au moins avant l'ouverture des assises, le président de la juridiction siège de la cour d'assises, tire au sort en audience publique, sur la liste annuelle, les noms de 35 jurés qui forment la liste de session. Il est tiré en outre les noms de douze jurés suppléants sur la liste spéciale. Si parmi ces noms figurent des personnes décédées, qui présentent des incompatibilités, qui ont été dispensées ou qui se révèlent être conjoints, parents ou alliés d'un membre de la cour ou de l'un des jurés inscrits avant lui, elles sont remplacées par un ou plusieurs autres jurés désignés par le sort. Quinze jours au moins avant l'ouverture de la session, le greffier de la cour d'assises convoque, par courrier, chacun des jurés titulaires et suppléants. Les citoyens requis sont tenus d'y répondre sous peine d'être condamné à l'amende prévue par l'article 288 du Code de procédure pénale (3 750 euros).

II. LES JURIDICTIONS D'EXCEPTION

A. LES JURIDICTIONS POUR MINEURS

44. Le principe, consacré dans l'ordonnance du 2 février 1945 relative à l'enfance délinquante, est celui de la spécialisation des juges et des juridictions pour les crimes, délits et contraventions de cinquième classe commis par des mineurs. Les juridictions spécialisées sont le juge des enfants, le tribunal pour enfants, la cour d'assises des mineurs[73]. *Le juge des enfants* est un magistrat spécialisé du tribunal de grande instance, qui ne peut exercer sa fonction plus de dix années dans la même juridiction.

72. Art. 296 CPP, modifié par la loi du 10 août 2011. Il en résulte une nouvelle règle de majorité prévue à l'article 359 du CPP : « Toute décision défavorable à l'accusé se forme à la majorité de six voix au moins lorsque la cour d'assises statue en premier ressort et à la majorité de huit voix au moins lorsque la cour d'assises statue en appel ».
73. Il n'y a pas de juridiction spécialisée pour les contraventions des quatre premières classes.

Ces fonctions peuvent être d'instruction ou de jugement. *Le tribunal pour enfants* est compétent pour juger des contraventions de la cinquième classe et des délits commis par les mineurs, ainsi que des crimes commis par des mineurs de moins de 16 ans. Ce tribunal est composé du juge des enfants, qui le préside, et de deux assesseurs non professionnels[74].

45. En matière correctionnelle et pour les contraventions de la cinquième classe, l'ordonnance du 2 février 1945 donne compétence soit au juge des enfants, statuant en audience de cabinet, soit au tribunal pour enfants, présidé par le juge des enfants. Lorsque les faits sont peu importants et qu'une mesure éducative est suffisante, c'est le juge des enfants qui est compétent; lorsque l'infraction est plus grave ou que le passé du mineur délinquant est assez chargé, c'est en principe le tribunal pour enfants qui est seul compétent pour choisir entre les mesures éducatives, les sanctions éducatives et les peines. Mais le Conseil constitutionnel a décidé que la présidence du tribunal pour enfants ne pouvait être confiée au juge des enfants qui a été chargé d'accomplir les diligences utiles pour parvenir à la manifestation de la vérité et qui a renvoyé le mineur devant le tribunal pour enfants, sous peine de porter atteinte au principe d'impartialité des juridictions[75]. Ainsi, les fonctions d'instruction et de jugement ne peuvent être cumulées par le juge des enfants dans toutes les hypothèses. En effet, pour le Haut conseil, si le principe d'impartialité des juridictions ne s'oppose pas à ce que le juge des enfants qui a instruit la procédure puisse, à l'issue de cette instruction, prononcer des mesures d'assistance, de surveillance ou d'éducation, il lui interdit en revanche de présider le tribunal pour enfants, juridiction de jugement habilitée à prononcer des peines.

46. *La cour d'assises des mineurs* est compétente pour les crimes commis par les mineurs d'au moins 16 ans. Elle est composée d'un conseiller à la cour d'appel qui assure la présidence, de deux assesseurs choisis parmi les juges des enfants du ressort de la cour d'appel et d'un jury[76]. Depuis la loi du 10 août 2011 sur la participation des citoyens au fonctionnement de la justice, le nombre de jurés est réduit, comme pour la cour d'assises des majeurs, à six en premier ressort et neuf en appel[77]. En outre, les règles de publicité applicables devant la cour d'assises des mineurs en cas d'accusé mineur au moment des faits et devenu majeur au moment de l'audience ont été modifiées. L'article 306 du Code de procédure pénale prévoit désormais qu'à l'égard du « mineur devenu majeur », la juridiction peut décider d'écarter la publicité restreinte à moins qu'il existe d'autres accusés encore mineurs ou que la personnalité de l'accusé impose le maintien de la publicité restreinte. Enfin, la cour d'assises des mineurs peut désormais juger les crimes et délits commis par un mineur avant

74. Art. L. 251-4 Code de l'organisation judiciaire. Saisi d'une question prioritaire de constitutionnalité, le Conseil constitutionnel a jugé que l'article 66 de la Constitution n'interdit pas que des juges non professionnels siègent au sein d'une juridiction pénale. Il relève que le Code de l'organisation judiciaire met en place de nombreuses exigences visant à garantir l'indépendance, l'impartialité et la compétence de ces assesseurs (nomination pour quatre ans, personnes âgées de plus de trente ans, intérêt porté aux questions de l'enfance, compétences, prestation de serment...). Ainsi, le Conseil constitutionnel valide les dispositions législatives prévoyant que des assesseurs non professionnels siègent en nombre majoritaire au sein de cette juridiction spécialisée (Déc. n° 2011-147 QPC, 8 juill. 2011).

75. Déc. n° 2011-147 QPC, 8 juill. 2011, préc.

76. V. en matière de terrorisme, art. 706-25 CPP (cour d'assises sans jury).

77. Art. 20 ord. 2 févr. 1945.

d'avoir atteint l'âge de 16 ans, dès lors qu'ils forment avec le crime principalement poursuivi un ensemble connexe ou indivisible[78].

DÉCRYPTAGE : LE DÉBAT RELATIF À LA DÉSPÉCIALISATION DES JURIDICTIONS POUR MINEURS

La loi du 10 août 2011 sur la participation des citoyens au fonctionnement de la justice pénale avait créé *le tribunal correctionnel pour mineurs*, comme une formation du tribunal correctionnel, composée de trois magistrats professionnels, dont un juge des enfants qui le présidait[79]. L'idée d'un tribunal correctionnel pour mineurs, juridiction moins spécialisée que le tribunal pour enfants, avait été proposée par la commission présidée par le Recteur André Varinard, chargée en 2008 de présenter des propositions pour réformer l'ordonnance du 2 février 1945. Plusieurs raisons avaient été avancées. En premier lieu, la forte spécialisation du tribunal pour enfants et la dimension éducative de la réponse qu'il privilégie généralement ont parfois pu laisser penser que cette juridiction souffrait d'un manque de sévérité. En deuxième lieu, il était aussi considéré que le passage du tribunal pour enfants au tribunal correctionnel une fois la majorité acquise pouvait paraître trop brutal, de sorte qu'il pouvait être nécessaire d'instituer une progression dans la procédure.

Mais ces juridictions avaient été particulièrement contestées, en raison notamment de leur non-spécialisation. Pour le Conseil constitutionnel en effet, s'il est présidé par le juge des enfants, le tribunal correctionnel pour mineur est majoritairement composé de personnes qui ne disposent pas de compétences particulières sur les questions de l'enfance. Une telle juridiction ne peut donc être regardée comme une juridiction spécialisée au sens du principe fondamental reconnu par les lois de la République en matière de justice pénale des mineurs (Cons. const., 4 août 2011, n° 2011-635 DC). Lors de l'examen de la loi n° 2014-896 du 15 août 2014 relative à l'individualisation des peines et renforçant l'efficacité des sanctions pénales un amendement prévoyant la suppression de ces tribunaux avait été déposé, puis finalement rejeté. Mais la loi du 18 novembre 2016 de modernisation de la justice du XXIe siècle les a supprimés, à compter du 1er janvier 2017.

B. LES JURIDICTIONS POLITIQUES

47. Avec la constitution de 1958, une juridiction politique unique avait été instituée : la Haute Cour de justice, compétente pour juger le chef de l'État, en cas de haute trahison, et les ministres, en cas de crime ou délit commis dans l'exercice de leurs fonctions. Plusieurs affaires, notamment celle du sang contaminé par le virus du sida, ont conduit à une réforme constitutionnelle ayant pour finalité de dissocier le sort du chef de l'État de celui des ministres. Une loi constitutionnelle du 27 juillet 1993 a donc créé *la Haute Cour de justice* compétente pour juger « les manquements du président de la République à ses devoirs manifestement incompatibles avec l'exercice de son

78. Art. 20 ord. 2 févr. 1945.
79. Art. 24-1 ord. 2 févr. 1945.

mandat», ainsi que *la Cour de justice de la République*, compétente pour juger les crimes et délits commis par les membres du gouvernement dans l'exercice de leurs fonctions[80]. Puis, la loi constitutionnelle du 23 février 2007 a prévu une procédure de destitution du président de la République en cas de manquement à ses devoirs manifestement incompatible avec l'exercice de son mandat. Aux termes de l'article 68 de la Constitution, la destitution est prononcée par *le Parlement constitué en Haute Cour*. La Haute Cour est présidée par le président de l'Assemblée nationale, et elle statue à bulletins secrets. Sa décision, qui est de nature politique et non pénale, est d'effet immédiat. Mais la Cour de justice de la République est une véritable juridiction, dont les arrêts peuvent faire l'objet d'un pourvoi devant l'assemblée plénière de la Cour de cassation. La Cour de justice de la République est composée de quinze juges : trois magistrats du siège à la Cour de cassation, dont l'un exerce les fonctions de président, et douze parlementaires élus par l'Assemblée nationale et le Sénat, au sein de ces assemblées, en nombre égal[81]. Toutes les garanties du procès équitable ne sont toutefois pas assurées devant cette juridiction. Ainsi, aucune constitution de partie civile n'y est recevable[82]. Selon l'article 68-2 de la Constitution, toute personne qui se prétend lésée par un crime ou un délit commis par un membre du Gouvernement dans l'exercice de ses fonctions peut porter plainte auprès d'une commission des requêtes. Cette commission ordonne soit le classement de la procédure, soit sa transmission au procureur général près la Cour de cassation aux fins de saisine de la Cour de justice de la République. La règle n'a pas été jugée contraire au principe du droit à un tribunal garanti par la Convention européenne des droits de l'homme[83].

C. LES JURIDICTIONS MILITAIRES

48. La loi du 13 décembre 2011 relative à la répartition des contentieux et à l'allégement de certaines procédures juridictionnelles a mis fin, à compter du 1er janvier 2012, aux compétences juridictionnelles des juridictions militaires en temps de paix. En temps de paix, les infractions commises sur le territoire de la République par des militaires à l'occasion du service sont soumises aux juridictions de droit commun mentionnées à l'article 697 du Code de procédure pénale. Plus précisément, dans le ressort de chaque cour d'appel sont désignés un tribunal correctionnel spécialisé et une cour d'assises siégeant sans juré[84]. En temps de guerre, les infractions relèvent des tribunaux territoriaux des forces armées, dont le ressort s'étend sur une ou plusieurs régions militaires. Ces tribunaux sont composés d'un président et d'un assesseur, magistrats judiciaires, ainsi que de trois juges militaires[85].

---

80. La compétence de la Cour de justice de la République est uniquement retenue pour les membres du gouvernement pénalement responsables des actes accomplis dans l'exercice de leurs fonctions et qualifiés de crimes ou délits au moment où ils ont été commis, c'est-à-dire ayant un rapport avec la conduite des affaires de l'État (Cass., Ass. plén., 23 déc. 1999, n° 99-86.298). Les juridictions de droit commun sont compétentes lorsque des infractions sont commises «à l'occasion des fonctions ministérielles» (Cass. crim., 16 févr. 2000, n° 99-86.307, RSC 2000, 840, obs. J.-F. RENUCCI).
81. Art. 68-1 et 2 Constitution.
82. Cass., Ass. plén. 12 juill. 2000, n° 00-83577 et 00-83578.
83. Cass., Ass. plén. 21 juin 1999, n° 99-81927.
84. Art. 697 et s. CPP.
85. Art. L. 112-1 Code just. mil.

BIBLIOGRAPHIE POUR ALLER PLUS LOIN

« Faut-il réformer le statut du ministère public », Dossier *AJ Pénal* 2011, n° 3.

Ph. Bonfils, « Le centenaire mouvementé du Tribunal pour enfant », *Gaz. Pal.* 2012, n° 193-194, p. 23.

E. Bonis-Garçon, O. Décima, « Le parquet et les sirènes de l'indépendance », *JCP* 2013, I, 806.

J. Leblois-Happe, « Quelle collégialité pour l'instruction en 2010 ? », *D.* 2008, 2101.

V. Malabat, « La conformité du jury aux droits fondamentaux », *RPDP* 2012, 607.

Y. Strickler, « Le juge unique en procédure pénale », *LPA* 2002, n° 35, p. 9.

» Exercice corrigé

COMMENTAIRE DE L'ARRÊT DE LA CHAMBRE CRIMINELLE RENDU LE 18 JANVIER 2011, POURVOI N° 10-84980

Dans cet arrêt du 18 janvier 2011, la chambre criminelle de la Cour de cassation répond à la question de savoir quelles autorités judiciaires sont compétentes pour contrôler et prolonger les mesures de garde à vue.
La question est importante, puisqu'à cet égard plusieurs textes s'affrontent, avec en contrepoint les contrôles de conventionnalité et de constitutionnalité. Le premier texte concerné est l'article 5 § 3 de la Convention de sauvegarde des droits de l'homme, selon lequel « *toute personne arrêtée ou retenue, dans les conditions prévues au paragraphe 1c du présent article* » (« *en vue d'être conduite devant l'autorité judiciaire compétente lorsqu'il y a des raisons plausibles de soupçonner qu'elle a commis une infraction ou qu'il y a des motifs raisonnables de croire à la nécessité de l'empêcher de commettre une infraction ou de s'enfuir après l'accomplissement de celle-ci* ») « *doit être aussitôt traduite devant un juge ou un autre magistrat habilité par la loi à exercer des fonctions judiciaires* ». Mais de l'autre côté, le droit français prévoit que la garde à vue peut, à l'issue d'un délai de vingt-quatre heures, être prolongée d'une égale durée par le procureur de la République (art. 63 et 77 CPP.), et qu'en matière de criminalité organisée, des prolongations supplémentaires sont possibles sur décision du juge des libertés et de la détention ou du juge d'instruction (art. 706-88 CPP).

En l'espèce, une personne avait été interpellée et placée en garde à vue, sous le contrôle du procureur de la République, le 24 septembre 2009 à 10 h 50. La garde à vue avait pris fin le 25 septembre 2009 à 9 h 55, la personne ayant été présentée au juge d'instruction. L'un des moyens présentés par le pourvoi soutenait la nullité de la mesure au motif, notamment, que le procureur de la République n'est pas une autorité judiciaire au sens de l'article 5 § 3 de la Convention européenne. C'est donc la compétence du procureur de la République pour contrôler la garde à vue qui était contestée. Est-il un magistrat indépendant et impartial apte à contrôler cette mesure de contrainte ?

Au visa de l'article 5 § 3 de la Convention de sauvegarde des droits de l'homme, la Cour de cassation considère que « s'il est vrai que le ministère public, ne présentant pas les garanties d'indépendance et d'impartialité et étant partie poursuivante, n'est pas une autorité judiciaire au sens de l'article 5 § 3 (...), aucune nullité n'est en l'espèce encourue, dès lors que le demandeur a été présenté à un magistrat du siège dans un délai compatible avec les dispositions de ce texte». Autrement dit, le procureur de la République n'a pas la qualité d'autorité judiciaire (I), mais il peut néanmoins contrôler la garde à vue, dans la limite d'un certain délai (II).

I/ L'autorité judiciaire refusée au ministère public

Prise entre «deux foyers»[86] de droits fondamentaux, la Cour de cassation a privilégié l'autorité de chose interprétée des arrêts de la Cour européenne des droits de l'homme (A), plutôt que l'autorité absolue de chose jugée des décisions du Conseil constitutionnel (B), pour considérer que le ministère public n'est pas une autorité judiciaire au sens de l'article 5 § 3.

A/ Le refus résultant du contrôle de conventionalité

Pour la Cour EDH, le «*magistrat habilité par la loi à exercer des fonctions judiciaires*» doit être indépendant à l'égard de l'exécutif et impartial à l'égard des parties. Or, la Cour adopte une conception *in abstracto*, objective, centrée sur les apparences d'impartialité et d'indépendance. Ainsi, le simple fait qu'il lui soit possible d'intervenir comme partie poursuivante dans la procédure ultérieure suffit à le disqualifier au regard de l'article 5 § 3. De même, le fait qu'il soit tenu par un lien de subordination hiérarchique – même s'il n'a pas reçu d'instructions dans l'affaire – le disqualifie. Telle est la solution qui résulte des affaires *Medvediev* et *Moulin*.

Dans la première décision de l'affaire *Medvediev*, en date du 10 juillet 2008, le droit français est vivement mis en cause puisque la Cour considère que «le procureur de la République n'est pas une autorité judiciaire». En effet, selon elle, «il lui manque en particulier l'indépendance à l'égard du pouvoir exécutif pour avoir cette qualité»... Dans la seconde décision, du 29 mars 2010, rendue par la grande chambre, le droit français est mois sévèrement attaqué puisqu'il n'y est pas redit que le parquet n'est pas une autorité judiciaire. Toutefois, la Cour rappelle que «le magistrat (au sens de l'art. 5) doit présenter les garanties requises d'indépendance à l'égard de l'exécutif et des parties», pour en déduire qu'il est «exclu qu'il puisse agir par la suite contre le requérant dans la procédure pénale à l'instar du ministère public». Dans l'affaire *Moulin* du 22 novembre 2010, cette affirmation est bien plus nette encore. La Cour relève que les membres du parquet «dépendent tous d'un supérieur hiérarchique commun, le garde des Sceaux, ministre de la Justice, qui est membre du gouvernement et donc du pouvoir exécutif». Elle en déduit que «les membres du ministère public, en France, ne remplissent pas l'exigence d'indépendance à l'égard de l'exécutif» et ajoute qu'ils manquent aussi d'impartialité. Ainsi l'arrêt *Moulin* considère que les membres du ministère public en France ne sont pas des magistrats «habilités par la loi à occuper des fonctions judiciaires» au sens de l'article 5, § 3 de la Convention.

Or, l'arrêt du 18 janvier 2011 consacre l'analyse de la Cour européenne. S'appuyant sur l'interprétation des mots «magistrat habilité par la loi à exercer des fonctions

86. S. PELLÉ, «La réforme de la garde à vue: problème de droit transitoire», *AJ pénal* 2011, p. 235.

judiciaires» de l'article 5 § 3 de la Conv. EDH, la Cour de cassation considère, tout comme la Cour EDH, que le ministère public ne présente pas les garanties d'indépendance et d'impartialité nécessaires. La Haute juridiction française avait déjà pris cette position dans un arrêt remarqué du 15 décembre 2010 (n° 10-83674). Si ce n'est donc pas la première fois que la Cour de cassation statue en ce sens, en visant l'article 5 § 3 de la Convention de sauvegarde des droits de l'homme, la position retenue ici mérite attention dans la mesure où celle de 2010 avait surpris, en étant contraire à la jurisprudence habituelle. En effet, la chambre criminelle avait jugé dans un arrêt du 10 mars 1992 (n° 91-86944, aff. *Roman)*, que l'article 5 § 3 de la Convention n'interdit aucunement que «le procureur de la République, magistrat de l'ordre judiciaire qui a pour mission de veiller à l'application de la loi [...], après avoir vérifié que le maintien de l'intéressé à la disposition des enquêteurs était justifié, puisse en prolonger la durée dans les limites que la loi autorise». Autrement dit, en 1992, et au visa du même texte, le procureur était qualifié de magistrat «de l'ordre judiciaire». Ainsi la Cour de cassation n'était pas encore en contradiction avec la jurisprudence du Conseil constitutionnel.

B/ Le refus contrariant la jurisprudence constitutionnelle

Le Conseil constitutionnel confère aux magistrats du parquet le caractère d'autorité judiciaire. Selon le Haut Conseil en effet, «l'autorité judiciaire qui, en vertu de l'article 66 [...] assure le respect de la liberté individuelle comprend à la fois les magistrats du siège et du parquet». Il en résulte que le procureur de la République peut prolonger la garde à vue à l'issue d'un délai de vingt-quatre heures car, comme les juges, il est garant des libertés au sens de l'article 66 de la Constitution (Cons. const., 11 août 1993, n° 93-326-DC). La solution sera maintes fois confirmée ensuite (Cons. const., 29 août 2002, n° 2002-461 DC; 30 juillet 2010., n° 2010-14/22 QPC). C'est pourquoi le procureur doit être informé dès le début de la garde à vue pour pouvoir décider du maintien de celle-ci, puis, éventuellement, de sa prolongation (Cons. const., 30 juill. 2010, n° 2010-14/22 QPC).

Une telle contradiction n'est pas sans poser la difficulté de l'unité de la jurisprudence (en ce sens, v. J.-L. Nadal, «Le risque pour notre justice et nos libertés», *Le Monde*, 2 juin 2006). La chambre criminelle de la Cour de cassation semble d'ailleurs prise ici entre deux feux. Au plan interne, elle est censée respecter l'autorité absolue de chose jugée des décisions du Conseil constitutionnel qui, selon l'article 62, alinéa 3, de la Constitution, s'impose «à toutes les autorités juridictionnelles». Au plan européen, elle ne peut prendre le risque de ne pas tenir compte de l'autorité de chose interprétée des arrêts de la Cour européenne des droits de l'homme.

Cette difficulté explique qu'en l'espèce – tout comme dans la jurisprudence européenne – le défaut de la qualité d'autorité judiciaire soit tempéré. Ainsi l'arrêt d'appel «n'encourt pas... pour autant la censure dès lors que le demandeur a été libéré à l'issue d'une privation de liberté d'une durée compatible avec l'exigence de brièveté imposée par l'article 5, § 3». Le ministère public, bien qu'il ne soit pas une autorité judiciaire, est apte à contrôler la privation de liberté, dans la limite d'un certain délai.

II/ Le contrôle de la garde à vue laissé au ministère public

De l'arrêt de la chambre criminelle, il résulte que dans les quarante-huit premières heures seul un contrôle du parquet peut exister, relayé ensuite par le contrôle d'un magistrat du siège.

A/ Le contrôle initial conforme aux exigences européennes

En l'espèce, le délai d'environ vingt-trois heures avant la présentation au juge d'instruction est jugé compatible avec les dispositions de l'article 5 § 3. Ainsi, la chambre criminelle justifie le contrôle de la garde à vue par le ministère public dans la mesure où le suspect a fait l'objet une privation de liberté compatible avec l'exigence de promptitude imposée par le texte conventionnel. En effet, l'article 5 § 3 de la Convention européenne n'a jamais signifié que la présentation devant une autorité judiciaire ait lieu immédiatement. Aux termes de ce texte, la personne arrêtée doit être conduite « aussitôt » devant un juge ou autre magistrat habilité, ce qui laisse une marge d'interprétation jurisprudentielle pour le terme « aussitôt ».

La Cour EDH elle-même a construit une jurisprudence graduée tenant compte de la condition personnelle du suspect en garde à vue, mais aussi et surtout de la gravité des faits. Dans sa décision *Brogan c/ Royaume*-Uni du 29 novembre 1988, la Cour EDH se positionne sur le délai maximal, dans une hypothèse de « droit dérogatoire ». Saisie d'une affaire de terrorisme dans laquelle la garde à vue avait duré quatre jours et six heures, la Cour, tout en admettant que la nature des infractions en cause pouvait justifier un délai plus long qu'en matière d'infraction de droit commun, juge qu'« on élargirait de manière inacceptable le sens manifeste d'*"aussitôt" si l'on attachait aux caractéristiques de la cause un poids assez grand pour justifier une si longue détention sans comparution devant un juge ou un "autre magistrat"* ». Pour les hypothèses dérogatoires, la juridiction européenne considère que le délai de présentation devant un juge peut aller, pour un majeur, jusqu'à quatre jours (CEDH, 3 février 2009, aff. *Ipek et autres c./ Turquie).* Dans plusieurs affaires récentes, elle admet toutefois l'existence de circonstances spécifiques imposant un délai inférieur à quatre jours (CEDH 27 juin 2013, aff. *Vassis c/ France* 4 déc. 2014, aff. *Hassan et autres c/ France*, aff. *Ali Samatar c/ France).* Dans la décision *Ali Samatar c/ France* du 4 décembre 2014, elle évoque même une présentation « sans délai », ce qui semble plus restrictif. Ainsi, dans l'affaire *Moulin c/ France*, où la garde à vue de la requérante était intervenue dans le cadre d'une information pour trafic de stupéfiants et blanchiment, la présentation après cinq jours seulement devant un juge d'instruction, devait entraîner la condamnation de la France. S'agissant des infractions de « droit commun », le délai paraît plus court puisque la Cour a déjà constaté une violation pour un délai de trois jours et vingt-trois heures (CEDH, 6 novembre 2008, aff. *Kandjov c/ Bulgarie*). Mais la Cour s'est jusqu'à présent gardé de fixer le délai maximal dans une procédure de droit commun. Il est en réalité difficile de fixer à quel laps de temps correspond l'exigence de traduire « *aussitôt* » devant un juge une personne privée de liberté.

En tout état de cause, en droit français, le délai pendant lequel la privation de liberté d'une personne suspectée est placée sous le contrôle du parquet (48 h) est plus court que le délai avant l'expiration duquel la Cour européenne exige l'intervention d'un juge. Aussi, la chambre criminelle devait-elle rejeter le pourvoi au motif que « le demandeur a été présenté à un magistrat du siège dans un délai compatible avec les dispositions de ce texte ».

B/ Le relais nécessaire du magistrat du siège

Si le placement, tout comme la première prolongation de la garde à vue, peuvent être confiés au ministère public, le relais d'un contrôle par un magistrat du siège est prévu dans le droit français à partir de la 48e heure de garde à vue. En effet, le Code de procédure pénale impose la présentation du gardé à vue à un juge du siège – juge des libertés et de la détention ou juge d'instruction – pour les prolongations au-delà de quarante-huit heures en matière de criminalité organisée et de terrorisme. Ce droit dérogatoire respecte donc les exigences de l'article 5 § 3, puisque le juge du siège intervient dans un délai inférieur aux quatre jours de détention fixés par la juridiction européenne. Même si la solution à l'égard des infractions de « droit commun » est moins clairement posée, on peut toutefois raisonnablement penser que le délai de deux jours maximum reste satisfaisant au regard de l'article 5 § 3. Mais dans toute hypothèse, encore faut-il que le point de départ du délai soit apprécié conformément à la jurisprudence européenne.

En l'espèce, le placement en garde à vue avait été décidé à 10 h 55, faisant suite à une interpellation qui avait eu lieu à 10 h 50. Autrement dit, le « prompt » délai de présentation à un magistrat avait commencé depuis la privation effective de liberté. Mais des circonstances exceptionnelles peuvent contraindre les enquêteurs à détenir un suspect, avant même son placement en garde à vue. Dans les arrêts *Ali Samatar* et *Hassan* du 4 décembre 2014, la détention des suspects – qui sont arrêtés loin du territoire national – pendant le temps du convoiement, n'est pas incompatible avec l'exigence de promptitude même si elle dure plusieurs jours. En revanche, le temps de présentation à l'autorité judiciaire, une fois les suspects arrivés sur place, est remis en cause par la Cour EDH, alors qu'il n'avait pas dépassé quarante-huit heures. Autrement dit, l'existence d'une première privation de liberté impose une plus stricte appréciation de la notion de promptitude pour la présentation devant un magistrat habilité. Cette solution conforte ce qui avait été retenu dans la décision *Vassis c/ France* du 27 juin 2013, où la Cour dit expressément que « l'intervention d'un magistrat du ministère public au début et pendant la garde à vue ne soulève pas, en soi, de difficulté, pourvu que la personne gardée à vue soit ensuite présentée à un juge ou à un autre magistrat habilité par la loi à exercer des fonctions judiciaires dans un délai conforme aux exigences de l'article 5 § 3 », mais estime pourtant qu'une durée de quarante-huit heures est excessive, dès lors qu'elle ne coïncide pas avec le début de la privation de liberté.

Pour tenir compte de cette évolution européenne, le droit français aurait peut-être intérêt à garantir, dès la garde à vue initiale, une intervention graduée de cette autorité : la décision de placement en garde à vue pourrait relever du pouvoir de l'officier de police judiciaire, sous le contrôle du procureur de la République mais la prolongation de la mesure au-delà de vingt-quatre heures supposerait une autorisation du juge des libertés et de la détention. La solution avait été envisagée dans une première version de la loi du 14 avril 2011 relative à la garde à vue, mais finalement abandonnée pour laisser la compétence du contrôle et de la prolongation au procureur de la République. Il est à noter que, selon le rapport sur la procédure pénale issu des travaux de la mission présidée par Jacques Beaume, et remis au garde des Sceaux en juillet 2014, le droit positif assure « un équilibre satisfaisant, conforme au droit européen, entre les pouvoirs du ministère public et ceux du juge des libertés et de la détention en matière de contrôle de la garde à vue »...

LEÇON 2

La compétence des juridictions pénales

49. La compétence peut être définie comme l'aptitude d'une juridiction d'instruction ou de jugement à connaître d'un procès. La compétence fait l'objet d'un *ensemble de règles qui sont d'ordre public*. Il en résulte qu'en principe le juge doit se déclarer incompétent d'office, sauf la cour d'assises qui a plénitude de juridiction[1]. Il en résulte également que les parties ne peuvent passer de convention sur la compétence, et qu'à toute hauteur de la procédure, y compris pour la première fois devant la Cour de cassation, elles peuvent soulever l'incompétence de la juridiction[2].

50. Aux règles normales de compétence (Section 1), le législateur a toutefois prévu des dérogations (Section 2). En tout état de cause, les décisions rendues par une juridiction incompétente sont sanctionnées par la nullité (Section 3).

Section 1
LES RÈGLES NORMALES DE COMPÉTENCE

51. La répartition du contentieux entre les juridictions répressives dépend de trois éléments : la qualité de la personne poursuivie, la nature et le lieu de commission de l'infraction. Ces différents éléments déterminent respectivement la compétence personnelle, la compétence matérielle et la compétence territoriale.

I. LA COMPÉTENCE PERSONNELLE

52. La compétence personnelle est déterminée d'après la qualité de la personne qui s'apprécie au jour où l'infraction est commise. Il existe ainsi trois sortes de juridictions

1. Art. 231 CPP.
2. Bien que n'étant pas partie à la procédure, le témoin assisté est recevable à se pourvoir en cassation contre l'arrêt d'une chambre de l'instruction qui a excédé ses pouvoirs en méconnaissant les règles de compétence des juridictions répressives (Cass. crim., 3 mai 2012, n° 11-89173).

spécialisées à raison de qualité personnelle : les juridictions pour mineurs, les juridictions politiques et les juridictions militaires[3].

53. La prise en compte de la situation personnelle du délinquant dans la détermination des compétences est parfois critiquée, en ce qu'elle porte atteinte au principe de l'égalité de tous devant la loi. Il s'agit pourtant d'une tradition historique, justifiée par les nécessités d'une bonne justice. À propos des juridictions pour mineur, le Conseil constitutionnel, saisi d'une question prioritaire de constitutionnalité sur la composition du tribunal pour enfants, a ainsi rappelé que « l'atténuation de la responsabilité pénale des mineurs en fonction de l'âge, comme la nécessité de rechercher le relèvement éducatif et moral des enfants délinquants par des mesures adaptées à leur âge et à leur personnalité, prononcées par une juridiction spécialisée ou selon des procédures appropriées, ont été constamment reconnues par les lois de la République depuis le début du xxe siècle »[4].

II. LA COMPÉTENCE MATÉRIELLE

54. La compétence matérielle – ou d'attribution – est déterminée selon la nature de l'infraction : crime, délit, contravention. Les crimes relèvent de la cour d'assises, compétente également pour les délits et contraventions commis à son audience. Parce qu'elle a plénitude de juridiction[5], la cour d'assises est compétente pour juger de toutes les infractions qui lui sont déférées par l'ordonnance de mise en accusation, même si celles-ci ne s'avèrent finalement pas revêtir de qualification criminelle. Mais la cour d'assises ne peut connaître que des infractions qui lui sont déférées par cette décision. Elle n'est pas compétente pour juger de faits qui apparaissent au cours des débats et qui ne sont ainsi pas visés dans la décision de mise en accusation. Les délits, c'est-à-dire les infractions que la loi punit d'une peine d'emprisonnement ou d'une amende supérieure ou égale à 3 750 euros, relèvent du tribunal correctionnel, également compétent pour les contraventions portées devant lui sous la qualification de délit[6]. Les contraventions, c'est-à-dire les infractions que la loi punit d'une peine d'amende n'excédant pas 1 500 euros, et 3 000 euros en cas de récidive, relèvent du tribunal de police.

55. Il existe toutefois une atténuation à ces règles de compétence matérielle : la *correctionnalisation judiciaire*. Il s'agit d'une pratique consistant à transformer un crime en délit ou même en contravention. La contraventionnalisation peut aussi consister à transformer un délit en contravention. En principe illégale, la pratique est, de façon exceptionnelle, ratifiée par le législateur. La loi du 9 mars 2004 portant adaptation

3. V. *supra* n° 28 et s.
4. Déc. n° 2011-147 QPC, 8 juill. 2011. Il est à noter toutefois que cette décision impose de déterminer la compétence du tribunal pour enfant, non seulement par la qualité de la personne poursuivie, mais aussi par la mesure que l'on envisage de prononcer. En effet, pour le Haut Conseil, le principe d'impartialité des juridictions ne s'oppose pas à ce que le juge des enfants qui a instruit la procédure puisse, à l'issue de cette instruction, prononcer des mesures d'assistance, de surveillance ou d'éducation ; mais il lui interdit de présider le tribunal pour enfants, habilité à prononcer des peines.
5. Art. 231 CPP.
6. Art. 466 CPP.

de la justice aux évolutions de la criminalité a ainsi légalisé la pratique de la correctionnalisation judiciaire dans certaines conditions[7]. Ayant prévu la possibilité pour la personne mise en examen ou la partie civile d'interjeter appel des ordonnances de renvoi devant le tribunal correctionnel, lorsqu'elles estiment que les faits sont de nature criminelle[8], la loi interdit toute contestation de la qualification correctionnelle donnée aux faits devant le tribunal correctionnel. Ainsi, lorsqu'il est saisi par le renvoi ordonné par le juge d'instruction ou par la chambre de l'instruction, le tribunal correctionnel ne peut pas, d'office ou sur demande des parties, se déclarer incompétent en invoquant le caractère criminel des faits[9].

56. Deux exceptions ont toutefois été apportées à l'article 469 du Code de procédure pénale : d'une part, si la victime ne s'est constituée partie civile qu'après la clôture de l'instruction, elle peut toujours soulever l'incompétence[10] ; d'autre part, le tribunal correctionnel saisi de poursuites exercées pour un délit non intentionnel conserve la possibilité de renvoyer le ministère public à se pourvoir s'il résulte des débats que les faits sont de nature à entraîner une peine criminelle parce qu'ils ont été commis de façon intentionnelle.

III. LA COMPÉTENCE TERRITORIALE

57. La compétence territoriale dépend du lieu de commission de l'infraction, mais aussi de la qualité de la personne poursuivie, physique ou morale. S'agissant des personnes physiques, la juridiction compétente est en principe celle du lieu de commission de l'infraction. En matière contraventionnelle, la compétence peut dépendre aussi du lieu de constatation de l'infraction ou du lieu de résidence du prévenu[11]. En matière correctionnelle ou criminelle, la compétence est même quadruple. Outre le lieu de commission de l'infraction et celui de la résidence du prévenu, la compétence peut encore dépendre du lieu d'arrestation ou de détention de ce dernier[12]. L'attribution n'est pas préférentielle, elle se fait par la prévention, c'est-à-dire par la saisine du premier tribunal. S'agissant des personnes morales, la juridiction compétente est celle du lieu de commission de l'infraction ou du siège de la personne morale[13].

7. V. A. Darsonville, « La légalisation de la correctionnalisation judiciaire », *Dr. pén.* 2007, étude n° 3.
8. Art. 186-3 CPP. Après avoir considéré que la déclaration d'appel devait faire apparaître de manière non équivoque l'objet du recours, la chambre criminelle est revenue sur sa jurisprudence en affirmant que « la recevabilité de l'appel, exercé en application de l'article 186-3, alinéa 1er, du Code de procédure pénale, n'est pas subordonnée à la mention dans l'acte d'appel de l'objet de ce recours » (Cass. crim., 10 déc. 2008, n° 08-86.812). Cette évolution anticipe la position de la Cour EDH dans une affaire *Poirot c/ France* du 15 déc. 2011. Désormais, sans imposer une mention non équivoque de l'article 186-3 du Code de procédure pénale dans la déclaration d'appel, il est exigé que les dispositions de ce texte aient été invoquées dans un acte de la procédure (Cass. crim., 23 févr. 2011, n° 10-81.767).
9. Art. 469 al. 3 CPP.
10. Il en est de même si elle s'est constituée au cours de l'instruction, mais sans avocat. De plus, pour la Cour de cassation, seule doit être prise en compte, au titre de l'article 469 du Code de procédure pénale, la victime des faits, laquelle doit répondre aux conditions posées par l'article 2 du même code : il doit s'agir de la personne ayant personnellement souffert du dommage directement causé par l'infraction (Cass. crim., 23 juin 2011, n° 10-85.671).
11. Art. 522, 522-1 CPP.
12. Art. 382 CPP.
13. Art. 706-42 CPP.

58. Des règles particulières de compétence territoriale ont toutefois été prévues pour certaines infractions (infraction en matière de chèque[14], terrorisme[15], infractions financières[16], abandon de famille[17]...). En outre, lorsque les faits mettent en cause, comme auteur ou comme victime, un magistrat, un avocat, un officier public ou ministériel, un militaire de la gendarmerie nationale, un fonctionnaire de la police nationale, des douanes ou de l'administration pénitentiaire ou toute autre personne dépositaire de l'autorité publique ou chargée d'une mission de service public qui est habituellement, de par ses fonctions ou sa mission, en relation avec les magistrats ou fonctionnaires de la juridiction, le procureur général peut, d'office, sur proposition du procureur de la République et à la demande de l'intéressé, transmettre la procédure au procureur de la République auprès du tribunal de grande instance le plus proche du ressort de la cour d'appel afin de procéder au « dépaysement judiciaire »[18].

Section 2
LES DÉROGATIONS AUX RÈGLES DE COMPÉTENCE

59. Il existe trois sortes de dérogations aux règles normales de compétence : la prorogation de compétence, le renvoi d'une juridiction à une autre et la règle « le juge de l'action est le juge de l'exception ».

I. LA PROROGATION DE COMPÉTENCE

60. La prorogation de compétence donne légalement[19] compétence à une juridiction normalement incompétente, en raison du lien entre deux affaires. Techniquement, la règle conduit à une jonction des procédures, devant la juridiction la plus élevée, en raison d'un lien de connexité ou d'indivisibilité.

61. Dans l'hypothèse d'une *connexité*, la jonction de procédures est facultative, les juges devant « apprécier la nécessité ou la convenance de la jonction des poursuites dans l'intérêt d'une bonne administration de la justice »[20]. Aux termes de l'article 203 du Code de procédure pénale, relatif à la compétence de la chambre de l'instruction, mais dont la règle est étendue à toutes les juridictions de jugement, la connexité est un lien qui tient : 1° soit à l'unité de temps et de lieu, les infractions ayant été « commises en même temps par plusieurs personnes réunies » ; 2° soit à l'unité de dessein criminel, les infractions ayant été « commises par différentes personnes, même en différents temps et en divers lieux, mais par suite d'un concert formé

14. Art. L 163-2 C. mon. fin.
15. Art. 706-17 et s. CPP.
16. Art. 704 et 705 CPP.
17. Art. 382 CPP.
18. Art. 43 CPP : la décision du procureur général constitue une mesure d'administration judiciaire qui n'est susceptible d'aucun recours.
19. Il n'existe pas de prorogation conventionnelle en procédure pénale.
20. Cass. crim., 3 juin 1959, *Bull.* n° 296.

à l'avance entre elles » ; 3° soit à une relation de cause à effet entre les infractions, « lorsque les coupables ont commis les unes pour se procurer les moyens de commettre les autres, pour en faciliter, pour en consommer l'exécution ou pour en assurer l'impunité » ; 4° soit à une suite logique, « lorsque des choses enlevées, détournées ou obtenues à l'aide d'un crime ou d'un délit ont été, en tout ou partie, recelées ». La jurisprudence fait une interprétation extensive de ce texte pour l'appliquer dans chaque hypothèse où des infractions procèdent d'une même conception, sont déterminées par la même cause et tendent au même but. Ainsi par exemple, sont considérés comme connexes plusieurs excès de vitesse par un même conducteur sur un même parcours, ou plusieurs infractions commises par des personnes différentes, mais suivant un accord conclu antérieurement.

62. Dans l'hypothèse d'une *indivisibilité*, la jonction des procédures est obligatoire[21]. Le concept de l'indivisibilité n'étant pas défini par l'article 382 du Code de procédure pénale, il n'est pas évident de le cerner et surtout de le distinguer de celui de la connexité. Selon la chambre criminelle, les faits sont indivisibles lorsqu'ils sont « unis par des rapports si étroits que l'existence des uns ne se comprendrait pas sans l'existence des autres »[22] ou lorsqu'ils ont été « commis dans le même trait de temps, dans le même lieu, qu'ils ont été déterminés par le même mobile, qu'ils procèdent de la même cause »[23] ou encore lorsqu'ils sont « si intimement liés entre eux que l'une des infractions est la suite nécessaire de l'autre »[24]. En doctrine, le critère retenu est souvent celui de l'unité : unité d'agent (lorsqu'un même individu a commis plusieurs infractions liées entre elles par un rapport de cause à effet ou par un même dessein criminel)[25] ou unité d'infraction (lorsqu'un seul fait est commis par plusieurs personnes dans le même lieu et le même trait de temps).

II. LE RENVOI D'UNE JURIDICTION À UNE AUTRE

63. Le renvoi consiste à saisir une juridiction autre que celle territorialement compétente. Il se rencontre dans plusieurs hypothèses : la suspicion légitime (art. 662 CPP) ; la sûreté publique (art. 665 CPP) ; la bonne administration de la justice (art. 665 CPP) ; l'impossibilité pour la juridiction d'être légalement composée (art. 665-1 et 667-1 CPP).

A. LE RENVOI POUR CAUSE DE SUSPICION LÉGITIME

64. La suspicion légitime suppose des éléments permettant de douter de l'impartialité d'une juridiction. Ces éléments peuvent être subjectifs (Ex : le juge d'instruction manifestant publiquement son hostilité à l'égard du mis en cause)[26] ou même seule-

21. Art. 382 CPP.
22. Cass. crim., 24 juill. 1875, *Bull.* n° 239.
23. Cass. crim., 15 oct. 1959, *Bull.* n° 435.
24. Ch. réun., 22 avr. 1869, *D.* 1869, I, 377.
25. Tel est le cas de deux infractions, dont l'une est la circonstance aggravante de l'autre (ex : usage d'une arme pour commettre un vol) ou dont l'une est commise en vue de la commission de l'autre (ex : faux commis en vue d'une escroquerie).
26. Cass. crim., 21 août 1990, *Bull.* n° 305.

ment objectifs, sous l'influence de la Convention européenne des droits de l'homme (Ex : saisine d'une juridiction à la suite de la dénonciation d'un magistrat de son parquet, celui-ci se présentant comme victime des faits)[27]. Une requête aux fins de renvoi pour cause de suspicion légitime est présentée par le procureur général près la Cour de cassation, le ministère public près la juridiction saisie ou les parties privées. Statuant en chambre du conseil, la chambre criminelle est seule compétente pour décider d'un tel renvoi, la désignation de la nouvelle juridiction constituant une mesure d'administration judiciaire.

B. LE RENVOI POUR CAUSE DE SÛRETÉ PUBLIQUE

65. L'initiative de ce renvoi incombe au seul procureur général près la Cour de cassation. Il suppose la crainte de troubles à l'ordre public ou à la sécurité des magistrats et fonctionnaires de justice, que risquerait d'engendrer localement l'instruction ou le jugement d'une affaire. Tel est le cas par exemple d'un risque d'évasions concertées[28].

C. LE RENVOI DANS L'INTÉRÊT D'UNE BONNE ADMINISTRATION DE LA JUSTICE

66. Le renvoi dans l'intérêt d'une bonne administration de la justice peut être ordonné par la chambre criminelle, soit sur requête du procureur général près la Cour de cassation, soit sur requête du procureur général près la cour d'appel dans le ressort de laquelle la juridiction saisie a son siège, agissant d'initiative ou sur demande des parties. Dans les dix jours de la réception de la demande et s'il n'y donne pas suite, le procureur général près la cour d'appel informe le demandeur des motifs de sa décision. Ce dernier peut alors former un recours devant le procureur général près la Cour de cassation qui, s'il ne saisit pas la chambre criminelle l'informe des motifs de sa décision. La chambre criminelle statue dans les huit jours de la requête.

67. La notion de « bonne administration de la justice » est suffisamment compréhensive pour recouvrir des considérations liées aux situations objectives, mais aussi aux personnes en cause. Ainsi, en pratique, des requêtes en suspicion légitime peuvent aboutir à un renvoi dans l'intérêt d'une bonne administration de la justice, moins gênant pour la juridiction dessaisie[29].

68. Dans l'intérêt d'une bonne administration de la justice également, l'article 664 du Code de procédure pénale prévoit la possibilité pour le ministère public de requérir le renvoi de la procédure de la juridiction d'instruction ou de jugement saisie à celle du lieu de détention provisoire d'une personne mise en examen ou d'un prévenu. Il est procédé comme en matière de règlement de juges[30].

---

27. Cass. crim., 30 nov. 1994, *Bull.* n° 392.
28. Cass. crim., 4 déc. 1851, *Bull.* n° 506.
29. Cass. crim., 20 juill. 1972, *Bull.* n° 253, et 2 juill. 1975, *Bull.* n° 176.
30. V. *infra* n° 76.

DÉCRYPTAGE : LE RENVOI DANS L'INTÉRÊT D'UNE BONNE ADMINISTRATION DE LA JUSTICE ET LE PRINCIPE DU CONTRADICTOIRE

Afin de garantir le respect du principe du contradictoire, la loi du 13 décembre 2011 relative à la répartition des contentieux et à l'allégement de certaines procédures juridictionnelles a modifié l'article 665 du Code de procédure pénale pour imposer que la requête en renvoi pour une bonne administration de la justice soit signifiée à toutes les parties intéressées, qui se voient attribuer un délai de huit jours pour déposer un mémoire au greffe de la Cour de cassation.

Une question prioritaire de constitutionnalité avait été soumise à la Cour de cassation tendant à faire constater la non-conformité de ce texte aux droits et libertés garantis par les articles 6 et 16 de la Déclaration des droits de l'homme et du citoyen, puisqu'il ne prévoyait pas que la requête aux fins de renvoi soit signifiée aux parties ni que celles-ci puissent déposer un mémoire au greffe de la Cour de cassation. Par un arrêt du 8 juillet 2010[31], la Cour de cassation avait dit n'y avoir lieu à renvoyer au Conseil constitutionnel au motif qu'il appartient à la chambre criminelle de veiller, lors de l'examen de la requête aux fins de renvoi dans l'intérêt d'une bonne administration de la justice, conformément à l'article préliminaire, au respect du principe de la contradiction. Tirant les conséquences de cet arrêt, la chambre criminelle avait rendu le 2 septembre 2010 un arrêt renvoyant à une audience ultérieure l'examen d'une requête fondée sur l'article 665 du Code de procédure pénale, afin que celle-ci soit notifiée aux parties et qu'elles soient informées de leur droit de déposer un mémoire au greffe de la Cour de cassation dans le délai de huit jours suivant la notification[32]. Le rapport 2010 de la Cour de cassation précisait toutefois qu'il serait utile que cette jurisprudence soit suivie d'une adaptation du texte.

D. LE RENVOI POUR IMPOSSIBILITÉ DE COMPOSER LA JURIDICTION

69. Aux termes de l'article 665-1 du Code de procédure pénale, le renvoi peut encore être ordonné par la chambre criminelle si la juridiction normalement compétente ne peut être légalement composée ou si le cours de la justice se trouve autrement interrompu. La requête peut être présentée, soit par le procureur général près la Cour de cassation, soit par le ministère public établi près la juridiction saisie. Elle doit être signifiée à toutes les parties intéressées qui ont un délai de dix jours pour déposer un mémoire au greffe de la Cour de cassation. La chambre criminelle statue dans les quinze jours de la requête.

70. De même, si la juridiction normalement compétente ne peut être composée en raison de l'existence d'incompatibilités prévues par la loi, le premier président de la cour d'appel peut ordonner le renvoi devant la juridiction limitrophe située dans le ressort de cette cour. La requête est présentée par le procureur de la République de la juridiction saisie. Elle est signifiée à toutes les parties intéressées, qui ont un délai de dix jours pour présenter leurs observations auprès du premier président.

31. Cass., QPC, 8 juill. 2010, n° 12144, pourvoi n° 10-90048.
32. Cass. crim., 2 sept. 2010, n° 10-86257, *Bull.* n° 130.

Celui-ci statue dans les quinze jours de la requête. Sa décision constitue une mesure d'administration judiciaire qui n'est pas susceptible de recours[33].

III. LE JUGE DE L'ACTION EST LE JUGE DE L'EXCEPTION

71. Le principe est que la juridiction répressive compétente pour juger une infraction l'est également pour statuer sur les moyens de défense invoqués devant elle quand bien même elle serait incompétente pour en juger directement. Bien que la règle ne se trouve consacrée dans le code qu'à propos du tribunal correctionnel[34], il ne fait pas de doute qu'elle a une portée générale en s'étendant à toutes les juridictions de jugement. Justifiée généralement par des impératifs de rapidité de la procédure – on évite notamment l'utilisation de moyens dilatoires –, la règle trouve aussi son fondement dans le souci d'une meilleure justice, permettant au juge pénal de mieux apprécier tous les éléments du procès.

72. Cependant, dans certains cas, le problème posé est trop important pour que le juge pénal puisse statuer lui-même. Il existe donc des exceptions à la règle de l'article 384 du Code de procédure pénale, qui obligent la juridiction répressive à surseoir à statuer et renvoyer les parties devant la juridiction compétente. Il s'agit d'*exceptions préjudicielles au jugement*[35], qui ne doivent pas être confondues avec les questions préjudicielles à l'action. Ces dernières font obstacle au déclenchement des poursuites (Ex : en matière de banqueroute pour l'ouverture d'une procédure de redressement ou liquidation), tandis que les premières font seulement obstacle au jugement.

73. Ces exceptions préjudicielles au jugement peuvent être de nature civile, pénale ou administrative. En matière civile, elles sont assez nombreuses, et concernent notamment la propriété et les droits réels immobiliers[36], la filiation[37], la nullité de mariage en cas de poursuite pour bigamie[38] ou encore la nationalité[39]. En matière pénale, elles sont beaucoup moins nombreuses. Ainsi, en cas de poursuite du chef de dénonciation calomnieuse, le dénonciateur ne peut être jugé tant que la fausseté du fait dénoncé n'a pas été établie par l'acquittement, le non-lieu ou le classement sans suite[40]. En cas de diffamation portant sur des faits pénalement répréhensibles, le tribunal correctionnel doit attendre que la juridiction répressive compétente ait statué sur les faits constitutifs de la diffamation, permettant le cas échéant d'invoquer l'*exceptio veritatis*[41]. En matière administrative, les exceptions préjudicielles au jugement sont justifiées par le principe de séparation des pouvoirs. Toutefois, le juge

33. Art. 667-1 CPP.
34. Art. 384 CPP.
35. Art. 386 CPP.
36. Art. 384 CPP.
37. Art. 319 C. civ.
38. Mais uniquement si le prévenu invoque la nullité absolue de son premier mariage. Dans les autres cas, le juge pénal reste compétent.
39. Art. 29 C. civ.
40. Art. 226-10 C. pén.
41. Art. 35 Loi 19 juill. 1881.

pénal peut apprécier la légalité des actes administratifs individuels ou réglementaires, lorsque de cet examen dépend la solution du procès pénal[42].

74. L'exception préjudicielle doit obéir à un régime strict, décrit par l'article 386 du Code de procédure pénale. Elle doit être invoquée avant toute défense au fond, c'est-à-dire avant l'interrogatoire du prévenu sur les faits, et ne peut être invoquée pour la première fois en cause d'appel ou devant la Cour de cassation. Elle doit être vraisemblable, c'est-à-dire s'appuyer sur des faits ou des titres donnant un fondement à la prétention. Elle doit être de nature à retirer au fait qui sert de base à la poursuite le caractère d'une infraction. Lorsque le tribunal accueille l'exception, il fixe un délai dans lequel la partie doit saisir le juge compétent. Si elle ne le fait pas, le tribunal passe outre.

75. Une réforme constitutionnelle du 23 juillet 2008 a institué la question prioritaire de constitutionnalité[43]. Devant une juridiction pénale, d'instruction ou de jugement (et même pour la première fois devant la Cour de cassation), il peut être soutenu qu'une disposition législative[44] porte atteinte aux droits et libertés garantis par la Constitution (figurant dans la Constitution de 1958, la Déclaration des droits de l'homme et du citoyen, le préambule de la Constitution de 1946 – y compris les droits fondamentaux reconnus par les lois de la République auxquels il renvoie –, ou la charte de l'environnement). La question prioritaire de constitutionnalité, qui peut être soulevée « à l'occasion d'une instance en cours »[45], est ouverte à toute partie à une instance. Si la question ne peut pas être soulevée d'office par le juge[46], elle n'est pas pour autant réservée au seul justiciable. Le ministère public, qui est partie au procès, peut poser une question prioritaire de constitutionnalité[47]. Seule la cour d'assises, lorsqu'elle ne statue pas en appel, ne peut être saisie d'une question prioritaire de constitutionnalité. La juridiction devant laquelle la question est posée la transmet à la Cour de cassation dans un délai de huit jours. Si la question est sérieuse, la Cour de cassation saisit le Conseil constitutionnel dans un délai de trois mois. Le Conseil constitutionnel statue dans le même délai. Dès la transmission à la Cour de cassation jusqu'à la décision de celle-ci, ou le cas échéant la décision du Conseil constitutionnel, la juridiction pénale doit surseoir à statuer.

42. Art. 111-5 C. pén.

43. Art. 61-1 Const. ; ord. 7 nov. 1958 mod. loi org. 10 déc. 2009 ; art. R 49-21 et s. CPP.

44. Les dispositions réglementaires sont donc exclues du dispositif (Déc. n° 2011-152 QPC du 22 juill. 2011). De même, la compatibilité d'une disposition législative avec une convention internationale ne relève pas de la QPC : déc. n° 2011-217 QPC du 3 févr. 2012.

45. Constit., art. 61-1, introduit par l'article 29 de la loi constitutionnelle n° 2008-724 du 23 juill. 2008.

46. Art. 23-1 al. 1 ord. du 7 déc. 1958 modifié par la loi organique n° 2009-1523 du 10 déc. 2009 relative à l'application de l'article 61-1 de la Constitution.

47. Sur le rôle ambigu du parquet, v. C. Robaczewski, in E. Cartier (dir.), *La QPC, le procès et ses juges*, Dalloz, coll. Méthodes du droit, 2013.

Section 3
LES SANCTIONS DES RÈGLES DE COMPÉTENCE

76. Les règles de compétence étant d'ordre public, les décisions rendues par une juridiction incompétente sont nulles de nullité absolue. Cette sanction se manifeste par la réformation en appel, si la décision a été rendue par une juridiction de première instance, et par la cassation, s'il s'agit d'une décision rendue en dernier ressort. Afin d'éviter la nullité, les juridictions répressives ont le devoir de se déclarer incompétentes. De plus, il est prévu des règles de conflits de compétence.

I. LA DÉCISION D'INCOMPÉTENCE

77. Toute juridiction, qu'elle soit d'instruction ou de jugement, a le devoir de vérifier sa compétence ; et ce, quand bien même les parties n'auraient pas déposé de conclusion d'incompétence. Le juge d'instruction procède à l'examen de sa compétence avant le premier acte d'instruction[48]. Il statue par ordonnance, susceptible d'appel devant la chambre de l'instruction, à l'initiative du procureur de la République[49], du mis en examen ou de la partie civile[50]. La jurisprudence admet également que le témoin assisté, bien que n'étant pas partie à la procédure, est recevable à se pourvoir en cassation contre l'arrêt d'une chambre de l'instruction qui a excédé ses pouvoirs en méconnaissant les règles de compétence des juridictions répressives[51]. Les juridictions de jugement, y compris la Cour de cassation, apprécient pareillement si elles sont compétentes. Si elles s'estiment incompétentes, elles ont l'obligation de refuser à statuer. Toutefois, la cour d'assises a plénitude de juridiction[52], et le tribunal correctionnel, saisi d'une contravention, ne peut pas se déclarer incompétent[53].

78. Les décisions d'incompétence émanant des juridictions de jugement peuvent faire l'objet d'un appel ou d'un pourvoi en cassation. À l'inverse, les décisions par lesquelles ces juridictions affirment leur compétence, en rejetant l'exception soulevée par l'une des parties, l'appel et le pourvoi ne peuvent être reçus qu'après une ordonnance rendue par le président de la chambre des appels correctionnels ou par le président de la chambre criminelle, suite à une requête émanant de la partie souhaitant exercer un recours. En cas de refus, l'appel ou le pourvoi ne peuvent être exercés qu'après décision sur le fond[54].

48. Art. 90 CPP. Bien qu'il ne vise que la compétence territoriale et le cas d'une saisine de la juridiction par la partie civile le texte a une portée générale : il joue aussi pour les compétences matérielle et personnelle ; et s'applique pour tous les modes de saisine de la juridiction.
49. Art. 185 CPP.
50. Art. 186 CPP.
51. Cass. crim., 3 mai 2012, n° 11-89173.
52. Art. 231 CPP.
53. Art. 466 CPP.
54. Art. 507 et 570 CPP.

II. LES CONFLITS DE COMPÉTENCE

79. Les règles relatives aux conflits de compétence diffèrent selon que les deux juridictions appartiennent l'une et l'autre à l'ordre judiciaire répressif ou bien qu'au contraire l'une appartienne à l'ordre judiciaire et l'autre à l'ordre administratif. Dans le premier cas, on parle de conflit de juridictions ; dans le second, de conflit d'attribution.

A. CONFLITS DE JURIDICTIONS

80. Les conflits peuvent prendre plusieurs formes. Le conflit peut être positif, lorsque deux juridictions revendiquent la connaissance de la même affaire, ou négatif, lorsqu'aucune juridiction ne veut connaître de l'affaire.

81. Le conflit se trouve résolu par la procédure du *règlement de juges*[55]. Le principe est que le conflit doit être réglé par la juridiction supérieure commune aux deux juridictions concurrente. Le conflit est donc réglé par la chambre de l'instruction s'il concerne deux tribunaux de police, deux tribunaux correctionnels ou deux juges d'instruction du ressort de la même cour d'appel. Le conflit est réglé par la chambre criminelle de la Cour de cassation dans tous les autres cas. La juridiction est saisie par requête du ministère public ou des parties, et elle statue par arrêt, susceptible de pourvoi en cassation lorsqu'il émane de la chambre de l'instruction.

82. Dans la pratique, le conflit, lorsqu'il est positif, est généralement résolu par le *dessaisissement amiable*, l'une des juridictions se dessaisissant au profit de l'autre. La pratique, moins contraignante que celle du règlement de juges, est consacrée dans le Code de procédure pénale en cas de conflit entre deux juges d'instruction, appartenant au même tribunal ou à des tribunaux différents. L'un des deux juges rend alors une ordonnance de dessaisissement. Si le conflit de compétence subsiste, il est procédé à la procédure du règlement[56].

B. CONFLITS D'ATTRIBUTION

83. Touchant au principe de séparation des pouvoirs, en opposant une juridiction répressive et une juridiction administrative, ces conflits sont tranchés par une juridiction supérieure aux deux ordres : le *tribunal des conflits*. La loi n° 2015-177 du 16 février 2015 relative à la modernisation et à la simplification du droit et des procédures dans les domaines de la justice et des affaires intérieures a profondément modifié la loi du 24 mai 1872 relative au Tribunal des conflits. Depuis le 1er avril 2015, le garde des Sceaux n'est plus le président du Tribunal des conflits. Le Tribunal comprend désormais quatre conseillers d'État (trois auparavant) et un suppléant, élus par l'assemblée générale du Conseil d'État et quatre magistrats du siège (trois auparavant) et un suppléant, élus par les magistrats du siège. Ils choisissent parmi eux, pour trois ans,

55. Art. 657 et s. CPP.
56. Art. 657 CPP.

un président issu alternativement du Conseil d'État et de la Cour de cassation, au scrutin secret à la majorité des voix. Quant aux formes de la procédure devant le Tribunal des conflits, elles ont également été modernisées, le décret n° 2015-233 du 27 février 2015 relatif au Tribunal des conflits et aux questions préjudicielles ayant abrogé le décret du 26 octobre 1849... En cas de conflit positif, c'est-à-dire lorsque le représentant de l'État dans le département ou dans la collectivité estime que la connaissance d'un litige ou d'une question préjudicielle portée devant une juridiction de l'ordre judiciaire relève de la compétence de la juridiction administrative, le nouveau dispositif s'est limité à moderniser les textes en apportant quelques précisions, telles qu'elles résultent de la jurisprudence. Ainsi, le conflit peut être élevé tant qu'il n'a pas été statué sur la compétence par une décision passée en force de chose jugée. Le préfet adresse au greffe de la juridiction saisie un déclinatoire motivé de compétence. La procédure commence par un déclinatoire de compétence, par lequel le préfet demande à la juridiction répressive de se dessaisir. Si celle-ci rejette le déclinatoire, le préfet prend dans les quinze jours un arrêté de conflit, saisissant le tribunal des conflits. Cet arrêté oblige la juridiction répressive à surseoir à statuer. Le tribunal des conflits rend sa décision dans un délai de trois mois (deux auparavant). En cas de conflit négatif, l'article 37 du nouveau décret prévoit que « lorsque les juridictions de chacun des deux ordres se sont irrévocablement déclarées incompétentes sur la même question, sans que la dernière qui a statué n'ait renvoyé le litige au Tribunal des conflits, les parties intéressées peuvent le saisir d'une requête aux fins de désignation de la juridiction compétente ». La prévention de ce type de conflit est également possible pour toutes les juridictions. Ainsi, « lorsqu'une juridiction est saisie d'un litige qui présente à juger, soit sur l'action introduite, soit sur une exception, une question de compétence soulevant une difficulté sérieuse et mettant en jeu la séparation des ordres de juridiction, elle peut, par une décision motivée qui n'est susceptible d'aucun recours, renvoyer au Tribunal des conflits le soin de décider sur cette question de compétence ». Le Tribunal statue ici encore dans un délai de trois mois. Enfin, le Tribunal des conflits se voit attribuer compétence pour connaître d'une action en indemnisation du préjudice découlant d'une durée totale excessive des procédures afférentes à un même litige et conduites entre les mêmes parties devant les juridictions des deux ordres en raison des règles de compétence applicables et, le cas échéant, devant lui (recours en responsabilité pour durée excessive des procédures).

84. Ces règles souffrent toutefois de deux sortes d'exception. Tout d'abord, le conflit ne peut être élevé devant la cour d'assises, ni devant le tribunal de police. Ces juridictions se déclarent simplement incompétentes si une question d'ordre administratif se présente à elles. Ensuite, le conflit ne peut être élevé lorsque l'objet du procès porte sur les libertés individuelles ou les dommages causés par un véhicule. Aux termes de l'article 136 du Code de procédure pénale, les juridictions répressives sont exclusivement compétentes en cas d'atteinte à la liberté individuelle ou à l'inviolabilité du domicile. De même, les tribunaux judiciaires, civils ou répressifs, sont exclusivement compétents pour statuer sur la réparation des dommages causés par un véhicule, même si celui-ci appartient à une personne morale de droit public[57].

57. Art. 1 Loi n° 57-1424 du 31 décembre 1957 attribuant compétence aux tribunaux judiciaires pour statuer sur les actions en responsabilité des dommages causés par tout véhicule et dirigés contre une personne de droit public.

BIBLIOGRAPHIE POUR ALLER PLUS LOIN

H. Crozes, « L'application immédiate du droit de l'Union européenne : un obstacle à la transmission d'une QPC ? À propos de Cass. QPC, 29 juin 2010 », *JCP* 2010, II, 1741.

B. de Lamy, « La question prioritaire de constitutionnalité : une nouveauté... lourde et inachevée », *Sc. crim.* 2010, p. 201.

A. Maron, « Assiste-t-on à une renaissance du renvoi pour cause de suspicion légitime ? », *JCP* G 1995, I, 3681.

» Questions corrigées

1/ Quelles sont les hypothèses d'extension de la compétence territoriale d'une juridiction pénale ?

En principe, une juridiction pénale est compétente dans un ressort géographique déterminé. La loi prévoit toutefois des hypothèses d'extension de sa compétence au-delà de ce ressort. Telle est tout d'abord l'hypothèse des *juridictions spécialisées* (infraction en matière de chèque, terrorisme, infractions financières...). Ces juridictions possèdent alors une compétence concurrente à celle des juridictions normalement compétentes en application des règles classiques. Ensuite, c'est la procédure de *renvoi d'une juridiction à une autre*, qui permet l'extension de la compétence territoriale. Quatre situations sont ici envisageables : le renvoi pour cause de suspicion légitime ; le renvoi pour cause de sûreté publique, le renvoi dans l'intérêt d'une bonne administration de la justice ; et le renvoi pour impossibilité de composer la juridiction. Enfin, l'extension de compétence au-delà du ressort peut résulter d'une *prorogation de compétence*. Facultative en cas de connexité, cette jonction des procédures concernant plusieurs infractions est obligatoire en cas d'indivisibilité.

2/ Quelles sont les hypothèses d'extension de la compétence matérielle d'une juridiction pénale ?

Une juridiction pénale est compétente, en principe, en raison de la nature de l'infraction (crime, délit, contravention). Cependant, dans certaines hypothèses, elle peut statuer sur des faits qui, normalement, ne relèvent pas de sa compétence. Tel est tout d'abord le cas de *la cour d'assises, qui a plénitude de juridiction*. Lorsqu'elle est saisie, cette juridiction demeure compétente même si elle constate que l'infraction ne devrait pas relever de sa juridiction. Ensuite, la règle selon laquelle *le juge de l'action est le juge de l'exception* permet à une juridiction répressive de statuer sur des questions qui ne relèvent pas du droit pénal. Cette règle se trouve toutefois limitée dans l'hypothèse d'une question préjudicielle au jugement, qui oblige la juridiction à surseoir à statuer. Enfin, et ici encore, l'extension de la compétence peut résulter d'une *prorogation de compétence*, facultative en cas de connexité d'infractions, mais obligatoire en cas d'indivisibilité.

3/ La QPC est-elle compatible avec le droit de l'Union européenne ?

Doutant de cette compatibilité, la Cour de cassation a saisi la CJUE d'une question préjudicielle en interprétation (Cass. QPC, 16 avr. 2010, n° 10-40.001). La Cour de justice de l'Union européenne a conclu à l'incompatibilité dans l'hypothèse où le caractère prioritaire de cette procédure a pour conséquence d'empêcher les juridictions nationales d'écarter une loi incompatible avec le droit de l'Union ou de saisir la Cour de justice d'une question préjudicielle avant la transmission d'une QPC au Conseil, ou après sa décision (CJUE, gde ch., 22 juin 2010, *Aziz Melki* et *Sélim Abdeli*). La Cour de cassation considère donc que le juge doit se prononcer sur la conformité de la disposition critiquée au regard du droit de l'Union européenne, en laissant inappliquées les dispositions de droit interne qui prévoient une priorité d'examen de la question de constitutionnalité (Cass. Ass. plén., 29 juin 2010, n° 10-40.001 et 10-40.002).

LEÇON 3

Les principes directeurs du procès pénal

85. Jusqu'à la loi du 15 juin 2000 renforçant la présomption d'innocence et les droits des victimes, le Code de procédure pénale ne consacrait aucun principe directeur. Désormais l'article préliminaire contient trois paragraphes, dont le second est tout entier consacré aux droits des victimes[1]. Cet article sert souvent de visa à des arrêts de cassation de la chambre criminelle[2], mais il fait souvent double emploi avec les conventions internationales, qui permettent déjà aux juridictions pénales d'écarter une loi contraire. En effet, l'exigence de garanties juridictionnelles et procédurales est exprimée par l'article 10 de la Déclaration universelle des droits de l'homme du 10 décembre 1948 et par l'article 14 § 1 du Pacte international relatif aux droits civils et politiques du 19 décembre 1966. Le respect de ces garanties figure encore à l'article 47 de la Charte des droits fondamentaux de l'Union[3]. Mais la pierre angulaire des garanties du procès pénal est l'article 6 § 1 de la Convention européenne de sauvegarde des droits de l'homme, interprété audacieusement dans la jurisprudence de la Cour européenne des droits de l'homme.

86. Les garanties de l'article 6 § 1 de la Convention européenne s'appliquent à toute personne faisant l'objet d'une « accusation en matière pénale », ce qui recouvre, selon la Cour européenne des droits de l'homme, non seulement toute notification officielle du reproche d'avoir commis une infraction pénale émanant de l'autorité compétente, mais aussi toute mesure impliquant un tel reproche comme l'arrestation, la mise en examen, ou encore l'ouverture d'une enquête préliminaire. Quant à la notion de

1. L'article 707 CPP reprend les mêmes principes, depuis la loi du 9 mars 2004 portant adaptation de la justice aux évolutions de la criminalité, au sujet de l'application des peines. Mais la loi n° 2014-896 du 15 août 2014 relative à l'individualisation des peines et renforçant l'efficacité des sanctions pénales a considérablement renforcé les droits de la victime, notamment au cours de l'exécution de la peine (cf. art. 707 IV).

2. On s'est demandé si ce texte ne permet pas désormais de contrôler la « légalité de la loi » (v. not. D. Mayer, « Vers un contrôle du législateur par le juge pénal », *D.* 2001, 1644 ; *contra* : D.-N. Commaret, « L'article préliminaire du CPP, simple rappel des principes directeurs du procès pénal, disposition créatrice de droit ou moyen de contrôle de la légalité de la loi ? », *in Mél. Pradel*, 2006, p. 71). Le Conseil constitutionnel lui-même y fait parfois référence, en conférant à ce texte un statut particulier (v. déc. 23 juill. 2010 n° 2010-15/23 QPC), où le Haut Conseil invoque l'article préliminaire pour élargir les droits de la défense ; v. également déc. 2 mars 2004 v. n° 2004-492 DC, à propos de la loi du 9 mars 2004 portant adaptation de la justice aux évolutions de la criminalité).

3. Intégrée par le Traité de Lisbonne dans le TUE.

« matière pénale », elle va au-delà de ce que le droit interne qualifie de « droit pénal ». Dans l'affaire *Engel c/ Pays Bas* du 8 juin 1976, la Cour européenne fournit les trois critères permettant de discerner la matière pénale de nature à déclencher les garanties européennes : la qualification donnée par le droit interne, la nature de l'infraction et la gravité de la sanction. Ainsi se trouvent incluses dans la notion de « matière pénale » : les sanctions disciplinaires prononcées dans un établissement pénitentiaire[4], les contraventions administratives ayant fait l'objet d'une dépénalisation[5], les sanctions douanières[6], les sanctions en de certaines des infractions du droit de la concurrence[7], les sanctions fiscales[8], ou même le retrait des points sur le permis de conduire[9].

87. L'ensemble de ces textes – internes et internationaux – pose un certain nombre de garanties. Certaines sont relatives aux institutions de la procédure pénale et au fonctionnement de ces institutions (Section 1). D'autres garanties sont celles qui doivent être accordées dans le cadre d'une procédure devant un tribunal (Section 2). Enfin, une troisième catégorie de garanties est l'expression plus spécifique des droits de la défense (Section 3).

Section 1
LES GARANTIES JURIDICTIONNELLES

88. Les garanties juridictionnelles ont tout d'abord été exprimées par le droit d'accès à la justice pénale. Puis, c'est le droit à une qualité satisfaisante de la justice pénale qui a été reconnu.

I. LES GARANTIES D'ACCÈS À LA JUSTICE PÉNALE

89. Les garanties d'accès à la justice pénale impliquent le droit d'exercer une action devant un juge. Mais la garantie de l'intervention d'un juge est méconnue pour certaines étapes de la procédure pénale, le droit français se contentant alors de l'intervention d'un membre de l'autorité judiciaire.

4. CEDH, 28 juin 1984 aff. *Campbell et Fell c/ Royaume-Uni.*
5. CEDH, 21 févr. 1984, aff. *Oztürk c/ Allemagne.*
6. CEDH, 25 févr. 1993 aff. *Funke c/ France.*
7. CEDH, 27 févr. 1992, aff. *Stenuit c/ France.*
8. CEDH, 24 févr. 1994, aff. *Bendenoun c/ France.*
9. CEDH, 23 oct. 1998, aff. *Malige c/ France,* où la Cour conclut à l'applicabilité de l'article 6 de la Convention, le retrait de points intervenant « dans le cadre et à l'issue d'une accusation en matière pénale », mais à son absence de violation car le justiciable est informé par l'autorité administrative qu'il est susceptible de perdre des points en raison de l'infraction qu'il a commise et de l'existence d'un traitement automatisé des pertes et reconstitutions de points : il est donc « en mesure de contester les éléments constitutifs de l'infraction pouvant servir de fondement à un retrait de points ». La Cour en déduit qu'il a accès aux juridictions pénales, lesquelles remplissent les exigences de l'article 6.

A. LE DROIT À UN CONTRÔLE PAR UN MEMBRE DE L'AUTORITÉ JUDICIAIRE

90. Ce droit se trouve garanti par l'article préliminaire du Code de procédure pénale, selon lequel les mesures de contraintes, dont toute personne suspectée ou poursuivie peut faire l'objet, « sont prises sur décision ou sous le contrôle effectif de l'autorité judiciaire ». Mais il est aussi garanti par l'article 5 § 1 de la Conv. ESDH, selon lequel « toute personne a droit à la liberté et à la sûreté ». Afin de protéger contre le risque d'arbitraire, des garanties sont indispensables pour protéger la sécurité physique d'une personne en situation de vulnérabilité du fait de sa privation de liberté par des autorités dépositaires de la puissance publique et de l'usage des forces publiques. Plus précisément, si aux termes de l'article 5 § 1, toute personne peut être arrêtée et détenue en vue d'être conduite devant l'autorité judiciaire compétente, lorsqu'il y a des raisons plausibles de soupçonner qu'elle a commis une infraction ou qu'il y a des motifs raisonnables de croire à la nécessité de l'empêcher de commettre une infraction ou de s'enfuir après l'accomplissement de celle-ci, les conditions de l'arrestation et de la détention doivent respecter certaines conditions. Ainsi, l'article 5 § 3 soumet la légitimité de la privation de liberté à la condition que la personne concernée soit « aussitôt traduite devant un juge ou un autre magistrat habilité par la loi à exercer des fonctions judiciaires ».

91. Le contrôle de l'autorité judiciaire concerne donc les hypothèses d'arrestation ou de détention. Mais il concerne aussi la régularité de certaines opérations effectuées dans la phase de l'enquête policière. S'agissant du placement en garde à vue, le Code de procédure pénale prévoit que l'officier de police judiciaire ayant décidé de cette mesure doit en informer le procureur de la République, qui est chargé de son contrôle[10]. Or, cette prérogative du ministère public est contestée au regard des exigences de l'article 5 § 3 de la Conv. ESDH, la question étant celle de savoir si le procureur de la République est bien « un juge ou un autre magistrat habilité par la loi à exercer des fonctions judiciaires ». De l'article 5 § 3 de la Conv. ESDH résultent en effet deux obligations pour les États : d'une part, ce texte impose que la personne privée de sa liberté avant jugement soit « traduite devant un juge ou un autre magistrat habilité par la loi à exercer des fonctions judiciaires » ; d'autre part, ce texte exige que cette présentation se fasse « aussitôt ».

1. La notion de « juge ou magistrat habilité par la loi à exercer des fonctions judiciaires »

92. Ce n'est pas tant la notion de « juge » qui pose difficulté, puisqu'elle renvoie aux magistrats du siège exerçant une fonction juridictionnelle[11], que celle de « magistrat habilité par la loi à exercer des fonctions judiciaires ». Si dans un premier temps la Cour EDH a jugé, en prenant appui sur la qualité de « magistrat » visée par le texte, que

10. Art. 63 CPP.

11. La question pourrait se poser à l'égard du juge d'instruction, qui n'est pas, à titre principal, un organe de poursuite, mais un enquêteur, pouvant décider, jusqu'à la loi du 15 juin 2000, de l'opportunité d'une détention provisoire. À cet égard, l'institution du juge des libertés et de la détention a garanti l'impartialité du juge d'instruction.

l'article 5 § 3 englobait les magistrats du parquet comme ceux du siège[12], sa position a ensuite évolué pour considérer qu'il y a incompatibilité entre les qualités d'autorité de poursuite et de « magistrat habilité » à contrôler la régularité d'une mesure privative de liberté avant jugement[13]. Il en résulte que le contrôle des mesures de la garde à vue, en droit français, par le procureur de la République, au stade de l'enquête policière, n'est pas conforme aux exigences européennes. Dans l'affaire *Medvedyev c/ France*[14], la Cour EDH a considéré que « le magistrat doit présenter les garanties d'indépendance à l'égard de l'exécutif et des parties, ce qui exclut notamment qu'il puisse agir par la suite contre le requérant dans la procédure pénale, à l'instar du ministère public ». Dans une autre affaire *Moulin c/ France*, la Cour précise que « du fait de leur statut [...], les membres du ministère public, en France, ne remplissent pas l'exigence d'indépendance à l'égard de l'exécutif, qui, selon une jurisprudence constante, compte, au même titre que l'impartialité, parmi les garanties inhérentes à la notion autonome de « magistrat », au sens de l'article 5 § 3 »[15].

93. Cette position européenne se trouve toutefois en contradiction avec celle du Conseil constitutionnel, selon lequel « l'autorité judiciaire comprend à la fois les magistrats du siège et du parquet ». Ainsi, pour le Haut Conseil, il est conforme aux droits et libertés garantis par la Constitution que le procureur de la République procède au contrôle de la garde à vue[16]. De la même manière, et à propos de la pratique du « petit dépôt », que la loi n° 2004-204 du 9 mars 2004 portant adaptation de la justice aux évolutions de la criminalité a validée et réglementée en raison d'une condamnation de la France par la Cour EDH[17], le Conseil constitutionnel considère que la rétention, pendant une durée de vingt heures, d'une personne déférée à la suite de son placement en garde à vue, sous le contrôle du procureur de la République est conforme aux exigences constitutionnelles. Ici, le Haut Conseil émet toutefois deux réserves. Il prescrit tout d'abord que le magistrat devant lequel la personne déférée est appelée à comparaître soit informé, sans délai, de l'arrivée de cette dernière dans les locaux de la juridiction. Il exige ensuite un contrôle de la mesure par un juge du siège, estimant que « la privation de liberté instituée par l'article 803-3 du Code de procédure pénale, à l'issue d'une mesure de garde à vue prolongée par le procureur de la République, méconnaîtrait la protection constitutionnelle de la liberté individuelle si la personne

12. CEDH, 4 déc. 1979, aff. *Schiesser c/ Suisse.*
13. CEDH, 23 oct. 1990, aff. *Huber c/ Suisse.*
14. CEDH, 10 juill. 2008, et gde ch., 29 mars 2010, aff. *Medvedyev c/ France.* La Grande Chambre n'a pas conclu à la violation de l'article 5 § 3, les requérants ayant été finalement présentés devant un juge d'instruction.
15. CEDH, 23 nov. 2010, aff. *Moulin c/ France.* La France est ici condamnée, car la requérante n'avait été présentée au procureur adjoint du tribunal de grande instance de Toulouse que deux jours après son arrestation et à un magistrat du siège seulement cinq jours plus tard. Or la Cour européenne a fixé à quatre jours le délai maximal de présentation à un juge dans une affaire de terrorisme ou de criminalité organisée – aff. *Brogan c/ Royaume*-Uni du 29 novembre 1988 – et de trois jours dans une affaire ordinaire – aff. *Huber c/ Suisse* du 23 oct. 1990.
16. Cons. const., 30 juill. 2010, n° 2010-14/22 QPC : les articles 62, 63, 63-1, 63-4, alinéas 1er à 6, et 77 du Code de procédure pénale n'instituent pas les garanties appropriées à l'utilisation qui est faite de la garde à vue. Mais le Conseil écarte le grief tiré de la violation de l'article 66 en raison du contrôle opéré par le procureur de la République sur le déroulement de la mesure, rappelant à cet égard que le parquet appartient bien à l'autorité judiciaire, gardienne de la liberté individuelle (v. déjà, décisions n° 80-127-DC du 20 janv. 1981 et n° 93-326-DC du 11 août 1993.
17. CEDH, 27 juill. 2006, aff. *Zervudacki c/ France.*

retenue n'était pas effectivement présentée à un magistrat du siège avant l'expiration du délai de vingt heures prévu par cet article »[18].

2. La notion d'« aussitôt »

94. L'article 5 § 3 de la Conv. ESDH pose une obligation de célérité dans la mise en œuvre du contrôle judiciaire de la privation de liberté. Le respect de cette obligation s'apprécie *in concreto*, au regard des circonstances propres à chaque affaire. Si, pour des affaires ayant un caractère exceptionnel, un délai de quatre jours a pu être considéré comme compatible avec l'article 5, § 3[19], l'analyse de la jurisprudence de la Cour européenne montre que la privation de liberté est contestable lorsqu'elle se réalise sans contrôle judiciaire au-delà d'une durée de vingt-quatre heures. Ainsi, après avoir accepté un délai inférieur à trois jours[20], la Cour a considéré qu'une garde à vue de quarante-huit heures, après une arrestation en haute-mer et une privation de liberté de plus de quatre jours pendant le trajet jusqu'au port, méconnaît l'article 5 § 3[21]. De même, une garde à vue de trois jours viole également le texte, car le prévenu ne participait pas à une infraction violente, était dans une situation psychologique vulnérable, avait déjà fait l'objet de plusieurs mesures d'instruction[22]. Cette interprétation rejoint celle du Conseil constitutionnel, pour lequel « la garde à vue mettant en cause la liberté individuelle dont, en vertu de l'article 66 de la Constitution, l'autorité judiciaire assure le respect dans les conditions prévues par la loi, il importe que les décisions prises en la matière par les officiers de police judiciaire soient portées aussi rapidement que possible à la connaissance du procureur de la République, afin que celui-ci soit à même d'en assurer effectivement le contrôle »[23].

95. Le droit français qui place la garde à vue sous le contrôle du procureur de la République durant les vingt-quatre premières heures, avec la possibilité d'une prolongation de même durée[24], n'est donc pas inconciliable avec les garanties d'accès au juge pénal. Mais la prolongation de la mesure au-delà de vingt-quatre heures suppose l'autorisation d'un juge ou magistrat habilité. Telle est la solution que prévoit l'article 706-88 du Code de procédure pénale en matière de criminalité organisée, permettant, à titre exceptionnel, que la garde à vue fasse l'objet de deux prolongations supplémentaires de vingt-quatre heures sur décision du juge des libertés et de la détention ou du juge d'instruction. D'après le rapport sur la procédure pénale issu des travaux de la mission présidée par Jacques Beaume et remis au garde des Sceaux en juillet 2014, le droit positif assure ici « un équilibre satisfaisant, conforme au droit

18. Cons. const., 17 déc. 2010, n° 2010-80 QPC : conformité de l'article 803-3 CPP. V. égal. Cons. const., 6 mai 2011, n° 2011-125 QPC, où le Conseil constitutionnel formule une autre réserve, tout en validant le rôle du parquet dans la procédure du déferement. Pour le Haut Conseil, l'article 803-3 CPP n'autorise pas le procureur à « interroger l'intéressé [et] ne saurait, sans méconnaître les droits de la défense, l'autoriser à consigner les déclarations de celui-ci sur les faits qui font l'objet de la poursuite dans le procès-verbal mentionnant les formalités de la comparution ».
19. CEDH, 29 nov. 1988, aff. *Brogan c/ Royaume-Uni*, précisant cependant que « les particularités de la cause ne peuvent aller jusqu'à porter atteinte à la substance même du droit protégé ».
20. CEDH, 1er avr. 2008, *Varga c/ Roumanie*.
21. CEDH, 4 déc. 2014, *Ali Samatar c/ France* ; CEDH 4 déc. 2014, *Hassan c/ France*.
22. CEDH, 15 oct. 2013, *Gutsanovi c/ Bulgarie*.
23. Cons. const., 11 août 1993, n° 93-326 DC, relative à la loi sur la garde à vue.
24. V. *infra* n° 213 et s.

européen, entre les pouvoirs du ministère public et ceux du juge des libertés et de la détention en matière de contrôle de la garde à vue »[25].

B. LE DROIT À L'INTERVENTION D'UN JUGE

96. Le droit à l'intervention d'un juge est tout d'abord celui de la personne privée de sa liberté pour arrestation ou détention, au sens de l'article 5 § 1 de la Conv. ESDH. Ainsi, toute personne privée de sa liberté par arrestation ou détention a le droit, selon le § 4 du même article, d'introduire « un recours devant un tribunal, afin qu'il statue à bref délai sur la légalité de sa détention et ordonne sa libération si la détention est illégale »[26]. Le « tribunal » doit répondre aux trois critères posés par la jurisprudence de la Cour EDH : il doit répondre aux exigences d'indépendance et d'impartialité ; il doit disposer en outre de la compétence pour statuer sur la légalité de la détention et, le cas échéant, pour ordonner la libération ; il doit permettre enfin la mise en œuvre des garanties fondamentales de procédure relatives au procès équitable, telles que définies à l'article 6 de la Convention. Le tribunal saisi du recours examine la privation de liberté dans sa légalité, et non dans son opportunité[27].

97. Mais le droit à l'intervention d'un juge est surtout attribué à toute personne faisant l'objet d'une « accusation en matière pénale » selon l'article 6 § 1 de la Conv. ESDH. En effet, la Cour EDH a enrichi les garanties procédurales *stricto sensu de l'article 6 § 1* (égalité des armes, indépendance et impartialité du tribunal, publicité, célérité de la procédure), d'un droit « matériel » s'exerçant en amont, le droit d'accès à un tribunal. Dans l'arrêt *Golder c/ Royaume-Uni du 21 février 1975, la Cour européenne énonce que* « la prééminence du droit ne se conçoit guère sans la possibilité d'accéder aux tribunaux ». Le « tribunal » n'est pas nécessairement une juridiction de type classique et reçoit une acception autonome au sens de la convention[28]. Doit ainsi être qualifiée de « tribunal » l'autorité à laquelle il « appartient de trancher, sur la base de normes de droit et à l'issue d'une procédure organisée, toute question relevant de sa compétence »[29]. Bien qu'il ne fasse pas l'objet d'une interprétation aussi large, le droit à un recours juridictionnel est également reconnu par le Conseil constitutionnel, en tant que droit inhérent à la garantie des droits prévue à l'article 16 de la Constitution[30].

98. Aussi bien en droit européen qu'en droit interne, le droit à l'intervention d'un juge doit être effectif, en offrant une réelle possibilité pour les parties, en fait, d'accéder à la justice pénale. C'est ainsi, par exemple, que la consignation d'une somme trop

---

25. http://www.justice.gouv.fr/publication/rap-beaume-2014.pdf.
26. Art. 5 § 4 de la Conv. EDH. La garantie s'applique dans les six hypothèses de privation de liberté énumérées à l'art. 5 § 1. Toutefois, lorsque la privation de liberté procède d'une décision judiciaire – et non d'une décision administrative –, la Cour EDH considère que le recours prévu à l'art. 5 § 4 est incorporé dans la décision de privation de liberté et qu'il ne doit être ouvert que dans l'hypothèse où un événement affecterait la mesure de privation de liberté en cours (CEDH, 18 juin 1971, aff. *De Wilde, Ooms et Versyp c/ Belgique*).
27. CEDH, 2 mars 1987, aff. *Weeks c/ Royaume-Uni*.
28. CEDH, 27 août 2002, aff. *Didier c/ France*, où la Cour qualifie le Conseil des marchés financiers de « tribunal ».
29. CEDH, 22 oct. 1983, aff. *Sramek c/ Autriche*.
30. Cons. const., n° 93-335 DC, 21 janv. 1994 ; Cons. const., n° 99-416 DC, 23 juill. 1999.

importante pour la partie civile[31] ou le formalisme excessif pour une requête en nullité[32] ne garantit pas suffisamment ce droit. De même, l'accès au tribunal n'est pas effectif en l'absence d'un système d'aide juridictionnelle lorsque la loi prescrit la représentation par un avocat, ou lorsque, en l'absence d'une telle prescription, cette représentation s'avère nécessaire en raison de la complexité de la procédure ou de la cause[33]. En outre, le Conseil constitutionnel considère que si l'exigence d'une consignation préalable à la contestation d'une amende forfaitaire pour excès de vitesse ne constitue pas un obstacle d'ordre financier au droit à un juge ; en revanche, la conversion de cette consignation en règlement de l'amende, qui rend impossible la saisine de la juridiction, dans l'hypothèse d'une décision d'irrecevabilité de l'officier du ministère public, est incompatible avec le droit à un recours juridictionnel effectif. Ainsi, « le droit à un recours juridictionnel effectif impose que la décision du ministère public déclarant irrecevable la réclamation puisse être contestée devant la juridiction de proximité »[34]. Plus récemment, et toujours à propos de la contestation de l'amende forfaitaire, le Conseil constitutionnel a considéré « que le droit à un recours juridictionnel effectif impose que la décision du ministère public déclarant la réclamation prévue par le troisième alinéa de l'article 530 du Code de procédure pénale irrecevable au motif qu'elle n'est pas accompagnée de l'avis d'amende forfaitaire majorée puisse être contestée devant le juge de proximité »[35]. L'institution de conditions de recevabilité, et notamment lorsqu'il s'agit d'adapter des règles de procédure à la croissance des flux contentieux et aux contraintes de gestion qui en résultent pour les tribunaux, n'est donc pas contraire au droit au recours. Mais une voie de contestation de l'irrecevabilité qui lui est opposée doit demeurer ouverte au justiciable.

99. Le droit d'accès effectif implique aussi le droit au recours. La jurisprudence de la Cour EDH a conduit en ce domaine à une modification du Code de procédure pénale français, à propos de l'obligation de se constituer prisonnier la veille de l'audience de la Cour de cassation. Faute d'avoir souscrit à cette obligation, l'ancien article 583 du Code de procédure pénale prévoyait une déchéance du pourvoi en cassation, qui était donc rejeté sans examen du fond. Pour la Cour EDH, cette sanction était disproportionnée au regard du droit d'accès à un tribunal[36]. La loi du 15 juin 2000 relative à la présomption d'innocence a abrogé cette disposition. De son côté, le Conseil constitutionnel a déclaré contraire à la Constitution l'article 575 du Code de procédure pénale, qui interdisait à la partie civile de se pourvoir en cassation contre un arrêt de la chambre de l'instruction en l'absence de pourvoi du parquet[37]. Mais l'article 497 du même code, limitant la faculté d'appel de la partie civile, en cas de

31. CEDH, 28 oct. 1998, aff. *Aït Mouhoub c/ France*.
32. CEDH, 26 juill. 2007, aff. *Walchli c/ France*.
33. CEDH, 9 oct. 1979, aff. *Airey c/ Irlande*.
34. Cons. const., 29 sept. 2010, n° 201038 QPC. À la suite de cette décision du Conseil constitutionnel, la Cour de cassation a admis qu'une déclaration d'irrecevabilité d'une requête en exonération pour défaut d'accompagnement de l'un des documents justificatifs prévus par l'article 529-10 du Code de procédure pénale devait nécessairement pouvoir faire l'objet d'un recours devant la juridiction de proximité (Crim., 25 mars 2014, n° 13-80170).
35. Cons. const., 7 mai 2015, n° 2015-467 QPC.
36. CEDH, 14 déc. 1999, aff. *Khalfaoui c/ France*; 25 juill. 2002, aff. *Papon c/ France*.
37. Cons. const., 23 juill. 2010, n° 2010-15/23 QPC; *contra*: CEDH, 3 déc. 2002, aff. *Berger c/ France*, constatant l'absence d'atteinte à l'égalité des armes « eu égard à la place dévolue à l'action civile dans le procès pénal et aux intérêts complémentaires de la partie civile et du ministère public ».

relaxe prononcée par le tribunal correctionnel, aux seuls intérêts civils, est conforme au droit à un recours effectif[38].

II. LES GARANTIES D'UNE JUSTICE PÉNALE DE QUALITÉ

100. Les juridictions répressives sont soumises à un certain nombre de principes, qui sont autant de garanties d'une justice de qualité pour les justiciables.

A. LE PRINCIPE DE L'UNITÉ DE LA JUSTICE PÉNALE ET CIVILE

101. Ce principe signifie que ce sont les mêmes juges qui tranchent les litiges civils et les litiges pénaux. Dans les petites juridictions, les mêmes juges siègent alternativement aux audiences civiles et aux audiences correctionnelles. Dans les juridictions plus importantes, et dans les cours d'appel, un système de roulement peut amener un magistrat à siéger d'une année sur l'autre, dans une chambre civile ou correctionnelle. Même la cour d'assises est soumise à ce principe, sauf à observer que le jury ne juge pas l'action civile. Cette unité de juridiction et de corps a été reconnue par le Conseil constitutionnel. Les mêmes magistrats, recrutés par le même concours professionnel, peuvent remplir, en matière pénale ou civile, les fonctions de juge ou de membre du ministère public[39].

102. On présente généralement ce principe d'unité comme une garantie de bonne justice. Il incite notamment le juge pénal à rester en lien avec le droit civil qu'il est souvent amené à appliquer. Cette unité fait toutefois l'objet de critiques. La technicité du droit pénal et de la procédure pénale rend indispensable une spécialisation du juge répressif. L'École nationale de la magistrature l'a d'ailleurs mis en œuvre pour certaines fonctions; magistrats chargés de l'instruction, des mineurs, de l'application des peines, de la criminalité organisée, des infractions de terrorisme ou des infractions économiques et financières. En outre, certains souhaitent un ministère public indépendant du pouvoir politique, dont les membres effectueraient leur carrière exclusivement dans ce corps.

B. LE PRINCIPE DE LA COLLÉGIALITÉ

103. Le principe de la collégialité signifie que toute juridiction doit comprendre un certain nombre de magistrats. Il implique la règle du secret du délibéré – permettant de sauvegarder l'indépendance du juge dans une prise de décision anonyme – ainsi que la règle de l'imparité pour qu'une majorité puisse se dégager.

---

38. Cons. const., 31 janv. 2014, n° 2013-363 QPC, constatant que la partie civile, n'étant pas dans une situation identique à celle de la personne poursuivie ou à celle du ministère public, le fait qu'elle ne puisse pas interjeter appel sur l'action publique n'est pas contraire au principe d'égalité. Par ailleurs, l'appel étant possible sur les intérêts civils, le droit à un recours effectif est respecté.
39. Cons. const., 21 févr. 1992, n° 92-305 DC, validant l'article 1er de la loi organique du 25 févr. 1992: «tout magistrat a vocation à être nommé au cours de sa carrière à des fonctions du siège et du parquet».

104. Si le principe est celui de la collégialité, de nombreuses exceptions existent. Au stade de l'instruction, tout d'abord, le juge d'instruction, le juge des libertés et de la détention sont des juges uniques. Au sein des pôles de l'instruction créés depuis le 1er mars 2008[40], il a un temps été prévu que l'instruction devienne collégiale, en étant confiée à un collège de trois juges[41]. Consacrée dans la loi n° 2007-291 du 5 mars 2007 tendant à renforcer l'équilibre de la procédure pénale, la collégialité de l'instruction n'est cependant pas aisée à mettre en œuvre. L'entrée en vigueur de cette mesure a été maintes fois reportée[42]. Et la loi du 18 novembre 2016 de modernisation de la justice du XXIe siècle a définitivement renoncé à la collégialité[43]. Au stade du jugement, ensuite, les exceptions au principe de collégialité se multiplient. Le juge des enfants et le juge du tribunal de police statuent à juge unique. Quant au tribunal correctionnel, il peut être composé d'un seul magistrat exerçant les pouvoirs conférés au président pour de nombreuses infractions énumérées à l'article 398-1 du Code de procédure pénale. Or, la liste des infractions permettant le jugement à juge unique est régulièrement allongée[44]. Enfin, au stade de l'exécution des peines, intervient souvent le juge d'application des peines.

C. LE PRINCIPE DE L'INDÉPENDANCE ET DE L'IMPARTIALITÉ DES MEMBRES DE L'AUTORITÉ JUDICIAIRE

105. Aux termes de l'article 6 § 1 de la Conv. ESDH, toute personne a droit à ce que sa cause soit entendue par un tribunal à la fois indépendant et impartial.

1. L'indépendance

106. L'indépendance de la justice peut se définir comme l'absence de subordination statutaire aux autres pouvoirs, législatif et exécutif. Elle est appréciée dans la jurisprudence de la Cour EDH au regard de quatre critères : le mode de désignation des membres de la juridiction, la durée de leur mandat, l'existence de garantie contre les pressions extérieures (essentiellement des pouvoirs législatif et exécutif, mais aussi éventuellement des médias) et l'apparence d'indépendance[45]. Toutefois, le fait que les juges soient désignés par le pouvoir exécutif ou par le pouvoir législatif ne constitue pas en soi un obstacle à leur indépendance[46].

107. L'indépendance de l'autorité judiciaire est également garantie constitutionnellement. Se fondant sur l'article 64 de la Constitution[47], le Conseil constitutionnel considère qu'« il n'appartient ni au législateur ni au gouvernement de censurer les

40. Art. D. 15-4-4 CPP.
41. Parallèlement, la même loi a prévu un mécanisme de cosaisine, avec la possibilité de désigner un ou plusieurs juges adjoints au juge de l'instruction chargé d'une information « lorsque la gravité ou la complexité de l'affaire le justifie » (art. 83-1 CPP).
42. Quatre reports et en dernier lieu, au 1er janv. 2017 par la loi n° 2014-1654 du 29 déc. 2014 de finances pour 2015.
43. La mise en place d'une juridiction collégiale constitue un coût non négligeable. Cf. *supra* n° 30.
44. Récemment encore, la loi du 3 juin 2016 renforçant la lutte contre le crime organisé, le terrorisme et leur financement, et améliorant l'efficacité et les garanties de la procédure pénale y ajoute des délits.
45. CEDH, 28 juin 1984, aff. *Campbell et Fell c/ Royaume-Uni*.
46. CEDH, 22 oct. 1984, aff. *Sramek c/ Autriche*.
47. Art. 64 Const. : « le président de la République est le garant de l'indépendance de l'autorité judiciaire ».

décisions des juridictions, d'adresser à elles des injonctions et de se substituer à elles dans le jugement des litiges relevant de leur compétence »[48]. Seules des lois organiques, et non des lois ordinaires, peuvent venir régir le statut des magistrats[49]. Ainsi, toute réforme du statut de la magistrature se trouve automatiquement soumise à l'appréciation du Conseil constitutionnel. Le défaut d'indépendance se trouve aussi censuré sur le fondement de l'article 16 de la Déclaration des droits de l'homme. C'est sur ce fondement que le Conseil constitutionnel a décidé de l'inconstitutionnalité des tribunaux maritimes commerciaux[50]. Récemment, le Conseil constitutionnel a également considéré que le secret du délibéré est une composante du principe d'indépendance des juridictions garanti par l'article 16 de la Déclaration de 1789[51]. Aussi, l'absence de garanties spécifiques applicables lors d'une perquisition à l'occasion de laquelle des éléments couverts par le secret du délibéré sont susceptibles d'être saisis n'est pas conforme au principe d'indépendance constitutionnellement garanti[52].

2. L'impartialité

108. À la différence de l'indépendance qui se mesure au regard des liens unissant autorité judiciaire aux autres pouvoirs, l'impartialité correspond à la prise en compte des rapports entre le magistrat et les parties. Elle peut s'apprécier aussi bien de manière objective que subjective[53]. L'impartialité subjective n'est toutefois pas évidente à caractériser. Cette impartialité subjective du juge se présume jusqu'à la preuve du contraire[54]. Concrètement, elle interdit au juge d'exprimer de quelconques préjugés. Ainsi, n'est pas impartial le juge qui exprime avant jugement sa conviction dans la culpabilité de l'accusé[55]. N'est pas non plus impartial le juré d'assises qui fait part de ses convictions racistes face à un accusé d'origine maghrébine[56] ou qui communique personnellement avec l'avocat général pendant une suspension d'audience[57].

109. L'impartialité objective nécessite de rechercher, si indépendamment de sa conduite personnelle, le juge offre des garanties suffisantes pour exclure tout doute légitime. Un tribunal doit donc présenter une apparence d'impartialité, eu égard à la confiance que les tribunaux d'une société démocratique sont tenus d'inspirer au

48. Cons. const., 22 juill. 1980, n° 80-119 DC.
49. Cons. const., 21 févr. 1992, n° 92-305 DC, à propos de la loi organique relative au statut de la magistrature.
50. Cons. const., 2 juill. 2010, n° 2010-10 QPC. Afin de pallier cette inconstitutionnalité, l'ordonnance n° 2012-1218 du 2 nov. 2012 portant réforme pénale en matière maritime a mis en place des tribunaux maritimes placés auprès des tribunaux de grande instance, et disposant d'une compétence exclusive pour les délits maritimes et les contraventions connexes à ces délits.
51. Cons. const. 4 décembre 2015, *n° 2015-506 QPC.*
52. Le Conseil constitutionnel a reporté l'effet de sa décision au 1er octobre 2016. Mais la loi du 3 juin 2016 renforçant la lutte contre le crime organisé, le terrorisme et leur financement, et améliorant l'efficacité et les garanties de la procédure pénale a introduit l'article 56-5 dans le Code de procédure pénale, pour apporter ces garanties spécifiques.
53. CEDH, 1er oct. 1982, aff. *Piersack c/ Belgique*: « si l'impartialité se définit d'ordinaire par l'absence de préjugé [...], elle peut s'apprécier de diverses manières. On peut distinguer entre une démarche subjective, essayant de déterminer ce que tel juge pensait dans son for intérieur en telle circonstance, et une démarche objective amenant à rechercher s'il offrait des garanties suffisantes pour exclure à cet égard tout doute légitime. »
54. CEDH, 16 oct. 1999, aff. *Buscemi c/ Italie.*
55. CEDH, 28 nov. 2002, aff. *Lavents c/ Lettonie.*
56. CEDH, 23 avr. 1996, aff. *Remli c/ France.*
57. CEDH, 16 janv. 2007 aff. *Fahri c/ France.*

justiciable[58]. Autrement dit, c'est la théorie de l'apparence qui domine ici l'analyse. Ainsi l'impartialité objective fait notamment défaut dans les cas où il existe un lien de subordination entre le juge et l'une des parties[59]. Mais elle pose surtout la question de l'exercice successif de fonctions juridictionnelles par un même juge dans une même affaire. Parfois, le législateur a prévu une règle de non-cumul. Ainsi, l'article préliminaire du Code de procédure pénale garantit « la séparation des autorités chargées de l'action publique et des autorités de jugement ». L'article 49 du même code interdit au juge d'instruction, à peine de nullité, de participer au jugement des affaires pénales dont il a connu en cette qualité. Issu de la loi n° 2000-516 du 15 juin 2000, l'article 137-1 du Code de procédure pénale prévoit que le juge des libertés et de la détention ne peut, à peine de nullité, participer au jugement des affaires pénales dont il a connu[60]. S'agissant du parquet, les règles relatives à l'impartialité objective ne devraient pas s'appliquer dès lors que ce dernier est une autorité de poursuite et non de jugement[61]. Mais les magistrats du ministère public, partie jointe, peuvent être récusés dans les mêmes cas que les juges du siège, et notamment depuis la loi n° 2016-1547 du 18 novembre 2016 de modernisation de la justice du XXIe siècle, dans l'hypothèse d'une « situation d'interférence entre un intérêt public et des intérêts publics ou privés qui est de nature à influencer l'exercice indépendant, impartial et objectif d'une fonction » (art. L111-6 COJ).

110. La Cour européenne des droits de l'homme estime elle aussi que le seul cumul de fonctions judiciaires distinctes n'emporte pas, en soi, violation de l'article 6 de la convention. Ce n'est que lorsqu'une telle violation a été accompagnée d'une attitude partiale du juge que la Cour EDH conclut à la violation de l'obligation d'impartialité[62]. Au-delà du constat d'un cumul de fonctions, la Cour EDH se livre donc à une analyse détaillée des circonstances de l'affaire, s'appuyant essentiellement sur le fait de savoir si le juge a, ou non, dû porter une première appréciation sur la culpabilité dont il aura ultérieurement à connaître. Ainsi, le seul fait qu'un juge soit présent dans la formation de jugement après avoir participé à quelques actes d'instruction de la même affaire ne constitue pas nécessairement une violation de l'article 6[63]. De plus, un manquement à l'exigence d'indépendance ou d'impartialité d'un organe juridictionnel, n'emporte pas violation de l'article 6 « si la décision rendue était soumise à un contrôle subséquent d'un organe judiciaire doté de la plénitude de juridiction et offrant les garanties de l'article 6 »[64].

58. CEDH, 23 avr. 1996, aff. *Remli c/ France.*
59. CEDH, 9 nov. 2006, aff. *Sacilor-Lormines c/ France*, où un Conseiller d'État avait participé au délibéré d'une affaire dans laquelle le ministère de l'Économie et des Finances était partie, alors qu'il était pressenti pour être nommé à un poste dans ce ministère. En l'occurrence, la garantie d'impartialité objective se confond à la garantie d'indépendance.
60. Toutefois, la solution n'est pas toujours très nette en jurisprudence. Ainsi la chambre criminelle décide que « le simple fait qu'un juge ait pris, avant le procès, une décision relative à la détention provisoire ne peut, en soi, suffire à justifier que soit contestée son impartialité » (Cass. crim., 28 mars 2012, n° 11-85225).
61. La Cour de cassation juge de manière constante que « le ministère public ne décidant pas du bien-fondé de l'accusation en matière pénale, le moyen pris de la partialité éventuelle de ce magistrat est inopérant » (V. par ex. Cass. crim., 10 déc. 1986, n° 86-91567).
62. CEDH, 24 mai 1989, aff. *Hauschildt c/ Danemark.*
63. CEDH, 24 févr. 1993, aff. *Fey c/ Autriche.*
64. CEDH, 6 janv. 2010, aff. *Vera Fernandez-Huidobro c/ Espagne.*

111. Le Conseil constitutionnel reconnaît quant à lui une valeur constitutionnelle au principe de la séparation des autorités chargées de l'instruction et du jugement, ainsi qu'à celui de la séparation des autorités de poursuite et de jugement. Dans une décision QPC du 8 juillet 2011, le Conseil constitutionnel considère que l'article L. 251-3 du Code de l'organisation judiciaire qui permet au juge des enfants ayant instruit le dossier et renvoyé le mineur pour jugement de présider ensuite le tribunal pour enfants, n'est pas conforme à la Constitution[65].

Section 2
LES GARANTIES PROCÉDURALES

112. Si l'on se réfère aux exigences européennes, la procédure pénale doit offrir trois garanties essentielles : la publicité, la célérité et l'équité de la procédure.

I. LA PUBLICITÉ DE LA PROCÉDURE PÉNALE

113. L'article 6 § 1 de la Conv. EDH prévoit que « le jugement doit être rendu publiquement ». Cette exigence européenne se trouve relayée en droit interne puisque le Conseil constitutionnel estime « qu'il résulte des articles 6, 8, 9 et 16 de la Déclaration des droits de l'homme que le jugement d'une affaire pénale pouvant conduire à une privation de liberté doit, sauf circonstances particulières permettant le huis clos, faire l'objet d'une audience publique »[66]. Cette publicité de débats ne porte que sur le jugement. Ainsi est-elle exclue de la phase de l'enquête et de l'instruction, même si les dérogations sont de plus en plus fréquentes. Depuis la loi du 5 mars 2007, le débat en vue d'une mise en détention provisoire est public ; de même que celui de la chambre de l'instruction qui examine l'ensemble de la procédure d'instruction[67]. La garantie de publicité de la procédure se justifie par la nécessité d'un contrôle du public sur la justice. Le fondement est l'intérêt général, afin de protéger « les justiciables contre une justice secrète échappant au contrôle du public »[68], en écho à l'adage anglais «*justice is not only to be done, but to be seen to be done*». Ainsi, la publicité « préserve la confiance des justiciables dans l'institution judiciaire et participe pleinement, par cette transparence, du droit à un procès équitable et de sa finalité »[69]. La garantie de

65. Cons. const., 8 juill. 2011, n° 2011-147-QPC. Le Conseil constitutionnel soulève d'office le grief tiré de la non-conformité au principe d'impartialité pour décider que « le principe d'impartialité des juridictions ne s'oppose pas à ce que le juge des enfants qui a instruit la procédure puisse, à l'issue de cette instruction, prononcer des mesures d'assistance, de surveillance ou d'éducation ; que, toutefois, en permettant au juge des enfants qui a été chargé d'accomplir les diligences utiles pour parvenir à la manifestation de la vérité et qui a renvoyé le mineur devant le tribunal pour enfants de présider cette juridiction de jugement habilitée à prononcer des peines, les dispositions contestées portent au principe d'impartialité des juridictions une atteinte contraire à la Constitution ».
66. Cons. const., 2 mars 2004, n° 2004-492 DC, à propos de la procédure de comparution sur reconnaissance préalable de culpabilité.
67. Le défaut de publicité de la procédure est une nullité d'intérêt privé, soumise à l'exigence d'un grief (Cass. crim., 15 juin 1999).
68. CEDH, 24 nov. 1997, aff. *Werner c/ Autriche*.
69. CEDH, 8 déc. 1983, aff. *Axen c/ Allemagne*.

publicité va donc au-delà du prononcé du jugement. Elle implique aussi l'admission du public à l'audience et la reproduction des débats dans les médias.

114. L'admission du public à l'audience est ainsi consacrée dans le Code de procédure pénale, qui prévoit toutefois un certain nombre de dérogations. La juridiction peut décider le huis clos, si la publicité des débats est dangereuse pour l'ordre ou les mœurs (devant la cour d'assises)[70], pour l'ordre, la sérénité des débats, la dignité de la personne ou les intérêts d'un tiers (devant la cour d'appel, le tribunal correctionnel et le tribunal de police)[71]. Dans certaines affaires, le huis clos est de droit ou peut être ordonné à la seule condition que la partie civile ne s'y oppose pas[72]. De même, devant les juridictions régionales de la rétention de sûreté, la publicité n'intervient qu'à la demande du condamné[73]. L'accès à la salle d'audience peut encore être restreint, pour être interdite aux mineurs[74] ou aux médias[75]. Enfin, l'utilisation des appareils photographiques, ou d'enregistrement sonore, est prohibée dès l'ouverture de l'audience[76]. Certains grands procès sont toutefois filmés, avec l'autorisation du président et sous certaines conditions, pour la constitution d'archives audiovisuelles de la justice[77]. La question de l'enregistrement et de la diffusion des débats judiciaires est débattue. En 2005, une commission sur « l'enregistrement et la diffusion des débats judiciaires » a remis un rapport au garde des Sceaux, qui préconise l'ouverture des procès aux médias audiovisuels[78]. Une brèche est peut-être ouverte avec la loi n° 2014-640 du 20 juin 2014 relative à la réforme des procédures de révision et de réexamen d'une condamnation pénale définitive, imposant que les débats de la cour d'assises fassent l'objet d'un enregistrement sonore sous le contrôle du président (art. 308 CPP)[79]. De son côté, la Cour EDH autorise les restrictions au principe de publicité dans un certain nombre de cas limitativement énumérés, mais qui peuvent toutefois donner lieu à une large interprétation. Ainsi l'accès de la salle d'audience peut être interdit à la presse et au public pendant la totalité ou une partie du procès dans l'intérêt de la moralité, de l'ordre public ou de la sécurité nationale dans une société démocratique, lorsque les intérêts des mineurs ou la protection de la vie privée des parties au procès l'exigent, ou bien encore dans la mesure jugée strictement nécessaire par le tribunal, lorsque dans des circonstances spéciales la publicité serait de nature à porter atteinte aux intérêts de la justice. La Cour EDH admet aussi que l'intéressé puisse renoncer à la publicité des débats[80].

70. Art. 306 CPP.
71. Art. 400, 512 et 535 CPP.
72. Art. 306 al. 3 CPP.
73. Art. 706-53-15 CPP.
74. Art. 306 al. 2, 402, 512, 535 CPP.
75. Art. 14, 20, 21 et 24-1 ord. 2 févr. 1945.
76. Sur demande, le président peut autoriser les prises de vue quand les débats ne sont pas commencés, avec l'accord des parties et du ministère public (art. 38 *ter*, L. 29 juill. 1881 : amende de 4500 euros ; pour la cour d'assises, art. 308 CPP : amende de 18000 euros).
77. Art. L. 221-1 et s. C. patr.
78. V. le rapport de la commission sur l'enregistrement et la diffusion des débats judiciaire, sous la dir. E. LINDEN : http://www.ladocumentationfrancaise.fr/var/storage/rapports-publics/054000143/0000.pdf
79. V. *infra* n° 492.
80. CEDH, 10 févr. 1983, série A n° 58, *Albert* et *Le Compte*.

115. Si la possibilité de publier les débats dans les médias est elle aussi une règle d'ordre public, la loi y prévoit encore quelques limitations. La publication des débats est ainsi prohibée pour certains délits[81]. De même, il est interdit de publier des informations relatives à des affaires de mineurs[82]. En tout état de cause, la publication dans la presse des débats, des discours ou écrits produits devant les juridictions doit être faite fidèlement et de bonne foi[83].

DÉCRYPTAGE : VERS LA TÉLÉ-AUDIENCE ?

L'audience par visioconférence a tout d'abord été une spécificité à Saint-Pierre-et-Miquelon pour tenir compte des difficultés de constitution d'un tribunal de première instance dans cette collectivité territoriale. Une ordonnance du 20 août 1998 avait prévu que qu'en cas d'empêchement matériel à la venue d'un magistrat assurant le remplacement du président de ce tribunal, l'audience pourrait être tenue depuis un autre point du territoire de la République, en étant relié directement à la salle d'audience par un moyen de communication audiovisuel[84]. La procédure a ensuite été étendue à tout le territoire par la loi n° 2001-1062 du 15 novembre 2001 et se trouve réglementée à l'article 706-71 du Code de procédure pénale. Une circulaire du 5 février 2009 préconise le recours à cette technique « nécessaire à la rationalisation des moyens de l'État ».

Le recours à la visioconférence s'est aussi considérablement développé dans les phases d'enquête et d'instruction. Pour réduire le nombre des extractions judiciaires de détenus, la loi n° 2011-267 du 14 mars 2011 (dite LOPPSI II) généralise l'utilisation de la visioconférence. Désormais, l'article 706-71 du Code de procédure pénale prévoit que l'utilisation d'un moyen de télécommunication audiovisuelle est possible devant la juridiction de jugement pour l'audition des témoins, des parties civiles et des experts. Ce moyen de télécommunication est également applicable, avec l'accord du procureur de la République et de l'ensemble des parties, pour la comparution du prévenu devant le tribunal correctionnel si celui-ci est détenu. Si la personne est assistée par un avocat, celui-ci peut se trouver auprès de la juridiction ou auprès de l'intéressé. Dans le premier cas, il doit pouvoir s'entretenir avec son client, de façon confidentielle, en utilisant le moyen de télécommunication audiovisuelle. Dans le second cas, une copie de l'intégralité du dossier doit être mise à sa disposition.

Ces mêmes moyens de communication peuvent également s'appliquer si nécessaire dans les phases d'enquête ou d'instruction. Ainsi, l'audition ou l'interrogatoire d'une personne ainsi que la confrontation entre plusieurs personnes peuvent être effectués en plusieurs points du territoire de la République se trouvant reliés par des moyens de télécommunications garantissant la confidentialité de la transmission. Dans les mêmes conditions, la présentation aux fins de prolongation de la garde à vue ou de la retenue judiciaire peut être réalisée par l'utilisation de moyens de télécommunication audiovisuelle.

Cette technique satisfait les exigences européennes de publicité, dans la mesure où elle poursuit des buts légitimes, où les modalités de déroulement de l'audience

81. Art. 39 L. 29 juill. 1881.
82. Art. 39 *bis* L. 29 juill. 1881 ; art. 14 al. 5 ord. 2 févr. 1945.
83. Art. 41 al. 4 L. 29 juill. 1881.
84. Art. L. 513-4 COJ.

ont respecté les droits de la défense et où la personne mise en cause peut voir les personnes présentes dans la salle d'audience, être vue et entendue par les autres parties, les témoins et le juge[85].

II. LA CÉLÉRITÉ DE LA PROCÉDURE PÉNALE

116. L'article 6 de la Convention européenne énonce que « toute personne a droit à ce que sa cause soit entendue équitablement, publiquement et *dans un délai raisonnable*, par un tribunal indépendant et impartial, établi par la loi, qui décidera, soit des contestations sur ses droits et obligations de caractère civil, soit du bien-fondé de toute accusation en matière pénale dirigée contre elle ». Dans la jurisprudence européenne, le respect du délai raisonnable est un moyen de garantir l'efficacité et la crédibilité de la justice[86]. Le Code de procédure pénale consacre, depuis la loi n° 2000-516 du 15 juin 2000, cette exigence de célérité dans son article préliminaire, aux termes duquel « il doit être définitivement statué sur l'accusation dont [une] personne [suspectée ou poursuivie] fait l'objet dans un délai raisonnable ». Le Code de procédure pénale prévoit en outre des délais d'achèvement des procédures relatif aux phases d'enquête, d'instruction et de jugement.

117. La Cour EDH utilise trois critères pour déterminer le caractère raisonnable ou déraisonnable du délai, aucun d'entre eux n'étant à lui seul décisif : le critère de la complexité de l'affaire (nombre de personnes impliquées, difficultés de preuve, dimension nationale ou internationale, enjeu du litige pour la vie personnelle et professionnelle du requérant) ; le critère du comportement du requérant (changement d'avocat, communication tardive des pièces nécessaires au jugement, usage abusif des voies de recours...) ; le critère du comportement des autorités compétentes[87]. Quant à la période de référence pour le calcul du délai raisonnable, elle débute à compter de la notification officielle des soupçons émanant de l'autorité compétente et couvre l'ensemble de la procédure, voies de recours incluses[88].

118. La question délicate est celle de la sanction du défaut de respect de la règle, puisque la durée excessive d'une procédure ne peut entraîner sa nullité[89]. Lorsque la méconnaissance du droit à un délai raisonnable a causé un préjudice aux parties, celles-ci peuvent obtenir réparation du préjudice résultant du fonctionnement défectueux du service public de la justice[90]. La Cour européenne a précisé que le recours ouvert en droit interne pour se plaindre de la durée excessive d'une procédure devait aboutir à une indemnisation couvrant tant le dommage matériel que le dommage moral tenant aux désagréments et incertitudes résultant de ce dépassement[91]. Devant

85. CEDH, 5 oct. 2006, *Marcello Viola c/ Italie* et 2 nov. 2010, *Sakhnovsli c/ Russie*, n° 21272/03.
86. CEDH, 24 oct. 1989, *H. c/ France*, n° 10073/82.
87. CEDH, 28 juin 1978, *König c/ RFA*, n° 6232/73.
88. CEDH, 28 mars 1990, aff. *B c/ Autriche*.
89. Cass. crim., 24 oct. 1989, *Bull.* n° 378 ; 24 avr. 2013, *Bull.* n° 100.
90. CE, 28 juin 2002, *Garde des Sceaux c/ Magiera*.
91. CEDH, 29 mars 2006, *Apicella c. Italie*, n° 64890/01.

la Cour EDH, la reconnaissance de la violation du délai raisonnable ouvre droit à satisfaction équitable.

III. L'ÉQUITÉ DE LA PROCÉDURE PÉNALE

119. La garantie d'équité apparaît expressément dans l'article 14 du Pacte international relatif aux droits civils et politiques, dans l'article 6 § 1 de la Conv. EDH, et dans l'article 47 de la charte des droits fondamentaux de l'Union européenne. Pour le Conseil constitutionnel, cette garantie découle de l'article 16 de la Déclaration des droits de l'homme et du citoyen de 1789. Ainsi « sont garantis par cette disposition le droit des personnes intéressées à exercer un recours juridictionnel effectif, le droit à un procès équitable, ainsi que le principe du contradictoire ». L'équité dont il est question n'est pas celle qui s'oppose au droit : elle n'a pas pour fonction d'atténuer la rigueur ou de combler la lacune d'une règle de droit. L'équité est ici le caractère de ce qui est fait avec justice et équilibre, en écho à l'étymologie du terme (« *aequus* »). L'équilibre des droits des parties dans la procédure pénale est essentiel, comme le souligne la formule de l'article préliminaire du Code de procédure pénale : « La procédure pénale doit être équitable et contradictoire et préserver l'équilibre des droits des parties ». Or, de la notion d'équité découlent de nombreuses applications.

A. L'ÉGALITÉ DES ARMES ET LE RESPECT DU CONTRADICTOIRE

120. L'expression « égalité des armes » ne figure pas dans la Conv. EDH, mais la Cour en a fait une composante autonome du procès équitable. Le principe de l'égalité des armes n'impose pas des droits identiques entre les parties. Mais il pose, selon la Cour EDH, l'obligation pour les États de fournir à chaque partie une possibilité raisonnable de présenter sa cause, « y compris ses preuves dans des conditions qui ne la place pas dans une situation de net désavantage par rapport à son adversaire »[92]. Le Conseil constitutionnel affirme quant à lui que le droit à un procès équitable implique l'existence d'une « procédure juste et équitable garantissant l'équilibre des droits des parties »[93]. Cet équilibre des droits des parties s'impose jusqu'à l'exercice des voies de recours, qui doit être d'un égal accès. Dans l'arrêt *Ben Naceur c/ France*, La Cour EDH a considéré que l'article 505 du Code de procédure pénale octroyant un délai de deux mois au procureur général pour interjeter appel d'un jugement correctionnel, contre dix jours seulement pour les autres parties, constituait une violation de l'article 6[94]. Modifié par la loi n° 2009-1436 du 24 novembre 2009, le Code de procédure pénale prévoit désormais un délai d'appel de vingt jours pour le procureur général, et de cinq jours pour l'appel incident des autres parties.

121. L'égalité des armes implique aussi l'obligation pour les États de veiller à ce que tous les éléments du litige fassent l'objet d'un débat entre les parties. Autrement dit, l'égalité des armes a pour corollaire le respect du contradictoire. À cet égard,

92. CEDH, 27 oct. 1993, *Dombo Beheer BV c/ Pays-Bas*.
93. Cons. const., 5 août 2010, n° 2010-612 DC ; 1er avr. 2011, n° 2011-112 QPC ; 29 nov. 2013, n° 2013-356 QPC.
94. CEDH, 3 oct. 2006, *Ben Naceur c/ France*.

la position des avocats généraux devant la Cour de cassation a été censurée par la Cour EDH[95]. Traditionnellement, en effet, le ministère public bénéficiait d'une situation privilégiée, en recevant la communication avant l'audience du rapport établi par le conseiller-rapporteur, et du projet d'arrêt préparé par celui-ci. La condamnation par la Cour européenne de cette pratique a conduit à une évolution. Désormais, un rapport enrichi de l'analyse des textes, de la doctrine et de la jurisprudence est mis à la disposition de l'ensemble des parties. Toujours dans l'objectif de garantir le contradictoire, la loi n° 2007-291 du 5 mars 2007 a introduit un article 161-1 au Code de procédure pénale selon lequel une copie de la décision ordonnant une expertise est adressée sans délai au procureur de la République et aux parties, qui disposent d'un délai de dix jours pour demander au juge d'instruction, de modifier ou de compléter les questions posées à l'expert ou d'adjoindre à l'expert ou aux experts déjà désignés un expert de leur choix. Le contradictoire tend même à s'imposer dans la phase de l'enquête policière. Ainsi la loi du 3 juin 2016 renforçant la lutte contre le crime organisé, le terrorisme et leur financement, et améliorant l'efficacité et les garanties de la procédure pénale modifie l'article 77-2 du Code de procédure pénale pour y instituer le respect du contradictoire dans les enquêtes durant plus d'un an, sur demande des personnes qui ont fait l'objet d'une mesure d'audition libre, de garde à vue ou de saisie de leurs biens. À moins qu'il ne décide de l'ouverture d'une information ou d'un défèrement, lorsqu'il estime que la procédure est en état d'être communiquée, le magistrat est désormais tenu de communiquer à ces personnes, ainsi qu'à la victime, l'intégralité du dossier de la procédure, pour recevoir leurs observations et leurs éventuelles demandes d'actes. Cette communication du dossier et ce recueil d'observations peut également intervenir à tout moment en cours de procédure, même en l'absence de demande, à l'initiative du procureur.

B. LA MOTIVATION DES DÉCISIONS DE JUSTICE

122. Cette application du droit au procès équitable est relativement récente dans la jurisprudence de la Cour EDH. L'obligation de motiver les décisions de justice ne figure pas expressément dans le texte de l'article 6 § 1 de la Convention EDH. Elle découle d'un arrêt *Van de Hurk c/ Pays Bas* du 19 avril 1994, où la Cour EDH précise toutefois que cette obligation « ne peut se comprendre comme exigeant une réponse détaillée à chaque argument ». En droit interne, l'obligation de motivation a valeur constitutionnelle[96]. La motivation est souvent présentée comme une garantie contre l'arbitraire, en ce qu'elle oblige le juge à retracer son raisonnement, et donc à délibérer. Lors d'un appel, elle est une condition nécessaire pour l'exercice des droits de la défense puisqu'en ignorant les motifs de l'arrêt, il est difficile de le contester et d'identifier l'éventuelle erreur de jugement. De plus, seule une motivation circonstanciée met la Cour de cassation en mesure d'exercer un vrai contrôle de légalité[97]. Cependant, certaines décisions ne contiennent pas de motivation, comme les ordonnances pénales en matière contraventionnelle[98].

95. CEDH, 31 mars 1998, *Reinhardt et Slimane Kaid c/ France.*
96. Cons. const., 3 nov. 1977, n° 77-1012 DC.
97. V. J. Pradel, « De la motivation des arrêts de cours d'assises », *D.* 2009, p. 2778.
98. Art. 526 al. 2 CPP.

123. La question de la motivation des décisions de justice s'est essentiellement focalisée sur les arrêts de cour d'assises. Jusqu'au 31 décembre 2011, l'absence de motivation des décisions d'assises a constitué la règle. Pour justifier cette règle on invoquait la difficulté voire l'impossibilité de synthétiser les raisons du choix des jurés, souvent de culture différente, et qui votent à bulletin secret. De plus, le principe de continuité des débats devant la Cour d'assises impose de prononcer l'arrêt de condamnation ou d'acquittement juste après la fin des débats, ce qui laisse peu de temps pour la rédaction d'une motivation. Mais saisie de cette question dans l'affaire *Taxquet c/ Belgique*, la Cour EDH n'a pas été sensible à ces arguments. Dans un premier arrêt, en date du 13 janvier 2009, la juridiction européenne exige ainsi un « résumé des motifs » sous peine de violation du procès équitable. Dans l'arrêt de la Grande chambre, rendu le 16 novembre 2010 sur la même affaire, elle nuance quelque peu l'exigence. Toutefois, elle considère que les garanties procédurales dues à l'accusé ne sont suffisantes que si les questions soumises par le président de la cour d'assises au jury sont précises et « de nature à former une trame apte à servir de fondement au verdict ». Cette exigence minimale d'une « trame » n'était pas été relayée par les juridictions françaises. Entre-temps, la Cour de cassation avait estimé les arrêts de cour d'assises conformes aux exigences légales et conventionnelles[99] et refusé la transmission de questions prioritaires de constitutionnalité posées à ce sujet[100]. La fréquence des QPC invoquées devant elle avait finalement conduit à donner un caractère nouveau à la question, et donc à la saisine du Conseil constitutionnel[101]. Ce dernier, dans une décision QPC du 1er avril 2011, avait toutefois refusé de censurer les dispositions relatives au mode de délibération de la Cour d'assises, mettant en avant les garanties procédurales qui entourent le prononcé des verdicts d'assises[102]. C'est donc sous la seule pression européenne que la loi n° 2011-939 du 10 août 2011 insère un article 365-1 dans le Code de procédure pénale, aux termes duquel le président de la cour ou l'un de ses assesseurs rédige la motivation de l'arrêt sur un document annexé à la feuille des questions appelée feuille de motivation. Entré en vigueur le 1er janvier 2012, le texte impose l'énonciation, en cas de condamnation, « des principaux éléments à charge, qui pour chacun des faits reprochés à l'accusé, ont convaincu la cour d'assises ». Pour la Cour européenne, le dispositif issu de l'article 365-1 du Code de procédure pénale est conforme aux exigences de l'article 6, § 1 « devant permettre au requérant de comprendre un éventuel verdict de culpabilité »[103]. Mais cette obligation de motivation ne concerne pas le choix de la peine. Par trois arrêts du 8 février 2017, la chambre criminelle a affirmé que, selon l'article 365-1 du Code de procédure pénale, « en cas de condamnation par une cour d'assises, la motivation consiste dans l'énoncé des principaux éléments à charge qui l'ont convaincue de la culpabilité de l'accusé », ajoutant « qu'en l'absence d'autre disposition légale le prévoyant, la cour et le jury ne doivent pas motiver le choix de la

99. Cass. crim., 14 oct. 2009 et 20 janv. 2010.
100. Cass. crim., 19 mai 2010, 3 arrêts.
101. Cass. crim., 19 janv. 2011, n° 10-85305 et 10-85159 : « la question fréquemment invoquée devant la Cour de cassation et portant sur la constitutionnalité des dispositions susvisées dont il se déduit l'absence de motivation des arrêts de cour d'assises statuant, avec ou sans jury, sur l'action publique, présente un caractère nouveau au sens que le Conseil constitutionnel donne à ce critère alternatif de saisine ».
102. Cons. const., 1er avr. 2011, n° 2011-113/115 QPC.
103. CEDH, 29 oct. 2015, aff. *Matis c/ France*.

peine qu'ils prononcent»[104]. D'une manière plus générale, la Haute juridiction a affirmé le principe d'un contrôle souple de la motivation d'un arrêt de cour d'assises, qui se limite à la caractérisation par cette dernière des principaux éléments à charge existant contre l'accusé et qui l'ont convaincue de sa culpabilité. Toutefois, elle veille à ce que la motivation joue pleinement son rôle, en permettant à l'accusé de comprendre les raisons qui ont convaincu ses juges[105].

C. LE DROIT DE SE TAIRE ET DE NE PAS S'AUTO-INCRIMINER

124. La consécration de ce droit dans le Code de procédure pénale a été tardive. La loi n° 2002-307 du 4 mars 2002 avait introduit dans l'article 63-1, à propos de la garde à vue, que la personne concernée «a le choix de faire des déclarations, de répondre aux questions qui lui seront posées ou de se taire». Mais la loi n° 2003-239 du 18 mars 2003 avait supprimé cette disposition. La loi du 14 avril 2011 relative à la garde à vue rétablit l'article 63-1 du Code de procédure pénale. Ainsi, la personne placée en garde à vue est immédiatement informée par un officier de police judiciaire ou, sous le contrôle de celui-ci, par un agent de police judiciaire du fait qu'elle bénéficie du droit, lors des auditions, après avoir décliné son identité, de faire des déclarations, de répondre aux questions qui lui sont posées ou de se taire. Mais c'est surtout avec la loi n° 2014-535 du 27 mai 2014 portant transposition de la directive 2012/13/UE relative au droit à l'information dans le cadre des procédures pénales que le droit de se taire a pris une place importante; et ce, tout au long de la procédure, depuis l'enquête jusqu'à l'audience. Ainsi, le droit de se taire bénéficie désormais à la personne entendue librement par les enquêteurs dès lors qu'il existe à son égard des raisons plausibles de soupçonner qu'elle a commis ou tenté de commettre une infraction[106]. En matière correctionnelle, la personne déférée devant le procureur de la République, en vue d'une convocation par procès-verbal ou comparution immédiate au tribunal, est avertie de son droit de faire des déclarations, de répondre aux questions qui lui sont posées ou de se taire[107]. Au stade de l'instruction, le droit de se taire est notifié aussi bien à la personne mise en examen[108] qu'au témoin assisté[109]. À l'audience, le président de la juridiction informe le prévenu[110] ou l'accusé[111] de son droit, au cours des débats, de faire des déclarations, de répondre aux questions qui lui sont posées ou de se taire. La jurisprudence considère que la méconnaissance de cette règle fait nécessairement grief à la personne poursuivie[112].

125. En droit européen, le droit de se taire bénéficie à toute personne qui fait l'objet d'une accusation en matière pénale[113]: «en mettant le prévenu à l'abri d'une coercition

---

104. Cass. crim. 8 févr. 2017, n° 15-86914,16-80389 et 16-80391.
105. Cass. crim. 20 nov. 2013, n° 12-86630; 16 déc. 2015, n° 15-81160; 3 nov. 2016, n° 15-87038, 15-82430 et 15-84339.
106. Art. 61-1 CPP.
107. Art. 393 CPP.
108. Art. 116 CPP.
109. Art. 113-4 CPP.
110. Art. 406 CPP.
111. Art. 328 CPP.
112. Cass. crim. 8 juill. 2015, n° 14-85699; 24 mai 2016, n° 15-82516.
113. Sur la notion d'accusation en matière pénale, v. *supra* n° 86

abusive de la part des autorités, ces immunités concourent à éviter des erreurs judiciaires et à garantir le résultat voulu par l'article 6 »[114]. Le droit de se taire implique le droit de garder le silence, mais aussi par celui de ne pas produire de document contre soi-même[115]. Le droit de se taire a été mis en relation par la Cour EDH avec le droit à l'assistance d'un défenseur pendant la garde à vue. Dans sa décision *Brusco c/ France* du 14 octobre 2010, la Cour EDH constate que le gardé à vue n'a pas été informé au début de son interrogatoire du droit de se taire, de ne pas répondre aux questions posées ou encore de ne répondre qu'aux questions qu'il souhaitait. Elle relève en outre qu'il n'a pu être assisté d'un avocat que vingt heures après le début de la garde à vue. L'avocat n'a donc été en mesure ni de l'informer sur son droit à garder le silence et de ne pas s'auto-incriminer avant son premier interrogatoire ni de l'assister lors de cette déposition et lors de celles qui suivirent, comme l'exige l'article 6 de la Convention. Or, la chambre criminelle de la Cour de cassation accorde une pleine portée à cette jurisprudence européenne, en décidant notamment que seule une raison impérieuse peut permettre aux enquêteurs de recueillir les déclarations faites par le gardé à vue en méconnaissance de son droit au silence et à celui d'assistance[116].

Section 3
LE RESPECT DES DROITS DE LA DÉFENSE

126. Le respect des droits de la défense est un principe fondamental reconnu par les lois de la République (Cons. const., décision *Sécurité Liberté* des 19 et 20 janvier 1981). Il est également garanti par l'article 14 § 3 du pacte international relatif aux droits civils et politiques, par l'article 48 de la Charte des droits fondamentaux de l'Union européenne, et surtout par l'article 6 § 3 de la CESDH, qui dresse une liste, non exhaustive, des implications concrètes du principe. Longtemps, la logique inquisitoire de notre procédure pénale a conduit à faire évoluer ces droits tout au long du procès. Quasi-absents dans la phase d'enquête, ils deviennent plus prégnants en phase d'instruction, et véritablement consacrés dans la phase de jugement. Mais sous l'influence européenne, les droits de la défense sont désormais plus importants dès lors que des soupçons pèsent sur une personne identifiée, quelle que soit le moment de la procédure. Ainsi, la loi du 27 mai 2014 portant transposition de la directive 2012/13/UE relative au droit à l'information dans le cadre des procédures pénales, a considérablement augmenté ces droits au stade de l'enquête. Aux termes des articles 61-1 et 62 du Code de procédure pénale, le suspect bénéficie du respect des droits de la défense face aux enquêteurs, avec une gradation selon qu'il est entendu librement, sous contrainte ou gardé à vue. Et pour assurer l'effectivité de ces droits, l'article 803-6 du Code de procédure pénale, inséré par la loi de 2014, prévoit que toute personne suspectée ou poursuivie soumise à une mesure privative de liberté se voit remettre, lors de la notification de cette mesure, un document énonçant, dans des termes simples et accessibles et dans une langue qu'elle comprend, les droits

114. CEDH, 8 févr. 1996, *John Murray c/ Royaume-Uni*, n° 18731/91.
115. CEDH, 25 févr. 1993, *Funke c/ France*.
116. Cass. crim. 17 déc. 2013, n° 12-84297 et n° 13-86565 ; 25 avr. 2017, n° 16-87518.

dont elle bénéficie au cours de la procédure[117]. Les droits de la défense prennent plusieurs aspects : le droit d'être informé de la nature et de la cause de l'accusation portée ; le droit de disposer du temps et des facilités nécessaires à la préparation de sa défense ; le droit de se défendre soi-même ou avec l'assistance d'un avocat ; le droit de convoquer et d'interroger des témoins ; le droit à l'interprétation et à la traduction.

I. LE DROIT D'ÊTRE INFORMÉ DE LA NATURE ET DE LA CAUSE DE L'ACCUSATION PORTÉE

127. L'article 6 § 3 de la Conv. EDH prévoit que « tout accusé a droit [...] à être informé, dans le plus court délai, dans une langue qu'il comprend et de manière détaillée, de la nature et de la cause de l'action portée contre lui ». Cette information se trouve même renforcée à l'égard de la personne privée de liberté, puisqu'aux termes de l'article 5 § 2 de la Convention « toute personne arrêtée doit être informée, dans le plus court délai et dans une langue qu'elle comprend, des raisons de son arrestation et de toute accusation portée contre elle ». Ces garanties se trouvent relayées par l'article préliminaire du Code de procédure pénale, selon lequel « *toute personne suspectée ou poursuivie [...] a le droit d'être informée des charges retenues contre elle* ». Ce droit à l'information recouvre aussi bien les faits matériels qui sont mis à la charge de l'accusé et sur lesquels se fonde l'accusation, que la qualification juridique de ces faits. Il en résulte que si le juge pénal modifie la qualification précédemment retenue, il doit alors permettre au prévenu de présenter une défense adaptée à la requalification[118]. Il en est de même lorsque la requalification des faits consiste à retenir un nouveau degré de participation[119].

128. Ce droit doit en outre être adapté à l'égard des majeurs protégés. Suite à la condamnation de la France par la Cour EDH[120], la loi n° 2007-308 du 5 mars 2007 a introduit une protection particulière aux articles 706-112 à 706-118 du Code de procédure pénale. Tous les régimes de protection sont concernés. L'article 706-113 du Code de procédure pénale prévoit désormais qu'en cas de procédure pénale engagée à l'encontre d'un majeur protégé, « le procureur de la République ou le juge d'instruction avise le curateur ou le tuteur des poursuites dont la personne fait l'objet » et que « le procureur de la République ou le juge d'instruction avise le curateur ou le tuteur des décisions de non-lieu, de relaxe, d'acquittement, d'irresponsabilité pénale pour cause de trouble mental ou de condamnation dont la personne fait l'objet ». Enfin, « le curateur ou le tuteur est avisé de la date d'audience ». Aussi la chambre criminelle veille désormais à ce que soit garantie l'assistance effective de la personne protégée par

117. Mais pour la chambre criminelle, le défaut de remise de ce document, après le prononcé d'un placement en détention provisoire, est sans incidence sur la régularité de cette décision (Crim., 14 oct. 2014, pourvoi n° 14-85555).
118. CEDH, 8 févr. 1996, aff. *Murray c/ Royaume-Uni* ; 25 mars 1999, aff. *Pélissier et Sassi c/ France*. Aussi, la Cour de cassation considère « que s'il appartient aux juges répressifs de restituer aux faits dont ils sont saisis leur véritable qualification, c'est à la condition que le prévenu ait été mis en mesure de se défendre sur la nouvelle qualification envisagée ». (Cass. crim., 16 mai 2001).
119. CEDH, 19 déc. 2006, aff. *Mattei c/ France*, où la requalification des faits de tentative d'extorsion de fonds en complicité de ce délit, effectuée au moment du délibéré de la cour d'appel, est jugée constitutive d'une violation du principe.
120. CEDH, 2001, aff. Vaudelle c/ France.

son curateur ou son tuteur à tous les stades de la procédure, dans le prolongement de la jurisprudence européenne[121].

II. LE DROIT DE DISPOSER DU TEMPS ET DES FACILITÉS NÉCESSAIRES À LA PRÉPARATION DE SA DÉFENSE

129. Selon l'article 6 § 3 de la Conv. EDH, « tout accusé a droit à disposer du temps et des facilités nécessaires à la préparation de sa défense ». La Cour EDH apprécie l'effectivité de cette garantie *in concreto*, c'est-à-dire en fonction de la complexité de l'affaire, du comportement du requérant et de celui des autorités nationales[122]. De la garantie ainsi formulée découle notamment le droit d'accès au dossier de la procédure par la personne mise en cause. En droit français, un tel droit a longtemps été refusé pendant la phase préparatoire du procès, qui devait rester secrète à l'égard des parties privées. Il a fallu attendre la loi du 8 décembre 1897 pour que l'avocat puisse accéder au dossier de la procédure à la veille de chaque interrogatoire par le juge d'instruction. Aujourd'hui, ce droit d'accès tend à se renforcer, y compris pendant la phase d'enquête.

130. En effet, lors de cette première phase de la procédure, il est possible pour la personne soupçonnée d'avoir un accès partiel au dossier de procédure[123]. Pendant la garde à vue, et selon l'article 63-4-1 du Code de procédure pénale, l'avocat de la personne suspectée – ou la personne elle-même depuis la loi du 27 mai 2014 portant transposition de la directive 2012/13/UE relative au droit à l'information dans le cadre des procédures pénales –, peut, à sa demande, avoir accès à trois pièces de la procédure : le procès-verbal de placement en garde à vue, le certificat médical d'examen de la personne gardée à vue et, le cas échéant, les procès-verbaux d'audition antérieurs de la personne gardée à vue. Saisi d'une QPC, le Conseil constitutionnel a considéré que l'absence de droit de consulter l'intégralité des pièces de la procédure – et d'en obtenir la copie – n'était pas contraire à la Constitution[124]. La personne qui est déférée au parquet a également le droit (ou son avocat) de consulter sur-le-champ le dossier de la procédure[125].

131. Lors de la phase de l'instruction, l'intégralité du dossier de procédure est mis à la disposition des avocats au moins quatre jours ouvrables avant chaque interrogatoire

121. V. Cass. crim., 27 nov. 2012, n° 11-88678, considérant que le simple avis de la date d'audience ne suffit pas puisqu'il résulte de l'article 706-113 CPP que « le curateur d'une personne majeure protégée doit être avisé des poursuites et des décisions de condamnation dont cette personne fait l'objet ».
122. CEDH, 22 juin 1996, *Melin c/ France* et 17 déc. 1996, *Vacher c/ France*.
123. La victime peut quant à elle, par l'intermédiaire de son avocat, avoir accès aux procès-verbaux de ses auditions (art. 63-4-5 CPP).
124. Cons. const., 18 nov. 2011, n° 2011-191/194/195/196/197 QPC. V. également, Cass. crim., 26 juin 2013, n° 13-81491, considérant que la limitation des pièces susceptibles d'être consultées par l'avocat au cours de la garde à vue n'est pas contraire à la Convention, « dès lors que l'absence de communication de l'ensemble des pièces du dossier, à ce stade de la procédure, n'est pas de nature à priver d'un droit effectif et concret à un procès équitable la personne concernée dont l'accès à l'intégralité dudit dossier est garanti devant les juridictions d'instruction et de jugement ».
125. Art. 393 CPP.

de la personne mise en examen ou chaque audition de la partie civile[126]. Après la première comparution ou la première audition, les avocats des parties – ou, si elles n'ont pas d'avocat, les parties elles-mêmes[127] – peuvent se faire délivrer, gratuitement, copie de tout ou partie des pièces et actes du dossier, le cas échéant sous forme numérisée. Seules les copies des rapports d'expertise peuvent être communiquées par les parties ou leurs avocats à des tiers pour les besoins de la défense. En dehors de ce cas, le fait, pour une partie à qui une reproduction des pièces ou actes d'une procédure d'instruction a été remise, de la diffuser auprès d'un tiers est puni d'une amende de 10 000 euros[128].

132. Lors de la phase de jugement, l'accusé et la partie civile peuvent se faire délivrer directement et gratuitement copie de toutes les pièces du dossier de la procédure en matière criminelle[129]. En matière correctionnelle et de police, et depuis la loi du 27 mai 2014 portant transposition de la directive 2012/13/UE relative au droit à l'information dans le cadre des procédures pénales, les avocats accèdent au dossier auprès du greffe de la juridiction, dès la délivrance de la citation directe ou de la COPJ, et au plus tard dans les deux mois de la notification de la convocation. De plus, les parties ou leurs avocats peuvent obtenir une copie du dossier auprès du greffe, éventuellement en format numérique. Cette copie doit être remise dans le mois qui suit la demande.[130].

III. LE DROIT DE SE DÉFENDRE SOI-MÊME OU AVEC L'ASSISTANCE D'UN AVOCAT

133. Le droit de se défendre soi-même ou avec l'assistance d'un avocat doit être effectif dès la phase de l'enquête[131]. Il implique tout d'abord pour la personne suspectée la possibilité de choisir librement son avocat ou même celle de ne pas choisir d'avocat. Une exception toutefois est prévue pour les mineurs, qui doivent être assistés d'un avocat dès lors qu'ils font l'objet de poursuites[132]. Pour garantir le droit de se défendre soi-même, il est nécessaire que les parties puissent obtenir directement les éléments nécessaires à l'exercice de leur défense. Ainsi le Conseil constitutionnel a-t-il déclaré

126. Art. 114 CPP.

127. Art. 114 CPP modifié par la loi n° 2014-535 du 27 mai 2014 portant transposition de la directive 2012/13/UE du Parlement européen et du Conseil, du 22 mai 2012, relative au droit à l'information dans le cadre des procédures pénales. Modifié par la loi n° 2017-258 du 28 février 2017 relative à la sécurité publique, l'art. 197 CPP accorde aux parties qui n'ont pas d'avocat non seulement la possibilité de se faire délivrer copie des réquisitions du ministère public gratuitement, sans délai et sur simple requête écrite, mais aussi celle de demander la copie de l'entier dossier en application de l'article 114, alinéa 4, du Code de procédure pénale.

128. Art. 114-1 CPP.

129. Art. 279 CPP modifié par la loi n° 2014-535 du 27 mai 2014 portant transposition de la directive 2012/13/UE du Parlement européen et du Conseil, du 22 mai 2012, relative au droit à l'information dans le cadre des procédures pénales. Auparavant, seuls les documents limitativement énumérés (PV des infractions, déclarations écrites des témoins, rapports d'expertise) pouvaient être communiqués. S'agissant des mineurs, une directive 2016/800/UE du 11 mai 2016 précise que le droit à l'avocat doit être effectif et sans retard indu, le simple droit d'accéder à un avocat n'étant pas suffisant pour eux.

130. Art. 388-4 et 533 CPP.

131. CEDH, 8 févr. 1996, aff. *Murray c/ Royaume-Uni.*

132. Art. 4-1 Ord. n° 45-174 du 2 févr. 1945 relative à l'enfance délinquante. Les dispositions de cet article sont également applicables à un majeur poursuivi pour des faits commis lorsqu'il était mineur (Cass., avis, 26 mai 2017, n° 17009).

inconstitutionnelles les dispositions de l'article 175 alinéa 2 du Code de procédure pénale prévoyant que le juge d'instruction puisse statuer sur le règlement de l'instruction sans que les demandes formées par le ministère public à l'issue de celle-ci aient été portées à la connaissance de toutes les parties. Implicitement, le texte ne permettait pas aux personnes mises en examen et parties civiles, ayant fait le choix de se défendre seules, d'avoir connaissance du réquisitoire définitif[133]. Le droit de se défendre implique également celui de l'assistance gratuite d'un avocat en l'absence de « moyens de rémunérer un défenseur », dès lors que cette assistance est commandée par les *« intérêts de la justice »*, au regard de la complexité de l'affaire et de la gravité de la sanction encourue. Tel est le cas notamment lorsqu'une privation de liberté est en jeu[134]. Le droit de se défendre implique encore d'être assisté d'un avocat à tous les stades de la procédure pénale et de s'entretenir librement avec lui. À cet égard, la loi du 14 avril 2011 relative à la garde à vue a modifié l'article préliminaire du Code de procédure pénale pour y ajouter qu'« en matière correctionnelle et criminelle aucune condamnation ne peut être prononcée contre une personne sur le seul fondement de déclarations qu'elle a faites sans avoir pu s'entretenir avec un avocat et être assisté par lui ». Ainsi, toute personne placée en garde à vue doit pouvoir bénéficier d'un avocat dès le début de la mesure[135]. Elle doit aussi pouvoir librement s'entretenir avec lui pour une durée de trente minutes[136], et la personne gardée à vue peut demander que l'avocat assiste à ses auditions et confrontations[137]. Cela étant, pour la Cour européenne des droits de l'homme, le droit à l'assistance d'un avocat lors d'un placement en garde à vue n'est pas un droit autonome, de sorte que le respect de ce droit doit être examiné à l'aune de l'équité globale de la procédure[138]. La loi du 3 juin 2016 renforçant la lutte contre le crime organisé, le terrorisme et leur financement, et améliorant l'efficacité et les garanties de la procédure pénale renforce encore le droit à l'assistance d'un avocat au stade de l'enquête. Ainsi, l'article 61-3 du Code de procédure pénale permet à toute personne soupçonnée d'un délit puni d'emprisonnement de demander qu'un avocat de son choix ou, si elle n'est pas en mesure d'en désigner un, qu'un avocat commis d'office par le bâtonnier, l'assiste lorsqu'elle participe à une opération de reconstitution de l'infraction, et soit présent lors d'une séance d'identification des suspects dont elle fait partie. À l'instruction, le droit à l'assistance de l'avocat est également consacré. Ainsi la personne convoquée pour qu'il soit procédé à sa première comparution en vue de sa mise en examen est informée qu'elle a le droit de choisir un avocat ou de demander qu'il lui en soit désigné un d'office[139]. Le témoin assisté bénéficie également du droit d'être assisté par un avocat[140], ainsi que la partie civile[141]. S'agissant de la phase de jugement, l'avocat est obligatoire devant la cour d'assises[142], mais il ne l'est pas devant le tribunal

133. Cons. const., 9 sept. 2011, n° 2011-160 QPC.
134. CEDH, 25 avr. 1993, *Pakelli c/ Allemagne*.
135. Art. 63-3-1 CPP.
136. Art. 63-4 CPP.
137. Art. 63-4-2 CPP.
138. CEDH 12 mai 2017, *Simeonovi c. Bulgarie*, req. n° 21980/04, où le requérant avait été condamné sur la base de ses aveux, mais faits lors d'interrogatoires ultérieurs, en présence d'un avocat, ainsi que d'autres preuves matérielles.
139. Art. 80-2 CPP.
140. Art. 113-3 CPP.
141. Art. 80-3 CPP.
142. Art. 274 CPP.

correctionnel ou de police[143]. Toutefois, le président du tribunal informe le prévenu, s'il n'a pas déjà reçu cette information avant l'audience, qu'il peut, à sa demande, bénéficier d'un avocat commis d'office[144].

134. Le droit de se défendre permet enfin d'être défendu sans comparution personnelle. À cet égard, la procédure française de jugement par contumace a été condamnée par la Cour EDH[145], ce qui a conduit à une modification du droit français de la procédure par défaut. En matière criminelle, l'accusé absent sans excuse valable à l'audience de la cour d'assises est jugé par défaut[146]. Toutefois, depuis la loi n° 2016-731 du 3 juin 2016, le défaut criminel ne s'applique plus devant la Cour d'assises d'appel, ni non plus lorsque l'absence de l'accusé est constatée au cours des débats alors que les interrogatoires de ce dernier sur les faits et sur sa personnalité ont déjà été réalisés. En dehors de ces hypothèses, et en l'absence d'avocat pour assurer la défense des intérêts de l'accusé, la cour statue, sans l'assistance des jurés, et après avoir entendu la partie civile ou son avocat ainsi que les réquisitions du ministère public. Mais si un avocat est présent pour assurer la défense des intérêts de l'accusé, la procédure se déroule normalement, à l'exception des dispositions relatives à l'interrogatoire ou à la présence de l'accusé. En cas de condamnation à une peine ferme de privation de liberté, la cour décerne un mandat d'arrêt contre l'accusé. Si l'accusé condamné se constitue prisonnier ou s'il est arrêté avant que la peine soit éteinte par la prescription, l'arrêt de la cour d'assises est non avenu dans toutes ses dispositions pour qu'il soit procédé à un nouvel examen de l'affaire. En matière correctionnelle, la question de l'avocat présent à l'audience pour assurer la défense d'un prévenu non comparant et non excusé a également été posée. Dans l'arrêt *Dentico*, l'Assemblée plénière de la Cour de cassation a opéré un revirement pour se mettre en conformité avec les exigences européennes[147]. Cette jurisprudence a été consacrée à l'occasion de la loi du 9 mars 2004 portant adaptation de la justice aux évolutions de la criminalité. Désormais, il faut distinguer deux situations. Tout d'abord, le prévenu peut demander à être jugé en son absence, tout en étant représenté au cours de l'audience par un avocat. Dans ce cas, après avoir entendu l'avocat dans sa plaidoirie, le tribunal juge le prévenu contradictoirement[148]. Ensuite, le prévenu non comparant peut ne pas avoir désigné d'avocat par mandat écrit. S'il a été cité à personne et s'il est établi qu'il a eu connaissance de la citation, il est jugé par jugement contradictoire à signifier[149]. Mais s'il n'a pas été cité à personne et s'il n'est pas établi qu'il a eu connaissance de la citation, il est jugé par défaut[150]. Dans tous les cas, si un avocat se présente pour assurer sa défense, il doit être entendu s'il en fait la demande.

143. Mais l'assistance d'un défenseur est obligatoire quand le prévenu est atteint d'une infirmité de nature à compromettre sa défense.
144. Art. 417 CPP.
145. CEDH, 13 févr. 2001, aff. *Krombach c/ France*.
146. Il en est de même lorsque l'absence de l'accusé est constatée au cours des débats et qu'il n'est pas possible de les suspendre jusqu'à son retour. Toutefois, la Cour peut décider de renvoyer l'affaire à une session ultérieure, après avoir décerné mandat d'arrêt (art. 379-2 CPP).
147. Cass. Ass. plén., 2 mars 2001, *Bull.* n° 56.
148. Art. 411 CPP. Mais si l'avocat n'est pas présent au cours de l'audience, alors qu'il a demandé à bénéficier des dispositions de cet article, le prévenu est, sauf renvoi de l'affaire, jugé par jugement contradictoire à signifier.
149. Art. 410 CPP.
150. Art. 412 CPP.

IV. LE DROIT DE CONVOQUER ET D'INTERROGER DES TÉMOINS

135. Selon l'article 6 § 3 de la Conv. EDH, tout accusé a le droit «*d'interroger ou faire interroger les témoins à charge et obtenir la convocation et l'interrogation des témoins à décharge dans les mêmes conditions que les témoins à charge*». Pour la Cour EDH, les «témoins» ne sont pas seulement ceux que le droit interne qualifie comme tel: les experts, la partie civile, les coauteurs ou complices font partie intégrante de ce droit. Dans la phase préparatoire du procès pénal, ce droit se manifeste essentiellement à l'instruction, où les parties peuvent saisir le juge d'instruction d'une demande écrite et motivée tendant à ce qu'il soit procédé à l'audition d'un témoin, à une confrontation ou même à tout autres actes qui leur paraissent nécessaires à la manifestation de la vérité[151]. Au stade du jugement, et depuis la loi n° 2014-535 du 27 mai 2014 relative au droit à l'information dans le cadre des procédures pénales, l'article 388-5 du Code de procédure pénale prévoit que les parties ou leur avocat peuvent, avant toute défense au fond ou même à tout moment au cours des débats, demander, par conclusions écrites, qu'il soit procédé à tout acte qu'ils estiment nécessaire à la manifestation de la vérité. En matière criminelle, l'accusé signifie au ministère public et, s'il y a lieu, à la partie civile – tout comme le ministère public et la partie civile signifient à l'accusé –, vingt-quatre heures au moins avant l'ouverture des débats, la liste des personnes qu'ils désirent faire entendre en qualité de témoins[152].

V. LE DROIT À UN INTERPRÈTE

136. D'après l'article 6 § 3 de la Conv. EDH, tout accusé à droit à se faire assister gratuitement d'un interprète s'il ne comprend pas ou ne parle pas la langue employée à l'audience. Ce droit vise les étrangers ne parlant pas la langue du pays qui les a traduits en justice ainsi que les sourds et muets. La Cour EDH estime que l'assistance d'un interprète s'étend à tous les actes de la procédure. Une exigence similaire a été formulée par la directive 2010/64/UE du 20 octobre 2010 relative au droit à l'interprétation et à la traduction dans le cadre des procédures pénales. Aussi, le législateur français a-t-il été contraint de garantir ce droit à toutes les étapes de la procédure pénale.

137. L'article préliminaire du Code de procédure pénale prévoit donc que: «Si la personne suspectée ou poursuivie ne comprend pas la langue française, elle a droit, dans une langue qu'elle comprend et jusqu'au terme de la procédure, à l'assistance d'un interprète, y compris pour les entretiens avec son avocat ayant un lien direct avec tout interrogatoire ou toute audience, et, sauf renonciation expresse et éclairée de sa part, à la traduction des pièces essentielles à l'exercice de sa défense et à la garantie du caractère équitable du procès qui doivent, à ce titre, lui être remises ou notifiées en application du présent code». Afin d'en garantir l'effectivité, ce droit se trouve précisé à l'article 803-5 ainsi qu'aux articles D. 594 à D. 594-11 du Code de procédure pénale.

151. Art. 82-1 CPP.
152. Art. 281 CPP.

Toutefois, la Cour de cassation fait une interprétation restrictive de ces textes[153], pour considérer que le défaut de traduction n'est pas une cause de nullité de la procédure. Invoquant l'argument que le droit à une traduction ne donne lieu à aucune précision quant à sa date d'exécution, et surtout que l'intéressé peut en demander la réalisation « tout au long de la procédure »[154], la Haute juridiction a pu ainsi affirmer que « l'omission par le juge d'instruction de faire procéder, de sa propre initiative, à la traduction écrite d'une pièce essentielle du dossier [...] ne saurait avoir d'incidence sur la validité d'un acte régulièrement accompli ».[155] Il appartient donc à la personne poursuivie de réclamer une traduction comme elle pourrait demander un acte d'instruction[156].

DÉCRYPTAGE : QUELS DROITS POUR LA PARTIE CIVILE ?

Par sa constitution de partie civile, la victime d'une infraction pénale acquiert le statut de partie à la procédure pénale. À ce titre, des droits lui sont garantis. Parmi ces droits, celui d'obtenir réparation doit être effectif. La loi n° 2008-644 du 1er juillet 2008 créant de nouveaux droits pour les victimes et améliorant l'exécution des peines a inséré un nouveau titre du Code de procédure pénale, consacré à « l'aide au recouvrement des dommages et intérêts pour les victimes d'infractions pénales »[157]. Mais ce droit à réparation n'apparaît plus aujourd'hui consubstantiel au statut de partie civile. Du fait de sa double nature indemnitaire et vindicative, l'action civile peut être exercée dans le seul but de renforcer l'exercice de l'action publique, c'est-à-dire sans demande de dommages et intérêts[158]. La constitution de partie civile n'est plus considérée comme un droit exceptionnel, devant être strictement enfermé dans les limites posées par le Code de procédure pénale. Depuis l'arrêt *Laurent-Atthalin*[159], les évolutions jurisprudentielles et législatives vont dans le sens d'une place croissante de la partie civile dans le déroulement du procès pénal[160]. La garantie des droits de la défense est alors essentielle pour la partie civile, qui revendique un statut similaire à celui du mis en examen, du prévenu ou de l'accusé.

Au stade de l'enquête, et depuis la loi n° 2011-392 du 14 avril 2011 relative à la garde à vue, la victime confrontée avec une personne gardée à vue peut demander à être assistée par un avocat. À sa demande, l'avocat peut consulter les procès-verbaux d'audition de la personne qu'il assiste[161]

Pendant l'instruction, la victime a droit à la présence de son avocat lors de ses auditions et elle peut se faire délivrer copie de tout ou partie des pièces et actes du

153. Les textes eux-mêmes restreignent le droit à la traduction par l'énumération des pièces considérées comme essentielles (cf. art. D 594-6 CPP).
154. Art. préliminaire, § III. V. également, art. D. 594-8 : « la traduction doit intervenir dans un délai raisonnable ».
155. Cass. crim., 7 janv. 2015, n° 14-86226, *D.* 2015. 1738, obs. J. Pradel.
156. Cass. crim., 4 nov. 2015, n° 15-84012 : « Le juge d'instruction qui, n'en ayant pas pris l'initiative, n'entend pas faire droit à une demande de traduction de pièces de la procédure doit, conformément à l'article 82-1 [du Code de procédure pénale], rendre une ordonnance motivée au plus dans le délai d'un mois à compter de la réception de la demande ».
157. Art. 706-15-1 et s. CPP.
158. V. *infra* n° 300.
159. Cass. crim., 8 déc. 1906, *Bull.* n° 443.
160. V. notamment, la loi n° 2000-516 du 15 juin 2000 renforçant la présomption d'innocence et les droits des victimes.
161. Art. 63-4-5 CPP.

dossier[162]. Tous les actes importants de la procédure lui sont signifiés, et elle peut exercer une voie de recours contre toutes les décisions lui faisant grief[163].

Devant le tribunal, la partie civile bénéficie du droit à l'assistance d'un avocat[164], d'accès au dossier de procédure[165], de produire des preuves et de poser des questions aux témoins[166], ainsi que d'exercer les voies de recours[167]. Devant la cour d'assises, la partie civile peut avoir l'assistance d'un avocat et accéder au dossier de procédure[168]. Elle peut également poser des questions à l'accusé par l'intermédiaire du président ou faire citer des témoins[169].

Il est à noter enfin qu'en application d'une directive 2012/29/UE du 25 octobre 2012 établissant des normes minimales relatives aux droits des victimes, une loi du 17 août 2015[170] a enrichi le titre préliminaire du Code de procédure pénale d'un nouveau sous-titre. Les articles 10-2 à 10-5 du Code de procédure pénale garantissent ainsi aux victimes le droit à un interprète[171], celui d'être accompagné de la personne de leur choix pour tous les actes de l'enquête, d'être informées du prononcé d'une ordonnance de non-lieu si elles le souhaitent lorsqu'elles ne se constituent pas partie civile et peuvent déclarer l'adresse d'un tiers si elles se constituent partie civile. En outre, les victimes font l'objet d'une évaluation personnalisée par l'autorité qui les auditionne, afin de déterminer si elles ont besoin de mesures spécifiques de protection au cours de la procédure pénale[172].

BIBLIOGRAPHIE POUR ALLER PLUS LOIN

J. Boré, « La motivation des décisions de justice et la Convention européenne des droits de l'homme », *JCP* 2002, I, 104.

J.-P. Costa, « Les droits de la défense selon la jurisprudence de la Cour EDH », *Gaz. Pal.*, 5 oct. 2002, n° 278, p. 4.

J. Pradel, « Procédure pénale et collégialité », *in Mél. S. Guinchard*, Dalloz 2010, p. 285.

D. Rebut, « Le droit à un tribunal impartial devant la chambre criminelle », *Sc. crim.* 1998, p. 449.

E. Verny, « Le droit à l'assistance d'un avocat lors de la garde à vue », in *Mél. J. Sainte Rose*, Bruylant 2012, p. 1347.

162. Art. 114 CPP, modifié par la loi n° 2014-535 du 27 mai 2014.
163. Mais l'article 575 du Code de procédure pénale, selon lequel « la partie civile ne peut se pourvoir en cassation contre les arrêts de la chambre de l'instruction que s'il y a pourvoi du ministère public » est abrogé, car il apporte une restriction injustifiée aux droits de la défense. Si « la partie civile n'est pas dans une situation identique à celle de la personne mise en examen ou à celle du ministère public », elle ne saurait être privée d'« une partie de l'exercice effectif des droits qui lui sont garantis par le Code de procédure pénale devant la juridiction d'instruction » (Cons. const., 23 juill. 2010, n° 2010-1523 QPC).
164. Art. 418, 536 CPP.
165. Art. 388-4 CPP, modifié par la loi n° 2014-535 du 27 mai 2014.
166. Art. 427, 454, 536 CPP.
167. Art. 186, 186-1, 575 CPP.
168. Art. 279, 280 CPP.
169. Art. 281, 312, 324 CPP.
170. Loi n° 2015-993 du 17 août 2015 portant adaptation de la procédure pénale au droit de l'Union européenne.
171. Les modalités du droit à l'assistance d'un interprète sont décrites aux articles D. 594-11 à D. 594-15 du Code de procédure pénale (D. n° 2016-214 du 26 février 2016).
172. V. également art. D. 1er-3 à D. 1er-12 CPP (créés par D. n° 2016-214 du 26 février 2016).

» Exercice corrigé

COMMENTAIRE DE L'ARRÊT RENDU PAR LA COUR DE CASSATION, CHAMBRE CRIMINELLE, LE 8 NOVEMBRE 2000, N° 00-80.377

Le cumul des fonctions d'instruction et de jugement par le juge des enfants est-il conforme aux garanties du procès équitable, et plus particulièrement à celle d'impartialité? Si la solution semble évidente aujourd'hui au regard de l'article L. 251-3 du Code de l'organisation judiciaire, elle ne l'était pas dans le contexte de l'arrêt commenté. Modifié par la loi n° 2011-1940 du 26 décembre 2011, l'article L251-3 précise désormais que « le juge des enfants qui a renvoyé l'affaire devant le tribunal pour enfants ne peut présider cette juridiction ». Or, cette précision fait suite à une lente évolution de la jurisprudence des cours suprêmes, qu'il convient de mettre en perspective pour commenter l'arrêt de la Chambre criminelle.

Dans l'arrêt rendu le 8 novembre 2000, la chambre criminelle de Cour de cassation se livre à un contrôle de conventionalité pour conclure que « l'ordonnance du 2 février 1945, en permettant pour les mineurs délinquants, dans un souci éducatif, une dérogation à la règle de procédure interne selon laquelle un même magistrat ne peut exercer successivement, dans une même affaire, les fonctions d'instruction et de jugement, ne méconnaît aucune disposition de la Convention européenne des droits de l'homme ». Elle ajoute « qu'une telle dérogation entre dans les prévisions de l'article 14 du Pacte international de New York, relatif aux droits civils et politiques, comme aussi dans celles des règles de Beijing, approuvés par les Nations unies le 6 septembre 1985, qui reconnaissent la spécificité du droit pénal des mineurs ».

En l'espèce, il était contesté que le juge des enfants puisse faire partie du tribunal pour enfant, puisque dans la même affaire, il avait déjà participé à l'instruction, et donc examiné la valeur des charges pouvant justifier le renvoi du mineur devant cette juridiction de jugement. Or cet argument ne convainc pas la Haute juridiction. Selon elle, « si la décision, par le juge des enfants, de saisir le tribunal pour enfants et non de prononcer lui-même une mesure éducative, implique qu'une sanction pénale puisse être envisagée à l'égard du mineur, le risque objectif de partialité qui pourrait en résulter est compensé par la présence de deux assesseurs délibérant collégialement en première instance et par la possibilité d'un appel, déféré à une juridiction supérieure composée de magistrats n'ayant pas connu de l'affaire et dont l'un des membres est délégué à la protection de l'enfance ».
La solution du 8 novembre 2000 est conforme à la jurisprudence de l'époque. Depuis 1993, la Cour de cassation juge, en effet, que la situation du juge des enfants n'est pas critiquable au regard du principe d'impartialité[173]. Cette analyse est d'ailleurs celle de la Cour européenne des droits de l'homme, qui, tout en affirmant que les mineurs ont, comme les majeurs, le droit d'être jugés par un tribunal impartial, considère que l'impartialité doit s'analyser *in concreto* en fonction des actes pris par le juge. Ainsi, dans une décision *Nortier c/ Pays-Bas* du 24 août 1993, la Cour européenne décide de

173. V. Cass. crim., 7 avril 1993, n° 92-84725.

ne pas interdire le cumul au juge des enfants n'ayant pas réalisé d'actes susceptibles d'entraîner un préjugé sur la culpabilité du mineur poursuivi. Cependant, la solution se trouve remise en cause aujourd'hui. C'est non seulement la Cour européenne qui a évolué vers une application plus sévère du principe d'impartialité (CEDH, 2 mars 2010, *Adamkievicz c/ Pologne), mais aussi* le Conseil constitutionnel, qui a censuré, à l'occasion de l'examen d'une question prioritaire de constitutionnalité, l'article L. 251-3 du Code de l'organisation judiciaire dans sa version d'origine (Cons. const., 8 juill. 2011, n° 2011-147-QPC). Cette évolution, qui peut être mise en perspective à partir de l'arrêt du 8 novembre 2000 témoigne d'une double difficulté : à la fois celle de concilier des impératifs contradictoires (I), et celle de trouver les limites au cumul de fonctions (II).

I/ La conciliation d'impératifs contradictoires

La justice des mineurs est soumise à deux impératifs, qui sont difficiles de prime abord à concilier. Le premier, inhérent aux droits fondamentaux, consiste à garantir l'impartialité des juridictions pour les mineurs (A). Le second est celui de la protection des mineurs, qui conduit à une spécificité de la procédure, autorisant le juge des enfants à intervenir depuis l'instruction jusqu'au jugement (B).

A/ La garantie d'impartialité des juridictions pour les mineurs

Dans le droit français, et bien qu'exerçant des fonctions d'instruction, le juge des enfants n'est pas soumis à la règle, prévue par le second alinéa de l'article 49 du Code de procédure pénale, selon laquelle le juge d'instruction « ne peut, à peine de nullité, participer au jugement des affaires pénales dont il a connu en sa qualité *de juge d'instruction ». En effet, c'est en pratique le juge des enfants qui a instruit qui préside le tribunal pour enfants. Ainsi, le même juge intervient à tous les stades de la procédure. Même si aucune disposition ne prévoit expressément ce cumul des fonctions, celui-ci est la règle qui résulte de l'esprit de l'ordonnance dans la pratique, c'est presque toujours le même juge des enfants qui instruit l'affaire dont il est saisi par le procureur de la République,* puis qui juge le mineur soit en chambre du conseil, soit comme président du tribunal pour enfants. Ainsi, le même juge intervient à tous les stades de la procédure. Même si aucune disposition ne prévoit expressément ce cumul des fonctions, celui-ci est la règle qui résulte de l'esprit de l'ordonnance de 1945[174].

Aussi le pourvoi, dans l'arrêt commenté, ne pouvait-il s'appuyer que sur le contrôle de conventionalité. Selon lui, la cour d'appel avait violé l'article 6 § 1 de la Convention européenne des droits de l'homme en admettant que le juge des enfants, ayant participé à l'instruction dans laquelle a été examinée la valeur des charges pouvant justifier le renvoi du mineur devant le tribunal pour enfants, ne pouvait faire partie de cette juridiction de jugement. Interprété par la Cour EDH, l'article 6 § 1 peut s'opposer au cumul de fonctions judiciaires, notamment lorsque les circonstances de l'affaire ont conduit le juge à porter une première appréciation sur la culpabilité dont il a ultérieurement à connaître. Selon l'article 6 § 1 de la Conv. EDH consacrant le droit à un procès équitable, la cause doit être entendue par un Tribunal indépendant et

174. L'exposé des motifs de l'ordonnance de 1945 mentionne : « La loi du 22 juillet 1912 avait, par une heureuse innovation, institué une juridiction pour enfants et adolescents mais sans lui conférer la spécialisation, qui permet seule la continuité de vues et d'action. La présente ordonnance crée au sein de chaque tribunal de première instance un juge des enfants, magistrat spécialisé, et un tribunal pour enfants, présidé par le juge des enfants ».

impartial. « Subjective », l'impartialité suppose l'absence de préjugé du magistrat ; elle est présumée (CEDH, 24 mai 1989, *Hauschildt*). « Objective », elle est celle qui ne donne pas de prise légitime aux soupçons des justiciables s'agissant notamment de la composition des juridictions (CEDH, 1er oct. 1982, *Piersack c/ Belgique*).
Mais pour la Cour EDH elle-même, tout au moins à la date de l'arrêt commenté, le cumul de fonctions n'est pas interdit en toute hypothèse. Dans l'affaire *Nortier c/ Pays-Bas* du 24 août 1993, un juge des enfants avait accompli des mesures d'instruction, s'était prononcé sur la détention provisoire et avait ensuite siégé dans la juridiction de jugement. Or, la Cour européenne avait considéré que la procédure n'avait pas constitué une violation de l'article 6 de la Convention. Aussi, la position de la Cour de cassation a pu être analysée comme une consécration de la jurisprudence européenne. La haute juridiction française, tout comme la Cour européenne semble faire primer la protection de l'enfant sur le risque d'atteinte à la séparation des fonctions.

B/ La spécificité de la procédure pour les mineurs

Le principe de la spécialisation des juges et des juridictions pour mineurs concerne les crimes, les délits et les contraventions de cinquième classe. Ainsi le tribunal pour enfants est la juridiction pénale compétente pour connaître des délits et des contraventions de la cinquième classe commis par les mineurs de dix-huit ans, ainsi que des crimes commis par les mineurs de seize ans (article L. 251-1 du COJ). Il est peut-être saisi par ordonnance du juge d'instruction, mais aussi du juge des enfants, qui a une compétence concurrente en matière délictuelle et de contravention de cinquième classe. Dans ces matières, il appartient donc au procureur de la République, lors de la mise en mouvement de l'action publique, de répartir les affaires en fonction de leur complexité. À l'issue de l'instruction, le juge des enfants peut prononcer seul, en chambre du conseil, des mesures d'assistance, de surveillance ou d'éducation. Mais s'il estime nécessaire que des sanctions éducatives ou des peines soient prononcées contre le mineur, il saisit le tribunal pour enfants par ordonnance. Ainsi, la répartition de compétence entre le juge et le tribunal s'opère au cas par cas en fonction de la réponse éducative ou pénale envisagée.
Cette spécificité de la procédure, imposée dans l'ordonnance du 2 février 1945, se justifie par la mission éducative que se voient confier les juridictions pour mineurs. Dans une décision importante n° 2002-461 DC du 29 août 2002, le Conseil constitutionnel, a consacré un principe fondamental reconnu par les lois de la République (PFRLR) en matière de justice pénale des mineurs, notamment la nécessité de rechercher le relèvement éducatif et moral des enfants délinquants par des mesures adaptées à leur âge et à leur personnalité, prononcées par une juridiction spécialisée ou selon des procédures appropriées. Comme le décide la chambre criminelle dans son arrêt du 8 novembre 2000, c'est « dans un souci éducatif » que l'ordonnance du 2 février 1945 fait une dérogation à la règle de procédure interne selon laquelle un même magistrat ne peut exercer successivement, dans une même affaire, les fonctions d'instruction et de jugement.
Cependant, le Conseil constitutionnel juge désormais que le PFRLR relatif à la spécialisation de la justice pénale des mineurs n'est pas l'unique fondement constitutionnel pour contrôler la constitutionnalité de dispositions législatives relatives à cette justice, et qu'il

se combine avec l'ensemble des autres principes constitutionnels[175]. Dans une décision QPC du 8 juillet 2011, le Haut Conseil a ainsi considéré que le principe d'impartialité des juridictions résultant de l'article 16 de la Déclaration de 1789 s'applique aussi en matière de justice pénale des mineurs. Contrairement à ce que décide la Cour de cassation dans l'arrêt commenté, la conciliation des impératifs de protection des mineurs et d'impartialité des juridictions se fait pour le Conseil constitutionnel en faveur du non-cumul des fonctions. De son côté, la Cour européenne évolue elle aussi dans le sens d'une application plus sévère du principe d'impartialité. Dans une décision *Adamkiewicz c/ Pologne* du 2 mars 2010, où le cumul concernait un juge qui avait occupé des fonctions d'instruction et de jugement au sein d'une juridiction pour mineurs, la Cour EDH admet la nature spécifique des questions que la justice des mineurs est amenée à traiter, mais elle considère que cette spécificité ne doit pas conduire *in concreto* à ce que l'article 6 de la Convention soit violé.
Or, il y a une différence importante dans le raisonnement des deux juridictions. Alors que le Conseil constitutionnel considère, de façon générale, que le juge des enfants ne peut présider une juridiction de jugement des mineurs dans les affaires qu'il a instruites, la Cour EDH ne condamne pas abstraitement le cumul de fonctions, pour prendre en considération la nature des actes d'instruction qu'il a effectués[176]. Cette divergence d'analyse pose la question des limites au cumul des fonctions du juge des enfants.

II/ Les limites au cumul des fonctions

Dans la décision du 8 novembre 2000, la Cour de cassation semble admettre deux types de cumul : celui des fonctions de renvoi et de jugement (A) ainsi que celui des fonctions d'instruction et de jugement (B).

A/ Le cumul des fonctions de renvoi et de jugement

La décision de renvoyer, ou plus généralement celle de saisir une juridiction de jugement, implique de se forger un préjugé sur la culpabilité. En pratique d'ailleurs, cette décision est souvent confiée au ministère public, et même lorsqu'elle émane d'un magistrat instructeur, elle s'apparente à un réquisitoire. Aussi, pour la chambre criminelle, il faut prendre en considération la présence des assesseurs délibérant collégialement en première instance, ainsi que la possibilité d'un appel, déféré à une juridiction supérieure composée de magistrats n'ayant pas connu de l'affaire, pour « compenser » ce « risque objectif de partialité » qui résulte de « la décision, par le juge des enfants, de saisir le tribunal pour enfants ». Autrement dit, le cumul entre les fonctions de renvoi et de jugement est appréhendé abstraitement par la Haute Juridiction comme une atteinte au principe d'impartialité.

Cette vision abstraite du cumul, et de ses conséquences, est celle qui a été retenue pas la loi n° 2011-1940 du 26 décembre 2011. En effet, à la suite de sa modification par cette loi, l'article L. 251-3 alinéa 2 du Code de l'organisation judiciaire pose en principe

175. V. pour une première décision en ce sens, Cons. const., 16 sept. 2010, n° 2010-25 QPC. En l'espèce, le Conseil a rattaché à l'article 9 de la Déclaration de 1789 (principe de rigueur nécessaire) le contrôle de la durée de conservation des données enregistrées dans le fichier national automatisé des empreintes génétiques (FNAEG).
176. V. Ph. Bonfils, « L'impartialité du juge des enfants », in « Jurisprudence du Conseil constitutionnel », *Revue française de droit constitutionnel*, janvier 2012, n° 89, p. 168.

que « le juge des enfants qui a renvoyé l'affaire devant le tribunal pour enfants ne peut présider cette juridiction ». En cela, la loi de 2011 se veut conforme à la décision QPC du 8 juillet 2011, où le Conseil constitutionnel considère que « le principe d'impartialité des juridictions ne s'oppose pas à ce que le juge des enfants qui a instruit la procédure puisse, à l'issue de cette instruction, prononcer des mesures d'assistance, de surveillance ou d'éducation ; que, toutefois, en permettant au juge des enfants qui a été chargé d'accomplir les diligences utiles pour parvenir à la manifestation de la vérité et qui a renvoyé le mineur devant le tribunal pour enfants de présider cette juridiction de jugement habilitée à prononcer des peines, les dispositions contestées portent au principe d'impartialité des juridictions une atteinte contraire à la Constitution ».

Or, il résulte de cette formulation que la référence aux « diligences utiles pour parvenir à la manifestation de la vérité » semble vouloir prendre une position plus large sur la question du cumul des fonctions, pour englober la question du cumul des fonctions d'instruction et de jugement.

B/ Le cumul des fonctions d'instruction et de jugement

La réforme opérée par la loi du 26 décembre 2011 n'a pas tranché la question du cumul des fonctions d'instruction et de jugement. L'interdiction de présider la juridiction de jugement frappe « le juge des enfants qui a renvoyé l'affaire », et non celui qui a instruit.

C'est que la règle du non-cumul n'est pas aussi évidente. Dans sa décision *Nortier c/ Pays Bas* du 24 août 1993, la Cour EDH valide le cumul des fonctions en droit pénal des mineurs, parce qu'en l'espèce, les inquiétudes du requérant n'étaient pas objectivement justifiées. Ainsi, pour la juridiction européenne, il faut concrètement prendre en compte la portée et la nature des mesures prises par le juge pendant la phase préparatoire du procès. Si dans cette affaire, donc l'article 6 § 1 n'est pas violé, c'est parce que les actes pris par le juge n'ont été susceptibles d'entraîner aucun préjugé sur la culpabilité du mineur. Dans l'affaire *Adamkiewicz c/ Pologne* du 2 mars 2010, en revanche, l'article 6 § 1 est violé, parce que le magistrat ayant procédé à la recherche de preuves, s'était nécessairement forgé un préjugé sur la culpabilité. Autrement dit, la nature des actes accomplis et leur incidence sur les préjugés du magistrat instructeur sont déterminantes pour apprécier l'existence d'une atteinte au principe d'impartialité.

Il n'en reste pas moins que la question est d'importance. Pour des raisons de contingence, un dossier instruit par un magistrat peut être transmis à un autre avant la clôture de l'instruction, de sorte que celui qui décide du renvoi n'est pas forcément celui qui a instruit. Comme dans l'arrêt commenté, la Cour de cassation pourrait être sollicitée pour un contrôle de conventionalité.

LEÇON 4

Les garanties et les procédés de preuve

138. La question des garanties et procédés de preuve innerve tous les stades de la procédure pénale, depuis l'ouverture de l'enquête jusqu'à la déclaration de culpabilité. Mais le rôle de la preuve est croissant lors des différentes phases de la procédure pénale. De simples soupçons peuvent justifier un placement en garde à vue au stade de l'enquête. Des indices graves ou concordants vont permettre une mise en examen par le juge d'instruction. Des charges suffisantes vont motiver le renvoi devant la juridiction de jugement. Enfin, lors de la décision sur la culpabilité, la preuve doit être apportée au-delà de tout doute raisonnable. Au final, la preuve revêt une importance particulière dans le procès pénal, puisqu'il s'agit de se prononcer sur la culpabilité d'une personne dont l'honneur et la liberté sont en cause[1]. Or, la réglementation de la preuve ne semble pas être une priorité du Code de procédure pénale, où le seul l'article 427 consacre le principe de liberté : « Hors les cas où la loi en dispose autrement, les infractions peuvent être établies par tout mode de preuve et le juge décide d'après son intime conviction ». Ce texte, de portée générale bien qu'inséré dans la partie du Code relative au tribunal correctionnel, permet aux juridictions pénales de se fonder sur les procédés de preuve les plus divers (Section 3). Apportée par la partie poursuivante, qui a la charge de la preuve (Section 1), l'appréciation de la portée d'une preuve reste dominée par le principe de l'intime conviction (Section 2).

Section 1
LA CHARGE DE LA PREUVE

139. La question de la charge de la preuve est dominée par le droit à la présomption d'innocence, qui emporte certaines conséquences pour la personne poursuivie.

1. C'est pourquoi la destruction de preuve est incriminée (art. 434-4 CP), ainsi que le refus de contribuer à la preuve, soit en refusant de répondre aux questions du juge alors qu'on a déclaré publiquement connaître l'auteur d'un crime ou d'un délit (art. 434-12 CP), soit en refusant d'apporter son témoignage en faveur d'un innocent (art. 434-11 CP), soit en faisant un faux témoignage (art. 434-14 CP), soit en refusant de déposer devant la cour d'assises (art. 326 CPP) ou le Tribunal (art. 438 CPP), soit enfin en refusant de se soumettre à un prélèvement biologique (art. 706-56 CPP).

I. LE DROIT À LA PRÉSOMPTION D'INNOCENCE

140. La personne suspectée ou poursuivie est présumée innocente jusqu'à la reconnaissance définitive de sa culpabilité. Ce droit se trouve consacré dans l'article 9 de la Déclaration des droits de l'homme : « Tout homme étant présumé innocent jusqu'à ce qu'il ait été déclaré coupable, s'il est jugé indispensable de l'arrêter, toute rigueur qui ne serait pas nécessaire pour s'assurer de sa personne doit être sévèrement réprimée par la loi ». Il est aussi proclamé par l'article préliminaire du Code de procédure pénale, l'article 48 de la Charte des droits fondamentaux et l'article 6 § 2 de la Conv. EDH. Pour la Cour EDH, la présomption d'innocence n'a pas seulement des conséquences procédurales, en particulier au regard de la charge de la preuve ; mais elle a aussi des implications matérielles liées à « la réputation de l'intéressé et la manière dont celui-ci est perçu par le public »[2].

141. La présomption d'innocence implique le droit de ne pas être présenté comme coupable avant toute condamnation. La procédure de comparution sur reconnaissance préalable de culpabilité instaurée par la loi du 9 mars 2004 a ainsi été critiquée comme portant atteinte à la présomption d'innocence. Mais le Conseil constitutionnel a déclaré cette procédure conforme à l'article 9 de la DDHC, au motif que ce texte n'interdit pas à une personne de reconnaître librement sa culpabilité[3]. En outre, la présomption d'innocence n'interdit pas le port des menottes ou entraves pour des personnes considérées comme dangereuses ou susceptibles de tenter de prendre la fuite. Dans ce cas, toutes mesures utiles doivent être prises pour éviter qu'une personne menottée ou entravée soit photographiée ou fasse l'objet d'un enregistrement audiovisuel[4].

142. Si toute atteinte à la présomption d'innocence donne droit à réparation[5], l'atteinte résultant de la procédure pénale elle-même pour les personnes reconnues innocentes finalement fait l'objet de dispositions particulières. À cet égard, l'article 800-2 du Code de procédure pénale permet à la juridiction ayant prononcé un non-lieu, une relaxe ou un acquittement, d'accorder à son bénéficiaire une indemnité destinée à compenser les frais de défense. Normalement à la charge de l'État, cette indemnité peut être imputée à la partie civile qui a déclenché les poursuites. De même, l'article 149 du Code de procédure pénale permet la réparation intégrale du préjudice moral et matériel, résultant d'un placement en détention provisoire, pour la personne qui bénéficie d'un non-lieu, d'une relaxe ou d'un acquittement. Quant à la personne condamnée par erreur, et reconnue innocente dans le cadre d'un pourvoi en révision, elle a droit à réparation intégrale du préjudice matériel et moral que lui a causé la condamnation[6].

2. CEDH gde ch., 12 juill. 2013, *Allen c/ Royaume-Uni*, n° 25424/09.
3. Cons. const., 2 mars 2004, n° 2004-492 DC.
4. Art. 803 CPP.
5. Art. 9-1 C. civ. : « chacun a le droit au respect de la présomption d'innocence ». Ainsi le préjudice ouvrant droit à réparation est intrinsèque à toute atteinte à la présomption d'innocence. Complété depuis la loi du 15 juin 2000 d'un second alinéa, le même article prévoit que « lorsqu'une personne est présentée publiquement, avant toute condamnation, comme coupable de faits faisant l'objet d'une enquête ou d'une instruction judiciaire, le juge peut, même en référé, ordonner toute mesure, telles que l'insertion d'une rectification ou la diffusion d'un communiqué aux fins de faire cesser l'atteinte à la présomption d'innocence ».
6. Art. 626-1 CPP.

Enfin, les articles 177-1 et 212-1 du Code de procédure pénale donnent la possibilité au bénéficiaire d'une décision de non-lieu d'en demander la publication, intégrale ou partielle, ou celle d'un communiqué[7].

143. Certaines violations de la présomption d'innocence peuvent d'ailleurs constituer une infraction pénale. La liste de ces infractions a été augmentée par une loi du 15 juin 2000. Ainsi, se trouvent réprimés le fait de diffuser sans son accord l'image d'une personne identifiée ou identifiable faisant apparaître que cette personne porte des menottes ou entraves ou qu'elle est placée en détention provisoire ; ou bien le fait de réaliser, publier ou commenter un sondage d'opinion ou toute autre consultation portant sur la culpabilité d'une personne pénalement impliquée ou sur la peine susceptible d'être prononcée à son encontre, ou encore le fait de donner des indications permettant d'accéder à un tel sondage (art. 35 *ter* L. 29 juill. 1881. sur la liberté de la presse).

DÉCRYPTAGE : LA PRÉSOMPTION D'INNOCENCE FAIT-ELLE OBSTACLE À LA LIBERTÉ D'EXPRESSION ?

La Cour EDH fait souvent primer la liberté d'expression sur la présomption d'innocence. Dans l'affaire *Dupuis*, où des journalistes, auteurs du livre *Les oreilles du président* relatif aux écoutes téléphoniques réalisées par la présidence de la République entre 1983 et 1986, avaient été condamnés par les juridictions françaises du chef de recel de violation du secret de l'instruction, la Cour EDH juge une telle condamnation comme constitutive d'une ingérence non nécessaire dans leur droit à la liberté d'expression, dès lors que l'ouvrage litigieux concerne un débat d'un intérêt public considérable répondant à « une demande soutenue et concrète du public »[8]. Plus rarement, la présomption d'innocence limite la liberté d'expression.

Depuis la loi n° 2010-1 du 4 janvier 2010 relative à la protection du secret des sources des journalistes, le principe de la protection du secret des sources des journalistes est posé à l'article 2 de la loi du 29 juillet 1881 sur la liberté de la presse : « Le secret des sources des journalistes est protégé dans l'exercice de leur mission d'information du public ». De ce principe découle la règle selon laquelle « il ne peut être porté atteinte directement ou indirectement au secret des sources que si un impératif prépondérant d'intérêt public le justifie et si les mesures envisagées sont strictement nécessaires et proportionnées au but légitime poursuivi ». Mais surtout, « cette atteinte ne peut en aucun cas consister en une obligation pour le journaliste de révéler ses sources ».

Autrement dit, l'article 2 de la loi du 29 juillet 1881 fait désormais obstacle à la découverte de l'auteur d'une violation du secret de l'instruction, ce qui rend impossible toute poursuite d'un journaliste du chef de recel de violation du secret de l'instruction. La protection de la liberté d'expression prévaut ici sur celle de la présomption d'innocence.

7. La chambre criminelle interprète strictement ces textes pour considérer que seules les personnes mises en examen peuvent en bénéficier, non les témoins assistés (Cass. crim., 6 mars 2007, n° 06-83103).
8. CEDH, 7 juin 2007, aff. *Dupuis c/ France* ; v. déjà en ce sens, CEDH, 27 mars 1996, aff. *Goodwin c/ Royaume-Uni.*

Un projet de loi renforçant la protection du secret des sources a été déposé en juin 2013. Il prévoit de modifier les dispositions de l'article 2 de la loi du 29 juillet 1881, pour qu'il ne puisse plus être porté atteinte au secret des sources des journalistes que par ordonnance motivée du juge des libertés et de la détention et uniquement pour prévenir ou réprimer la commission soit d'un crime, soit d'un délit constituant une atteinte grave à la personne ou aux intérêts fondamentaux de la Nation.

II. LES CONSÉQUENCES DE LA PRÉSOMPTION D'INNOCENCE SUR LA CHARGE DE LA PREUVE

144. La preuve incombe à la partie poursuivante, c'est-à-dire au ministère public. Ce dernier doit prouver l'existence matérielle de l'infraction, ainsi que la participation de la personne poursuivie aux faits désignés par la loi pénale. Si le poursuivant échoue, le doute profite à la personne poursuivie. La règle «*in dubio pro reo*» doit conduire à la relaxe ou à l'acquittement. Cette règle est indirectement consacrée par deux dispositions du Code de procédure pénale. Selon l'article 358, les bulletins blancs lors du délibéré de la cour d'assises sont considérés comme favorables à l'accusé. En outre, l'article 622 autorise la révision d'une décision de condamnation lorsque, après celle-ci, vient à se produire un fait nouveau «de nature à faire naître un doute sur la culpabilité du condamné».

145. La personne poursuivie doit quant à elle faire la preuve de ses moyens de défense, tels que les faits justificatifs ou les causes subjectives d'irresponsabilité pénale. Mais la répartition de la charge de la preuve n'est pas aussi tranchée. Ainsi, selon l'article 81 du Code de procédure pénale, le juge d'instruction instruit-il à charge et à décharge. Surtout, la charge de la preuve est parfois renversée par le biais de présomptions de culpabilité. Ces présomptions ne sont pas contraires à la Conv. EDH dès lors que la preuve contraire est possible et qu'il n'en résulte pas une atteinte disproportionnée à la présomption[9]. Le Conseil constitutionnel valide également de telles présomptions à condition toutefois qu'elles ne soient pas irréfragables, que le respect des droits de la défense soit assuré et qu'elles reposent sur une vraisemblance raisonnable induite des faits[10]. Il a de ce fait considéré qu'en permettant de punir le représentant légal pour ne pas s'être assuré du respect par le mineur d'une décision de couvre-feu, le dernier alinéa du paragraphe III de l'article 43 de la loi du 14 mars 2011 d'orientation et de programmation pour la performance de la sécurité intérieure (dite LOPPSI II) a pour effet d'instituer, à son encontre, une présomption irréfragable de culpabilité[11]. Les présomptions relèvent parfois de la technique de preuve inductive ou indiciaire. Ces présomptions «de fait» sont utilisées par les enquêteurs, puis par les magistrats du parquet ou de l'instruction, à partir d'indices

9. CEDH, 7 oct. 1998, aff. *Salabiaku c/ France*; v. également, CEDH, 30 mars 2004, aff. *Radio France c/ France*, où la Cour conclut à la conformité à l'art. 6 § 2 de la présomption de culpabilité, qui pèse sur le directeur de publication en matière d'infractions de presse.
10. Cons. const., 16 juin 1999 , n° 2009-580 DC.
11. Cons. const. 10 mars 2011, n° 2011-625 DC.

recueillis lors des constatations policières, afin de contourner une difficulté, voire une impossibilité, de preuve. Ainsi l'intention de tuer est-elle parfois présumée – puis considérées comme établie par la juridiction de jugement – à partir d'un faisceau d'indices recueillis par les enquêteurs, tels que l'arme utilisée, la partie visée sur le corps de la victime ou le nombre de coups portés[12]. Mais les juridictions suprêmes valident aussi les présomptions « de droit » c'est-à-dire celles qui sont créées par la loi pour faciliter la preuve de la culpabilité[13].

146. Certaines de ces présomptions légales portent sur l'identité du responsable pénal. Ainsi l'article 24 de la loi du 29 juillet 1881 sur la liberté de la presse énonce que le directeur de publication est le responsable pénal des infractions commises par voie de presse. De la même manière, l'employeur répond personnellement de certaines infractions à la réglementation du travail ou de la Sécurité sociale[14]. Mais le terrain d'élection de ces présomptions est le Code de la route. L'article L. 121-2 de ce code fait peser sur le titulaire de la carte grise du véhicule une présomption de responsabilité pécuniaire pour les contraventions à la réglementation sur le stationnement et au péage. Quant à l'article L. 121-3 du Code de la route, il prévoit que « le titulaire du certificat d'immatriculation du véhicule est redevable pécuniairement de l'amende encourue pour des infractions dont la liste est fixée par décret en Conseil d'État, à moins qu'il n'établisse l'existence d'un vol ou de tout autre événement de force majeure ou qu'il n'apporte tous éléments permettant d'établir qu'il n'est pas l'auteur véritable de l'infraction ». Certes, le législateur y voit une simple présomption de responsabilité pécuniaire[15]. Mais ce raisonnement s'analyse plutôt comme une présomption de culpabilité, le titulaire du certificat d'immatriculation ne pouvant s'exonérer qu'en apportant la preuve qu'il n'est pas l'auteur véritable de l'infraction. Aussi ces présomptions doivent-elles se limiter aux cas limitativement énumérés[16].

147. D'autres présomptions légales portent sur l'existence d'un élément constitutif de l'infraction. À titre d'illustration s'agissant de l'élément matériel de l'infraction, l'article 225-6 du Code pénal présume proxénète celui qui ne peut justifier de ressources correspondant à son train de vie, tout en vivant avec une personne se livrant habituellement à la prostitution. Il en va de même à l'article 225-12-8 du Code pénal qui réprime, au titre de la vente à la sauvette, le fait de ne pouvoir justifier de ressources correspondant à son train de vie tout en étant en relations habituelles avec une ou plusieurs personnes se livrant » à ce type d'infraction. Depuis une loi n° 2006-64 du 23 janvier 2006, le champ d'application de ce raisonnement s'est même généralisé.

---

12. V. par ex. Cass. crim. 22 mai 1989, n° 89-91397, à propos d'un tir par carabine, dans le pare-brise d'un véhicule en marche, de cinq coups de feu dont quatre tirés par l'arrière.
13. La Cour de cassation a également considéré que la Convention européenne des droits de l'homme n'interdit pas les présomptions de fait ou de droit instituées en matière pénale « dès lors que lesdites présomptions [...] réservent la possibilité d'une preuve contraire et laissent entiers les droits de la défense » (Cass. crim., 6 nov. 1991, n° 91-82211).
14. Art. L. 4741-1 et s. C. trav.
15. Cf. art. L. 121-3 C. route : « La personne déclarée redevable en application des dispositions du présent article n'est pas responsable pénalement de l'infraction. Lorsque le tribunal de police, y compris par ordonnance pénale, fait application des dispositions du présent article, sa décision ne donne pas lieu à inscription au casier judiciaire, ne peut être prise en compte pour la récidive et n'entraîne pas retrait des points affectés au permis de conduire ».
16. Cass. crim., 28 sept. 2005, n° 05-80347, à propos de l'utilisation d'un téléphone portable en conduisant un véhicule automobile.

Ainsi, l'article 321-6 du Code pénal incrimine-t-il « le fait de ne pas pouvoir justifier de ressources correspondant à son train de vie ou de ne pas pouvoir justifier de l'origine d'un bien détenu, tout en étant en relations habituelles avec une ou plusieurs personnes qui soit se livrent à la commission de crimes ou de délits punis d'au moins cinq ans d'emprisonnement et procurant à celles-ci un profit direct ou indirect, soit sont les victimes d'une de ces infractions ». Des présomptions existent aussi pour l'élément moral de l'infraction. Par exemple, l'article 35 *bis* de la loi du 29 juillet 1881 sur la liberté de la presse répute faite de mauvaise foi la reproduction de toute imputation jugée diffamatoire. De plus, l'article 35 de loi du 29 juillet 1881 prévoit que, lorsque la preuve de la vérité des faits diffamatoires est légalement impossible, il appartient au prévenu de faire tomber la présomption de mauvaise foi qui pèse sur lui.

Section 2
LES POUVOIRS DU JUGE SUR LA PREUVE

148. Si les pouvoirs du juge sur la preuve restent dominés par le principe de l'intime conviction, on peut toutefois y observer quelques limites. Ainsi la protection de la personne devient une préoccupation croissante pour le juge, qu'il s'agisse de la recherche des preuves ou de l'appréciation de celles-ci.

I. LES POUVOIRS DU JUGE DANS LA RECHERCHE DES PREUVES

149. L'origine inquisitoire de la procédure pénale a influencé les pouvoirs du juge dans la recherche des preuves. Le juge pénal, à la différence du juge civil, joue un rôle actif dans cette recherche, en utilisant tous les moyens d'investigation que la loi met à sa disposition. Ce pouvoir appartient autant aux juridictions d'instruction[17] qu'aux juridictions de jugement[18]. Une limite à ce pouvoir se trouve toutefois dans la reconnaissance pour toute personne faisant l'objet d'une accusation en matière pénale[19] du droit de se taire et de ne pas s'auto-incriminer : « en mettant le prévenu à l'abri d'une coercition abusive de la part des autorités, ces immunités concourent à éviter des erreurs judiciaires et à garantir le résultat voulu par l'article 6 »[20]. Le droit de se taire s'exprime par le droit de garder le silence, mais aussi par celui de ne pas produire de document contre soi-même[21]. Ainsi, et selon la Cour EDH, malgré les règles nationales, et même en matière douanière, l'administration ne peut pas contraindre la personne à produire des documents contribuant à sa propre accusation[22].

150. Le pouvoir du juge dans la recherche des preuves se trouve également limité par les devoirs que la jurisprudence du Conseil constitutionnel et de la Cour EDH

17. Art. 81, 201 CPP.
18. Art. 283, 310, 434, 456, 463 CPP.
19. V. sur cette notion d'accusation en matière pénale, *supra* n° 86.
20. CEDH, 8 févr. 1996, aff. *John Murray c/ Royaume-Uni*, n° 18731/91.
21. CEDH, 25 févr. 1993, aff. *Funke c/ France*.
22. V. cependant l'art. 65 du Code des douanes, et la sanction pénale y afférant (art. 413 *bis* 1°).

impose aux autorités chargées des investigations. Ces devoirs constituent l'expression d'une certaine éthique, mais ils garantissent surtout le respect de la personne du suspect ou de l'accusé, lorsque celle-ci se trouve au centre du débat probatoire[23]. Le *respect de la dignité de la personne humaine* constitue l'une de ces garanties. Ainsi, par exemple, des aveux obtenus par violence, torture ou traitements inhumains et dégradants, ne peuvent fonder une décision de culpabilité[24]. Toutefois, il n'est pas interdit de recourir à des prélèvements corporels coercitifs. Les personnes suspectées d'avoir commis une infraction sexuelle sont ainsi contraintes de se soumettre à un dépistage des maladies sexuellement transmissibles, sous peine de sanction pénale[25]. De même, le prélèvement de tissus corporels destiné à permettre l'analyse d'identification de l'empreinte génétique peut être imposé dans le cadre des poursuites de certaines infractions[26]. Le *respect de l'intimité de la vie* privée est également une garantie que les autorités chargées des investigations doivent respecter. Dans un arrêt du 24 avril 2007, la chambre criminelle a refusé l'admission d'une preuve résultant d'un dossier médical couvert par le secret professionnel[27]. Selon la Cour EDH, des ingérences par les autorités publiques dans la vie privée sont possibles dans certains domaines, notamment dans ceux de la défense de l'ordre et de la prévention des infractions, mais cette possibilité ne peut jouer qu'à condition d'être nécessaire et proportionnée[28]. C'est ainsi que les écoutes téléphoniques sont possibles mais seulement lorsque « les nécessités de l'information l'exigent »[29]. Le *respect de la liberté d'expression* est soumis aux mêmes limites. Dans une affaire *Dupuis et autres c/ France* du 7 juin 2007, la Cour EDH considère à propos d'une perquisition réalisée dans une entreprise de presse et ayant rendu possible la condamnation de journalistes du chef de recel de violation du secret de l'instruction que le droit français n'a pas préservé « la balance des intérêts en présence, à savoir la protection des sources, d'une part, et la prévention et la répression des infractions, d'autre part ».

151. Mais surtout, la liberté de la preuve ne justifie pas l'utilisation de procédés déloyaux. Le *principe de loyauté*, découvert par la jurisprudence au nom d'une certaine éthique judiciaire, s'est d'abord appliqué au juge d'instruction agissant dans le cadre de l'instruction préparatoire[30]. Puis l'exigence de loyauté dans la recherche de la preuve a été étendue aux policiers agissant sur commission rogatoire[31]. Enfin, la Cour de cassation a clairement affirmé que l'exigence de loyauté dans la recherche de la preuve trouve à s'appliquer aux fonctionnaires agissant dans le cadre de l'enquête

23. C. Ambroise-Castérot, « Les évolutions de la preuve en matière pénale », Revue Lamy *Droit des affaires* 2011, n° 63.
24. CEDH, 27 nov. 1992, aff. *Tomasi c/ France*, série A, n° 241-A.
25. Art. 706-47-2 CPP.
26. Art. 706-56 CPP.
27. Cass. crim., 24 avr. 2007, *Bull. crim.* n° 108 .
28. CEDH, 10 oct. 2006, aff. *L. L. c/ France*, condamnant la France pour violation de l'art. 8 dans une affaire où l'épouse du requérant avait produit en justice, lors de la procédure de divorce, des documents médicaux prouvant l'éthylisme et l'agressivité de son époux.
29. Art. 100 al. 1 CPP.
30. Chambres réunies, 31 janv. 1888, aff. *Wilson*, à propos de l'imitation de la voix d'un inculpé lors d'une conversation téléphonique par un juge d'instruction visant à obtenir des preuves à charge.
31. Cass. crim., 12 juin 1952, aff. *Imbert*, dans laquelle un policier, organisant un entretien téléphonique entre deux personnes, avait dicté à l'une les questions qu'elle devait poser de manière à pouvoir procéder à l'enregistrement des réponses de l'autre.

de police[32]. À toutes les étapes de la procédure, il importe donc que la recherche des preuves soit conduite selon des procédés « conformes au respect des droits de l'individu et à la dignité de la justice »[33]. La Cour de cassation vise ainsi le « principe » de loyauté des preuves[34]. Mais ce principe doit être nuancé. Tout d'abord, le principe ne s'applique qu'aux agents publics (magistrats et enquêteurs). En raison des droits de la défense, ni la partie poursuivie, ni même la partie civile ne sont soumises à l'exigence de loyauté. Ainsi, la personne poursuivie peut invoquer une preuve qu'elle a obtenue de manière déloyale[35], et la partie civile produire une preuve issue d'une infraction qu'elle a commise pour les nécessités de sa défense[36]. Ensuite, il importe de tenir compte des procédés utilisés dans l'obtention de la preuve. En effet, la preuve n'est pas déloyale lorsque les agents publics se sont contentés passivement de la recueillir, même en usant de moyens intrusifs dans la vie privée[37]. Elle peut l'être en revanche si son obtention a été provoquée. Encore convient-il de distinguer le but de la provocation. Si les procédés provocateurs ne doivent pas constituer une incitation à commettre une infraction, dont la preuve serait alors obtenue déloyalement[38], ils sont considérés comme loyaux lorsqu'ils tendent seulement à l'obtention de la preuve. Récemment, l'Assemblée plénière de la Cour de cassation a toutefois introduit une condition supplémentaire à la loyauté des procédés de provocation, en décidant de tenir compte des conséquences de l'emploi de ceux-ci sur les droits de la défense. Au visa de l'article 6 de la Conv. EDH, de l'article préliminaire du Code de procédure pénale, du principe de loyauté des preuves et du droit de ne pas contribuer à sa propre incrimination, elle a considéré que le procédé consistant à placer deux suspects dans des cellules contiguës et préalablement sonorisées, afin d'enregistrer à leur insu les propos qu'ils pourraient échanger, devait être annulé[39]. Cet arrêt marque une évolution de la jurisprudence, qui tendait jusqu'alors à admettre tout type de provocation à la preuve. Parmi les provocations à la preuve, seules celles ne « mettant en échec le droit de se taire et celui de ne pas s'incriminer soi-même » seraient admises.

DÉCRYPTAGE : À QUELLES CONDITIONS LES PREUVES PAR PROVOCATION SONT-ELLES RECEVABLES ?

La question de la preuve par provocation a fait son apparition dans le contexte de pénurie de la Seconde Guerre mondiale. En effet, pour détecter les commerçants se livrant au marché noir, les agents de la police se faisaient passer auprès d'eux pour des acheteurs ordinaires. Dans une décision remarquée du 21 mai 1941, le tribunal correctionnel de la Seine avait considéré que le fait pour une fonctionnaire de police de se déguiser afin d'inciter un ouvrier au chômage à vendre sa dernière

32. Cass. crim., 27 févr. 1996, aff. *Schuller*.
33. P. Bouzat, « La loyauté dans la recherche des preuves », *in Mél. Hugueney*, 1964, p. 155. V. également C. Ambroise-Castérot, « La preuve : une question de loyauté ? », *AJ pénal*, 2005, n° 5, p. 261.
34. V. notamment, Cass. crim., 7 janv. 2014, n° 13-85246.
35. Cass. crim., 30 mars 1999, n° 97-83464.
36. Cass. crim., 31 janv. 2007, n° 06-82383.
37. Cass. crim., 17 mars 2015, n° 14-88351, où est considérée comme loyale la preuve obtenue par la sonorisation de la cellule d'une personne mise en examen et l'enregistrement de ses conversations avec un autre détenu, dès lors que c'est la personne mise en examen qui a choisi ce codétenu.
38. Art. 706-32, 706-43-1, 706-81 CPP.
39. Cass., ass. plén., 6 mars 2015, n° 14-84339, *JCP* 2015, 558, note E. Bonis-Garçon ; *RSC* 2015. 117, obs. P.-J. Delage.

poule pour un prix attractif n'était pas loyal. Il en avait déduit que la provocation valait contrainte, rendant ainsi le prévenu irresponsable pénalement[40]. Mais la question de la preuve par provocation se pose aussi sur un plan procédural, depuis que le législateur a légitimé la pratique des provocations, d'abord en matière de trafic de stupéfiants, ensuite dans le domaine de plus en plus élargi de la délinquance et criminalité organisées[41].

La première difficulté consiste à distinguer la provocation à la preuve (admise) de la provocation à l'infraction (non admise). Cette distinction, d'abord dégagée en jurisprudence, puis consacrée dans les textes relatifs aux moyens d'investigation utilisables pour la recherche et le constat des infractions relevant de la délinquance et criminalité organisées, pose la question de ses critères. Plus abondante en matière de trafic de stupéfiants, la jurisprudence se réfère au caractère « déterminant » de l'action policière pour vérifier si la liberté de décision du suspect a été – ou non – annihilée[42]. Le critère est donc celui de l'atteinte au libre arbitre, la déloyauté apparaissant en cas d'atteinte. Mais dans ces conditions, la préexistence d'une activité délictueuse peut être déterminante dans l'appréciation du critère. Lorsqu'elle est relative à une infraction unique, la provocation policière est souvent admise. En revanche, lorsque l'infraction s'inscrit dans la lignée d'agissements délictueux préexistants, la provocation est considérée comme révélant une situation qu'elle n'a pas engendrée.

La seconde difficulté vient de ce que la provocation à la preuve se définit plus par ses effets sur les droits de la défense que par sa consistance matérielle. À la suite de l'arrêt de l'Assemblée plénière du 6 mars 2015[43], il convient de se placer du point de vue de la personne soupçonnée plutôt que de celui de l'agent public pour décider si le procédé est ou non déloyal[44]. Or la mise en œuvre d'une telle définition de la provocation déloyale paraît délicate, l'atteinte aux droits de la défense devant s'apprécier de façon concrète. Ainsi par exemple l'enregistrement des propos d'une personne à son insu par les agents de l'autorité public ne sera pas nécessairement déloyal : tout dépendra si elle est ou non bénéficiaire du droit de se taire[45]. Une telle solution est toutefois conforme à la jurisprudence de la Cour européenne des droits de l'homme, pour laquelle le respect du principe de loyauté entre dans les garanties du procès équitable[46].

II. LES POUVOIRS DU JUGE DANS L'APPRÉCIATION DES PREUVES

152. Les pouvoirs du juge sur l'appréciation des preuves dépendent du système de preuve adopté. Dans un système de preuve légale, le juge n'a aucun pouvoir d'appréciation. Un tel système n'est plus consacré en droit français depuis la Révolution, en

40. Trib. corr. Seine, 21 mai 1941, *Gaz. Pal.* 1941, 2, 68.
41. Art. 706-32, 706-43-1, 706-81 CPP.
42. Cass. crim., 16 mars 1972, *Bull. crim.*, n° 108.
43. Cass., ass. plén., 6 mars 2015, n° 14-84339, préc.
44. En ce sens, E. Bonis-Garçon, note préc.
45. V. par ex. Cass. crim., 5 mars 2013, n° 12-87087, le procès-verbal constatant les aveux d'une personne mise en examen dans un fourgon de police lors de son transfert à la maison d'arrêt est annulé au motif qu'un tel procédé « avait pour effet d'éluder les droits de la défense ».
46. CEDH, 9 juin 1998, n° 25829/94, aff. *Teixeira de Castro c/ Portugal*; 5 nov. 2002, n° 48539/99, aff. *Allan c/ Royaume-Uni*.

raison des inconvénients qu'il comporte. La nécessité qu'il implique d'apporter une preuve complète peut conduire notamment à obtenir l'aveu par tous les moyens, tel que celui de la question – c'est-à-dire la torture – permettant de forcer à la confession. L'abolition de la torture a entraîné l'abandon de ce système probatoire, au profit de la règle de l'intime conviction. Consacrée par l'article 427 du Code de procédure pénale, cette règle livre à l'appréciation du juge la force probante de chaque élément apporté, et contradictoirement discuté devant lui. La preuve est alors appréciée souverainement par les juridictions du fond[47]. Cette appréciation souveraine ne contredit pas l'obligation de motivation des décisions[48]. La motivation est en effet le corollaire de l'intime conviction.

153. Le principe de liberté de l'appréciation de la preuve est à ce point prégnant que la prévision par la loi d'un mode de preuve n'interdit pas au juge de s'en détourner pour en privilégier un autre. À titre d'illustration, bien que le Code de la route prescrive, pour établir l'infraction de conduite d'un véhicule sous l'empire d'un état alcoolique, un dépistage, puis une vérification médicale de l'alcoolémie d'un conducteur de véhicule[49], les juridictions de jugement peuvent aussi recourir « à tout autre moyen de preuve pour déterminer d'après leur intime conviction si le prévenu s'est rendu coupable du délit »[50]. Selon le même raisonnement, ce n'est pas parce que les gendarmes ne sont pas prévus par la loi comme agents de constatation du délit de publicité mensongère, que la juridiction pénale ne peut pas s'appuyer sur leur procès-verbal pour se convaincre de la constitution de l'infraction[51]. Les officiers et agents de police judiciaire se voient donc reconnaître le pouvoir de constater toutes infractions, alors même qu'ils ne sont pas expressément inscrits dans la loi spéciale relative aux règles de constatation des infractions concernées.

154. Mais si aux termes de l'article 427 du Code de procédure pénale, la preuve est librement appréciée par le juge, le principe peut souffrir selon le même texte d'exceptions légales. L'une de ces exceptions est générale en ce qu'elle concerne toutes les infractions. En effet, pour *garantir les droits de la défense*, la preuve par écrit ne peut pas résulter de la correspondance échangée entre le prévenu et son avocat[52]. Une autre exception, plus spéciale en ce qu'elle ne concerne que certaines infractions, est une forme de *survivance du système de preuve légale*. En effet, et de façon exceptionnelle, les procès-verbaux et rapports de police ne valent pas seulement qu'à titre de simple renseignement. Ils ont une force probante supérieure, en faisant foi jusqu'à preuve contraire. Tel est notamment le cas des procès-verbaux qui constatent les infractions en matière de droit du travail, de chasse ou encore de contributions

47. Cass. crim., 28 juin 1995, *Bull.* n° 242.
48. Sur la motivation comme principe directeur du procès pénal, v. *supra* n° 122 et s.
49. Art. L. 234-3 et L. 234-4 C. route.
50. Cass. crim., 24 janv. 1973, *Bull.* n° 33. En l'occurrence, l'emprise alcoolique était constatée tant par les témoins que par les gendarmes, qui n'avaient pu trouver de médecin pour effectuer un prélèvement sanguin. Il en est de même de la preuve de l'excès de vitesse qui peut être rapportée par d'autres procédés que le cinémomètre ou le radar (Cass. crim., 29 sept. 1999, n° 99-80136). Mais la preuve de la conduite d'un véhicule après une consommation de stupéfiants ne peut pas résulter du seul aveu du conducteur, serait-il sincère et convaincant (Cass. crim., 15 févr. 2012, n° 11-84607, *Bull. crim.* 2012, n° 48).
51. Cass. crim., 22 juin 1977, *Bull.* n° 232.
52. Art. 432 CPP.

indirectes. L'article 431 du Code de procédure pénale prévoit que, dans ces hypothèses, la preuve contraire ne peut être rapportée que par écrit ou par témoins, mais jamais par simple dénégation. En matière contraventionnelle, l'article 537 du Code de procédure pénale prévoit que sauf dans les cas où la loi en dispose autrement, les procès-verbaux ou rapports établis par les officiers et agents de police judiciaire et les agents de police judiciaire adjoints, ou par les fonctionnaires ou agents chargés de certaines fonctions de police judiciaire auxquels la loi a attribué le pouvoir de constater les contraventions, font foi jusqu'à preuve contraire. La preuve contraire ne peut être rapportée que par écrit ou par témoins[53]. Sur le fondement de cet article, la Cour de cassation estime que le prévenu ne peut être relaxé au bénéfice du doute[54]. La règle posée par l'article 537 est toutefois de nature à controverse. À cet égard, la Chambre criminelle de la Cour de cassation a été saisie de nombreuses questions prioritaires de constitutionnalité. Chaque fois, elle a décidé de ne pas renvoyer la question au Conseil constitutionnel en l'absence de caractère sérieux parce que d'une part « en présence des constatations d'un procès-verbal ou d'un rapport établi conformément à l'article 537 du Code de procédure pénale, la présomption de culpabilité instituée par ce texte en matière de contravention ne revêt pas de caractère irréfragable ; que le respect des droits de la défense est assuré devant la juridiction de jugement et que se trouve ainsi assuré l'équilibre des droits des parties »[55], d'autre part, parce que « seuls font foi jusqu'à preuve contraire les procès-verbaux régulièrement établis, sous le contrôle de l'autorité judiciaire, et rapportant des faits que leur auteur a personnellement constatés, ce qui exclut tout risque d'arbitraire »[56]. Et si la Cour de cassation a pu donner l'impression d'un infléchissement dans un arrêt récent, en jugeant que « le procès-verbal de contravention, qui ne précisait pas les circonstances concrètes dans lesquelles l'infraction avait été relevée, de nature à établir que la distance de sécurité avec le véhicule qui le précédait n'avait pas été respectée par [le prévenu], ne comportait pas de constatations au sens de l'article 537 du Code de procédure pénale »[57], elle est revenue postérieurement à une interprétation classique du texte pour considérer que les constatations de l'agent verbalisateur suffisent à établir la matérialité de l'infraction sans qu'il ait besoin de préciser les circonstances dans lesquelles les faits ont été commis[58]. Enfin, il est aussi des matières dans lesquelles les procès-verbaux rédigés par les agents compétents qui constatent personnellement une infraction valent jusqu'à inscription en faux (ex : en matière douanière et forestière)[59]. Ces documents ne peuvent alors être combattus que par la démonstration qu'ils constituent un faux.

53. Mais le pluriel du mot témoin employé par l'article 537 du Code de procédure pénale ne doit pas empêcher les juges du fond d'apprécier souverainement la valeur des éléments soumis aux débats, notamment celle d'un témoignage à décharge présenté devant eux, ce témoignage soit il unique (Cass. crim. 28 mars 2017, n° 16-83659).

54. Cass. crim. 16 févr. 2005, n° 04-86729, *Bull. crim.* n° 64. V. également, Cass. crim., 9 nov. 2005, n° 05-83.651, *Bull. crim.* n° 288, où la relaxe ne peut être prononcée au bénéfice du doute même si l'excès de vitesse constaté au procès-verbal était « infime » et se situait « dans la marge d'erreur pouvant exister dans les appareils de contrôle même homologués et vérifiés annuellement ».

55. Cass. crim., 22 janv. 2013, n° 12-90067 ; Cass. crim., 4 mars 2014, n° 13-90041 ; Crim., QPC, 29 nov. 2016, n° 16-83659.

56. Cass. crim., 15 janv. 2014, n° 13-90032, *Bull. crim.* n° 14.

57. Cass. crim., 27 janv. 2016, n° 15-80581.

58. Crim. 20 sept. 2016, n° 16-80148.

59. Art. 433 CPP.

Section 3

LES PROCÉDÉS DE PREUVE

155. La preuve a profondément évolué au cours de ces dernières décennies. Le règne de *l'aveu, reine des preuves*, issu de l'Ancien droit, est supplanté par celui de la preuve scientifique. Le Code de procédure pénale prévoit aujourd'hui de nombreux procédés de preuve, dont le régime varie selon qu'il s'agisse d'une enquête ou d'une instruction et selon qu'il s'agisse d'infractions de droit commun ou d'infractions spécifiques.

I. L'AVEU

156. L'aveu peut être recueilli pendant la phase d'enquête, d'instruction ou de jugement. On éprouve aujourd'hui quelques défiances à l'égard de l'aveu[60], au point que l'article préliminaire du Code de procédure pénale, dans sa rédaction issue de la loi du 14 avril 2011 relative à la garde à vue, précise qu'« en matière correctionnelle et criminelle aucune condamnation ne peut être prononcée contre une personne sur le seul fondement de déclarations qu'elle a faites sans avoir pu s'entretenir avec un avocat et être assisté par lui ». Encore faut-il distinguer l'aveu extrajudiciaire et l'aveu judiciaire. Le premier, qui est fait en dehors de la présence d'un juge ou d'un OPJ (ex : reconnaissance de la culpabilité dans une lettre adressée à la victime), constitue un indice. L'aveu judiciaire – le seul dont il est question dans l'article préliminaire – se définit comme la reconnaissance, devant la police ou l'autorité judiciaire, par une personne soupçonnée ou poursuivie, de l'exactitude de tout ou partie des faits qui lui sont reprochés, au détour d'un acte d'enquête ou d'instruction comme par exemple des écoutes téléphoniques, et le plus souvent dans le cadre d'un interrogatoire.

157. L'interrogatoire aux fins d'aveu peut être décidé par le policier ou le juge d'instruction, à tout moment, et peut être répété aussi souvent que nécessaire. Mais il doit être mené par des procédés loyaux, de sorte que sont à proscrire les actes de torture ou de violence, les procédés scientifiques portant atteinte à la dignité, ainsi que l'utilisation des ruses et stratagèmes. Ainsi, l'aveu obtenu grâce à un sérum de vérité est exclu. Il en est de même de l'aveu obtenu sous hypnose[61].

II. LE TÉMOIGNAGE

158. Le témoignage est la déclaration d'une personne qui est étrangère à l'infraction[62]. Cette personne doit remplir un certain nombre de conditions : elle ne doit pas être incapable de témoigner. Elle est notamment frappée d'une telle incapacité lorsqu'elle est âgée de moins de 16 ans ou lorsqu'elle présente un lien de parenté ou d'alliance

60. Sous l'influence anglo-saxonne, où l'accusé peut plaider coupable, le législateur français a néanmoins créé la procédure de comparution sur reconnaissance préalable de culpabilité (art. 495-7 et s. CPP).
61. Pour l'audition d'un témoin sous hypnose, *Cass. crim.*, 12 déc. 2000, n° 00-83852.
62. Ces déclarations constituent des auditions si la personne est la victime, et un interrogatoire si la personne est un suspect, une personne mise en examen, le prévenu ou l'accusé.

avec le prévenu[63]. Le témoin ne doit pas être indigne de témoigner[64], ni non plus se trouver dans un cas d'incompatibilité[65]. Il doit avoir une connaissance directe du fait à prouver. Toutefois, un historien peut témoigner sur des faits historiques dont il n'a pas eu personnellement connaissance[66]. Le cas échéant, les autorités de police et de justice peuvent procéder à des confrontations, soit entre témoins, soit entre un témoin et une personne participant à la procédure (personne soupçonnée, mise en examen ou témoin assisté).

159. Si le témoin a toujours l'obligation de comparaître, il n'est pas toujours tenu de déposer, ni de prêter serment. Ainsi, les obligations qui s'imposent au témoin sont différentes aux stades de l'enquête, de l'instruction et du jugement. Au stade de l'enquête, la personne convoquée pour témoigner est tenue de comparaître. L'OPJ peut contraindre à comparaître par la force publique, avec l'autorisation préalable du procureur de la République, la personne qui n'a pas répondu à la convocation ou dont on peut craindre qu'elle n'y réponde pas[67]. Mais le témoin ne prête pas serment. À l'instruction, le juge peut faire citer devant lui toutes les personnes dont la déposition lui paraît utile. Les témoins peuvent aussi être convoqués par simple lettre ou comparaître volontairement[68]. Aux termes de l'article 109 du Code de procédure pénale, toute personne citée pour être entendue comme témoin devant le juge d'instruction est tenue de comparaître, de prêter serment et de déposer. À défaut, le juge d'instruction peut, sur les réquisitions du procureur de la République, l'y contraindre par la force publique. Dans tous les cas, les témoins prêtent serment de dire toute la vérité, rien que la vérité[69]. On retrouve les mêmes obligations devant la juridiction de jugement, à savoir l'obligation de comparaître, lorsque le témoin est cité[70], et l'obligation de prêter serment[71]. Enfin, le témoin a l'obligation de déposer, c'est-à-dire de s'exprimer spontanément ou de répondre aux questions qui lui sont posées à l'audience, sous réserve de la protection du secret professionnel[72]. Le fait de ne pas comparaître, de ne pas prêter serment ou de ne pas déposer, sans excuse ni justification, devant la juridiction d'instruction ou de jugement par une personne qui y a été citée comme témoin est puni de 3 750 euros d'amende[73].

160. Du fait du danger que peut engendrer le témoignage pour la sécurité du témoin lui-même ou de ses proches, des mesures de protection peuvent être mises en place. Outre la possibilité de déclarer comme domicile l'adresse du commissariat ou de la brigade de gendarmerie[74], le Code de procédure pénale prévoit que le juge des libertés

63. Art. 335, 448, 536 CPP.
64. Par ex., ne pas avoir subi certaines condamnations. Cependant, ces personnes peuvent être entendues à titre de simple renseignement (art. 131-26 4° CP).
65. Par ex. un accusé ne peut pas témoigner à l'égard d'un coaccusé (art. 335, 8° CPP).
66. Ass. plén., 11 juin 2004, *Bull.* Ass. plén. n° 1.
67. Art. 78 CPP.
68. Art. 101 CPP.
69. Art. 103 CPP.
70. Art. 326, 439, 536 CPP. Il existe toutefois des dispenses de comparution pour certaines personnes (ex : membres du gouvernement).
71. Art. 331, 446, 536 CPP.
72. Art. 326, 437, 536 CPP. Pour les journalistes, v. L. 29 juill. 1881, art. 2.
73. Art. 434-15-1 CPP ; art. 326, 438, 536 CPP.
74. Art. 706-57 CPP.

et de la détention, saisi par requête motivée du procureur de la République ou du juge d'instruction, puisse, par décision motivée, autoriser l'anonymat d'un témoin dans le dossier de la procédure. On parle de témoin sous X. Mais les conditions de cet anonymat complet sont strictes. La procédure doit porter sur un crime ou sur un délit puni d'au moins trois ans d'emprisonnement et l'audition du témoin doit comporter un danger grave pour sa vie ou son intégrité physique, ou pour celles des membres de sa famille ou de ses proches[75]. Des garanties liées aux exigences du principe du contradictoire sont également imposées[76]. La révélation de l'identité ou de l'adresse d'un témoin sous X ou sous adresse déclarée est punie de cinq ans d'emprisonnement et 75 000 euros d'amende[77]. Pour aller plus loin encore dans la protection des témoins, la loi du 3 juin 2016 renforçant la lutte contre le crime organisé, le terrorisme et leur financement, et améliorant l'efficacité et les garanties de la procédure pénale a ajouté un article 706-62-2 au Code de procédure pénale, permettant au témoin, dans une procédure relative à la criminalité organisée, de bénéficier d'une identité d'emprunt pour lui-même ainsi que pour les membres de sa famille ou ses proches.

III. L'ÉCRIT

161. La preuve par écrit n'est pas fréquente en procédure pénale, même si la preuve de certains délits peut exiger la production d'un écrit (ex : le contrat pour le délit d'abus de confiance). Mais la preuve par procès-verbaux est fréquemment utilisée. Tous les procès-verbaux n'ont pas la même force probante. Certains font foi jusqu'à preuve contraire, ou jusqu'à inscription de faux[78].

IV. L'EXPERTISE

162. L'expertise est souvent présentée comme la nouvelle reine des preuves, venant ainsi supplanter l'aveu. Il s'agit en effet d'utiliser les connaissances techniques d'un spécialiste qui propose son interprétation sur une question technique pour aider à la solution du procès pénal. Les expertises se multiplient dans des domaines vairés : la psychologie, la toxicologie, la balistique, la génétique... Mais le juge n'est jamais lié par les conclusions de l'expert, en raison du principe de l'intime conviction. En outre, si les opérations d'expertise n'ont pas à être contradictoires (ex : si l'expert entend une

75. Art. 706-58 CPP.
76. L'anonymat est impossible si, au regard des circonstances dans lesquelles l'infraction a été commise ou de la personnalité du témoin, la connaissance de l'identité de la personne est indispensable à l'exercice des droits de la défense. La personne mise en examen peut, dans les dix jours à compter de la date à laquelle il lui a été donné connaissance du contenu d'une audition réalisée dans les conditions de l'anonymat contester le recours à cette procédure (art. 706-60 CPP). La personne mise en examen ou renvoyée devant la juridiction de jugement peut demander à être confrontée avec un témoin sous X par l'intermédiaire d'un dispositif technique permettant l'audition à distance ou à faire interroger ce témoin par son avocat par ce même moyen. La voix du témoin est alors rendue non identifiable par des procédés techniques appropriés (art. 706-61 CPP).
77. Art. 706-60 CPP.
78. V. *supra* n° 154.

personne, il n'a pas à le faire en présence du prévenu ou de son avocat)[79], les conclusions de l'expert doivent être discutées contradictoirement. Au stade de l'instruction, les parties peuvent demander au juge d'instruction de modifier ou de compléter les questions posées à l'expert ou d'adjoindre à l'expert ou aux experts déjà désignés un expert de leur choix figurant sur la liste nationale dressée par la Cour de cassation ou sur une des listes dressées par les cours d'appel[80].

V. LES PRÉSOMPTIONS ET INDICES

163. Il s'agit de tous les faits dont on peut déduire l'existence ou l'absence de l'infraction, ainsi que la culpabilité ou l'innocence de la personne poursuivie. Parmi ces faits, les empreintes ont une place particulière. Elles ne sont plus seulement digitales, mais aussi génétiques. Depuis la loi n° 2003-239 du 18 mars 2003 pour la sécurité intérieure, un fichier national automatisé des empreintes génétiques, placé sous le contrôle d'un magistrat, est destiné à centraliser les empreintes génétiques issues des traces biologiques ainsi que les empreintes génétiques des personnes déclarées coupables des infractions mentionnées à l'article 706-55 du Code de procédure pénale. Sont également conservées dans les mêmes conditions les empreintes génétiques des personnes poursuivies pour ces mêmes infractions lorsqu'elles ont fait l'objet d'une décision d'irresponsabilité pénale ou lorsqu'il existe des indices graves ou concordants rendant vraisemblable qu'elles aient commis l'une de ces infractions. Les officiers de police judiciaire peuvent également, d'office ou à la demande du procureur de la République ou du juge d'instruction, faire procéder à un rapprochement de l'empreinte de toute personne à l'encontre de laquelle il existe une ou plusieurs raisons plausibles de soupçonner qu'elle a commis l'une des infractions concernées avec les données incluses au fichier, sans toutefois que cette empreinte puisse y être conservée. Enfin, le même fichier contient les empreintes génétiques recueillies à l'occasion des procédures de recherche des causes de la mort ou de recherche des causes d'une disparition ou encore des recherches aux fins d'identification de personnes décédées dont l'identité n'a pu être établie[81].

BIBLIOGRAPHIE POUR ALLER PLUS LOIN

C. Ambroise-Castérot, « Recherche et administration des preuves en procédure pénale : la quête du Graal de la Vérité », *AJ pénal*, 2005, 261.

Ph. Conte, « La loyauté de la preuve en procédure pénale : fragile essai de synthèse », *Procédures* n° 12, décembre 2015, dossier 12.

M.-C. Nagouas-Guérin, « Mythe et réalité du doute favorable en matière pénale », *RSC* 2002, p. 283.

79. L'expertise doit être contradictoire lorsqu'elle porte sur les seuls intérêts civils (elle obéit alors aux règles de la procédure civile). En outre l'expertise est obligatoirement contradictoire dans certains cas particuliers (ex : Les essais et analyses effectués dans le cadre de la recherche et de la constatation des infractions à la conformité et la sécurité des produits et des services sont contradictoires : art. L. 215-9 C. consom.).
80. Art. 161-1 CPP.
81. Art. 706-54 CPP.

J.-F. Renucci, « L'expertise pénale et la Convention européenne des droits de l'homme », *JCP* G, 2000, I 227.

E. Vergès, « Loyauté et licéité, deux apports majeurs à la théorie de la preuve pénale », *D.* 2014, p. 407.

» Exercice corrigé

COMMENTAIRE DE L'ARRÊT RENDU PAR LA COUR DE CASSATION, CHAMBRE CRIMINELLE, LE 11 MAI 2011, N° 10-84251

L'aveu recueilli pendant la garde à vue et en dehors de la présence de l'avocat peut-il fonder une décision de culpabilité ?
En l'espèce, le prévenu, poursuivi pour atteinte sexuelle sur mineur, avait reconnu les faits après plusieurs heures de garde à vue. Il s'était ensuite rétracté devant le tribunal correctionnel, tout en affirmant par ailleurs avoir signé le procès-verbal d'interrogatoire sans même l'avoir lu. Relaxé au bénéfice du doute devant les premiers juges, il avait cependant été condamné sur l'appel du ministère public, au motif que bien qu'obtenus en dehors de la présence d'un avocat, les aveux étaient non seulement circonstanciés, mais aussi corroborés par les accusations crédibles et mesurées de la victime. Dans son arrêt du 11 mai 2011, la chambre criminelle de la cour de cassation décide de casser cette décision, au visa de l'article 6 de la Convention européenne des droits de l'homme. Selon la Haute Juridiction, en effet, il n'est pas possible de « fonder une déclaration de culpabilité sur des déclarations enregistrées au cours de la garde à vue par lesquelles la personne a contribué à sa propre incrimination sans avoir pu être assistée d'un avocat ». Aussi, l'arrêt anticipe l'entrée en vigueur – fixée au 1er juin 2011 – de la loi du 14 avril 2011 relative à la garde à vue. Désormais, en effet, l'article préliminaire du Code de procédure pénale modifié par cette loi précise qu'« en matière correctionnelle et criminelle, aucune condamnation ne peut être prononcée contre une personne sur le seul fondement de déclarations qu'elle a faites sans avoir pu s'entretenir avec un avocat et être assisté par lui ». L'arrêt commenté ne dit toutefois pas exactement la même chose que la loi. En l'espèce, ce sont les conditions de validité de l'aveu qui se trouvent précisées (I), mais aussi la force probante de ce mode de preuve (II).

I/ Les conditions de l'aveu

A/ L'assistance de l'avocat, condition nécessaire à la validité de l'aveu

L'arrêt du 11 mai 2011 poursuit l'évolution jurisprudentielle relative au respect des droits de la défense en garde à vue, que la chambre criminelle avait entamé dans plusieurs arrêts du 19 octobre 2010, où déjà était soulignée l'inconventionalité des dispositions françaises, faute de permettre le droit à l'assistance d'un avocat au cours des interrogatoires de garde à vue. Ce n'est donc pas la première fois que la Haute Juridiction décide que les déclarations par lesquelles le gardé à vue s'incrimine lui-même sans avoir pu être assisté d'un avocat est privé du droit à un procès équitable au sens de l'article 6 de la Convention EDH.
Cette évolution jurisprudentielle procède d'un alignement sur la jurisprudence européenne, et tient compte notamment de la condamnation de la France à peine un an

plus tôt dans l'affaire *Brusco* pour non-respect des droits de ne pas contribuer à sa propre incrimination et d'être assisté par un avocat lors d'un interrogatoire de garde à vue ayant débouché sur des aveux[82].

Mais l'arrêt du 11 mai 2011 décide l'application immédiate du droit à l'avocat, tandis que dans les arrêts de 2010, la Cour de cassation reportait le constat d'inconventionnalité au 1er juillet 2011, « au nom de la sécurité juridique et de la bonne administration de la justice ». Dans ses arrêts du 15 avril 2011, l'assemblée plénière a décidé au contraire de l'application immédiate de l'article 6 § 1, car « les États adhérents à la Convention EDH sont tenus de respecter les décisions de la Cour EDH, sans attendre d'être attaqués devant elle ni d'avoir modifié leur législation ». Surtout, selon ces arrêts, « pour que le droit à un procès équitable consacré par l'article 6 § 1 de la Convention EDH soit effectif et concret, il faut, en règle générale, que la personne placée en garde à vue puisse bénéficier de l'assistance d'un avocat dès le début de la mesure et pendant ses interrogatoires ». On sait qu'en conséquence de ces arrêts le ministère de la Justice a suggéré, dans une circulaire du même jour, aux officiers de police judiciaire de mettre en œuvre effectivement le droit au silence et le droit à l'assistance d'un avocat sans attendre l'entrée en vigueur le 1er juin de la loi relative à la garde à vue[83]. En l'espèce, les faits s'étant déroulés en 2007, la Cour de cassation fait donc le choix d'appliquer immédiatement la réforme.

B/ L'absence de l'avocat, cause suffisante d'invalidité de l'aveu

En l'espèce, si la violation de l'article 6 § 1 est constatée, c'est uniquement parce que les déclarations du prévenu ont été faites hors la présence de l'avocat. Ainsi n'est-il pas constaté dans l'arrêt que ces déclarations ont été obtenues sous la contrainte, au mépris du droit au silence. Les déclarations du gardé à vue faisaient d'ailleurs l'objet d'un enregistrement, ce qui s'oppose techniquement à une éventuelle pression (sauf à dissimuler ce contexte lors de la retranscription). On peut en déduire que la seule présence de l'avocat permet d'éviter que les aveux soient livrés sous la pression, en étant entouré de garanties, notamment les droits de la défense. *A contrario*, les aveux peuvent être invalidés pour la seule raison que la personne n'a pas pu bénéficier des conseils d'un avocat, car ils ne sont alors ni volontaires, ni faits en toute conscience.

À cet égard, l'arrêt commenté marque une évolution. Dans la jurisprudence européenne, tout comme dans les arrêts rendus jusque-là par la Cour de cassation, le droit de ne pas contribuer à sa propre incrimination était plutôt associé au droit de garder le silence. Ainsi, les arrêts du 19 octobre 2010 évoquaient non seulement l'absence d'avocat mais aussi l'absence de notification du droit au silence. De même, c'est le droit de se taire et de ne pas s'auto-incriminer qui a été mis en relation par la Cour EDH avec le droit à l'assistance d'un défenseur pendant la garde à vue. Dans sa décision *Brusco c/ France* du 14 octobre 2010, la Cour EDH constate que le gardé à vue n'a pas été informé au début de son interrogatoire du droit de se taire, de ne pas répondre aux questions posées ou encore de ne répondre qu'aux questions qu'il souhaitait. Elle relève en outre qu'il n'a pu être assisté d'un avocat que vingt heures après le début de la garde à vue. L'avocat n'a donc été en mesure ni de l'informer

82. CEDH, 14 oct. 2010 ; v. déjà en ce sens CEDH, 27 nov. 2008, aff. *Salduz c/ Turquie* ; CEDH, 13 oct. 2009, aff. *Dayanan c/ Turquie*.
83. Circ. n° CRIM-11-8-E6, 15 avr. 2011.

sur son droit à garder le silence et de ne pas s'auto-incriminer avant son premier interrogatoire ni de l'assister lors de cette déposition et lors de celles qui suivirent, comme l'exige l'article 6 de la Convention.

L'arrêt commenté marque finalement un nouveau positionnement de l'aveu dans le système des preuves. De preuve fondamentale, surpassant toutes les autres, l'aveu devient une preuve dont on se méfie et qui peut être invalidé lorsqu'il a été obtenu en dehors de la présence d'un avocat. Encore faut-il vérifier, comme le suggère l'arrêt du 11 mai 2011, que l'avocat apporte une réelle assistance. Le seul entretien, par exemple, avec l'avocat, en début de garde à vue, ne peut suffire à la validité de l'aveu. La question a été posée au moment de l'adoption de la loi du 14 avril 2011, puisque dans le projet initial présenté au Parlement, l'emploi de la préposition « ou » au lieu de « et » dans l'alinéa ajouté à l'article préliminaire semblait suggérer que soit l'entretien, soit l'assistance de l'avocat pouvait éviter toute atteinte aux droits de la défense. Cependant, le texte finalement adopté devait exiger, pour que les déclarations d'une personne gardée à vue puissent fonder une condamnation, qu'elle ait pu s'entretenir avec un avocat « et » être assistée par lui.

II/ La force probante de l'aveu

A/ La force de l'aveu corroboré

En considérant que l'aveu sans assistance de l'avocat ne saurait « fonder une déclaration de culpabilité », l'arrêt du 11 mai 2011 dénie toute force probante à l'aveu. En l'espèce, l'aveu était pourtant circonstancié, et se trouvait surtout corroboré par le maintien constant des accusations de la partie civile. Faut-il en déduire que les déclarations faites sans entretien et sans assistance possible d'un avocat ne peuvent pas même concourir avec d'autres à fonder une condamnation ?

S'appuyant sur l'article 6 de la Convention européenne des droits de l'homme, une telle solution conduit à remettre en cause le nouvel alinéa de l'article préliminaire, issu de la loi du 14 avril 2011, et pour lequel l'emploi du mot « seul » a précisément pour fonction – si l'on s'en tient aux travaux parlementaires –, de préserver la possibilité de condamner sur le fondement d'autres preuves matérielles que les déclarations faites sans l'assistance d'un avocat. Un amendement avait d'ailleurs tenté de supprimer le mot litigieux de la formulation du texte, pour en revenir à l'esprit de l'arrêt *Salduz c/ Turquie* (CEDH, 27 nov. 2008), et poser le principe de tout défaut de caractère probant des déclarations faites sans l'assistance d'un avocat. Mais c'est la crainte que la suppression du mot « seul » n'aboutisse à empêcher toute condamnation lorsqu'il n'y a pas d'avocat, qui a finalement conduit les parlementaires à maintenir l'ambiguïté. L'arrêt du 11 mai 2011 pose donc la question de la conventionalité de l'alinéa ajouté par la loi n° 2011-392 du 14 avril 2011 à l'article préliminaire, et ce, avant même que celui-ci entre en vigueur.

B/ La force de l'aveu délibérément non assisté

Il semble évident que l'aveu retrouve sa force probante lorsque la personne concernée n'a pas demandé l'assistance d'un avocat tandis que ce droit lui était signifié. La solution, implicite dans l'arrêt du 11 mai 2011, se trouve consacrée dans le nouvel article

préliminaire du Code de procédure pénale, où il est écrit « sans avoir pu s'entretenir et être assisté » et non pas « sans s'être entretenu ou avoir été assisté ».
Mais l'hypothèse où le droit à l'assistance d'un avocat n'a pas été mis en œuvre peut poser difficulté. Une demande formulée par le gardé à vue d'être assisté d'un avocat peut ne pas avoir été suivie d'effet, malgré les diligences des enquêteurs, qui ne sont tenus que d'une obligation de moyen. Les déclarations faites sans que le mis en cause ait pu être assisté d'un avocat auront-elles une force probante ? Pourront-elles fonder à elles seules une condamnation ? L'arrêt commenté s'y oppose implicitement. Il confirme en effet la solution retenue par la chambre criminelle, dans deux arrêts des 4 et 18 janvier 2011 (n° 10-85520 et 10-83750), pour dissocier la question de la force probante de la question de la nullité.

LEÇON 5

La police judiciaire

164. La police judiciaire est l'autorité qui constate les infractions à la loi pénale, en rassemble les preuves et en recherche les auteurs tant qu'une information n'est pas ouverte[1]. Elle est tenue de recevoir les plaintes déposées par les victimes d'infractions à la loi pénale et de les transmettre, le cas échéant, au service ou à l'unité de police judiciaire territorialement compétent[2].
Les fonctions de police judiciaire sont exercées par des organes, essentiellement de la police nationale et de la gendarmerie, dont l'organisation doit être précisée (Section 1), avant d'étudier les formes de l'enquête policière (Section 2), et les pouvoirs des enquêteurs (Section 3).

Section 1
L'ORGANISATION DE LA POLICE JUDICIAIRE

165. Pour comprendre l'organisation de la police judiciaire, il convient de préciser sa fonction, ainsi que sa composition.

I. FONCTION DE LA POLICE JUDICIAIRE

166. Le rôle de la police judiciaire commence où se termine celui de la police administrative, et il finit, sauf commission rogatoire, où commence celui de l'instruction.

A. LA DISTINCTION POLICE JUDICIAIRE ET POLICE ADMINISTRATIVE

167. La police administrative joue un rôle préventif de surveillance pour éviter la commission des infractions. La police judiciaire constate les infractions. C'est le but de l'opération qui permet donc la distinction. Cependant, la distinction est parfois

1. Art. 14 CPP.
2. Art. 15-3 CPP.

ténue, d'autant que les mêmes agents remplissent les deux fonctions. Tel est le cas par exemple des contrôles et vérifications d'identité, qui peuvent être des actes de police administrative dans le cadre du maintien de l'ordre ou des actes de police judiciaire en cas de recherche de l'auteur d'une infraction. Surtout, une mission de police administrative se transforme en police judiciaire par la survenance d'une infraction. Or l'enjeu est celui de la compétence des juridictions. La police administrative relève du droit administratif, tandis que la police judiciaire concerne la procédure pénale. Pour le Conseil d'État, toute activité liée à une infraction est une activité de police judiciaire, pour laquelle la réparation du dommage ne relève pas du juge administratif[3]. En revanche, si l'activité n'est pas liée à l'infraction, le juge administratif est compétent[4]. Cela étant, la chambre criminelle déduit de l'article préliminaire du code de procédure pénale que « les mesures de contrainte dont la personne suspectée ou poursuivie peut faire l'objet sont prises sur décision ou sous le contrôle effectif de l'autorité judiciaire »[5]. Ainsi, juge pénal peut apprécier la légalité d'une perquisition administrative, sur le fondement de l'article 111-5 du Code pénal, et selon lequel « les juridictions pénales sont compétentes pour interpréter les actes administratifs, réglementaires ou individuels et pour en apprécier la légalité lorsque, de cet examen, dépend la solution du procès pénal qui leur est soumis »[6].

DÉCRYPTAGE : concurrence des mesures administratives et judiciaires dans le contexte terroriste

Le projet de loi renforçant la sécurité intérieure et la lutte contre le terrorisme, adopté en première lecture par le Sénat, pose la question de la concurrence des mesures administratives et judiciaires.

Parmi les dispositions phares de la loi, qui visent à modifier le Code de la sécurité intérieure, des « mesures individuelles de contrôle administratif et de surveillance » pourraient être prescrites par le ministre de l'Intérieur « aux seules fins de prévenir des actes de terrorisme » et à l'encontre de « toute personne à l'égard de laquelle il existe des raisons sérieuses de penser que son comportement constitue une menace d'une particulière gravité pour la sécurité et l'ordre publics et qui, soit entre en relation de manière habituelle avec des personnes ou des organisations incitant, facilitant ou participant à des actes de terrorisme, soit soutient ou adhère à des thèses incitant à la commission d'actes de terrorisme ou faisant l'apologie de tels actes ». Parmi les mesures énumérées, on trouve l'interdiction de se déplacer en dehors d'un périmètre géographique déterminé, l'obligation de se présenter périodiquement aux services de police ou de gendarmerie, celle de déclarer son lieu d'habitation et tout changement de ce lieu, ou même le placement sous surveillance électronique mobile. Or, ces mêmes mesures peuvent déjà être prononcées dans le cadre d'une information judiciaire relative à l'une des multiples qualifications terroristes qui ont été créées ces dernières années.

---

3. CE, 11 mai 1951, arrêt *Baud*, où une victime est mortellement blessée au cours d'une opération de police destinée à découvrir des malfaiteurs.
4. TC, 7 juin 1951, arrêt *Noualek*, où une victime se trouvant à sa fenêtre est mortellement blessée au cours d'une opération de maintien de l'ordre.
5. Cass. crim. 13 déc. 2016, n° 16-84794, D. 2017. 275, note J. Pradel.
6. Crim. 28 mars 2017, n° 16-85072 et 16-85073.

Mais une autre disposition du projet de loi rend un peu plus perplexe encore en plaçant les visites ou saisies administratives sous le contrôle du juge des libertés et de la détention. Ainsi, le représentant de l'État dans le département ou le préfet de police de Paris pourrait saisir le juge des libertés et de la détention afin qu'il autorise, après avis du procureur de la République de Paris et information au procureur territorialement compétent, la visite d'un lieu ainsi que la saisie des documents, « aux seules fins de prévenir des actes de terrorisme et lorsqu'il existe des raisons sérieuses de penser qu'un lieu est fréquenté par une personne dont le comportement constitue une menace d'une particulière gravité pour la sécurité et l'ordre publics et qui, soit entre en relation de manière habituelle avec des personnes ou des organisations incitant, facilitant ou participant à des actes de terrorisme, soit soutient ou adhère à des thèses incitant à la commission d'actes de terrorisme ou faisant l'apologie de tels actes ». C'est pourtant concurremment ici encore que la même mesure peut être mise en œuvre lors d'une perquisition judiciaire, autorisée, dans le cadre d'une enquête préliminaire, par le même juge.

B. LA DISTINCTION POLICE JUDICIAIRE ET POLICE DÉLÉGUÉE DE L'INSTRUCTION

168. La police judiciaire est exercée, sous la direction du procureur de la République[7], sous la surveillance du procureur général et sous le contrôle de la chambre de l'instruction, qui a le pouvoir de retirer ou suspendre l'habilitation délivrée à un agent ou officier de police judiciaire[8]. Le pouvoir de direction exercé par le procureur de la République a été récemment renforcé par la loi du 3 juin 2016 renforçant la lutte contre le crime organisé, le terrorisme et leur financement, et améliorant l'efficacité et les garanties de la procédure pénale. Désormais, l'article 39-3 du Code de procédure pénale permet au procureur de la République d'adresser des instructions générales ou particulières aux enquêteurs et de contrôler la légalité des moyens mis en œuvre par ces derniers, la proportionnalité des actes d'investigation au regard de la nature et de la gravité des faits, l'orientation donnée à l'enquête ainsi que la qualité de celle-ci. Or, selon l'article 14 du Code de procédure pénale, la police judiciaire est chargée de constater les infractions, d'en rassembler les preuves tant qu'une instruction n'est pas ouverte. À partir de ce moment, elle exécute les délégations des juridictions d'instruction et défère à leurs réquisitions[9]. Pendant la phase de l'instruction, la police judiciaire peut donc être sollicitée par le juge d'instruction pour exécuter des actes par le biais de *la commission rogatoire*. Cette police judiciaire déléguée est alors placée sous le contrôle du juge d'instruction, dont elle exerce les missions.

---

7. Art. 12 CPP.
8. Art. 227 CPP. En outre, et selon l'article 229-1 CPP, introduit par la loi n° 2016-731 du 3 juin 2016, le cas de manquement professionnel grave ou l'atteinte grave à l'honneur ou à la probité par un fonctionnaire de police, peut conduire à une décision de suspension immédiate de fonction du président de la chambre de l'instruction, saisi par le procureur général.
9. Art. 14 CPP.

II. COMPOSITION DE LA POLICE JUDICIAIRE

A. LES OFFICIERS DE POLICE JUDICIAIRE

169. Selon l'article 16 du Code de procédure pénale, ont la qualité d'officier de police judiciaire (OPJ) : les maires et leurs adjoints ; les officiers et les gradés de la gendarmerie, les gendarmes comptant au moins trois ans de service dans la gendarmerie, nominativement désignés par arrêté des ministres de la justice et de l'intérieur, après avis conforme d'une commission ; les inspecteurs généraux, les sous-directeurs de police active, les contrôleurs généraux, les commissaires de police et les officiers de police ; les fonctionnaires du corps d'encadrement et d'application de la police nationale comptant au moins trois ans de services dans ce corps, nominativement désignés par arrêté des ministres de la Justice et de l'Intérieur, après avis conforme d'une commission. Ont également la qualité d'officier de police judiciaire les personnes exerçant des fonctions de directeur ou sous-directeur de la police judiciaire relevant du ministre de l'Intérieur et de directeur ou sous-directeur de la gendarmerie au ministère des Armées.

170. Leur compétence est générale. Leurs pouvoirs, dans les limites territoriales, sont donc nombreux : ils peuvent recevoir des plaintes et dénonciations, procéder aux enquêtes préliminaires et de flagrance, rédiger des procès-verbaux, recevoir des commissions rogatoires, décider du placement en garde à vue, procéder à des contrôles d'identité, décider de l'inscription au fichier national des empreintes génétiques de certains suspects, et sous certaines conditions, faire procéder à des examens scientifiques ou procéder à des interceptions de correspondances télécommuniquées.

B. LES AGENTS DE POLICE JUDICIAIRE

171. Selon l'article 20 du Code de procédure pénale, les agents de police judiciaire (APJ) sont les gendarmes n'ayant pas la qualité d'officier de police judiciaire et les fonctionnaires des services actifs de la police nationale, titulaires et stagiaires, n'ayant pas la qualité d'officier de police judiciaire. Les fonctionnaires de la police nationale et les militaires de la gendarmerie nationale à la retraite ayant eu durant leur activité la qualité d'officier ou d'agent de police judiciaire peuvent bénéficier de la qualité d'agent de police judiciaire lorsqu'ils sont appelés au titre de la réserve civile de la police nationale ou au titre de la réserve opérationnelle de la gendarmerie nationale (art. 20-1 CPP). Les APJ ont pour mission : de seconder, dans l'exercice de leurs fonctions, les officiers de police judiciaire ; de constater les crimes, délits ou contraventions et d'en dresser le procès-verbal ; de recevoir par procès-verbal les déclarations qui leur sont faites par toutes personnes susceptibles de leur fournir des indices, preuves et renseignements sur les auteurs et complices de ces infractions. Mais les agents de police judiciaire n'ont pas qualité pour décider des mesures de garde à vue.

172. Les agents de police judiciaire adjoints (APJA) figurent à l'article 21 du Code de procédure pénale. Ce sont les fonctionnaires des services actifs de police nationale ne remplissant pas les conditions prévues par l'article 20 ; les volontaires servant en qualité de militaire dans la gendarmerie et les militaires servant au titre de la réserve opérationnelle de la gendarmerie nationale ne remplissant pas les conditions prévues par l'article 20-1 ; les adjoints de sécurité de la police nationale ; les agents de surveillance de Paris ; les membres de la réserve civile de la police nationale qui ne remplissent pas les conditions prévues à l'article 20-1 ; les agents de police municipale ; les gardes champêtres, pour les infractions forestières, les contraventions aux règlements et arrêtés de police municipale, ainsi que certaines contraventions au Code pénal et au Code de la route. Les APJA ont pour mission : de seconder, dans l'exercice de leurs fonctions, les officiers de police judiciaire ; de rendre compte à leurs chefs hiérarchiques de tous crimes, délits ou contraventions dont ils ont connaissance ; de constater, en se conformant aux ordres de leurs chefs, les infractions à la loi pénale et de recueillir tous les renseignements en vue de découvrir les auteurs de ces infractions, le tout dans le cadre et dans les formes prévues par les lois organiques ou spéciales qui leur sont propres ; de constater par procès-verbal les infractions pour lesquels ils sont compétents.

C. LES FONCTIONNAIRES ET AGENTS CHARGÉS DE CERTAINES FONCTIONS DE POLICE JUDICIAIRE

173. Des fonctionnaires et agents de certaines administrations sont investis de pouvoirs de police judiciaire afin de constater les infractions à la législation dont ils sont chargés d'assurer le respect. Il s'agit par exemple des ingénieurs, chefs de district et agents techniques des eaux et forêts qui recherchent et constatent par procès-verbaux les délits et les contraventions qui portent atteinte aux propriétés forestières ou rurales[10]. Ils sont aussi habilités à rechercher et à constater les infractions à l'environnement[11]. Certains fonctionnaires et agents des administrations se voient même attribuer des pouvoirs spéciaux de police judiciaire. L'article 28 du Code de procédure pénale renvoie à des lois spéciales, qui sont extrêmement nombreuses, pour définir ces pouvoirs. Il s'agit notamment des agents de la Direction générale des impôts[12], des agents du service des douanes[13], agents de la concurrence, de la consommation et de la répression des fraudes[14] ou de l'inspection du travail.[15]

174. Des agents des douanes, spécialement désignés par arrêté ministériel, peuvent être habilités à effectuer des enquêtes judiciaires sur réquisition du procureur de la République ou sur commission rogatoire du juge d'instruction. Les agents des douanes désignés doivent, pour mener des enquêtes judiciaires et recevoir des commissions rogatoires, y être habilités personnellement en vertu d'une décision du procureur général. Ils ont alors compétence sur l'ensemble du territoire national pour rechercher et constater : les infractions prévues par le Code des douanes ; les infractions en matière de contributions indirectes, d'escroquerie sur la taxe sur la valeur ajoutée

10. Art. 22 CPP.
11. Art. L. 216-3 C. env.
12. Art. L. 12 et s. LPF.
13. Art. 323-1 C. douanes.
14. Art. L. 215-1 C. consom.
15. Art. L. 8112-1 C. trav.

et de vols de biens culturels; les infractions relatives à la protection des intérêts financiers de l'Union européenne; les infractions prévues par les articles L. 2339-1 à L. 2339-11, L. 2344-7 et L. 2353-13 du Code de la défense; les infractions prévues par les articles 324-1 à 324-9 du Code pénal; les délits d'association de malfaiteurs prévus à l'article 450-1 du Code pénal; les infractions prévues au Code de la propriété intellectuelle; les infractions relatives à l'ouverture à la concurrence et à la régulation du secteur des jeux d'argent et de hasard en ligne; et les infractions connexes.

175. Toutefois, ils n'ont pas compétence en matière de trafic de stupéfiants. Pour la recherche et la constatation de ce type d'infractions, le procureur de la République ou le juge d'instruction territorialement compétent peut constituer des unités temporaires composées d'officiers de police judiciaire et d'agents des douanes. Ils disposent des mêmes prérogatives et obligations que celles attribuées aux officiers de police judiciaire (ex: perquisition, placement en garde à vue)[16].

176. De la même manière, des agents des services fiscaux, spécialement désignés par arrêté ministériel, peuvent être habilités à effectuer des enquêtes judiciaires sur réquisition du procureur de la République ou sur commission rogatoire du juge d'instruction. Ces agents ont compétence pour rechercher et constater, sur l'ensemble du territoire national, les infractions prévues par les articles 1741 et 1743 du Code général des impôts et le blanchiment de ces infractions lorsqu'il existe des présomptions caractérisées que les infractions prévues par ces articles résultent d'une des conditions prévues aux 1° à 5° de l'article L. 228 du livre des procédures fiscales, ainsi que les infractions qui leur sont connexes[17].

D. LES GARDES PARTICULIERS ASSERMENTÉS

177. Les gardes particuliers assermentés constatent par procès-verbaux tous délits et contraventions portant atteinte aux propriétés dont ils ont la garde. Les procès-verbaux sont remis ou envoyés par lettre recommandée directement au procureur de la République. Cet envoi doit avoir lieu, à peine de nullité, dans les trois jours au plus tard, y compris celui où ils ont constaté le fait, objet de leur procès-verbal[18].

DÉCRYPTAGE: PROTECTION DE L'IDENTITÉ DES ENQUÊTEURS

La loi n° 2017-258 du 28 février 2017 relative à la sécurité publique a introduit dans le Code de procédure pénale un nouvel article 15-4 permettant à un enquêteur de s'identifier dans une procédure par un numéro d'immatriculation administrative, sa qualité et son service ou unité d'affectation en lieu et place de son nom et prénom. Le champ d'application de cette mesure est assez large puisqu'il concerne toutes les enquêtes ouvertes pour crime ou délit puni d'emprisonnement. Les circonstances justifiant l'anonymisation sont celles dans lesquelles la révélation de l'identité de

16. Art. 28-1 CPP.
17. Art. 28-2 CPP.
18. Art. 29 CPP.

l'agent est susceptible, compte tenu des conditions d'exercice de sa mission ou de la nature des faits qu'il est habituellement amené à constater, de mettre en danger sa vie ou son intégrité physique ou celles de ses proches. L'autorisation est délivrée nominativement par un responsable hiérarchique d'un niveau suffisant, défini par décret, statuant par une décision motivée. Copie en est transmise au procureur de la République territorialement compétent.

Cette disposition tend donc à généraliser l'autorisation d'enquêter sous X[19]. Jusqu'alors en effet, seules les enquêtes relatives aux infractions de délinquance et criminalité organisée (art. 706-73, 706-73-1 et 706-74 CPP) permettaient aux OPJ et APJ de recourir à une identité d'emprunt, dans le cadre d'une procédure d'infiltration, et avec de nombreuses conditions pour garantir le principe du contradictoire et les droits de la défense[20]. S'agissant de la nouvelle possibilité offerte par la loi du 28 février 2017, on peut se demander si ces mêmes garanties sont préservées. Au-delà du fait que la mise en place de l'anonymat ne requiert pas ici l'intervention d'un magistrat, on peut douter de l'efficacité des mesures prévues pour assurer le respect des droits de la défense. Ainsi, l'article 15-4 du Code de procédure pénale prévoit qu'une partie à la procédure puisse saisir le juge d'instruction ou le président de la juridiction de jugement d'une requête écrite et motivée tendant à la communication des nom et prénom de l'enquêteur. Mais ce magistrat décidera des suites à donner à la requête, après avis du ministère public, en tenant compte, d'une part, de la menace que la révélation de l'identité de cette personne ferait peser sur sa vie ou son intégrité physique ou celles de ses proches et, d'autre part, de la nécessité de communiquer cette identité pour l'exercice des droits de la défense de l'auteur de la demande.

Section 2
LES FORMES DE L'ENQUÊTE POLICIÈRE

178. Le Code de procédure pénale distingue deux cadres juridiques à l'enquête : l'enquête de flagrance et l'enquête préliminaire. La seconde forme d'enquête policière, issue des nécessités de la pratique, n'a toutefois été intégrée dans le Code que par une loi du 31 décembre 1957. Antérieurement qualifiée d'« enquête officieuse », l'enquête préliminaire présente la particularité de ne pas être coercitive puisque les pouvoirs d'investigations qu'elle donne aux enquêteurs ne peuvent en principe être employés que sur acceptation par celui qui doit les subir. L'enquête de flagrance, qui se caractérise par une situation d'urgence générée par le crime ou le délit flagrant, se présente en revanche sous la forme d'investigations coercitives, tout en ayant un domaine d'application plus restreint.

19. « L'enquête sous X », in *Identité, Identification* (dir. V. Mutelet et F. Vasseur-Lambry), Artois Presse Université, 2015, p. 269.
20. V. infra n° 205.

DÉCRYPTAGE : VERS UNE UNIFICATION DES FORMES D'ENQUÊTE ?

L'unification des enquêtes préliminaire et de flagrance a été évoquée par le Comité de réflexion sur la justice pénale présidé par Philippe Léger (Rapport remis en 2009 au président de la République), et un avant-projet de réforme du Code de procédure pénale prévoyait de le consacrer. Plus récemment, les membres de la mission chargée de revoir l'ensemble de l'architecture de l'enquête pénale et présidée par le procureur général Jacques Beaume concluait dans leur rapport en juillet 2014 à la nécessité du maintien de la distinction[21].

Pour l'heure, la distinction des enquêtes préliminaire et de flagrance reste une summa divisio, mais il est vrai qu'elle repose sur un critère – celui de la coercition – de plus en plus artificiel. Sous réserve de quelques différences de régime, les mêmes actes d'investigations peuvent en effet être réalisés dans les deux types d'enquête. Surtout, depuis la loi du 9 mars 2004 portant adaptation de la justice aux évolutions de la criminalité, le Code de procédure pénale s'est enrichi de ce que certains désignent comme un « troisième cadre », applicable à « quelques procédures particulières », notamment le terrorisme et la criminalité organisée. Le constat et la recherche des preuves de certaines infractions limitativement énumérées autorisent ainsi le recours à des pouvoirs exceptionnels de police – identiques dans l'enquête préliminaire et dans l'enquête de flagrance (écoutes téléphoniques, surveillance, infiltration...) –, et sous le contrôle du juge des libertés et de la détention.

I. L'ENQUÊTE SUR INFRACTION FLAGRANTE

A. LE DOMAINE DE L'ENQUÊTE DE FLAGRANCE

179. La procédure de l'enquête de flagrance, décrite aux articles 53 et suivants du Code de procédure pénale, suppose une infraction d'une certaine gravité, présentant les caractères de la flagrance.

1. La nécessité d'une infraction grave

180. L'enquête de flagrance n'est possible que pour un crime ou un délit punissable d'emprisonnement[22]. La jurisprudence fait ici application de la théorie de l'apparence. Peu importe donc que l'infraction se révèle finalement moins grave que l'enquêteur ne l'avait cru. Seule la qualification qui est apparue comme vraisemblable à ce dernier est prise en compte.

21. Rapport sur la procédure pénale, issu des travaux de la mission présidée par Jacques Beaume, juill. 2014 : http://www.justice.gouv.fr/publication/rap-beaume-2014.pdf.
22. Art. 67 CPP.

2. La nécessité d'une infraction flagrante

181. Les critères de la flagrance sont posés à l'article 53 du Code de procédure pénale, qui énumère plusieurs cas de flagrance :

- celui du crime ou du délit qui « se commet actuellement » ;
- celui du crime ou délit qui « vient de se commettre » ;
- celui du crime ou du délit lorsque « dans un temps très voisin de l'action, la personne soupçonnée est poursuivie par la clameur publique ou est trouvée en possession d'objets, ou présente des traces ou indices, laissant penser qu'elle a participé au crime ou au délit ».

Ces différents cas présentent des similitudes, permettant de dégager deux critères de la flagrance.

182. *Le premier critère est temporel.* Le temps, compris entre la commission de l'infraction et sa constatation, peut être nul (1er cas), infime (2e cas) ou très réduit (3e cas). Or ce troisième cas a suscité des hésitations en jurisprudence. Après avoir considéré que la durée devait être brève, de l'ordre de quelques heures, en raison du fondement de la flagrance qui réside dans l'urgence à agir, la Cour de cassation a admis un délai plus long, admettant parfois que l'écoulement d'un délai de quarante-huit heures pouvait laisser subsister l'état de flagrance.

183. *Le deuxième critère est celui de la vraisemblance*, car l'infraction doit être révélée par des « indices apparents d'un comportement délictueux »[23]. Aux yeux de l'OPJ, comme aux yeux du citoyen quelconque, les faits doivent apparaître comme étant délictueux de façon certaine. En réalité, la notion d'« indices apparents d'un comportement délictueux » est entendue largement en jurisprudence, ce qui conduit à retenir facilement le régime de la flagrance. À titre d'illustration, la jurisprudence considère que l'hésitation marquée par un individu à la vue des policiers peut justifier l'ouverture d'une enquête de flagrance, dès lors qu'une telle attitude se trouve corroborée par d'autres indices. De même, il y a flagrance lorsqu'en opérant une perquisition pour la recherche d'une infraction, l'OPJ découvre l'existence d'une autre (détention de drogue, recel d'objet volé...). L'enquêteur doit ici faire appel à tous ses sens, en particulier, la vue, l'ouïe et même l'odorat. Par exemple, une forte odeur de cannabis s'échappant d'un véhicule autorise sa fouille, car il y a indice apparent d'un délit de détention de stupéfiant[24]. Le cas de l'infraction clandestine fait toutefois l'objet d'une appréciation plus restrictive. Même si elle se commet actuellement et même si le policier a la conviction de son existence, l'infraction commise clandestinement ne peut être considérée comme flagrante tant qu'aucun indice ne la fait apparaître[25]. Ainsi, les investigations policières réalisées à la suite d'un renseignement confidentiel ou d'une dénonciation anonyme ne relèvent pas du régime de la flagrance, sauf si au cours de ces investigations, le renseignement se trouve conforté par des indices précis et concordants[26], ou par la déclaration de l'auteur qui reconnaît lui-même avoir

23. Cass. crim., 22 janv. 1953, arrêt *Isnard*, *JCP* 1953, II, 7456.
24. Cass. crim., 4 nov. 1999, *Bull.* n° 247.
25. Le policier sera obligé de diligenter une enquête préliminaire, qui lui permettra éventuellement de découvrir les « indices apparents d'un comportement délictueux ».
26. Cass. crim., 23 oct. 1991, *D.* 1992, IR, 38.

commis une infraction[27]. Enfin, peu importe que l'apparence soit trompeuse en ne correspondant finalement pas à la vérité. L'enquête est régulière même si, réalisée sous le régime de la flagrance, elle a porté sur une infraction inexistante[28].

DÉCRYPTAGE : LES ENQUÊTES ASSIMILÉES AU RÉGIME DE FLAGRANCE

En raison de la contrainte qu'elles renferment, certaines enquêtes sont assimilées à l'enquête de flagrance :

– C'est d'abord le cas de l'enquête pour mort suspecte (ou pour découverte d'une personne grièvement blessée lorsque la cause de ses blessures est inconnue ou suspecte) prévue à l'article 74 du Code de procédure pénale. En cas de découverte d'un cadavre, qu'il s'agisse ou non d'une mort violente, mais si la cause en est inconnue ou suspecte, l'officier de police judiciaire qui en est avisé informe immédiatement le procureur de la République, se transporte sans délai sur les lieux et procède aux premières constatations. Sur instructions du procureur de la République, une enquête aux fins de recherche des causes de la mort est ouverte. À l'issue d'un délai de huit jours à compter des instructions de ce magistrat, ces investigations peuvent se poursuivre dans les formes de l'enquête préliminaire. Le procureur de la République peut aussi requérir information pour recherche des causes de la mort.

– En outre, l'article 74-1 du Code de procédure pénale prévoit le cas de l'enquête pour disparition d'un mineur ou d'un majeur protégé (ou d'un majeur présentant un caractère inquiétant ou suspect eu égard aux circonstances, à l'âge de l'intéressé ou à son état de santé). Lorsqu'une telle disparition vient d'intervenir ou d'être constatée, les officiers de police judiciaire peuvent, sur instructions du procureur de la République, procéder aux actes prévus par les articles 56 à 62 du Code de procédure pénale, aux fins de découvrir la personne disparue. À l'issue d'un délai de huit jours à compter des instructions de ce magistrat, ces investigations peuvent se poursuivre dans les formes de l'enquête préliminaire. Le procureur de la République peut également requérir l'ouverture d'une information pour recherche des causes de la disparition.

– Enfin, et selon l'article 74-2 du Code de procédure pénale, les officiers de police judiciaire, sur instructions du procureur de la République, peuvent procéder aux actes prévus par les articles 56 à 62 du Code de procédure pénale, aux fins de rechercher et de découvrir une personne en fuite qui fait l'objet d'un mandat d'arrêt délivré par le juge d'instruction, le juge des libertés et de la détention, la chambre de l'instruction ou son président ou le président de la cour d'assises, alors qu'elle est renvoyée devant une juridiction de jugement ; qui fait l'objet d'un mandat d'arrêt délivré par une juridiction de jugement ou par le juge de l'application des peines ; ou qui est condamnée à une peine privative de liberté sans sursis supérieure ou égale à un an, lorsque cette condamnation est exécutoire ou passée en force de chose jugée.

Mais ces enquêtes ne sont pas ouvertes pour « constater les infractions à la loi pénale, en rassembler les preuves et en rechercher les auteurs » comme le prévoit l'article 14 du Code de procédure pénale. Elles ont pour finalité de découvrir les causes d'une situation donnée, à propos desquelles le législateur estime que des

---

27. Cass. crim., 18 janv. 2011, D. 2011, pan., obs. J. Pradel.
28. Cass. crim., 9 janv. 1990, *Bull.* n° 16.

investigations sont nécessaires, pour des raisons d'ordre public. Aussi convient-il plutôt de qualifier ces enquêtes de *sui generis*.

B. LE RÉGIME DE L'ENQUÊTE DE FLAGRANCE

1. La durée de l'enquête

184. L'enquête de flagrance présente la particularité d'être d'une durée limitée : elle ne peut excéder huit jours, à compter du jour de la découverte de l'infraction[29]. Si de prime abord un tel délai peut sembler court, il est à noter que, par hypothèse, l'infraction a déjà été constatée, et qu'il ne s'agit plus que d'en réunir les preuves – apparentes en principe – et d'en rechercher les auteurs. Toutefois, lorsque des investigations nécessaires à la manifestation de la vérité pour un crime ou un délit puni d'une peine supérieure ou égale à cinq ans d'emprisonnement ne peuvent être différées, le procureur de la République peut décider la prolongation de l'enquête pour une nouvelle durée de huit jours. L'enquête de flagrance est placée sous le contrôle du procureur de la République. Ainsi, l'officier de police judiciaire qui est avisé d'un crime ou d'un délit flagrant en informe immédiatement le procureur de la République, tout en veillant à la conservation des indices susceptibles de disparaître et de tout ce qui peut servir à la manifestation de la vérité. Le procureur de la République peut dessaisir l'OPJ de la conduite de l'enquête en se transportant sur les lieux. Il peut aussi requérir l'ouverture d'une instruction[30].

2. Le caractère contraignant de l'enquête

185. L'enquête de flagrance, du fait de la situation de gravité et d'urgence, présente la caractéristique d'être de nature coercitive. Les pouvoirs d'investigations confiés aux enquêteurs ne nécessitent pas le consentement de l'intéressé. Ainsi par exemple, tandis que la perquisition pratiquée dans le cadre d'une enquête préliminaire requiert l'assentiment de la personne concernée, elle peut être effectuée sous la contrainte dans l'enquête de flagrance. Néanmoins, si les différents actes de l'enquête de flagrance ne nécessitent pas d'être consentis, ils demeurent placés sous le contrôle du procureur de la République ; et même, dans les cas les plus attentatoires aux libertés individuelles, ils se trouvent soumis à l'autorisation du juge des libertés et de la détention.

II. L'ENQUÊTE PRÉLIMINAIRE

186. Lorsque la flagrance n'est pas caractérisée et lorsqu'aucune enquête spécifique n'est envisageable, la police judiciaire doit se contenter des pouvoirs limités de l'enquête préliminaire[31]. Autrement dit, l'enquête préliminaire s'applique par défaut,

29. Art. 53 CPP.
30. Art. 68 CPP.
31. Art. 78 CPP.

lorsque l'enquête de flagrance ne peut être mise en œuvre. Aucune réelle condition n'est ainsi imposée à l'ouverture d'une enquête préliminaire. L'article 75 du Code de procédure pénale prévoit que les officiers de police judiciaire, soit sur les instructions du procureur de la République, soit d'office, procèdent à des enquêtes préliminaires. L'officier de police judiciaire qui mène une enquête préliminaire concernant un crime ou un délit avise toutefois le procureur de la République dès qu'une personne à l'encontre de laquelle existent des indices faisant présumer qu'elle a commis ou tenté de commettre l'infraction est identifiée[32]. En pratique, une enquête préliminaire est ouverte lorsque les enquêteurs sont à la recherche de renseignements suite à une dénonciation, même anonyme, ou lorsque la durée de l'enquête de flagrance est écoulée, ou bien encore lorsque le procureur de la République sollicite de la police les renseignements qui lui sont utiles pour décider d'une orientation des poursuites.

187. L'enquête préliminaire n'est pas limitée quant à sa durée. Mais le législateur a tout de même souhaité garantir une certaine célérité. Ainsi, lorsqu'il donne instruction aux officiers de police judiciaire de procéder à une enquête préliminaire, le procureur de la République fixe le délai dans lequel cette enquête doit être effectuée. Il peut le proroger au vu des justifications fournies par les enquêteurs. Lorsque l'enquête est menée d'office, les officiers de police judiciaire rendent compte au procureur de la République de son état d'avancement lorsqu'elle est commencée depuis plus de six mois[33]. Enfin, toute personne placée en garde à vue au cours d'une enquête préliminaire ou de flagrance qui, à l'expiration d'un délai de six mois à compter de la fin de la garde à vue, n'a pas fait l'objet de poursuites, peut interroger le procureur de la République dans le ressort duquel la garde à vue s'est déroulée sur la suite donnée ou susceptible d'être donnée à la procédure. Cette demande est adressée par lettre recommandée avec demande d'avis de réception[34]. Toutefois, le procureur de la République n'a pas d'obligation de réponse à cette demande[35]. La loi du 3 juin 2016 renforçant la lutte contre le crime organisé, le terrorisme et leur financement, et améliorant l'efficacité et les garanties de la procédure pénale accorde un droit similaire à la personne qui a fait l'objet d'une audition tandis qu'il existait contre elle une ou plusieurs raisons plausibles de soupçonner qu'elle a commis ou tenté de commettre une infraction punie d'une peine privative de liberté. Un an après son audition, elle peut désormais demander au procureur de la République, par lettre recommandée avec demande d'avis de réception ou par déclaration au greffe contre récépissé, de consulter le dossier de la procédure afin de faire ses observations.

188. Pour les crimes ou délits entrant dans le champ d'application de l'article 706-73 du Code de procédure pénale, une mesure de contrôle spécifique a été instituée. La personne ayant été placée en garde à vue six mois auparavant et qui n'a pas fait l'objet de poursuites peut interroger le procureur de la République dans le ressort duquel la garde à vue s'est déroulée sur la suite donnée ou susceptible d'être donnée à l'enquête. Cette demande est adressée par lettre recommandée avec demande

32. Art. 75-2 CPP.
33. Art. 75-1 CPP.
34. Art. 77-2 CPP.
35. Une telle obligation, imposée par la loi du 15 juin 2000 a été supprimée par une loi du 9 sept. 2002, modifiant l'article 77-2 CPP.

d'avis de réception. Lorsque le procureur de la République décide de poursuivre l'enquête préliminaire et qu'il envisage de procéder à une nouvelle audition ou à un nouvel interrogatoire de la personne au cours de cette enquête, cette personne est informée, dans les deux mois suivant la réception de sa demande, qu'elle peut demander qu'un avocat désigné par elle ou commis d'office à sa demande par le bâtonnier puisse consulter le dossier de la procédure. Le dossier est alors mis à la disposition de l'avocat au plus tard dans un délai de quinze jours à compter de la demande et avant, le cas échéant, toute nouvelle audition ou tout nouvel interrogatoire de la personne. Lorsque le procureur de la République a décidé de classer l'affaire en ce qui concerne la personne, il l'informe dans les deux mois suivant la réception de sa demande. Dans les autres cas, le procureur de la République n'est pas tenu de répondre à la personne[36].

Section 3

LES POUVOIRS DES ENQUÊTEURS

189. Les pouvoirs des enquêteurs dans les enquêtes préliminaires et de flagrance sont semblables, à la différence près que la situation de flagrance est génératrice d'un pouvoir de contrainte. Même sans autorisation d'un magistrat, l'OPJ (ou l'APJ à propos des arrestations et contrôles d'identité) est autorisé, dans l'enquête de flagrance, à faire usage d'un pouvoir propre de coercition. La contrainte doit toutefois apparaître comme nécessaire et proportionnée à la sauvegarde de l'ordre public. Le Conseil constitutionnel le rappelle régulièrement lorsqu'il examine la constitutionnalité des lois prévoyant la contrainte.

I. LES VÉRIFICATIONS ET CONSTATATIONS

A. LES CONTRÔLES ET VÉRIFICATIONS D'IDENTITÉ

190. Depuis la loi du 2 février 1981, dite loi « sécurité liberté », les contrôles et vérifications d'identité sont encadrés légalement, mais ce cadre légal a été plusieurs fois remodelé, d'abord par la loi du 10 juin 1983, qui a inséré un nouveau chapitre au sein du Code de procédure pénale intitulé « Des contrôles d'identité »[37], puis par les lois du 3 septembre 1986 et du 10 août 1993, qui ont créé de nouveaux cas de contrôle. Le pouvoir de contrôler l'identité est conféré à tous les policiers et gendarmes, quels que soient leurs grades. Ainsi, même un APJ, sous la responsabilité et sous les ordres d'un OPJ, peut effectuer ce type de contrôle. Les policiers municipaux, quant à eux, ne disposent que de la possibilité de « relever » l'identité d'une personne, pour dresser les

36. Art. 706-105 CPP.
37. Art. 78-1 à 78-5 CPP.

procès-verbaux concernant des contraventions, sans pouvoir exercer de coercition[38]. Toutefois, depuis la loi n° 2017-258 du 28 février 2017 relative à la sécurité publique, ceux-ci peuvent, sur l'ordre d'un officier de police judiciaire, retenir le contrevenant pendant le temps nécessaire à arriver de ce dernier ou à celle d'un agent de police judiciaire agissant sous son contrôle. Pendant le temps nécessaire à l'information et à la décision de l'OPJ, le contrevenant est tenu de demeurer à la disposition de l'agent de police municipale, la violation de cette interdiction étant constitutive d'un délit, puni de deux mois d'emprisonnement et 7 500 € d'amende (art. 78-6 CPP). Cette nouvelle possibilité est finalement très proche d'un pouvoir de contrainte. En outre, d'après l'article 78-1 du Code de procédure pénale, toute personne se trouvant sur le territoire national doit accepter de se soumettre à un contrôle d'identité effectué dans les conditions et par les autorités de police autorisées. Les contrôles peuvent donc entrer dans le cadre de la police administrative (logique de prévention des infractions) ou de la police judiciaire (logique de répression des infractions).

191. Dans le domaine de la police judiciaire, deux types de contrôle sont prévus par la loi, sans distinguer selon que ces contrôles sont effectués dans le cadre d'une enquête préliminaire ou de flagrance. Peut tout d'abord être contrôlée l'identité de toute personne à l'égard de laquelle existe un indice faisant présumer[39] : 1) qu'elle a commis ou tenté de commettre une infraction (crime, délit, contravention) ; 2) qu'elle se prépare à commettre un crime ou un délit ; 3) qu'elle est susceptible de fournir des renseignements utiles à l'enquête en cas de crime ou de délit ; 4) qu'elle fait l'objet de recherches ordonnées par une autorité judiciaire[40]. En outre, et sur réquisitions écrites du procureur de la République aux fins de recherche et de poursuite d'infractions qu'il précise, l'identité de toute personne peut être également contrôlée dans les lieux et pour une période de temps déterminés par ce magistrat (« opération coup de poing »)[41]. Lorsque les infractions concernées relèvent du terrorisme, du trafic d'arme ou de stupéfiant, du vol aggravé ou du recel, le contrôle d'identité peut être complété de la fouille d'un véhicule circulant, arrêté ou stationnant sur la voie publique ou dans un lieu accessible au public ou de celle de bagages se trouvant dans ledit véhicule ou dans un lieu dédié au transport public de voyageur[42]. Le fait que le contrôle d'identité révèle des infractions, autres que celles visées dans les réquisitions du procureur de la République, ne constitue pas une cause de nullité des procédures incidentes[43].

38. Art. 78-6 CPP. Dans sa version d'origine, la loi n° 2011-267 du 14 mars 2011 d'orientation et de programmation pour la performance de la sécurité intérieure (dite LOPPSI II) ajoutait à la liste des personnes autorisées à opérer des contrôles d'identité l'intégralité des agents de police judiciaire adjoints et, en particulier, les agents de police municipale. Le Conseil constitutionnel (DC 2011-625 du 10 mars 2011) a censuré cette disposition contraire à l'article 66 de la Constitution. L'exigence de direction et de contrôle de l'autorité judiciaire sur la police judiciaire ne serait pas respectée si des pouvoirs généraux d'enquête criminelle ou délictuelle étaient confiés à des agents qui, relevant des autorités communales, ne sont pas mis à la disposition des officiers de police judiciaire.
39. Art. 78-2 al. 1er CPP.
40. Et non une autorité administrative, ce qui pose le problème du contrôle d'identité des étrangers en situation irrégulière, faisant l'objet de recherche ordonnée par l'administration.
41. Art. 78-2 al. 6 CPP.
42. Art. 78-2-2 CPP.
43. Art. 78-2 al. 6 et 78-2-2 al. 5 CPP.

192. Dans le domaine de la police administrative, l'identité de toute personne, quel que soit son comportement, peut être contrôlée pour prévenir une atteinte à l'ordre public, notamment à la sécurité des personnes ou des biens[44]. Sous peine de nullité, la jurisprudence exige que le procès-verbal fasse référence aux circonstances concrètes qui ont caractérisé un risque d'atteinte à l'ordre public. La loi a également organisé un contrôle d'identité spécifique dans une zone comprise entre la frontière terrestre de la France avec les États parties à la convention de Schengen et une ligne tracée à vingt kilomètres en deçà, ainsi que dans les zones accessibles au public des ports, aéroports et gares ferroviaires ou routières ouverts au trafic international et désignés par arrêté[45]. Le contrôle ne peut être pratiqué que pour une durée n'excédant pas six heures consécutives dans un même lieu, ne peut consister en un contrôle systématique des personnes présentes ou circulant dans les zones ou lieux mentionnés, et il doit être effectué pour la prévention et la recherche des infractions liées à la criminalité transfrontalière. Ces précisions ont été ajoutées par la loi dite LOPPSI 2 du 14 mars 2011, pour tenir compte d'une décision de la CJUE du 22 juin 2010, jugeant la législation française contraire aux prévisions du droit communautaire relatives à la liberté d'aller et de venir[46].

Enfin, pour lutter contre le travail clandestin, des contrôles d'identité peuvent avoir lieu dans les locaux à usage professionnel, ainsi que dans leurs annexes et dépendances, sauf s'ils constituent un domicile, où sont en cours des activités de construction, de production, de transformation, de réparation, de prestation de services ou de commercialisation. Le contrôle, sur réquisition du procureur de la République, peut porter sur l'identité des personnes occupées (et non pas seulement les personnes présentes), dans le seul but de vérifier qu'elles figurent sur le registre ou qu'elles ont bien été déclarées aux organismes sociaux[47].

193. Si l'intéressé refuse ou se trouve dans l'impossibilité de justifier de son identité, il peut, en cas de nécessité, être retenu sur place ou dans le local de police où il est conduit aux fins de vérification de son identité. Dans tous les cas, il est présenté immédiatement à un officier de police judiciaire qui le met en mesure de fournir par tout moyen les éléments permettant d'établir son identité et qui procède, s'il y a lieu, aux opérations de vérification nécessaires. Il est aussitôt informé par celui-ci de son droit de faire aviser le procureur de la République de la vérification dont il fait l'objet et de prévenir à tout moment sa famille ou toute personne de son choix. La personne qui fait l'objet d'une vérification ne peut être retenue que pendant le temps strictement exigé par l'établissement de son identité. La rétention ne peut excéder quatre heures, ou huit heures à Mayotte, à compter du contrôle effectué et le procureur de la République peut y mettre fin à tout moment[48].

194. Si la personne interpellée maintient son refus de justifier de son identité ou fournit des éléments d'identité manifestement inexacts, les opérations de vérification

44. Art. 78-2 al. 7 CPP.
45. Art. 78-2 al. 8 CPP.
46. CJUE, gr. ch., 22 juin 2010, *Aziz Melki*, C-188-10, et *Selim Abdeli* C-189-10.
47. Art. 78-2-1 CPP ; art. L. 8113-2 C. trav. pour les inspecteurs et contrôleurs du travail.
48. Art. 78-3 CPP.

peuvent donner lieu, après autorisation du procureur de la République ou du juge d'instruction, à la prise d'empreintes digitales ou de photographies lorsque celle-ci constitue l'unique moyen d'établir l'identité de l'intéressé. L'officier de police judiciaire mentionne, dans un procès-verbal, les motifs qui justifient le contrôle ainsi que la vérification d'identité, et les conditions dans lesquelles la personne a été présentée devant lui, informée de ses droits et mise en mesure de les exercer. Le refus de se prêter à ces opérations constitue un délit puni de trois mois d'emprisonnement. Enfin, si une garde à vue fait suite à une vérification d'identité, la durée de la vérification s'imputera sur la durée de la garde à vue.

En outre, la loi du 3 juin 2016 renforçant la lutte contre le crime organisé, le terrorisme et leur financement, et améliorant l'efficacité et les garanties de la procédure pénale a ajouté un article 78-3-1 au Code de procédure pénale pour l'hypothèse où le contrôle ou la vérification révélerait des raisons sérieuses de penser que le comportement de la personne contrôlée peut être lié à des activités à caractère terroriste. Dans ce cas, il est désormais possible de retenir la personne pour une vérification de sa situation par un officier de police judiciaire, dans les fichiers de police ou auprès des services à l'origine d'un signalement, ainsi que des organismes de coopération internationale en matière de police judiciaire ou des services de police étrangers. La retenue, sur place ou dans un local de police, ne peut excéder quatre heures.

B. LES RÉQUISITIONS, PRÉLÈVEMENTS BIOLOGIQUES, EXAMENS TECHNIQUES ET SCIENTIFIQUES

195. Afin de procéder à des constatations ou à des examens techniques ou scientifiques, toute personne qualifiée peut être requise, aussi bien dans l'enquête de flagrance que dans l'enquête préliminaire[49]. Sauf exception, ces personnes prêtent serment par écrit d'apporter leur concours à la justice en leur honneur et en leur conscience. Il est également possible aux enquêteurs de requérir toute personne, tout établissement ou organisme privé ou public ou toute administration publique, susceptible de détenir des documents intéressant l'enquête, y compris ceux issus d'un système informatique ou d'un traitement de données nominatives, de remettre ces documents, notamment sous forme numérique, sans que puisse être opposée, sans motif légitime, l'obligation au secret professionnel. Depuis la loi du 13 novembre 2014 renforçant les dispositions relatives à la lutte contre le terrorisme, les réquisitions peuvent également porter sur des éléments dématérialisés. Ainsi désormais, toute personne, tout établissement ou organisme privé ou public ou toute administration publique, peut être requis aux fins de transmettre des « informations » – et non des documents – intéressant l'enquête, et éventuellement lorsqu'elles sont issues d'un système informatique ou d'un traitement de données nominatives, sous forme numérique[50]. Dans tous les cas, lorsque les réquisitions concernent un avocat, une entreprise de presse ou de communication audiovisuelle, un médecin, un notaire, un avoué ou un huissier, la remise des documents ou des informations ne peut intervenir

49. Art. 60 ; 77-1 CPP.
50. Art. 60-1 ; 77-1-1 CPP.

qu'avec leur accord. Exception faite de ces personnes, le fait de s'abstenir de répondre à de telles réquisitions est puni d'une amende de 3750 euros[51].

196. Aux fins d'un examen scientifique, il est possible de procéder, sur toute personne susceptible de fournir des renseignements sur les faits en cause ou sur toute personne à l'encontre de laquelle il existe une ou plusieurs raisons plausibles de soupçonner qu'elle a commis ou tenté de commettre l'infraction, aux opérations de *prélèvements externes* nécessaires à la réalisation d'examens techniques et scientifiques de comparaison avec les traces et indices prélevés pour les nécessités de l'enquête. Le refus, par une personne à l'encontre de laquelle il existe une ou plusieurs raisons plausibles de soupçonner qu'elle a commis ou tenté de commettre une infraction, de se soumettre à ces opérations de prélèvement est puni d'un an d'emprisonnement et de 15000 euros d'amende[52]. Récemment, le législateur est venu enrichir les possibilités des enquêteurs, dans des situations bien spécifiques. C'est tout d'abord, le cas des *relevés d'empreintes génétiques*, que la loi du 9 mars 2004 a réglementé aux articles 706-54 et suivants du Code de procédure pénale. Le relevé d'empreinte génétique peut toujours se faire avec l'accord de la personne; mais lorsque le suspect a déjà été condamné pour un crime ou pour un délit puni de dix ans d'emprisonnement, le relevé peut être imposé sur réquisitions écrites du procureur de la République. En dehors de ces cas, l'identification de l'empreinte génétique ne peut être réalisée qu'à partir de matériel biologique qui se serait naturellement détaché du corps de l'intéressé. Enfin, la loi du 18 mars 2003 relative à la sécurité intérieure a institué la possibilité d'un *dépistage des maladies sexuellement transmissibles* chez les personnes contre lesquelles il existe des indices graves ou concordants d'avoir commis un viol, une agression sexuelle ou une atteinte sexuelle. L'OPJ peut ainsi faire procéder au cours de l'enquête à un examen médical ou à un prélèvement sanguin. Si l'intéressé refuse, l'opération ne peut être pratiquée que sur instructions écrites du procureur de la République, à la demande de la victime ou lorsque son intérêt le justifie. Le refus de se soumettre au dépistage est un délit, dont les peines (un an d'emprisonnement et 15000 euros d'amende) se cumulent avec celles de l'infraction objet de la procédure[53].

II. LES RECHERCHES INTRUSIVES

A. LES RECHERCHES INTRUSIVES APPLICABLES DANS TOUT TYPE D'ENQUÊTE : LES PERQUISITIONS ET LES SAISIES

197. La perquisition s'entend de l'entrée d'un enquêteur dans un lieu clos, à usage de domicile ou non, pour y faire des constatations à l'aide de fouilles : recherche d'un indice, d'une personne, du produit d'une infraction... Depuis la loi du 9 juillet 2010 visant à faciliter la saisie et la confiscation en matière pénale, la perquisition peut aussi avoir pour objectif de saisir un bien lorsque la confiscation est encourue comme peine complémentaire en application de l'article 131-21 du Code pénal. Dans tous les

51. Art. 60-1 ; 77-1-1 CPP.
52. Art. 55-1 ; 76-2 CPP.
53. Art. 706-47-2 CPP. V. également, pour le refus par un conducteur de se soumettre à l'épreuve de l'éthylomètre et à une prise de sang, art. L. 234-8 C. route.

cas, la perquisition implique une recherche active, et elle a pour finalité de placer les objets et documents ainsi découverts sous main de justice, c'est-à-dire de procéder à des saisies. Les saisies peuvent porter sur des documents, des objets ou même des données informatiques. On parle alors de « perquisition informatique ». Depuis la loi du 13 novembre 2014 renforçant les dispositions relatives à la lutte contre le terrorisme, les perquisitions peuvent aussi consister à accéder par un système informatique implanté dans les locaux d'un service ou d'une unité de police ou de gendarmerie à des données intéressant l'enquête en cours et stockées dans un autre système informatique. Ces perquisitions immatérielles, qui se réalisent indépendamment de tout déplacement physique des enquêteurs, sont soumises aux mêmes garanties que les perquisitions traditionnelles. Tous les biens saisis sont inventoriés et placés sous scellés[54].

198. La perquisition doit être distinguée de la visite domiciliaire, qui se limite à des constatations oculaires, ou bien encore de la remise spontanée de pièces par l'occupant d'un domicile, même à la demande de l'OPJ. De même, l'observation d'un lieu, depuis l'extérieur, même à la jumelle, n'est pas une perquisition[55]. La régularité des perquisitions est soumise au respect de plusieurs conditions, de fond comme de forme.

1. Les conditions de fond

199. La perquisition ne peut être effectuée que par un OPJ dans l'enquête de flagrance. Elle ne peut être effectuée que par un OPJ ou un APJ dans l'enquête préliminaire. Les perquisitions dans les lieux nécessitant la protection du secret professionnel ne peuvent être effectuées que par un magistrat. Ainsi, Les perquisitions dans le cabinet d'un avocat ou à son domicile ne peuvent être effectuées que par un magistrat et en présence du bâtonnier ou de son délégué, à la suite d'une décision écrite et motivée prise par ce magistrat, qui indique la nature de l'infraction ou des infractions sur lesquelles portent les investigations, les raisons justifiant la perquisition et l'objet de celle-ci[56]. Les perquisitions dans les locaux d'une entreprise de presse, d'une entreprise de communication audiovisuelle, d'une entreprise de communication au public en ligne, d'une agence de presse, dans les véhicules professionnels de ces entreprises ou agences ou au domicile d'un journaliste lorsque les investigations sont liées à son activité professionnelle ne peuvent être effectuées que par un magistrat[57]. Les perquisitions dans le cabinet d'un médecin, d'un notaire ou d'un huissier sont effectuées par un magistrat et en présence de la personne responsable de l'ordre ou de l'organisation professionnelle à laquelle appartient l'intéressé ou de son représentant[58]. Lorsqu'une perquisition est envisagée dans un lieu précisément identifié, abritant des éléments couverts par le secret de la défense nationale, la perquisition ne peut être réalisée que par un magistrat en présence du président de la Commission consultative du secret

54. Art. 57-1 CPP.
55. Cass. crim., 29 mars 1994, *Bull. crim.* n° 118.
56. Art. 56-1 CPP.
57. Art. 56-2 CPP.
58. Art. 56-3 CPP.

de la défense nationale[59]. La loi du 3 juin 2016 renforçant la lutte contre le crime organisé, le terrorisme et leur financement, et améliorant l'efficacité et les garanties de la procédure pénale prévoit également d'assurer la protection de « l'indépendance de la justice »[60]. Ainsi les perquisitions dans les locaux d'une juridiction ou au domicile d'une personne exerçant des fonctions juridictionnelles et tendant à la saisie de documents susceptibles d'être couverts par le secret du délibéré ne peuvent être effectuées que par un magistrat, sur décision écrite et motivée de celui-ci, en présence du premier président de la cour d'appel, du procureur général, du premier président de la Cour de cassation ou du procureur général près la Cour de cassation.

200. La perquisition doit également respecter les conditions de nécessité et de proportionnalité[61]. Elle ne peut d'ailleurs se faire que chez les personnes paraissant avoir participé à l'infraction ou détenir des pièces, informations ou objets relatifs à l'infraction[62].

201. Mais surtout, la perquisition qui a lieu dans un domicile doit respecter les heures légales. Ainsi, il est interdit à l'OPJ comme au magistrat de pénétrer dans un domicile entre 21 heures et 6 heures[63]. La perquisition domiciliaire, très encadrée puisqu'elle constitue une limitation à l'inviolabilité du domicile, doit donc être distinguée de la perquisition non domiciliaire, pour laquelle les règles sont nécessairement moins strictes. Mais en raison de l'autonomie du droit pénal, la notion de domicile doit s'entendre de tout lieu où une personne a « le droit de se dire chez elle qu'elle y habite ou non »[64]. En outre, le principe de l'interdiction des perquisitions domiciliaires de nuit connaît de plus en plus d'exceptions. Tout d'abord, et classiquement, la perquisition peut avoir lieu en dehors des heures légales en cas de réclamation de l'intérieur du domicile[65]. En outre, pour la recherche et la constatation de certaines infractions, les visites, perquisitions et saisies peuvent être opérées en dehors des heures légales à l'intérieur des locaux où ces infractions sont susceptibles d'être commises. Tel est le cas des locaux dans lesquels sont fabriqués, transformés ou entreposés illicitement des stupéfiants, mais à condition tout de même qu'il ne s'agisse pas de locaux d'habitation[66]. Tel est le cas aussi des lieux ouverts au public où les personnes qui se livrent à la prostitution sont reçues habituellement[67]. Mais surtout, depuis la loi du 9 mars 2004 portant adaptation de la justice aux évolutions de la criminalité, les articles 706-89 et 706-90 du Code de procédure pénale prévoient la possibilité de déroger aux heures légales, sur autorisation du juge des libertés et de la détention, à chaque fois que les nécessités d'une enquête relative à la délinquance et la criminalité

59. Art. 56-4 CPP.
60. Le nouvel article 56-5 inséré au Code de procédure pénale prévoit notamment : « Le magistrat qui effectue la perquisition veille à ce que les investigations conduites ne portent pas atteinte à l'indépendance de la justice ».
61. Cass. crim., 27 janv. 1987, Musso, relayant les exigences constitutionnelles et conventionnelles ; v. également art. prél. § 3 CPP.
62. Art. 56 et 76 CPP.
63. Art. 59, 76 CPP.
64. Cass. crim., 13 oct. 1982, *Bull. crim.* n° 281.
65. Art. 59 CPP.
66. Art. 706-28 CPP.
67. Art. 706-35 CPP.

organisées l'exigent. Or la liste des infractions concernées ne cesse d'être allongée[68]. Les perquisitions de nuit ne peuvent toutefois, à peine de nullité, avoir un autre objet que la recherche et la constatation des infractions visées dans la décision du juge des libertés et de la détention, même si le fait que ces opérations révèlent des infractions autres que celles visées dans la décision du juge des libertés et de la détention n'est pas une cause de nullité de la procédure[69]. En outre, ces perquisitions ne peuvent être autorisée dans un lieu d'habitation que dans le cadre d'une enquête de flagrance[70]. La loi du 3 juin 2016 renforçant la lutte contre le crime organisé, le terrorisme et leur financement, et améliorant l'efficacité et les garanties de la procédure pénale étend toutefois cette possibilité de perquisitionner de nuit dans un lieu habité à l'enquête préliminaire relative à une infraction de terrorisme « en cas d'urgence » et « lorsque sa réalisation est nécessaire afin de prévenir un risque d'atteinte à la vie ou à l'intégrité physique ».

2. Les conditions de forme

202. Les conditions formelles de la perquisition sont différentes dans l'enquête de flagrance et dans l'enquête préliminaire. Dans l'enquête de flagrance, si la perquisition nécessite la présence de la personne concernée ou de son représentant – ou à défaut, de deux témoins –, elle ne nécessite pas son consentement[71]. En outre, dans le cadre d'une enquête de flagrance relative à la délinquance et la criminalité organisées – c'est-à-dire, depuis la loi n° 2015-993 du 17 août 2015, relative à l'une des infractions énumérées par les articles 706-73 ou 706-73-1 du Code de procédure pénale –, la perquisition peut se faire sans la présence de la personne gardée à vue ou détenue lorsque son transport sur place présente des risques graves soit de troubles à l'ordre public ou d'évasion, soit de disparition des preuves pendant le temps nécessaire au transport. Avec l'accord préalable du procureur de la République, la perquisition est réalisée en présence de deux témoins, ou d'un représentant désigné par celui dont le domicile est en cause[72]. Dans l'enquête préliminaire, aux termes de l'article 76 du Code de procédure pénale, les perquisitions, visites domiciliaires et saisies ne peuvent être effectuées sans l'assentiment exprès de la personne chez laquelle l'opération a lieu. Cet assentiment doit faire l'objet d'une déclaration écrite de la main de l'intéressé ou, si celui-ci ne sait écrire, il en est fait mention au procès-verbal ainsi que de son assentiment. Toutefois, si les nécessités de l'enquête relative à un crime ou à un délit puni d'un emprisonnement supérieur à cinq ans l'exigent – ou si la recherche de biens en vue d'une confiscation le justifie –, le juge des libertés et de la détention peut décider, par une décision motivée, que la perquisition sera effectuée sans ce consentement. À peine de nullité, l'opération ne peut alors avoir pour objet que la recherche et la constatation des infractions visées dans la décision du juge des libertés et de la détention même si le fait que la perquisition révèle des infractions autres que celles visées dans la décision, ne constitue pas une cause de nullité.

68. Ces infractions se trouvent énumérées, depuis la loi du 17 août 2015 portant adaptation de la procédure pénale au droit de l'Union européenne, aux articles 706-73 et 706-73-1 du Code de procédure pénale.
69. Art. 706-93 CPP.
70. Comparer art. 706-89 et 706-90 CPP.
71. Art. 57 CPP.
72. Art. 706-94 CPP.

DÉCRYPTAGE : FAUT-IL DISTINGUER LA FOUILLE DE LA PERQUISITION ?

Si toute perquisition consiste bien en une fouille – c'est-à-dire une recherche en vue de l'obtention d'indices – toutes les fouilles ne sont pas assimilées à une perquisition.

La fouille d'un véhicule peut constituer une perquisition domiciliaire dès lors que celui-ci est spécialement aménagé à usage d'habitation et effectivement utilisé comme résidence[73]. Mais lorsque le véhicule ne constitue pas un « domicile », la fouille de véhicule, que le législateur qualifie de « visite », n'obéit pas aux règles de la perquisition. Plusieurs dispositions du Code de procédure pénale permettent, pendant la phase d'enquête, de procéder à la visite d'un véhicule. L'article 78-2-2 du Code de procédure pénale permet tout d'abord, pour la recherche des infractions qu'il énumère (terrorisme, arme et explosif, vol, recel, trafic de stupéfiants), que les enquêteurs puissent, sur autorisation du procureur de la République, procéder à la visite des véhicules circulant, arrêtés ou stationnant sur la voie publique ou dans des lieux accessibles au public. L'article 78-2-3 prévoit quant à lui la visite des véhicules circulant ou arrêtés sur la voie publique ou dans des lieux accessibles au public lorsqu'il existe à l'égard du conducteur ou d'un passager une ou plusieurs raisons plausibles de soupçonner qu'il a commis, comme auteur ou comme complice, un crime ou un délit flagrant. Enfin, la prévention d'une atteinte grave à la sécurité des personnes et des biens, permet aux officiers de police judiciaire de procéder, avec l'accord du conducteur ou, à défaut, sur instructions du procureur de la République, à la visite des véhicules circulant, arrêtés ou stationnant sur la voie publique ou dans des lieux accessibles au public. Dans cette hypothèse, le véhicule peut être immobilisé pour une durée qui ne peut excéder trente minutes (art. 78-2-4 CPP). Dans tous les cas, les véhicules en circulation ne peuvent être immobilisés que le temps strictement nécessaire au déroulement de la visite qui doit avoir lieu en présence du conducteur. Lorsqu'elle porte sur un véhicule à l'arrêt ou en stationnement, la visite se déroule en présence du conducteur ou du propriétaire du véhicule ou, à défaut, d'une personne requise à cet effet par l'officier ou l'agent de police judiciaire et qui ne relève pas de son autorité administrative.

La fouille corporelle est elle aussi assimilée à une perquisition non domiciliaire[74]. Il en résulte qu'elle peut être accomplie par un OPJ, au besoin de façon coercitive dans l'enquête de flagrance. Mais les heures légales prévues pour la perquisition ne s'appliquent pas. On retrouve cependant les exigences de nécessité et proportionnalité. Des textes spécifiques peuvent prévoir un régime différent pour ce type de fouille. Tel est le cas par exemple de l'article 63- 7 du Code de procédure pénale applicable à la personne gardée à vue.[75]. De plus, il faut distinguer la fouille corporelle de la simple palpation de sécurité, autorisée, même en dehors de toute investigation, mais sur disposition spécifique de la loi (par ex. : art. L. 613-2 C. séc. int. pour les agents privés de surveillance dans les grands magasins, stade, théâtre, musée... à l'occasion des manifestations de plus de 300 spectateurs)[76].

73. Art. 78-2-2 CPP.

74. Cass. crim., 22 janv. 1953, *D.* 1953. 533, arrêt *Isnard* ; v. aussi, Cass. crim., 21 juill. 1982, *Bull.* n° 196 ; Cass. crim., 15 oct. 1984, *Bull.* n° 298 ; Cass. crim., 5 janv. 2010, n° 08-87337.

75. V. également art. L. 5332-6 et L. 6342-4 C. transp. ; art. 60 C. douanes, qui, pour la jurisprudence autorise la fouille de vêtements (Cass. crim., 22 févr. 2006, *Bull. crim.* n° 53).

76. De même, les agents des entreprises de surveillance et de gardiennage peuvent procéder à l'inspection visuelle des bagages à main et, avec le consentement de leur propriétaire, à leur fouille (art. L. 613-2, al. 1er, C. sécurité intérieure).

B. LES RECHERCHES INTRUSIVES RÉSERVÉES AUX ENQUÊTES DE CRIMINALITÉ ORGANISÉES : SURVEILLANCE, INFILTRATION ET ÉCOUTES TÉLÉPHONIQUES

203. Ces opérations ne sont applicables que pour la recherche des infractions de délinquance et criminalité organisée (art. 706-73, 706-73-1 et 706-74 CPP). Certaines de ces opérations sont également applicables aux délits en matière de propriété intellectuelle visés à l'article 706-1 du Code de procédure pénale, aux infractions de corruption et de trafic d'influence, au blanchiment consécutif à une infraction douanière (art. 706-1-1 CPP), et à certains cas d'abus de biens sociaux (706-1-2 CPP).

204. *Les opérations de surveillance* consistent à étendre à l'ensemble du territoire national la surveillance de personnes contre lesquelles il existe une ou plusieurs raisons plausibles de les soupçonner d'avoir commis l'un des crimes et délits entrant dans le champ d'application des articles 706-73, 706-73-1, 706-74, 706-1, 706-1-1 et 706-1-2 du Code de procédure pénale ou la surveillance de l'acheminement ou du transport des objets, biens ou produits tirés de la commission de ces infractions ou servant à les commettre. Les officiers de police judiciaire et, sous leur autorité, les agents de police judiciaire, après en avoir informé le procureur de la République et sauf opposition de ce magistrat, peuvent décider de ce type d'opération[77].

205. *Les infiltrations* sont possibles en matière de crimes et délits entrant dans le champ d'application des articles 706-73, 706-73-1, 706-74, 706-1, 706-1-1 et 706-1-2 du Code de procédure pénale. Elles consistent, pour un officier ou un agent de police judiciaire, à se faire passer auprès des personnes suspectées pour l'un de leurs coauteurs, complices ou receleurs. À cette fin, l'officier ou l'agent de police judiciaire est autorisé à faire usage d'une identité d'emprunt, et à commettre si nécessaire des infractions pénales qui ne consistent pas en des atteintes aux personnes. Plus précisément, l'article 706-82 du Code de procédure pénale autorise les policiers infiltrés à acquérir, détenir, transporter, livrer ou délivrer des substances, biens, produits, documents ou informations tirés de la commission des infractions recherchées ou servant à la commission de ces infractions, ainsi qu'à utiliser ou mettre à disposition des personnes se livrant à ces infractions des moyens de caractère juridique ou financier ainsi que des moyens de transport, de dépôt, d'hébergement, de conservation et de télécommunication. Les officiers et agents de police judiciaire ayant commis des infractions à l'occasion de telles opérations sont donc irresponsables pénalement. Mais les infiltrations doivent remplir un certain nombre de conditions, à peine de nullité. De telles opérations ne peuvent tout d'abord constituer qu'une incitation à la preuve des infractions et non pas une provocation à leur commission. Ensuite, elles doivent être autorisées par décision écrite et spécialement motivée du procureur de la République. En outre, elles ne peuvent excéder une durée – renouvelable – de quatre mois. Afin d'assurer une véritable protection du fonctionnaire infiltré, la révélation de son identité constitue un délit punissable de cinq ans d'emprisonnement et de 75 000 euros d'amende. Des circonstances aggravantes sont applicables lorsqu'une telle révélation a causé des atteintes à la vie ou à l'intégrité physique de

77. Art. 706-80 CPP.

ces fonctionnaires ou de leurs conjoints, enfants et ascendants directs. Mais une garantie est également prévue au profit des droits de la défense. En effet, aucune condamnation ne peut être prononcée sur le seul fondement des déclarations faites par les policiers ayant procédé à une opération d'infiltration, sauf s'ils déposent sous leur véritable identité[78].

206. La loi du 5 mars 2007 a institué, en outre, un mode particulier *d'infiltration par voie de communication électronique*, applicable à plusieurs infractions de mise en péril des mineurs (provocation à l'usage de stupéfiant, corruption de mineur, proxénétisme...), qui s'est étendu ensuite aux infractions en matière d'infractions de provocation ou d'apologie du terrorisme[79]. Plus récemment, la loi n° 2014-1353 du 13 novembre 2014 a encore élargi cette possibilité d'enquête sous pseudonyme, d'une part aux délits d'atteinte aux systèmes de traitement automatisé de données ; et d'autre part à l'ensemble des infractions visées à l'article 706-73 du Code de procédure pénale. Ainsi, dans le but de constater ces infractions commises par un moyen de communication électronique, d'en rassembler les preuves et d'en rechercher les auteurs, les officiers ou agents de police judiciaire peuvent procéder à plusieurs actes sans en être pénalement responsables : participer sous un pseudonyme aux échanges électroniques ; être en contact par ce moyen avec les personnes susceptibles d'être les auteurs de ces infractions ; extraire, acquérir ou conserver par ce moyen les éléments de preuve et les données sur les personnes susceptibles d'être les auteurs de ces infractions[80].

207. *Les écoutes téléphoniques* peuvent aussi être utilisées pendant l'enquête relative aux infractions énumérées à l'article 706-73 et 706-73-1, ainsi que celles visées aux articles 706-1-1 et 706-1-2 du Code de procédure pénale. L'interception des correspondances émises par la voie des télécommunications est possible sur autorisation du JLD, à la requête du procureur, et pour une durée maximale d'un mois, renouvelable une fois. Ces écoutes téléphoniques sont soumises au même régime que les écoutes téléphoniques déjà autorisées dans le cadre d'une instruction et réglementées par les articles 100 et s. du Code de procédure pénale, à cette différence près qu'elles ne sont pas placées sous le contrôle du juge d'instruction, mais sous celui du juge des libertés et de la détention (art. 706-95 CPP). À ces conditions de validité posées par le Code de procédure pénale, s'ajoutent celles de nécessité et de proportionnalité. La Cour EDH contrôle particulièrement ces principes lorsqu'il s'agit d'atteinte à l'intimité de la vie privée ou à la liberté d'expression[81]. La loi du 3 juin 2016 renforçant la lutte contre le crime organisé, le terrorisme et leur financement, et améliorant l'efficacité et les garanties de la procédure pénale étend les interceptions aux correspondances numériques sur autorisation du juge des libertés et de la détention si les nécessités de l'enquête relative à l'une des infractions entrant dans le champ d'application des articles 706-73 et 706-73-1 l'exigent. Mais surtout, à propos des mêmes infractions, et sur requête du procureur de la République, le juge des libertés et de la détention peut désormais autoriser les officiers de police judiciaire à utiliser un appareil ou un

78. Art. 706-81 et s. CPP.
79. Art. 706-35-1 et 706-47-3 CPP.
80. Art. 706-87-1 CPP.
81. V. notamment, CEDH, 24 avr. 1990, aff. *Kruslin et Huvig c/ France*.

dispositif technique (un « IMSI-catcher »), afin de recueillir les données techniques de connexion permettant l'identification d'un équipement terminal ou du numéro d'abonnement de son utilisateur, ainsi que les données relatives à sa localisation (art. 706-95-4 et s. CPP).

DÉCRYPTAGE : VIDÉOPROTECTION ET GÉOLOCALISATION

La vidéoprotection a avant tout une finalité préventive, mais elle présente l'avantage de constituer une preuve en cas de commission d'une infraction. Elle consiste à capter les images d'un lieu public, notamment celles des individus qui s'y trouvent. Si ce type de preuve est admis de longue date en jurisprudence[82], la loi du 14 mars 2011, dite LOPPSI II, a récemment modifié le régime juridique de ce mode de surveillance. Selon l'article L. 251-2 du Code de sécurité intérieure, la transmission et l'enregistrement d'images prises sur la voie publique par le moyen de la vidéoprotection peuvent être mis en œuvre par les autorités publiques compétentes aux fins d'assurer : [...] – 4° La constatation des infractions aux règles de la circulation ; – 5° La prévention des atteintes à la sécurité des personnes et des biens dans des lieux particulièrement exposés à des risques d'agression, de vol ou de trafic de stupéfiants ainsi que la prévention, dans des zones particulièrement exposées à ces infractions, des fraudes douanières prévues par le dernier alinéa de l'article 414 du Code des douanes et des délits prévus à l'article 415 du même code portant sur des fonds provenant de ces mêmes infractions ; – 6° La prévention d'actes de terrorisme ». Mais le législateur a également prévu un certain nombre de garanties. Notamment, la durée de conservation des images doit être précisée dans l'autorisation préfectorale de procéder à ce type de captation et en tout état de cause ne doit pas dépasser la limite d'un mois[83]. En outre, les opérations de vidéoprotection de la voie publique sont réalisées de telle sorte qu'elles ne visualisent pas les images de l'intérieur des immeubles d'habitation ni, de façon spécifique, celles de leurs entrées[84].

La vidéoprotection ne doit donc pas être confondue avec la *captation et fixation d'image dans un lieu privé*. Selon l'article 706-96 du Code de procédure pénale, lorsque les nécessités de l'information relatives à la criminalité et la délinquance organisée l'exigent, le juge d'instruction peut, après avis du procureur de la République, autoriser par ordonnance motivée les officiers et agents de police judiciaire commis sur commission rogatoire à mettre en place un dispositif technique ayant pour objet, sans le consentement des intéressés, la captation, la fixation, la transmission et l'enregistrement de paroles prononcées par une ou plusieurs personnes à titre privé ou confidentiel, dans des lieux ou véhicules privés ou publics, ou de l'image d'une ou plusieurs personnes se trouvant dans un lieu privé. Autorisée *uniquement au stade de l'instruction*, cette mesure particulièrement intrusive dans la vie privée se trouve en outre limitée aux infractions des articles 706-73, 706-73-1, ainsi qu'à celles des articles 706-1-1 et 706-1-2 du Code de procédure pénale[85].

82. V. par ex. Cass. crim., 20 janv. 1977, *JCP* 1977, II, 18641, note P. Chambon.
83. Art. L. 252-3 C. séc. int.
84. Art. L. 251-3 C. séc. int.
85. La loi du 3 juin 2016 renforçant la lutte contre le crime organisé, le terrorisme et leur financement, et améliorant l'efficacité et les garanties de la procédure pénale étend cette possibilité à la phase d'enquête, lorsque les nécessités de l'enquête relative à l'une des infractions entrant dans le champ d'application des articles 706-73 et 706-73-1 l'exigent, et sur autorisation du juge des libertés et de la détention.

Quant à *la géolocalisation*, une loi n° 2014-372 du 28 mars 2014 a inséré un nouveau chapitre dans le Code de procédure pénale pour fixer le régime de cet acte d'investigation[86]. Il est ainsi possible de recourir à tout moyen technique destiné à la localisation en temps réel, sur l'ensemble du territoire national, d'une personne, à l'insu de celle-ci, d'un véhicule ou de tout autre objet, sans le consentement de son propriétaire ou de son possesseur, si cette opération est exigée par les nécessités d'une enquête ou d'une instruction relative à un délit de terrorisme ou d'évasion, puni d'un emprisonnement d'au moins trois ans, ou à un crime ou à un délit puni d'un emprisonnement d'au moins cinq ans. La géolocalisation est également possible dans une procédure d'enquête ou d'instruction de recherche des causes de la mort ou de la disparition prévue aux articles 74, 74-1 et 80-4 du Code de procédure pénale ou de recherche d'une personne en fuite prévue à l'article 74-2[87].

L'opération est autorisée dans le cadre d'une enquête de flagrance, d'une enquête préliminaire ou d'une procédure prévue aux articles 74 à 74-2, par le procureur de la République, pour une durée maximale de quinze jours consécutifs. À l'issue de ce délai, cette opération est autorisée par le juge des libertés et de la détention à la requête du procureur de la République, pour une durée maximale d'un mois renouvelable dans les mêmes conditions de forme et de durée. Dans le cadre d'une instruction, l'opération est autorisée par le juge d'instruction pour une durée de quatre mois, renouvelable[88].

III. LA MISE À DISPOSITION DE LA POLICE

A. L'AUDITION DES TÉMOINS

208. Les personnes convoquées pour les nécessités d'une enquête préliminaire ou de flagrance sont tenues de comparaître. L'officier de police judiciaire peut contraindre à comparaître par la force publique, avec l'autorisation préalable du procureur de la République, les personnes qui n'ont pas répondu à une convocation à comparaître ou dont on peut craindre qu'elles ne répondent pas à une telle convocation (art. 62, 78 CPP). Les personnes ainsi entendues n'ont pas juridiquement la qualité de témoins. Elles n'ont donc pas l'obligation de répondre aux questions posées et, puisqu'elles ne prêtent pas serment, elles n'encourent pas les peines du faux témoignage[89]. Les déclarations qui sont faites aux enquêteurs sont consignées dans un procès-verbal. Les personnes entendues procèdent elles-mêmes à sa lecture, peuvent y faire consigner leurs observations et y apposent leur signature. L'audition d'un mineur victime de

86. Dans plusieurs arrêts, la chambre criminelle de la Cour de cassation avait estimé que les articles 12, 14 et 41 du Code de procédure pénale, lesquels confient à la police judiciaire le soin de constater les infractions à la loi pénale, d'en rassembler les preuves et d'en rechercher les auteurs sous le seul contrôle du procureur de la République, ne peuvent servir de fondement à une pratique de géolocalisation. Selon la Haute Juridiction, si une telle mesure peut être mise en place sur autorisation et sous le contrôle d'un juge d'instruction dans le cadre d'une information judiciaire, il en est autrement dans le cadre d'une enquête préliminaire diligentée sous le contrôle du procureur de la République, dès lors qu'une telle technique constitue une ingérence dans la vie privée dont la gravité nécessite qu'elle soit exécutée sous le contrôle d'un juge. (Cass. crim., 22 oct. 2013, n° 13-81945 et 13-81949 ; Cass. crim., 14 janv. 2014, n° 13-84909).

87. Art. 230-32 CPP.

88. V. *infra* n° 379.

89. Cf. art. 434-13 CP.

l'une des infractions de nature sexuelle visées à l'article 706-47 du Code de procédure pénale doit donner lieu à un enregistrement audiovisuel[90].

209. Aux termes de l'article 62 du Code de procédure pénale, même une personne à l'encontre de laquelle il n'existe aucune raison plausible de soupçonner qu'elle a commis ou tenté de commettre une infraction peut être retenue par les enquêteurs le temps strictement nécessaire à son audition, sans toutefois que la durée d'une telle rétention ne puisse excéder quatre heures. Mais si, au cours de l'audition de la personne, il apparaît des raisons plausibles de soupçonner qu'elle a commis ou tenté de commettre un crime ou un délit puni d'une peine d'emprisonnement, elle ne peut être maintenue sous la contrainte à la disposition des enquêteurs que sous le régime de la garde à vue. Dans sa rédaction issue de la loi du 14 avril 2011 relative à la garde à vue, l'article 62 ne disait rien de la personne qui, bien que soupçonnée d'avoir commis ou tenté de commettre une infraction, poursuivait son audition sans contrainte. Aussi, dans une décision QPC du 18 novembre 2011, le Conseil constitutionnel avait-il formulé une réserve d'interprétation relative à cette disposition du Code de procédure pénale. Dès l'apparition des raisons plausibles de soupçonner la commission d'une infraction, que ce soit avant ou au cours de l'audition, la personne doit « être informée de la nature et de la date de l'infraction qu'on la soupçonne d'avoir commise et de son droit de quitter à tout moment les locaux de police ou de gendarmerie ». Toutefois, le Conseil constitutionnel considérait que le droit à l'assistance d'un avocat ne s'imposait pas tant que la personne n'était pas retenue sous contrainte[91]. Or pour la Cour EDH, aucune raison impérieuse ne permet de justifier une telle restriction des droits de la défense au témoin contre lequel des poursuites pénales sont par la suite engagées ; et en particulier, lorsqu'au cours de son audition, il passe aux aveux[92].

210. C'est finalement la directive du 22 mai 2012 relative au droit à l'information dans le cadre des procédures pénales qui a contraint le législateur français à garantir le droit à un avocat dans le cadre d'une audition libre[93]. Désormais, toute personne à l'encontre de laquelle il existe des raisons plausibles de soupçonner qu'elle a commis ou tenté de commettre une infraction, doit être informée avant toute audition : 1) de la qualification, de la date et du lieu présumés de l'infraction qu'elle est soupçonnée d'avoir commise ou tenté de commettre ; 2) du droit de quitter à tout moment les locaux où elle est entendue ; 3) le cas échéant, du droit d'être assistée par un interprète ; 4) du droit de faire des déclarations, de répondre aux questions qui lui sont posées ou de se taire ; 5) si l'infraction pour laquelle elle est entendue est un crime ou un délit puni d'une peine d'emprisonnement, du droit d'être assistée au cours de son audition ou de sa confrontation, par un avocat choisi par elle ou, à sa demande, désigné d'office par le bâtonnier de l'ordre des avocats ; elle est informée que les frais seront à sa charge sauf si elle remplit les conditions d'accès à l'aide juridictionnelle, qui lui sont rappelées par tout moyen ; elle peut accepter expressément de poursuivre

90. Art. 706-52 CPP.
91. Cons. const., 18 nov. 2011, n° 2011-191/194/195/196/197 QPC. Comp. cass. crim., 3 avr. 2013, n° 12-88428, *Bull.* n° 74, selon lequel l'article 6 § 3 de la Conv. EDH n'impose pas que le suspect soit assisté d'un avocat s'il n'est pas privé de liberté.
92. CEDH, 27 nov. 2008, aff. *Salduz c/ Turquie*; 15 nov. 2012, aff. *Grinenko c/ Ukraine*.
93. Cf. loi n° 2014-535 du 27 mai 2014.

l'audition hors la présence de son avocat ; 6) de la possibilité de bénéficier, le cas échéant gratuitement, de conseils juridiques dans une structure d'accès au droit[94]. Et lorsque de tels soupçons apparaissent en cours d'audition, celle-ci ne peut se poursuivre sans l'information sur l'ensemble de ces droits, même sans contrainte[95].

B. L'ARRESTATION DES SUSPECTS

211. L'article 73 du Code de procédure pénale dispose qu'en cas de crime flagrant ou de délit flagrant puni d'une peine d'emprisonnement, toute personne a qualité pour en appréhender l'auteur et le conduire devant l'officier de police judiciaire le plus proche. Il s'agit d'un fait justificatif, soumis aux conditions classiques de nécessité et de proportionnalité. Ainsi, l'usage de la force n'est pas exclu pour procéder à une arrestation, à condition qu'il soit nécessaire et proportionné aux conditions de l'arrestation. On retrouve de telles conditions dans l'article préliminaire du Code de procédure pénale, selon lequel toute mesure de contrainte « doit être strictement limitée aux nécessités de la procédure, proportionnée à la gravité de l'infraction reprochée et ne pas porter atteinte à la dignité humaine ». Depuis la loi n° 2017-258 du 28 février 2017, un nouvel article L. 435-1 du Code de sécurité intérieure énonce cinq cas dans lesquels les agents de la police nationale et les militaires de la gendarmerie nationale peuvent user de leurs armes, et notamment lorsqu'après deux sommations adressées à haute voix, ils ne peuvent contraindre à s'arrêter, autrement que par cet usage, des personnes qui cherchent à échapper à leur garde ou à leurs investigations, et qui sont susceptibles de perpétrer, dans leur fuite, des atteintes à leur vie ou à leur intégrité physique ou à celles d'autrui. Mais ici encore, pour se conformer aux exigences de la Convention européenne des droits de l'homme, le texte précise que l'usage des armes ne pourra avoir lieu qu'« en cas d'absolue nécessité et de manière strictement proportionnée ». De même, selon l'article 803 du Code de procédure pénale, nul ne peut être soumis au port des menottes ou des entraves que s'il est considéré comme dangereux pour autrui ou pour lui-même ou s'il est susceptible de prendre la fuite. Après son arrestation, le suspect n'est pas obligatoirement placé en garde à vue. Il ne l'est que s'il est présenté sous contrainte, par la force publique, devant l'OPJ. Dans le cas contraire, la personne est informée qu'elle peut à tout moment quitter les locaux de police ou de gendarmerie[96].

212. De plus, si les nécessités de l'enquête portant sur un crime flagrant ou un délit flagrant puni d'au moins trois ans d'emprisonnement l'exigent, le procureur de la République peut décerner mandat de recherche contre toute personne à l'encontre de laquelle il existe une ou plusieurs raisons plausibles de soupçonner qu'elle a commis ou tenté de commettre l'infraction. La personne découverte en vertu de ce mandat est placée en garde à vue par l'officier de police judiciaire du lieu de la découverte, qui peut procéder à son audition. Le procureur de la République ayant délivré le mandat de recherche en est informé dès le début de la mesure ; ce magistrat peut

94. Art. 61-1 CPP.
95. Art. 62 CPP.
96. Art. 73 al. 2 CPP, modifié par la loi n° 2014-535 du 27 mai 2014, la précision de la conduite « sous contrainte » ayant été ajoutée.

ordonner que, pendant la durée de la garde à vue, la personne soit conduite dans les locaux du service d'enquête saisi des faits. Si la personne ayant fait l'objet du mandat de recherche n'est pas découverte au cours de l'enquête et si le procureur de la République requiert l'ouverture d'une information contre personne non dénommée, le mandat de recherche demeure valable pour le déroulement de l'information[97].

C. LE PLACEMENT EN GARDE À VUE

213. La garde à vue est une mesure de contrainte décidée par un officier de police judiciaire, sous le contrôle de l'autorité judiciaire, par laquelle une personne à l'encontre de laquelle il existe une ou plusieurs raisons plausibles de soupçonner qu'elle a commis ou tenté de commettre un crime ou un délit puni d'une peine d'emprisonnement est maintenue à la disposition des enquêteurs, pendant une durée limitée, dans les locaux de la police ou de la gendarmerie. Encadrée par la loi depuis 1958 (elle ne faisait l'objet d'aucune disposition législative dans le Code d'instruction criminelle), elle a fait l'objet depuis lors de nombreuses réformes. Les conditions du placement en garde à vue (infractions concernées, motifs de la garde à vue), les modalités d'exécution de la garde à vue (contrôle de la garde à vue, durée de la garde à vue) ainsi que les droits de la personne gardée à vue ont été profondément modifiés par la loi du 14 avril 2011, entrée en vigueur le 1er juin 2011. La loi du 14 avril 2011 a fait suite à une décision du Conseil constitutionnel considérant que les anciennes règles étaient contraires à la Constitution, en ce qu'elles permettaient de « banaliser le recours à la garde à vue », et qu'elles n'assuraient pas de garanties suffisantes du fait notamment de l'absence d'assistance d'un avocat. Le Conseil constitutionnel avait toutefois différé l'abrogation des dispositions anciennes au 1er juillet 2011[98]. La loi du 14 avril 2011 avait donc prévu une entrée en vigueur de ses dispositions au 1er juillet 2011, mais l'Assemblée plénière de la Cour de cassation en a imposé l'application immédiate, au visa de l'article 6 de la Conv. EDH[99]. Depuis lors, les dispositions introduites par la loi du 14 avril 2011 ont déjà fait l'objet de modifications. La loi n° 2014-535 du 27 mai 2014 portant transposition de la directive 2012/13/UE, relative au droit à l'information dans le cadre des procédures pénales, a permis notamment de mettre le droit français en conformité avec les exigences de l'Union européenne.

97. Art. 70 CPP.
98. Cons. const., 30 juill. 2010, n° 2010-14/22 QPC.
99. Cass., ass. plén., 15 avr. 2011, 4 arrêts, n° 10-17049, 10-30242, 10-30313, 10-30316. Dans ces quatre arrêts du 15 avr. 2011, l'Assemblée plénière décide que le principe de sécurité juridique et les nécessités d'une bonne administration de la justice ne peuvent être invoqués pour priver un justiciable de son droit fondé sur l'article 6 de la Conv. EDH, et donc différer dans le temps le bénéfice des garanties du droit « effectif et concret » à un procès équitable. Elle déclare nulles, sans délai, les gardes à vue sans l'assistance effective par un avocat dès le début de la mesure et pendant les interrogatoires. Comp. CEDH, 14 oct. 2010, *Brusco c/ France* et 27 nov. 2008, *Salduz c/ Turquie*.

DÉCRYPTAGE : QUE CHANGE LA LOI N° 2011-392 DU 14 AVRIL 2011 RELATIVE À LA GARDE À VUE ?

	Avant	Après la loi du 14 avril 2011
Infractions concernées	Toute infraction pénale quelle que soit sa gravité	Crime ou délit puni d'emprisonnement (art. 62-2 CPP).
Motifs de placement	Nécessités de l'enquête soumises à l'appréciation de l'OPJ	La mesure constitue l'unique moyen de parvenir à l'un au moins des objectifs énumérés par l'article 62-2 du Code de procédure pénale.
Contrôle de la mesure	Contrôle du procureur de la République	Contrôle du procureur de la République, mais selon les modalités précisées à l'article 62-3 du Code de procédure pénale : « le procureur de la République apprécie si le maintien de la personne en garde à vue et, le cas échéant, la prolongation de cette mesure sont nécessaires à l'enquête et proportionnés à la gravité des faits que la personne est soupçonnée d'avoir commis ou tenté de commettre ». « Il assure la sauvegarde des droits reconnus par la loi à la personne gardée à vue ». « Il peut ordonner à tout moment que la personne gardée à vue soit présentée devant lui ou remise en liberté ».
Prolongation	Décision du procureur de la République	Décision du procureur de la République mais soumise à conditions : – crime ou délit puni d'une peine d'emprisonnement supérieure ou égale à un an. – unique moyen de parvenir à l'un au moins des objectifs mentionnés à l'article 62-2 du Code de procédure pénale. – autorisation écrite et motivée du procureur de la République.
Assistance d'un avocat	Entretien formel de 30 minutes possible mais pas d'« assistance effective »	Entretien de 30 minutes Accès au PV d'audition (art. 63-4-1 CPP) Assistance aux auditions et confrontations (art. 63-4-2 CPP). Possibilité de poser des questions (art. 64-4-3 CPP).

	Avant	Après la loi du 14 avril 2011
Droit au silence	Article 63-1 CPP issu de la loi n° 2000-516 du 15 juin 2000 mais abrogé par la loi n° 2003-495 du 18 mars 2003	Droit de répondre aux questions qui lui sont posées ou de se taire (art. 63-1 CPP).
Droit d'informer un tiers	Droit de faire prévenir un proche ou son employeur	Droit de faire prévenir un proche et son employeur, droit pour la personne étrangère de contacter les autorités consulaires de son pays (art. 63-1 et 63-2 CPP).
Droit à la dignité	Seul un médecin peut réaliser des investigations corporelles	Principe du respect de la dignité, fouille intégrale réglementée, possibilité de conserver certains objets intimes (art. 63-5 à 7 CPP).

1. Les conditions du placement en garde à vue

214. Les conditions sont identiques dans l'enquête de flagrance et dans l'enquête préliminaire, l'article 77 du Code de procédure pénale renvoyant aux articles 62-2 à 64-1 du Code de procédure pénale.

215. La première condition est relative à la compétence de celui qui décide du placement. La garde à vue est une mesure de contrainte *décidée par un officier de police judiciaire, sous le contrôle de l'autorité judiciaire*[100]. Cette autorité judiciaire est représentée par le procureur de la République, sous réserve des prérogatives du juge des libertés et de la détention en matière de prolongation de la mesure au-delà de la quarante-huitième heure, et de report de l'intervention de l'avocat. Le procureur de la République apprécie si le maintien de la personne en garde à vue et, le cas échéant, la prolongation de cette mesure sont nécessaires à l'enquête et proportionnés à la gravité des faits que la personne est soupçonnée d'avoir commis ou tenté de commettre. Il assure la sauvegarde des droits reconnus par la loi à la personne gardée à vue. Il peut ordonner à tout moment que la personne gardée à vue soit présentée devant lui ou remise en liberté[101]. Aussi, l'OPJ doit informer le procureur de la République du placement « dès le début de la garde à vue », par tout moyen. La jurisprudence de la chambre criminelle impose à cet égard une véritable obligation de célérité aux enquêteurs en estimant que « tout retard dans l'information donnée au procureur du placement en garde à vue d'un individu, non justifié par des circonstances insurmontables, fait nécessairement grief à l'intéressé »[102]. L'article 63 du Code

100. Art. 62-2 CPP.
101. Art. 62-3 CPP.
102. Cass. crim., 10 mai 2001, n° 01-81441.

de procédure pénale définit le contenu de l'information communiquée au magistrat (motifs justifiant le placement, qualification des faits).

216. La seconde condition est relative à *la qualité de la personne placée en garde à vue*. Seule « une personne à l'encontre de laquelle il existe une ou plusieurs raisons plausibles de soupçonner qu'elle a commis ou tenté de commettre un crime ou un délit puni d'une peine d'emprisonnement » peut faire l'objet de la mesure[103]. L'exclusion de la matière contraventionnelle et des délits non puni d'emprisonnement résulte de la loi du 14 avril 2011, tenant compte de la décision QPC du 30 juillet 2010. Dans cette décision, le Conseil constitutionnel avait constaté une violation de l'article 9 de la Déclaration des droits de l'homme et du citoyen par les dispositions du Code de procédure pénale relatives à la garde à vue, en ce qu'elles permettaient à l'officier de police judiciaire de placer en garde à vue toute personne suspecte « quelle que soit la gravité des faits qui motivent une telle mesure ». En outre, les mineurs de moins de treize ans ne peuvent être placés en garde à vue. Toutefois, à titre exceptionnel, à partir de dix ans, le mineur contre lequel il existe des indices graves ou concordants laissant présumer qu'il a commis ou tenté de commettre un crime ou un délit puni d'au moins cinq ans d'emprisonnement peut être « retenu » à la disposition d'un officier de police judiciaire avec l'accord préalable et sous le contrôle d'un magistrat du ministère public ou d'un juge d'instruction spécialisés dans la protection de l'enfance ou d'un juge des enfants[104].

217. Une troisième condition est relative aux *motifs du placement*. Jusqu'à la loi du 14 avril 2011, le placement devait être motivé par « les nécessités de l'enquête ». L'article 62-2 du Code de procédure pénale prévoit désormais que cette mesure doit constituer l'unique moyen de parvenir à l'un au moins des objectifs suivants : 1) permettre l'exécution des investigations impliquant la présence ou la participation de la personne ; 2) garantir la présentation de la personne devant le procureur de la République afin que ce magistrat puisse apprécier la suite à donner à l'enquête ; 3) empêcher que la personne ne modifie les preuves ou indices matériels ; 4) empêcher que la personne ne fasse pression sur les témoins ou les victimes ainsi que sur leur famille ou leurs proches ; 5) empêcher que la personne ne se concerte avec d'autres personnes susceptibles d'être ses coauteurs ou complices ; 6) garantir la mise en œuvre des mesures destinées à faire cesser le crime ou le délit.

2. La durée du placement en garde à vue

218. La durée de principe de la garde à vue est de *vingt-quatre heures* (pour les mineurs de 10 à 13 ans, la « retenue » ne peut excéder douze heures, pouvant être prolongée de douze heures maximum). Toutefois, la garde à vue peut être prolongée pour un nouveau délai de vingt-quatre heures, sur autorisation écrite et motivée du procureur de la République, si l'infraction que la personne est soupçonnée d'avoir commise ou tenté de commettre est un *crime ou un délit puni d'une peine d'emprisonnement supérieure ou égale à un an* et si la prolongation de la mesure est l'unique moyen

103. Art. 62-2 CPP.
104. Art. 4 Ord. n° 45-174 du 2 février 1945 relative à l'enfance délinquante.

de parvenir à l'un au moins des objectifs mentionnés à l'article 62-2 (les mêmes que ceux du placement initial). L'autorisation ne peut être accordée qu'après présentation de la personne au procureur de la République – éventuellement en utilisant un moyen de télécommunication audiovisuelle –, sauf décision écrite et motivée.

219. Des durées dérogatoires sont prévues en matière de criminalité et délinquance organisées, où la garde à vue peut faire l'objet de deux prolongations supplémentaires de vingt-quatre heures chacune. Ainsi, la garde à vue peut être portée à quatre-vingt-seize heures, soit quatre jours[105]. Mais dans plusieurs décisions QPC, le Conseil constitutionnel a refusé qu'une personne soupçonnée d'une infraction insusceptible « de porter [une atteinte grave] à la sécurité, à la dignité ou à la vie des personnes », comme l'association de malfaiteurs, le recel, le blanchiment ou l'escroquerie en bande organisée, puisse être placée en garde à vue pendant une telle durée en raison de l'atteinte disproportionnée que cette durée porte à la liberté individuelle et aux droits de la défense[106]. Aussi la loi n° 2015-993 du 17 août 2015 a-t-elle réorganisé la liste des infractions relevant du régime de la délinquance et criminalité organisée, en créant un article 706-73-1 consacré aux infractions pour lesquelles la garde à vue dérogatoire ne peut être mise en œuvre. En matière de terrorisme, la garde à vue peut durer au-delà de quatre-vingt-seize heures, à condition qu'il ressorte des premiers éléments de l'enquête qu'existe un risque sérieux de l'imminence d'une action terroriste en France ou à l'étranger. La prolongation au-delà des quatre-vingt-seize heures est décidée, à titre exceptionnel, par le juge des libertés et de la détention, par décision écrite et motivée, à la requête du procureur de la République. Elle est de vingt-quatre heures, renouvelable une fois. La garde à vue peut donc être portée à cent quarante-quatre heures, soit six jours[107]. Dans une décision QPC du 22 septembre 2010, le Conseil constitutionnel a conclu au respect des principes de nécessité et proportionnalité par ces dispositions (mais dans leur version antérieure à la loi du 14 avril 2011). Il estime en effet que la possibilité d'une garde à vue de six jours est proportionnée à l'objectif visé, à savoir empêcher la réalisation d'une action terroriste, et ce d'autant plus que la décision, prise à titre exceptionnel, incombe à un juge des libertés et de la détention[108].

220. Le calcul du délai se fait par tranche de vingt-quatre heures. Par exemple, une garde à vue commencée un lundi à vingt heures, prolongée le lendemain à quinze heures, se termine le mercredi à vingt heures. Mais la question de *la computation des délais* de la garde à vue a soulevé de nombreuses difficultés en jurisprudence, car le placement en garde à vue n'intervient pas forcément à l'arrivée dans les locaux de la police. Ainsi, la personne peut se présenter librement dans les locaux de la police pour être entendue comme témoin. Depuis la loi du 27 mai 2014, l'article 63 du Code de procédure pénale précise que « si la personne n'a pas fait l'objet d'une mesure de contrainte préalable, mais que son placement en garde à vue est effectué dans le prolongement immédiat d'une audition, cette heure est fixée à celle du début de

105. Art. 706-88 CPP.
106. Cons. const., 4 décembre 2013, n° 2013-679 DC ; 9 octobre 2014, n° 2014-420/421 QPC ; 11 déc. 2015, n° 2015-508 QPC.
107. Art. 706-88-1 CPP.
108. Conc. const., 22 sept. 2010, n° 2010-31 QPC.

l'audition ». Cette disposition consacre la jurisprudence, pour laquelle il faut calculer le délai à partir de l'arrivée dans les locaux de la police, qu'il y ait eu ou non contrainte. De la même manière, l'article 63 modifié par la loi du 27 mai 2014 précise que si, avant d'être placée en garde à vue, la personne a été appréhendée ou a fait l'objet de toute autre mesure de contrainte pour ces mêmes faits (vérification d'identité, placement en « cellule de dégrisement »...), l'heure du début de la garde à vue est fixée à l'heure à partir de laquelle la personne a été privée de liberté (bien que les droits du gardé à vue ne lui soient notifiés qu'à compter du placement en garde à vue lui-même). Enfin, dans l'hypothèse où une même personne serait placée plusieurs fois en garde à vue pour les mêmes faits, la loi du 14 avril 2011 reprend à son compte les solutions précédemment établies par la jurisprudence, en énonçant à l'article 63 la règle selon laquelle la durée des précédentes périodes de garde à vue s'impute sur la durée de la mesure. Pour des faits différents, ce comput n'a pas lieu d'être sauf si les deux gardes à vue se succèdent immédiatement.

3. Garanties et droits de la personne placée en garde à vue

a) Notification du placement en garde à vue avec énoncé des droits

221. La loi n° 2014-535 du 27 mai 2014 a considérablement augmenté les droits à l'information de la personne placée en garde à vue. Déjà la loi n° 2011-392 du 14 avril 2011 avait modifié l'article 63-1 du Code de procédure pénale pour que la personne placée en garde à vue soit immédiatement[109] informée par un officier de police judiciaire ou, sous le contrôle de celui-ci, par un agent de police judiciaire, de son placement en garde à vue ainsi que de la durée de la mesure et de la ou des prolongations dont celle-ci peut faire l'objet, de la nature et de la date présumée de l'infraction qu'elle est soupçonnée d'avoir commise ou tenté de commettre. Depuis la loi du 27 mai 2014, l'information porte plus précisément sur la qualification, la date et le lieu présumés de l'infraction soupçonnée, ainsi que sur les motifs justifiant le placement en garde à vue.

222. La personne placée en garde à vue est en outre immédiatement informée des droits et garanties dont elle pourra bénéficier pendant l'exécution de la mesure. Ici encore, la loi du 27 mai 2014 a considérablement élargi l'information (en même temps qu'elle élargissait aussi les droits et garanties eux-mêmes). Ainsi, la personne placée en garde à vue est immédiatement informée du fait qu'elle bénéficie : 1) du droit de faire prévenir un proche et son employeur ainsi que, si elle est de nationalité étrangère, les autorités consulaires de l'État dont elle est ressortissante ; 2) du droit d'être examinée par un médecin ; 3) du droit d'être assistée par un avocat ; 4) s'il y a lieu, du droit d'être assistée par un interprète ; 5) du droit de consulter, dans les meilleurs délais et au plus tard avant l'éventuelle prolongation de la garde à vue, des documents énumérés à l'article 63-4-1, et notamment ses procès-verbaux d'audition ; 6) du droit de présenter des observations au procureur de la République ou, le cas

109. Une difficulté est relative à la condition d'immédiateté posée par le texte. Il n'est admis d'exception à la règle de la notification immédiate qu'en présence d'un obstacle insurmontable (ex : durée du trajet entre lieu d'arrestation et l'arrivée dans les services de police où il y a un OPJ ; état d'ébriété ou emprise de stupéfiants), la notification devant alors être faite au moment où la personne concernée revient à un état normal.

échéant, au juge des libertés et de la détention, lorsque ce magistrat se prononce sur l'éventuelle prolongation de la garde à vue, tendant à ce qu'il soit mis fin à cette mesure ; 7) du droit, lors des auditions, après avoir décliné son identité, de faire des déclarations, de répondre aux questions qui lui sont posées ou de se taire. Le texte précise en outre que si la personne est atteinte de surdité et qu'elle ne sait ni lire, ni écrire, elle doit être assistée par un interprète en langue des signes ou par toute personne qualifiée maîtrisant un langage ou une méthode permettant de communiquer avec elle. Enfin, si la personne ne comprend pas le français, ses droits doivent lui être notifiés par un interprète, le cas échéant après qu'un formulaire lui a été remis pour son information immédiate.

b) Droits de la personne gardée à vue

Le droit de faire prévenir une personne par téléphone

223. Aux termes de l'art. 63-2 du Code de procédure pénale, toute personne placée en garde à vue peut, à sa demande, faire prévenir, par téléphone, une personne avec laquelle elle vit habituellement ou l'un de ses parents en ligne directe, l'un de ses frères et sœurs ou son curateur ou son tuteur de la mesure dont elle est l'objet. Elle peut en outre faire prévenir son employeur. Lorsque la personne gardée à vue est de nationalité étrangère, elle peut faire contacter les autorités consulaires de son pays. Le nouvel article 63-2 du Code de procédure pénale prévoit que les diligences incombant à ce titre aux enquêteurs doivent intervenir, sauf circonstances insurmontables, au plus tard dans un délai de trois heures à compter du moment où la personne a formulé la demande. En outre, et depuis la loi du 3 juin 2016 renforçant la lutte contre le crime organisé, le terrorisme et leur financement, l'officier de police judiciaire peut autoriser la personne en garde à vue qui en fait la demande à communiquer, par écrit, par téléphone ou lors d'un entretien, avec ces mêmes personnes, s'il lui apparaît que cette communication n'est pas incompatible avec les objectifs du placement en garde à vue, et qu'elle ne risque pas de permettre une infraction. La durée de cette communication ne peut excéder trente minutes (art. 62-2 II CPP).

Le droit à un examen médical

224. Sauf circonstances insurmontables, l'examen médical doit intervenir dans les trois premières heures à compter du moment où la personne a formulé la demande. En cas de prolongation, il peut avoir lieu une seconde fois. En matière de criminalité organisée, la personne gardée à vue doit également être examinée par un médecin au début de la prolongation de la quarante-huitième heure. Dans l'hypothèse particulière de l'imminence d'une action terroriste, le gardé à vue est obligatoirement examiné par un médecin désigné par le procureur de la République, le juge d'instruction ou l'officier de police judiciaire au début de la prolongation qui excède la quatre-vingt-seizième heure. Le médecin requis devra alors se prononcer sur la compatibilité de la prolongation de la mesure avec l'état de santé de l'intéressé. Dans toutes ces hypothèses, le médecin se prononce sur l'aptitude au maintien en garde à vue et procède à toutes constatations utiles. Enfin, depuis la loi du 14 avril 2011, l'article 63-3 du Code de procédure pénale précise que l'examen médical doit être pratiqué à l'abri du regard et de toute écoute, afin de permettre le respect de la dignité et du secret professionnel.

Assistance d'un avocat

225. Dès le début de la garde à vue, la personne peut demander à être assistée par un avocat. Si elle n'est pas en mesure d'en désigner un ou si l'avocat choisi ne peut être contacté, elle peut demander qu'il lui en soit commis un d'office par le bâtonnier. Le bâtonnier ou l'avocat de permanence commis d'office par le bâtonnier est informé de cette demande par tous moyens et sans délai. L'avocat peut également être désigné par la ou les personnes prévenues en application de l'article 63-2 du Code de procédure pénale[110]. Parallèlement, le droit à l'avocat est reconnu à la victime lorsque celle-ci est confrontée avec une personne gardée à vue. La victime est informée de ce droit avant qu'il soit procédé à la confrontation. À sa demande, l'avocat peut consulter les procès-verbaux d'audition de la personne qu'il assiste[111].

226. L'avocat désigné pour assurer la défense de la personne gardée à vue peut s'entretenir avec elle dès de début de la mesure, sur une durée maximale de trente minutes dans des conditions qui garantissent la confidentialité de l'entretien. Lorsque la garde à vue fait l'objet d'une prolongation, la personne peut, à sa demande, s'entretenir à nouveau avec un avocat dès le début de la prolongation, pour la même durée et dans les mêmes conditions. L'avocat est informé par l'officier de police judiciaire ou, sous le contrôle de celui-ci, par un agent de police judiciaire de la nature et de la date présumée de l'infraction sur laquelle porte l'enquête[112].

227. À sa demande, l'avocat peut avoir accès à certaines pièces du dossier[113]. Il peut ainsi consulter le procès-verbal constatant la notification du placement en garde à vue et des droits y étant attachés, le certificat médical, ainsi que les procès-verbaux d'audition de la personne qu'il assiste. Il ne peut en demander ou en réaliser une copie. Il peut toutefois prendre des notes[114].

228. En outre, et à la demande de la personne placée en garde à vue, l'avocat peut assister à ses auditions et confrontations. L'avocat peut y prendre des notes[115]. Il peut également poser des questions, auxquelles l'officier ou l'agent de police judiciaire ne peut s'opposer que si celles-ci sont de nature à nuire au bon déroulement de l'enquête. À l'issue de chaque entretien avec la personne gardée à vue et de chaque audition ou confrontation à laquelle il a assisté, l'avocat peut présenter des observations écrites dans lesquelles il peut consigner les questions refusées. Celles-ci sont jointes à la

110. Cette désignation doit toutefois être confirmée par la personne (art. 63-3-1 CPP).
111. Art. 63-4-5 CPP.
112. Art. 63-4 CPP.
113. Pour le Conseil constitutionnel, l'accès de l'avocat aux seules pièces relatives à la procédure de garde à vue, tel que le prévoit l'article 63-4-1 du Code de procédure pénale, se justifie « compte tenu des délais dans lesquels la garde à vue est encadrée » (Cons. const., 18 nov. 2011, QPC). Des juridictions du fond ont toutefois prononcé la nullité de garde à vue lorsque l'avocat n'a pas eu accès à l'entier dossier de procédure, en se fondant d'une part sur les garanties de l'article 6 de la Conv. EDH et d'autre part sur les dispositions de la directive 2012/13/UE du Parlement européen et du Conseil, du 22 mai 2012, relative au droit à l'information dans le cadre des procédures pénales, que la loi du 27 mai 2014 n'a pas complètement transposée à cet égard.
114. Art. 63-4-1 CPP.
115. Art. 63-4-2 CPP.

procédure. L'avocat peut adresser ses observations, ou copie de celles-ci, au procureur de la République pendant la durée de la garde à vue[116].

229. Lorsque la personne gardée à vue a demandé l'assistance d'un avocat, sa première audition ne peut débuter sans sa présence avant l'expiration d'un délai de deux heures, sauf si elle porte uniquement sur les éléments d'identité. Si l'avocat se présente après l'expiration de ce délai alors qu'une audition ou une confrontation est en cours, celle-ci est interrompue à la demande de la personne gardée à vue afin de lui permettre de s'entretenir avec son avocat de façon confidentielle et que celui-ci prenne connaissance des documents auxquels l'accès est garanti. Si la personne gardée à vue ne demande pas à s'entretenir avec son avocat, celui-ci peut assister à l'audition en cours dès son arrivée dans les locaux du service de police judiciaire ou à la confrontation. De plus, ce délai est susceptible de dérogation, sur autorisation écrite et motivée du procureur de la République, lorsque les nécessités de l'enquête exigent une audition immédiate de la personne. Mais surtout, des raisons impérieuses tenant aux circonstances particulières de l'enquête peuvent exceptionnellement justifier, soit pour permettre le bon déroulement d'investigations urgentes tendant au recueil ou à la conservation des preuves, soit pour prévenir une atteinte imminente aux personnes, le report de présence de l'avocat lors des auditions ou confrontations. Jusqu'à douze heures, le report est décidé par le procureur de la République. Au-delà, – mais pour les crimes ou délits punis d'une peine d'emprisonnement supérieure ou égale à cinq ans –, la décision revient au juge des libertés et de la détention. En tout état de cause, le report ne peut pas dépasser la vingt-quatrième heure.

230. Enfin, lorsque la personne est gardée à vue pour une infraction entrant dans le champ d'application de l'article 706-73 du Code de procédure pénale, l'intervention de l'avocat peut être différée lorsque deux conditions sont cumulativement remplies : 1) des raisons impérieuses tenant aux circonstances particulières de l'enquête justifient le report ; 2) le report doit permettre soit le recueil ou la conservation des preuves, soit de prévenir une atteinte aux personnes. Si ces conditions sont remplies, le report de l'intervention de l'avocat peut être d'une durée maximale de quarante-huit heures, voire soixante-douze heures en matière de trafic de stupéfiants et de terrorisme[117]. La décision est prise par le procureur de la République, d'office ou à la demande de l'officier de police judiciaire, puis par le juge des libertés et de la détention au-delà de la vingt-quatrième heure. Dans tous les cas, la décision du magistrat, écrite et motivée, précise la durée pour laquelle l'intervention de l'avocat est différée.

Enregistrement audiovisuel des interrogatoires

231. L'article 64-1 du Code de procédure pénale, issu de la loi du 5 mars 2007, impose *en matière criminelle, l'enregistrement audiovisuel* des auditions des personnes gardées à vue. Il prévoit toutefois des exceptions lorsque le nombre de personnes gardées à

116. Art. 63-4-3 CPP.

117. Art. 706-88, al. 6 à 8 CPP. Pour le Conseil constitutionnel, ces dispositions ne portent pas atteinte aux droits de la défense, dès lors que le report est entouré de garanties tenant à sa motivation, au contrôle judiciaire, à la durée de ce report et aux informations fournies à la personne mise en cause au début de la mesure de garde à vue (Cons. const., 21 nov. 2014, n° 2014-428 QPC).

vue devant être simultanément interrogées fait matériellement obstacle à l'enregistrement de tous les interrogatoires ; lorsqu'une impossibilité technique fait obstacle à l'enregistrement ou lorsque la personne est mise en cause en matière de criminalité organisée, d'atteintes à la nation ou de terrorisme. Une autre exception était prévue à l'égard de la personne gardée à vue pour un crime mentionné à l'article 706-73. Mais le Conseil constitutionnel a déclaré cette exception contraire à la Constitution en ce qu'elle constituait une discrimination injustifiée[118].

Interdiction des traitements inhumains et dégradants

232. En application de l'article 3 de la Conv. EDH, la Cour EDH veille au respect de l'interdiction des traitements inhumains et dégradants auxquels pourraient être soumises les personnes privées de leur liberté. Dans un arrêt *Selmouni c/ France* du 28 juillet 1999, la Cour de Strasbourg a condamné des violences policières, qui avaient été pratiquées au cours d'une garde à vue dans le but d'obtenir des aveux. Au-delà du problème des violences, la garde à vue doit se dérouler dans le respect de la dignité de la personne. Aux termes de l'article 63-5 du Code de procédure pénale, la garde à vue doit s'exécuter dans des conditions assurant le respect de la dignité de la personne, et seules peuvent être imposées à la personne gardée à vue les mesures de sécurité strictement nécessaires. Par principe, les mesures de sécurité ne peuvent consister en une fouille intégrale d'une personne gardée à vue[119]. S'il est indispensable pour les nécessités de l'enquête de procéder à une telle mesure, celle-ci doit être réalisée dans un espace fermé par une personne de même sexe que la personne faisant l'objet de la fouille[120]. De plus, la fouille intégrale n'est possible que si la fouille par palpation ou l'utilisation des moyens de détection électronique ne peuvent être réalisées. En outre, et selon l'article 63-6 du Code de procédure pénale, la personne gardée à vue dispose, au cours de son audition, des objets dont le port ou la détention sont nécessaires au respect de sa dignité.

4. La fin du placement en garde à vue

233. À l'issue de la garde à vue, la personne est, sur instruction du procureur de la République sous la direction duquel l'enquête est menée, soit remise en liberté, soit déférée devant ce magistrat[121].

234. La personne remise en liberté est informée qu'elle pourra, dans l'hypothèse où elle ne fait finalement pas l'objet de poursuites et à l'expiration d'un délai de six mois à compter de la fin de la garde à vue, interroger le procureur de la République sur la suite donnée ou susceptible d'être donnée à la procédure[122].

118. Cons. const., 6 avr. 2012, n° 2012-228/229 QPC.
119. Art. 63-6 CPP.
120. Art. 63-7 CPP, qui prévoit aussi le cas des investigations corporelles internes sur une personne gardée à vue, qui ne peuvent être réalisées que par un médecin requis à cet effet.
121. Art. 63-8 CPP.
122. Art. 77-2 CPP, qui exclut de son champ d'application les infractions des articles 706-73 et 706-73-1 CPP.

235. La personne déférée devant le procureur de la République comparaît le jour même devant ce magistrat[123]. Toutefois, en cas de nécessité, la personne peut comparaître le jour suivant et peut être retenue à cette fin dans des locaux de la juridiction spécialement aménagés (petit dépôt)[124], à la condition que le magistrat soit informé sans délai de l'arrivée de la personne déférée dans les locaux de la juridiction, et que cette comparution intervienne au plus tard dans un délai de vingt heures à compter de l'heure à laquelle la garde à vue a été levée[125]. À défaut, la personne doit être immédiatement remise en liberté. Durant cette rétention, la personne dispose des droits du gardé à vue. Elle peut également à tout moment demander à s'entretenir avec un avocat, lequel a accès aux pièces du dossier de la procédure dans les conditions définies pour la mesure de garde à vue.

236. Dans tous les cas, un *procès-verbal de fin de garde à vue* doit être établi[126]. Il mentionne : 1) les motifs justifiant le placement en garde à vue au regard de l'article 62-2 du Code de procédure pénale ; 2) la durée des auditions de la personne gardée à vue et des repos qui ont séparé ces auditions, les heures auxquelles elle a pu s'alimenter, le jour et l'heure à partir desquels elle a été gardée à vue, ainsi que le jour et l'heure à partir desquels elle a été soit libérée, soit déférée devant le magistrat compétent ; 3) le cas échéant, les auditions de la personne gardée à vue effectuées dans une autre procédure pendant la durée de la garde à vue ; 4) les informations données et les demandes faites relatives aux droits de la personne gardée à vue ; 5) s'il a été procédé à une fouille intégrale ou à des investigations corporelles internes.

DÉCRYPTAGE : QUELLE SANCTION POUR LA GARDE À VUE IRRÉGULIÈRE ?

Selon la chambre criminelle, les dispositions du Code de procédure pénale relatives à la garde à vue sont des formalités substantielles. En cas de violation, la garde à vue est donc susceptible de nullité en application de l'article 171 du Code de procédure pénale. De plus, la chambre criminelle considère que tout manquement porte nécessairement atteinte aux droits de la défense, sauf si l'irrégularité peut être excusée par des circonstances insurmontables.

La nullité d'une garde à vue peut s'étendre aux actes qui lui sont subséquents, c'est-à-dire les actes dont l'acte annulé constitue le support nécessaire[127]. Mais, les actes d'enquête accomplis avant la garde à vue irrégulière restent valables. Il en va de même des actes d'enquête effectués pendant une garde à vue irrégulière, mais avant que l'irrégularité n'apparaisse. En outre, les actes effectués sans le concours de l'intéressé ou les actes effectués indépendamment du placement en garde à vue ne sont pas annulés même s'ils sont postérieurs à la garde à vue irrégulière (ex : audition d'un témoin, perquisitions effectuées au domicile de la personne gardée à vue…).

---

123. Art. 803-2 CPP.
124. Art. 803-3 CPP. Mais cet article n'est pas applicable lorsque la personne a fait l'objet d'une garde à vue ayant duré plus de soixante-douze heures en matière de criminalité et délinquance organisées ou de terrorisme.
125. Ces deux conditions consacrent les réserves émises par le Conseil constitutionnel pour considérer cette procédure conforme à la constitution (Cons. const., 17 déc. 2010, n° 2010-80 QPC).
126. Art. 64 CPP.
127. Art. 174 CPP.

BIBLIOGRAPHIE POUR ALLER PLUS LOIN

D. MAYER, « Prévention et répression en matière de contrôles d'identité : une distinction trompeuse », *D.* 1983, chron. 272.

J. PRADEL, « L'enquête pénale aujourd'hui. Vers une stabilisation dans l'équilibre ? », *D.* 2014, chron. 1647.

J. PRADEL, « L'enquête proactive », *D.* 1998, chron. 57.

G. ROUJOU DE BOUBÉE, « La réforme de la garde à vue », *D.* 2011, chron., 1570.

E. VERNY, « Des surveillances nouvelles en droit pénal », in *Mél. B. Bouloc*, Dalloz 2006, p. 1141.

» Exercice corrigé

CAS PRATIQUE

SUJET

Le 15 mai dernier, à 4 h 30, un accident de la circulation se produit boulevard Jeanne d'Arc à Douai. Les deux véhicules impliqués s'enflamment, et l'un des conducteurs est gravement brûlé dans sa voiture. Plusieurs témoins de l'accident ont vu arriver un véhicule à très vive allure sur le boulevard. Celui-ci a fait plusieurs dérapages avant de percuter l'autre voiture arrivant en sens inverse. Ayant réussi à appréhender le chauffard tandis qu'il essaie de s'enfuir, les témoins le retiennent par la force jusqu'à l'arrivée des policiers, à 5 h 10.

À leur arrivée sur les lieux, les policiers sont contraints de recourir à la violence pour procéder à l'interpellation du suspect, car ce dernier ne veut pas se laisser passer les menottes. Très nerveux, il hurle que sa famille est très puissante et que des policiers ne peuvent pas ainsi porter atteinte à son droit à la présomption d'innocence. Quelques hématomes sont le résultat de sa résistance à l'interpellation.

C'est lors de son arrivée au commissariat, à 6 h 30, que son placement en garde à vue, ainsi que ses droits, lui sont notifiés par un officier de police judiciaire. Le suspect qui déclare se nommer Franck Stenford, et être le fils d'une grande famille de brasseurs, demande l'assistance d'un avocat. En dépit des diligences de la police, aucun avocat de permanence ne peut intervenir ce matin-là. Le suspect est donc interrogé, sans la présence d'un avocat, et après quelques heures, il reconnaît avoir volé la voiture pour s'amuser, puis avoir tenté de dépasser les 150 km/heure, sa vie étant trop monotone.

Le 16 mai à 5 h 30, un avocat se présente au commissariat de police pour assurer la défense de Franck Stenford. Il a été contacté par le père de Franck Stenford. Que doit faire prioritairement cet avocat ? Peut-il relever des irrégularités pour les invoquer ensuite devant le tribunal, dans l'hypothèse où son client serait poursuivi ?

CORRIGÉ

L'interpellation d'un suspect, puis son placement en garde à vue, posent la question du rôle de l'avocat dès la phase de l'enquête policière (I) ; mais aussi celle de la sanction des irrégularités procédurales au cours de cette phase de la procédure pénale (II).

I/ Il faut tout d'abord rappeler le rôle de l'avocat dans le cadre d'une garde à vue

Ce rôle a été accru par la loi du 14 avril 2011, entrée en vigueur le 1er juin 2011, et applicable en l'espèce. Aux termes du nouvel article 63-3-1 du Code de procédure pénale, dès le début de la garde à vue, la personne peut demander à être assistée par un avocat.

Si elle n'est pas en mesure d'en désigner un ou si l'avocat choisi ne peut être contacté, elle peut demander qu'il lui en soit commis un d'office par le bâtonnier. Le bâtonnier ou l'avocat de permanence commis d'office par le bâtonnier est informé de cette demande par tous moyens et sans délai. La circulaire faisant suite aux arrêts d'Assemblée plénière du 15 avril 2011 prévoit que les OPJ doivent faire toutes diligences utiles pour permettre une mise en œuvre effective de ce droit, tout en rappelant qu'il s'agit d'une obligation de moyen, et non de résultat. Plus précisément, en cas de désignation par la personne d'un avocat choisi, les officiers ou agents de police judiciaire le contactent ou procèdent aux recherches nécessaires pour le contacter. S'ils n'y parviennent pas, ils demandent à la personne gardée à vue si elle souhaite désigner un autre avocat ou être assistée par un avocat commis d'office. En cas de demande de désignation d'un avocat commis d'office, les officiers ou agents de police judiciaire appellent le bâtonnier ou la permanence du barreau organisée à cette fin. Par exemple, le message laissé sur un répondeur leur permet de remplir leur obligation. Dans tous les cas, ils doivent acter précisément en procédure toutes leurs diligences, y compris le nombre d'appels passés et les numéros de téléphone qu'ils ont composés. En l'espèce, il convient donc de vérifier que les enquêteurs ont accompli toutes ces diligences.

L'avocat peut également être désigné par la ou les personnes prévenues du placement en garde à vue en application du premier alinéa de l'article 63-2 du Code de procédure pénale (parent en ligne directe, frère, sœur, curateur ou tuteur, employeur). Cette désignation doit toutefois être confirmée par la personne placée en garde à vue. En l'espèce, M. Stenford doit donc confirmer la désignation de l'avocat de son père.

Une fois arrivé dans les locaux de la police, l'avocat peut communiquer avec la personne placée en garde à vue dans des conditions qui garantissent la confidentialité de l'entretien. La durée de l'entretien ne peut excéder trente minutes. (art. 63-4 CPP). À sa demande, l'avocat peut aussi consulter le procès-verbal constatant la notification du placement en garde à vue et des droits y étant attachés, le certificat médical, ainsi que les procès-verbaux d'audition de la personne qu'il assiste (art. 63-4-1 CPP). Surtout, l'avocat peut assister aux auditions et confrontations (art. 63-4-2 CPP).

En l'espèce, M. Stenford a déjà passé vingt-quatre heures en garde à vue au moment de l'arrivée de son avocat. Il a été interrogé, et l'interrogatoire est allé au-delà des simples éléments d'identité puisqu'il a avoué dans ce cadre avoir commis des infractions. Or, selon l'article 63-4-2 du Code de procédure pénale, lorsque la personne gardée à vue a demandé l'assistance d'un avocat – ce qui est le cas en l'espèce –, sa première audition ne peut débuter sans sa présence avant l'expiration d'un délai de deux heures, sauf si elle porte uniquement sur les éléments d'identité. Certes, ce délai est susceptible de dérogation, sur autorisation du procureur de la République, mais seulement si les nécessités de l'enquête exigent une audition immédiate de la personne. Surtout, seules des raisons impérieuses tenant aux circonstances particulières de l'enquête peuvent exceptionnellement justifier, soit pour permettre le bon déroulement d'investigations urgentes tendant au recueil ou à la conservation des preuves, soit pour prévenir une atteinte imminente aux personnes, le report de présence de l'avocat lors des auditions ou confrontations. En tout état de cause, le report ne peut pas dépasser la vingt-quatrième heure.

II/ Il faut ensuite examiner les régularités de l'enquête policière

La détermination du cadre de l'intervention des enquêteurs est essentielle pour examiner la régularité des actes accomplis par eux, les conditions de validité des actes n'étant pas identiques dans l'enquête de flagrance et dans l'enquête préliminaire. Selon l'article 53 du Code de procédure pénale, « est qualifié crime ou délit flagrant le crime ou le délit qui se commet actuellement, ou qui vient de se commettre. Il y a aussi crime ou délit flagrant lorsque, dans un temps très voisin de l'action, la personne soupçonnée est poursuivie par la clameur publique, ou est trouvée en possession d'objets, ou présente des traces ou indices, laissant penser qu'elle a participé au crime ou au délit ». En l'espèce, il s'agit bien de délits punis d'une peine d'emprisonnement (blessures involontaires et vol) apparus dans des conditions permettant l'ouverture d'une enquête de flagrance. Ces infractions sont en effet révélées par « des indices apparents », résultant à la fois de la matérialité des faits que de l'attitude du suspect. Le cadre d'intervention est donc celui d'une enquête de flagrance.

Le cadre de cette enquête permet tout d'abord de valider les conditions de l'appréhension du suspect. En effet, l'article 73 du Code de procédure pénale dispose qu'en cas de crime flagrant ou de délit flagrant puni d'une peine d'emprisonnement, toute personne a qualité pour en appréhender l'auteur et le conduire devant l'officier de police judiciaire le plus proche. Et si les témoins ont retenu le suspect par la force, c'est pendant le temps strictement nécessaire à l'arrivée de la police. Aucune irrégularité ne peut donc être relevée à cet égard. Il reste qu'une fois sur place les policiers ont usé de violences pour neutraliser le suspect. Si l'usage de la force n'est pas exclu pour procéder à une arrestation, c'est à condition qu'un tel usage soit nécessaire et proportionné (Cass. crim., 13 avr. 2005). L'article préliminaire du Code de procédure pénale prévoit ainsi que toute mesure de contrainte « doit être strictement limitée aux nécessités de la procédure, proportionnée à la gravité de l'infraction reprochée et ne pas porter atteinte à la dignité humaine ». En l'espèce, Franck Stenford présente des hématomes, ce qui pourrait conduire à discuter le caractère proportionné de la violence. Mais le fait que les policiers aient utilisé des menottes n'est pas contestable. En effet, l'article 803 du Code de procédure pénale dispose qu'une personne peut être soumise au port des menottes si elle est considérée comme dangereuse pour autrui ou pour elle-même ou si elle est susceptible de prendre la fuite. Or, le comportement de Franck Stenford justifiait que les policiers l'aient soumis à cette contrainte.

L'enquête de flagrance permet aussi le placement en garde à vue, sous certaines conditions qu'il convient de vérifier ici. Selon l'article 63 du Code de procédure pénale, seul l'officier de police judiciaire est compétent pour procéder à un tel placement. S'il s'avère que cette condition n'a pas été respectée en l'espèce, l'irrégularité peut invalider la garde à vue. En outre, depuis la loi du 14 avril 2011, la garde à vue n'est possible que dans le cadre d'une enquête pour crime ou délit puni d'emprisonnement, lorsque la mesure constitue l'unique moyen de parvenir à l'un au moins des objectifs énumérés par l'article 62-2 du Code de procédure pénale. En l'espèce, la décision de placement est régulière à cet égard puisque la garde à vue de Franck Stenford, suspecté de vol et d'homicide involontaire, était sans aucun doute « l'unique moyen de garantir sa présentation devant le procureur de la République » (le suspect ayant déjà tenté de s'enfuir sur les lieux de l'accident). Quant à la durée de la garde à vue, celle-ci est en principe de vingt-quatre heures, renouvelable une fois. En l'espèce, la garde à vue a probablement fait l'objet d'une prolongation, puisqu'entre le moment de l'interpellation – celui où Franck Stenford a été privé de liberté – et l'arrivée de l'avocat dans les locaux de la police se sont écoulées au moins vingt-quatre heures. Or la prolongation suppose une décision écrite et motivée du procureur de la République, une fois que la personne lui a été présentée.

Ce sont surtout les droits de Franck Stenford pendant l'exécution de la garde à vue qui peuvent être contestés. En effet, si ses droits lui ont bien été notifiés par un OPJ, il n'est pas certain qu'ils l'aient été immédiatement comme le prévoit l'article 63-1 du Code de procédure pénale. Interpellé à 5 h 10, Franck Stenford n'a été informé de ses droits qu'à 6 h 30. Certes, le retard dans la notification des droits peut être justifié par des circonstances insurmontables. Mais, pour la jurisprudence, tout retard injustifié dans cette notification porte nécessairement atteinte aux intérêts de la partie qu'elle concerne (Cass. crim., 3 déc. 1996). En l'espèce, il faudrait donc vérifier si ce retard s'explique uniquement par la durée du trajet entre le lieu de l'arrestation et le commissariat.

De plus, parmi les droits notifiés au gardé à vue figure celui de garder le silence lors des interrogatoires et des confrontations conformément à l'article 63-1 du Code de procédure pénale. Il n'est pas certain que ce droit ait été notifié, Franck Stenford ayant reconnu les faits dont il est suspecté. S'agissant d'aveux faits sans l'assistance de son avocat, il peut être conseillé au suspect de les rétracter. Pour la chambre criminelle en effet, il y a contradiction ou insuffisance de motifs à « fonder une déclaration de culpabilité sur des déclarations enregistrées au cours de la garde à vue par lesquelles la personne a contribué à sa propre incrimination sans avoir pu être assistée d'un avocat et ensuite rétractées » (Cass. crim., 11 mai 2011).

LEÇON 6

L'action publique

237. L'action publique est définie par l'article 1er du Code de procédure pénale comme l'action « pour l'application des peines ». Elle est mise en mouvement et exercée par les magistrats du ministère public. Cette action peut aussi être mise en mouvement par la partie lésée, qui se constitue partie civile pour vaincre l'inertie du parquet[1]. En vertu du principe de personnalité des peines, l'action publique ne peut être exercée que contre les auteurs ou complices (supposés) d'une infraction, mais il n'est pas nécessaire que ceux-ci soient nommément connus au moment de la mise en mouvement de l'action (information ouverte contre X). Des règles spécifiques existent pour les poursuites dirigées contre des personnes morales (représentant légal, délégataire ou mandataire *ad hoc*)[2], et contre des majeurs protégés (information du tuteur ou curateur, avocat obligatoire)[3]. Quant au mineur, il doit être assisté d'un avocat, et ses représentants légaux sont associés à la procédure[4].

238. Si la mise en mouvement de l'action publique est possible dès qu'une infraction est punissable, cela ne signifie pas qu'elle le sera nécessairement. L'article 40 du Code de procédure pénale dispose que « le procureur de la République reçoit les plaintes et dénonciations, et apprécie la suite à leur donner ». C'est à partir de ce texte qu'a été reconnu et clairement énoncé le principe de l'opportunité des poursuites. Ce principe s'oppose à celui de la légalité des poursuites qui oblige à déclencher les poursuites dès qu'une infraction a été commise. Puisqu'il juge de l'opportunité des poursuites, le ministère public peut décider, alors même que l'infraction est avérée, de ne pas déclencher l'action publique (Section 2) ou à l'inverse de la déclencher (Section 3). Mais avant même de pouvoir décider de l'opportunité des poursuites, le ministère public peut être confronté à des circonstances affectant l'ouverture même d'une action publique (Section 1).

1. Les juges du siège ont parfois aussi le pouvoir de mettre en mouvement l'action publique, notamment pour les infractions commises à l'audience des cours et tribunaux (art. 676 et s. CPP).
2. Art. 706-43 CPP.
3. Art. 706-112 CPP.
4. Art. 4 et 4-1 Ord. 2 févr. 1945.

Section 1
L'OUVERTURE DE L'ACTION PUBLIQUE

239. Certaines circonstances sont des obstacles temporaires à l'ouverture de l'action ; d'autres en sont de véritables causes d'extinction.

I. LES OBSTACLES TEMPORAIRES À L'OUVERTURE DE L'ACTION

240. En dehors des cas exceptionnels d'une mise en demeure préalable obligatoire[5] ou d'une question préjudicielle à l'action[6], deux situations peuvent temporairement faire obstacle à l'ouverture de l'action publique : celle où l'action est subordonnée à une plainte préalable et celle où l'action dépend de l'avis d'une autorité.

A. L'ACTION SUBORDONNÉE À UNE PLAINTE PRÉALABLE

241. Le ministère public peut en principe exercer l'action publique sans qu'il soit nécessaire que la victime de l'infraction s'en soit plainte préalablement. Par exception, certaines infractions, qui sont considérées comme protégeant d'avantage l'intérêt privé que l'intérêt général, nécessitent la plainte préalable de la victime. Tel est notamment le cas des atteintes à la vie privée, pour lesquels l'action publique ne peut être exercée que sur plainte de la victime, de son représentant légal ou de ses ayants droit[7]. Pour la même raison, l'article 48 de la loi du 29 juillet 1881 sur la liberté de la presse prévoit plusieurs hypothèses où des poursuites ne sont possibles que sur plainte de la victime. En effet, le législateur a voulu que la victime puisse s'opposer au déclenchement de l'action publique, « en raison de l'impact ou l'écho supplémentaire que pourrait donner un procès médiatique aux propos litigieux »[8]. Dans tous les cas, le ministère public n'est pas lié par la plainte de la victime et reste libre de poursuivre ou non. Mais le retrait de la plainte – puisqu'elle est une condition nécessaire de la poursuite – entraîne l'extinction de l'action publique[9].

242. En outre, le ministère public ne peut parfois exercer les poursuites qu'après avoir reçu une plainte de l'Administration chargée de veiller aux intérêts précisément visés par l'infraction. Cette plainte préalable permet à l'Administration d'être elle-même juge de l'opportunité des poursuites. Ainsi faut-il une plainte du ministre de l'Économie et des Finances, ou de l'un de ses représentants habilités, s'agissant des fraudes à la législation et à la réglementation des relations financières avec l'étranger[10]. De même,

5. Par exemple, art. 227-17-1 C. pén. pour l'infraction à l'obligation scolaire ; art. L. 4721-4 C. trav. pour les infractions en matière d'hygiène ou de sécurité au travail.
6. Par exemple, art. 6-1 CPP lorsqu'un crime ou un délit prétendument commis à l'occasion d'une poursuite judiciaire impliquerait la violation d'une disposition de procédure pénale ; art. L. 654-2 C. com. pour l'ouverture préalable d'une procédure de redressement ou de liquidation judiciaire en matière de délit de banqueroute.
7. Art. 226-6 CPP.
8. B. Beignier, B. de Lamy et E. Dreyer (dir.), *Traité de droit de la presse et des médias*, Litec, 2009, n° 983, p. 584.
9. Art. 6 al. 3 CPP.
10. Art. 458 C. douanes.

en matière de fraude fiscale, la plainte de l'administration fiscale (elle-même subordonnée à l'avis favorable de la Commission des infractions fiscales) est nécessaire[11]. Mais la plainte préalable est une condition d'exercice de l'action publique et non une condition de l'action publique elle-même. Saisi d'une plainte de l'Administration fiscale, le procureur de la République a plusieurs possibilités. Il peut donner suite à cette plainte soit en la classant, soit en ouvrant une information, soit en diligentant une enquête préliminaire.

B. L'ACTION SUBORDONNÉE À L'AVIS D'UNE AUTORITÉ

243. Il est parfois opportun de solliciter l'avis d'une autorité, lorsque le ministère public veut être éclairé sur une question technique. Tel est le cas de l'Autorité de la concurrence en matière de pratiques anticoncurrentielles (art. L. 462-3 C. com.). Mais il est d'autres hypothèses où l'avis de l'autorité compétente est une condition d'exercice de l'action publique. En dehors de la poursuite des infractions fiscales qui nécessite l'avis favorable de la Commission des infractions fiscales[12], la mise en mouvement de l'action publique est ainsi subordonnée à l'avis de l'Autorité des marchés financiers en matière de délits d'initiés ou d'atteintes à la transparence des marchés (art. L. 466-1 C. monét. fin.), ou à celui du ministère de la Défense pour les infractions militaires en temps de paix (art. 698-1 CPP).

II. LES CAUSES D'EXTINCTION DE L'ACTION

244. Les causes d'extinction de l'action publique sont énumérées à l'article 6 du Code de procédure pénale.

A. LA PRESCRIPTION DE L'ACTION PUBLIQUE

245. L'action publique, comme toute action en justice, peut s'éteindre par l'effet du temps. Il s'agit d'une prescription extinctive, faisant obstacle aux poursuites de l'auteur ou du complice d'une infraction. Cette règle, qui laisse donc l'infraction impunie, peut se justifier de différentes manières. D'abord, c'est un intérêt de paix et de tranquillité sociale qui peut conduire à préférer l'oubli de l'infraction après un certain temps écoulé. Ensuite, on peut considérer, plus pragmatiquement, qu'au fur et à mesure que le temps s'écoule depuis que l'infraction a été commise, les preuves disparaissent ou perdent beaucoup de leur valeur. Une action exercée trop longtemps après la commission de l'infraction risquerait donc de provoquer une erreur judiciaire. Enfin, la prescription de l'action publique peut avoir pour justification le pardon qu'accorde une société à ses délinquants après l'écoulement d'un certain

11. Art. L. 228 LPF. Il est à noter que dans un arrêt du 19 mai 2016, la Cour de cassation considère que la procédure de l'article L. 228 du livre des procédures fiscales est « susceptible de porter une atteinte injustifiée aux principes d'indépendance de l'autorité judiciaire et de la séparation des pouvoirs, en privant le ministère public de la plénitude de son pouvoir d'apprécier l'opportunité des poursuites au bénéfice du ministre chargé du Budget », justifiant ainsi le renvoi d'une QPC au Conseil constitutionnel (Cass. crim., 19 mai 2016, n° 16-81857).
12. V. *supra* n° 242.

temps. Il est à noter cependant que les réformes de la prescription opérées ces dernières années traduisent un net recul du pardon de la société. C'est ainsi que la durée du délai de prescription, son point de départ, tout comme ses causes d'interruption ou de suspension ont été remodelés dans le sens d'une plus grande sévérité. La loi n° 2017-242 du 27 février 2017 portant réforme de la prescription en matière pénale est en ce sens. Elle reprend les réflexions d'un rapport parlementaire de 2015, dénonçant « des règles confuses et incohérentes », qui ont été élaborées à l'origine pour préserver la paix sociale, mais surtout pour tenir compte du dépérissement des preuves au fil du temps. Ce dernier argument est en effet « devenu moins pertinent en raison de l'essor des preuves scientifiques ». Les évolutions en matière de preuve, « conjuguées à l'allongement de l'espérance de vie et à la modification des valeurs protégées socialement, expliquent que la société, le juge et le législateur admettent moins qu'auparavant l'oubli des infractions passées, en tout cas un oubli rapide, en particulier pour les infractions les plus graves »[13].

1. La durée du délai de prescription

246. Les délais de droit commun sont de vingt ans pour les crimes (dix avant la loi du 27 février 2017), six ans pour les délits (trois avant la loi du 27 février 2017) et d'un an pour les contraventions[14]. Il existe toutefois de nombreuses exceptions. Ainsi, les crimes contre l'humanité sont imprescriptibles. Les infractions de terrorisme, trafic de stupéfiants et association de malfaiteurs ayant pour objet de préparer l'une de ces infractions se prescrivent par trente ans pour les crimes et vingt ans pour les délits[15]. Les infractions sexuelles sur mineur de l'article 706-47 du Code de procédure pénale (ex : meurtre précédé de viol, proxénétisme, violences commises sur une victime mineure, ayant entraîné, soit une mutilation ou une infirmité permanente, soit une ITT de plus de huit jours) se prescrivent par vingt ans pour les crimes et dix ou vingt ans pour les délits. À l'inverse, ce sont parfois des délais plus brefs qui sont prévus. Les infractions de presse par exemple se prescrivent par trois mois. Mais les exceptions à ce délai réduit sont de plus en plus nombreuses. La loi du 9 mars 2004 portant adaptation de la justice aux évolutions de la criminalité a inséré un article 65-3 à la loi du 29 juillet 1881 sur la liberté de la presse, afin de porter à un an le délai de prescription de certains délits de provocation, de diffamation et d'injure. Depuis lors, la liste des infractions concernées n'a cessé de s'allonger. Plus récemment, la loi n° 2014-56 du 27 janvier 2014 visant à harmoniser les délais de prescription des infractions prévues par la loi sur la liberté de la presse du 29 juillet 1881 a modifié le texte afin que l'injure, la diffamation et la provocation à la haine soient soumises au même délai lorsqu'elles sont commises en raison du sexe, de l'orientation ou de l'identité sexuelle ou du handicap.

2. Le point de départ du délai de prescription

247. En principe, le délai a pour point de départ le jour où l'infraction a été commise, c'est-à-dire le jour où tous les éléments constitutifs ont été réunis, encore que ce jour

13. Rapport d'information n° 2778 déposé l'Assemblée nationale le 20 mai 2015 par la commission des lois en conclusion des travaux d'une mission d'information sur la prescription en matière pénale par les députés Alain Tourret et Georges Fenech.
14. Le délai se compte par échéance consécutive de mois ou d'années et non par jours.
15. Art. 706-31 CPP.

ne soit pas compté dans le délai[16]. Pour les *infractions instantanées*, ce principe ne pose pas de difficulté puisqu'elles sont réalisées en un trait de temps (ex : le vol ou le meurtre). Si la commission de ces infractions nécessite la succession de plusieurs actes (ex : le délit d'escroquerie ou de trafic d'influence), la jurisprudence décide que chaque acte d'exécution renouvelle l'infraction et marque ainsi le point de départ d'un nouveau délai de prescription. De même, l'infraction de résultat (ex : les blessures et homicide involontaires) se prescrit à compter de l'apparition du résultat. Pour les *infractions d'habitude*, la prescription commence à courir à compter du dernier acte constituant l'habitude, même si cet acte est séparé du précédent par le temps de la prescription. Pour les *infractions continues*, la prescription commence lorsque l'état délictueux a pris fin dans tous ses éléments. Par exemple, la prescription du recel de chose commence à courir à compter de la fin de la détention de la chose ; celle d'une construction illégale, de la date d'achèvement de l'ensemble des travaux.

248. Le point de départ du délai de prescription peut poser problème s'agissant des *infractions commises par la voie d'Internet*. Pour prendre en compte cette difficulté, le législateur avait imaginé – dans la rédaction initiale de la loi du 21 juin 2004 pour la confiance dans l'économie numérique – que les infractions de presse commises sur Internet puissent se prescrire, non pas à compter de la date de la publication, mais à compter de la date de cessation de la communication en ligne. Le Conseil constitutionnel a censuré cette situation d'inégalité entre la presse écrite et la presse en ligne, au motif qu'elle constituait une différence de traitement excessive au regard de l'objectif de lutte contre les délits de presse[17]. Comme les infractions instantanées de droit commun, les infractions commises par la voie d'Internet se prescrivent donc à compter de la date de leur première publication sur la toile. Ainsi pour la chambre criminelle de la Cour de cassation, « lorsque des poursuites pour diffamation et injures publiques sont engagées à raison de la diffusion, sur le réseau Internet d'un message figurant sur un site, le point de départ du délai de prescription de l'action publique doit être fixé à la date du premier acte de publication. Cette date est celle à laquelle le message a été mis pour la première fois à la disposition des utilisateurs du réseau »[18]. La Cour de cassation a étendu cette règle à l'ensemble des infractions prévues par la loi de 1881[19]. Toutefois, la Haute juridiction considère que l'insertion, dans un article mis en ligne sur Internet, d'un lien hypertexte permettant d'accéder directement à un contenu déjà diffusé, constitue un nouvel acte de publication du texte initial faisant à nouveau courir le délai de prescription prévu par l'article 65 de la loi du 29 juillet 1881[20]. De la même manière, une nouvelle mise en ligne d'un article diffamatoire sur un site internet, celui-ci étant réactivé après avoir été désactivé,

16. En principe et sauf disposition contraire de la loi, le jour de la commission de l'infraction n'est pas compris dans le délai (*dies a quo non computatur in termino*) et le délai n'est expiré qu'à la fin du dernier jour (*dies ad quem*) ; v. Cass. crim., 1er févr. 1993, *Bull.* n° 53 ; plus récemment, Cass. crim., 7 juin 2006, *Bull.* n° 161.

17. Cons. const., 10 juin 2004, n° 2004-496 DC.

18. Cass. crim., 30 janv. 2001, n° 00-83004. Comp. Cass. crim., 17 janv. 2006, n° 05-86451, *Bull. crim.* n° 21, à propos du délit de publicité interdite en faveur du tabac, et non d'un délit de presse, où la chambre criminelle décide que, diffusée par Internet, l'infraction est continue, de sorte que sa prescription ne commence à courir qu'à compter de son retrait du site émetteur.

19. Cass. crim., 19 sept. 2006, n° 05-87230, CCE 2006, comm. 162, obs. A. Lepage.

20. Cass. crim., 26 mai 2014, n° 15008 ; Cass. crim., 2 nov. 2016, n° 15-87163.

constitue une reproduction, constitutive d'une publication nouvelle du texte en cause, qui fait courir un nouveau délai de prescription de l'action publique[21].

249. En outre, le point de départ de la prescription est parfois reporté à une date postérieure à la commission de l'infraction. Un tel report peut être d'origine légale (ex: jour du jugement d'ouverture de la procédure de redressement ou de liquidation pour le délit de banqueroute, majorité de la victime pour certaines infractions sexuelles, jour où l'infraction apparaît à la victime dans des conditions permettant l'exercice de l'action publique pour l'abus de faiblesse commis contre une personne vulnérable), et jusqu'à la loi du 27 février 2017 portant réforme de la prescription en matière pénale, il pouvait être aussi d'origine jurisprudentielle. Ainsi la jurisprudence reportait-elle le point de départ de la prescription des *infractions commises clandestinement*, pour le fixer soit au moment où l'infraction avait pu être constatée (ex: lorsque le délinquant a empêché la victime ou le ministère public d'établir l'infraction d'abus de confiance[22], d'abus de biens sociaux[23], de trafic d'influence[24], de favoritisme[25]...), soit au jour de la dernière remise (ex: pour des fonds escroqués[26]), du dernier acte d'exécution du contrat (ex: en matière d'abus de faiblesse[27]) ou du dernier usage (ex: en matière d'usage de faux[28]). En outre, la jurisprudence reportait le point de départ de la prescription à l'égard des *infractions clandestines par nature*, comme le délit de tromperie[29]. Mais ces règles jurisprudentielles faisaient l'objet de critiques, en ce qu'elles conduisaient parfois à rendre une infraction imprescriptible[30]. Pour tenir compte de ces critiques, la loi du 27 février 2017 consacre le report du point de départ du délai de prescription pour les infractions dites occultes ou dissimulées « à compter du jour où l'infraction est apparue et a pu être constatée dans des conditions permettant la mise

21. Cass. crim., 7 févr. 2017, n° 15-83439.
22. Cass. crim., 4 janv. 1935, *Gaz. Pal.* 1935. I. 353; et plus récemment, Cass. crim., 7 mai 2002, *Bull.* n° 107: « En matière d'abus de confiance, le point de départ de la prescription doit être fixé au jour où le délit est apparu et a pu être constaté ».
23. En matière d'abus de biens sociaux, si le point de départ du délai de prescription court en principe à compter de la présentation des comptes annuels, il peut être repoussé, en cas de dissimulation, au jour où l'infraction a été découverte dans des conditions permettant l'exercice de l'action publique (Cass. crim. 13 janv. 1970, *D.* 1970. 345, note J.M.R.). De plus, lorsque le délit se traduit une succession d'actes, comme des versements de salaires dans le cas d'un emploi fictif, la jurisprudence décide que l'infraction se renouvelle lors de chacune de ces exécutions (donc à chacun des paiements).
24. Cass. crim., 19 mars 2008, *Bull.* n° 71.
25. Cass. crim., 17 déc. 2008, *Bull.* n° 261.
26. Cass. crim., 7 janv. 1944, *D.* 1944, p. 47.
27. Cass. crim., 27 mai 2004, *Bull.* n° 141.
28. Cass. crim., 15 nov. 1973, *Bull.* n° 422.
29. Cass. crim., 7 juill. 2005, *Bull.* n° 206; *Rev. sc. crim.* 2006, p. 84, obs. C. Ambroise-Castérot; *JCP* 2005. II. 10143, note J. Leblois-Happe; *Dr. pénal* 2005, comm. 132, obs. J.-H. Robert: « si la tromperie est une infraction instantanée, elle n'en constitue pas moins un délit clandestin par nature, en ce qu'il a pour but de laisser le contractant dans l'ignorance des caractéristiques réelles d'un produit ».
30. Pour tenir compte de ces critiques à propos de nombreuses infractions d'affaire, et en particulier le délit d'abus de biens sociaux, le rapport Coulon sur la dépénalisation de la vie des affaires suggère de figer le point de départ en contrepartie d'un allongement du délai (à dix ou à sept ans). Il en est de même du rapport d'information de J.-J. Hyest, H. Portelli, R. Yung, *Pour un droit de la prescription moderne et cohérent, Rapport d'information n° 338* déposé au nom de la commission des lois du Sénat le 20 juin 2007. En revanche, l'Assemblée plénière de la Cour de cassation a refusé le renvoi d'une QPC considérant que la prescription n'est fondée sur aucun principe fondamental, ni aucune règle de valeur constitutionnelle, et que les règles relatives à son point de départ et à l'incidence de la connexité satisfont au principe de prévisibilité, en ce qu'elles « sont anciennes, connues, constantes et reposent sur des critères précis et objectifs » et qu'elles sont conformes au principe de légalité, dès lors qu'est assuré le droit à un recours effectif devant une juridiction (Cass., Ass. plén., 20 mai 2011, 4 arrêts, n° 11-90025, n° 11-90032, n° 11-90033, n° 11-90042).

en mouvement ou l'exercice de l'action publique », mais tout en prévoyant un « délai butoir » de douze ans en matière délictuelle et de trente ans en matière criminelle, énoncé de la manière suivante : « sans toutefois que le délai de prescription puisse excéder douze années révolues pour les délits et trente années révolues pour les crimes à compter du jour où l'infraction a été commise »[31]. Et la loi nouvelle précise ce qu'il convient d'entendre par infraction « occulte » ou « dissimulée » : la première est celle « qui, en raison de ses éléments constitutifs, ne peut être connue ni de la victime ni de l'autorité judiciaire » ; et la seconde, celle « dont l'auteur accomplit délibérément toute manœuvre caractérisée tendant à en empêcher la découverte ».

3. *L'interruption de la prescription*

250. L'interruption de la prescription efface le temps écoulé avant sa survenance et fait courir un nouveau délai identique au premier à compter du lendemain du jour de l'acte interruptif. L'effet interruptif s'étend à toutes les infractions connexes, aux coauteurs et aux complices, même si ces derniers ne sont pas visés par l'acte de procédure ou la décision de justice qui interrompt la prescription. Or, la jurisprudence retient une conception extensive de la connexité, puisqu'elle considère que les cas visés par l'article 203 du Code de procédure pénale ne sont pas limitatifs et que les effets de ce texte « s'étendent aux cas dans lesquels il existe, entre les faits, des rapports étroits, analogues à ceux que la loi a spécialement prévus »[32].

251. Avant la loi du 27 février 2017 portant réforme de la prescription en matière pénale, l'article 7, alinéa 1er, du Code de procédure pénale visait comme acte interruptif de prescription tout « acte d'instruction ou de poursuite ». De cette formule restrictive, la Cour de cassation faisait toutefois une interprétation extensive pour considérer que les actes de poursuites pouvaient émaner aussi bien du ministère public (ex : citation directe, réquisitoire introductif ou définitif) que de la partie lésée (ex : citation directe, constitution de partie civile devant la juridiction d'instruction). La jurisprudence assimilait aussi à un acte de poursuite le « soit-transmis », par lequel le procureur de la République transmet une procédure à la police judiciaire, à une administration ou à un autre magistrat[33]. De plus, pour la jurisprudence, il fallait entendre par acte d'instruction ou de poursuite pouvant interrompre la prescription de l'action publique « ceux qui ont pour objet de constater les délits et d'en découvrir ou d'en convaincre les auteurs »[34]. Ainsi, malgré leur caractère officieux, les actes de l'enquête préliminaire étaient également interruptifs de prescription[35]. Mais la loi du 27 février 2017 a clarifié la formulation de la loi. Désormais, un article 9-2 du Code de procédure pénale dresse la liste des actes interruptifs de prescription : 1°) Tout acte, émanant du ministère public ou de la partie civile, tendant à la mise en mouvement de l'action

31. Art. 9-1 CPP.
32. Cass. crim., 15 janv. 1990, *Bull.* n° 22.
33. Cass. crim., 20 févr. 2002, n° 01-85042, pour un soit-transmis adressé à la direction sociale de l'aide à l'enfance afin de s'informer sur le sort de certaines victimes ; 28 juin 2005, n° 05-80307 pour un soit-transmis envoyé à l'administration des affaires maritimes afin de recueillir l'avis de cette administration sur la réglementation applicable. Même solution dans le cas d'une demande d'avis, adressée par le parquet à la direction régionale de l'équipement, dans le cadre d'infractions à la législation sur les transports (Cass. crim., 12 déc. 2012, n° 12-80707).
34. Cass. crim., 9 mai 1936, *DH* 1936, 333.
35. Cass. crim., 15 avr. 1937, *S.* 1938. 1. 233, note HuguENEY.

publique ; 2°) Tout acte d'enquête émanant du ministère public, tout procès-verbal dressé par un officier de police judiciaire ou un agent habilité exerçant des pouvoirs de police judiciaire tendant effectivement à la recherche et à la poursuite des auteurs d'une infraction ; 3°) Tout acte d'instruction accompli par un juge d'instruction, une chambre de l'instruction ou des magistrats et officiers de police judiciaire par eux délégués, tendant effectivement à la recherche et à la poursuite des auteurs d'une infraction ; 4°) Tout jugement ou arrêt, même non définitif, s'il n'est pas entaché de nullité. La liste de l'article 9-2 n'est toutefois pas exhaustive. Elle laisse donc persister des causes spéciales d'interruption, telles que celle qui concerne, les actes relatifs à la mise en œuvre d'une procédure de composition pénale[36], et celle relative à la mise en œuvre ou l'exécution d'une transaction[37].

4. La suspension de la prescription

252. La suspension de la prescription de l'action publique est la traduction en procédure pénale de la maxime civiliste « *contra non valentem agere non currit praescriptio* »[38]. *Le délai de la prescription est ainsi prorogé.* Dès que la cause de suspension cesse, la prescription reprend son cours. Le délai qui avait été suspendu est repris là où on l'avait laissé. Jusqu'à la loi du 27 février 2017, la suspension n'était prévue que dans des cas particuliers. Par exemple, selon l'article 41-1 du Code de procédure pénale, la procédure du classement sous condition suspend la prescription de l'action publique. De même, et selon l'article 67 de la Constitution, « les instances et procédures auxquelles l'immunité du président de la République fait obstacle peuvent être reprises ou engagées contre lui à l'expiration d'un délai d'un mois suivant la cessation des fonctions ». Il en résulte une suspension de la prescription de l'action publique, qui ne reprend son cours qu'un mois après la cessation des fonctions du président[39].

253. Malgré le caractère restrictif de l'article 6 du Code de procédure pénale, la jurisprudence considérait toutefois qu'il pouvait y avoir suspension de la prescription dans l'hypothèse d'un obstacle de droit ou de fait à l'exercice des poursuites. Par exemple, il y a impossibilité de droit en cas de constitution de partie civile jusqu'au versement de la somme demandée à titre de consignation[40], et il y a impossibilité de fait en cas d'invasion du territoire[41]. Mais l'obstacle devait alors être absolu[42] ou insurmontable[43]. En particulier, lorsqu'il était de fait, l'obstacle n'était que très exceptionnellement retenu en jurisprudence. Fidèle à cette conception restrictive de l'obstacle factuel, la Cour de cassation a ainsi récemment refusé de suspendre le délai de prescription du crime de viol sur mineur de quinze ans en raison de l'amnésie traumatique de la jeune victime[44]. Mais l'Assemblée plénière de la Cour de cassation s'est prononcée en faveur de la suspension du délai de prescription s'agissant d'infanticides

36. Art. 41-2 CPP.
37. Art. 44-1 CPP.
38. « La prescription ne court pas contre celui qui a été empêché ».
39. Cass., Ass. plén., 10 oct. 2001, *Bull.* n° 206.
40. Cass. crim., 7 sept. 1999, *Bull.* n° 181.
41. Cass. crim., 1er août 1919, D. 1922, I, 49.
42. Cass. crim., 3 mai 1993, n° 92-81728, *Bull. crim.* n° 162.
43. Cass. crim., 8 août 1994, n° 93-84847, *Bull. crim.* n° 288 ; *RSC* 1995. 125, obs. J.-P. Dintilhac.
44. Cass. crim., 18 déc. 2013, n° 13-81129.

dissimulés[45]. Cette solution aboutit concrètement à repousser le point de départ de la prescription du crime de meurtre, lequel ne ressort pourtant pas de la catégorie des infractions clandestines par nature[46]. Elle est pourtant consacrée par la loi du 27 février 2017 portant réforme de la prescription en matière pénale. Désormais, le nouvel article 9-3 du Code de procédure pénale prévoit que « Tout obstacle de droit, prévu par la loi, ou tout obstacle de fait insurmontable et assimilable à la force majeure, qui rend impossible la mise en mouvement ou l'exercice de l'action publique, suspend la prescription ». Cette formulation, un peu complexe du fait de sa référence à la force majeure, cherche à combiner les solutions jurisprudentielles en matière de prescription et celles relatives aux voies de recours[47]. En effet, lorsqu'une personne dispose d'un délai pour exercer une voie de recours, la Haute juridiction affirme que le recours peut être exercé hors délai « lorsqu'en raison d'un obstacle invincible assimilable à la force majeure [l'auteur du recours] s'est trouvé dans l'impossibilité absolue » d'agir[48].

DÉCRYPTAGE : APPLICATION DANS LE TEMPS DE LA LOI PORTANT REFORME DE LA PRESCRIPTION

Les lois relatives à la prescription sont d'application immédiate, même si elles ont pour effet d'aggraver le sort de l'intéressé[49]. La loi du 27 février 2017 est donc applicable à des infractions commises avant son entrée en vigueur dès lors qu'elles ne sont pas encore prescrites. S'agissant des prescriptions en cours le 1er mars 2017, date d'entrée en vigueur de la loi, les nouveaux délais de prescription, bien que plus sévères, se substituent aux anciens.

Mais le législateur a pris la précaution d'introduire une disposition transitoire. Ainsi l'article 4 de la loi précise que celle-ci « ne peut avoir pour effet de prescrire des infractions qui, au moment de son entrée en vigueur, avaient valablement donné lieu à la mise en mouvement ou à l'exercice de l'action publique à une date à laquelle, en vertu des dispositions législatives alors applicables et conformément à leur interprétation jurisprudentielle, la prescription n'était pas acquise ».

L'introduction de cette disposition transitoire était nécessaire en raison des nouvelles règles relatives au « délai butoir », qui s'appliquent aux infractions occultes et dissimulées. Il n'était pas envisageable en effet que l'application immédiate de ces règles puisse conduire à la prescription de ces infractions dans les hypothèses où les poursuites auraient été engagées plus de douze ou plus de trente ans après les faits. La nouvelle loi ne s'applique donc qu'aux infractions occultes ou dissimulées découvertes après son entrée en vigueur. Ainsi, un délit occulte ou dissimulé

45. Cass., Ass. plén., 7 nov. 2014, n° 14-83739, aff. *Cottrez*, *D.* 2014. 2498, note R. Parizot ; *AJ pénal* 2015. 36, note A. Darsonville ; *RSC* 2014. 777, obs. Y. Mayaud, 803, obs. D. Boccon-Gibod, et 2015. 121, obs. A. Guidicelli : la prescription « est suspendue en cas d'obstacle insurmontable à l'exercice des poursuites » : en effet, « les grossesses de Mme… masquées par son obésité ne pouvaient être décelées par ses proches, ni par les médecins consultés pour d'autres motifs médicaux, (…) les accouchements ont eu lieu sans témoins (…) ».
46. V. *supra* n° 249.
47. E. Vergès, La prescription de l'action publique rénovée. À propos de la loi n° 2017-242 du 27 févr. 2017 portant réforme de la prescription en matière pénale, RSC 2017, p. 91.
48. Cass. Crim. 24 mars 1998, n° 97-83.961 ; 27 oct. 2004, n° 04-85.037, RSC 2005. 103, obs. A. Giudicelli ; 12 oct. 2009, n° 09-82.946, AJ pénal 2010. 87, obs. M. Herzog-Evans.
49. Art. 112-2 C. pén.

qui est découvert plus de douze ans après sa commission mais qui a donné lieu, avant l'entrée en vigueur de la loi, à une plainte avec constitution de partie civile, un réquisitoire introductif ou une saisine d'une juridiction de jugement, ne peut pas être considéré comme prescrits.

B. LES AUTRES CAUSES D'EXTINCTION

1. Les causes particulières à certaines infractions

254. *Le désistement* (retrait de la plainte par la victime) est, par exception, une cause d'extinction de l'action publique, dans les hypothèses où la plainte de la victime constitue le préalable nécessaire à l'exercice de l'action publique (ex : atteinte à l'intimité de la vie privée, diffamation...). Mais en tout état de cause, l'accord de la partie civile sur l'indemnisation n'éteint pas l'action publique. Seule l'action civile se trouve éteinte après paiement de l'indemnisation.

255. *La transaction* est une cause d'extinction de l'action publique dans les cas où la loi le prévoit expressément. Ainsi par exemple, pour les contraventions qui sont commises au préjudice de la commune au titre de l'un de ses biens, le maire peut, tant que l'action publique n'a pas été mise en mouvement, proposer au contrevenant une transaction consistant en la réparation de ce préjudice[50]. De même, en matière de discrimination, une procédure de transaction peut être proposée par le défenseur des droits à la personne mise en cause. Cette transaction peut être de nature civile (indemniser la victime), mais elle peut aussi consister dans le versement d'une « amende transactionnelle »[51]. L'article L. 470-4-1 du Code de commerce prévoit que, pour les délits relevant des pratiques commerciales prohibées et anticoncurrentielles ne faisant pas encourir une peine d'emprisonnement et pour les contraventions, l'autorité administrative chargée de la concurrence et de la consommation peut transiger après accord du procureur de la République, tant que l'action publique n'a pas été mise en mouvement. En matière d'infraction à l'environnement, la procédure transactionnelle est généralisée. L'autorité administrative peut, tant que l'action publique n'a pas été mise en mouvement, transiger avec les personnes physiques et les personnes morales sur la poursuite des contraventions et délits prévus et réprimés par le Code de l'environnement[52]. Plus récemment, la loi n° 2014-896 du 15 août 2014 a introduit un nouvel article 41-1-1 au sein du Code de procédure pénale, pour permettre à un officier de police judiciaire de proposer à l'auteur des faits, pour certaines infractions, une transaction pénale, consistant dans le versement d'une amende qui éteint l'action publique. La liste des infractions concernées est importante. Il s'agit des contraventions prévues par le Code pénal, lorsque l'action publique n'est pas déjà éteinte par le paiement d'une amende forfaitaire ; mais aussi des délits prévus par le Code pénal et punis « seulement » d'une peine d'amende ou punis d'un an au plus, à l'exception du délit d'outrage. Ainsi par exemple, le vol

---

50. Art. 44-1 CPP.
51. Art. 28 L. org. 29 mars 2011 ; art. D 1-1 CPP.
52. Art. L. 173-12 C. env.

simple, lorsque la valeur de la chose volée est inférieure ou égale à 300 euros, et le délit d'usage illicite de stupéfiants, peuvent faire l'objet d'une telle transaction. Dans toutes ces hypothèses, l'officier de police judiciaire fait une proposition de transiger à l'auteur des faits, sur autorisation du procureur de la République[53]. En fonction des circonstances et de la gravité de l'infraction, de la personnalité et de la situation de l'auteur, il fixe le montant de l'amende transactionnelle, qui ne peut excéder le tiers de l'amende encourue. Éventuellement, l'amende est complétée d'une obligation pour l'auteur de réparer le dommage causé par l'infraction. Après acceptation par l'auteur des faits de la proposition, la transaction est homologuée par le président du tribunal de grande instance ou le magistrat délégué par lui. Mais ce n'est qu'après exécution des mesures par l'intéressé que l'action publique est éteinte. Enfin, la loi n° 2016-1691 du 9 décembre 2016 relative à la transparence, à la lutte contre la corruption et à la modernisation de la vie économique, dite « loi Sapin II », a introduit un nouvel article 41-1-2 au Code de procédure pénale, permettant au procureur de la République de conclure une « convention judiciaire d'intérêt public » avec une personne morale mise en cause pour l'une des infractions d'atteinte à la probité énumérée par la loi, un délit de blanchiment de fraude fiscale, ou une infraction connexe, hormis la fraude fiscale, en raison de ses particularités procédurales. Ici encore, proposition de transiger est faite à la personne, avec notamment le paiement d'une amende d'intérêt public dont le montant est proportionné aux avantages tirés des manquements constatés dans la limite de 30 % du chiffre d'affaires moyen annuel de la personne morale. En cas d'accord, le procureur de la République saisit par requête le président du tribunal de grande instance aux fins de validation[54]. Durant l'exécution de la convention, la prescription de l'action publique est suspendue. Une fois les obligations prévues par la convention exécutées, elle est éteinte.

256. *Le paiement d'une amende forfaitaire*[55] ou *l'exécution d'une composition pénale*[56] sont également des causes d'extinction de l'action publique.

2. Les causes générales

257. Sont des causes générales d'extinction de l'action publique : le décès de la personne poursuivie ; l'abrogation de la loi pénale, l'amnistie et l'autorité de la chose jugée[57].

53. Mais la transaction ne peut être conclue « sans que la personne suspectée d'avoir commis une infraction ait été informée de son droit à être assistée de son avocat avant d'accepter la proposition qui lui est faite », aux termes d'une réserve d'interprétation du conseil constitutionnel (Cons. Const. 23 sept. 2016, n° 2016-569 QPC). En outre, la procédure de transaction ne reposant pas « sur l'accord libre et non équivoque de l'auteur des faits, qui implique, notamment, la complète connaissance, par l'intéressé, de la nature des faits reprochés et de leur qualification juridique », le Conseil d'état a invalidé une partie du décret n° 2015-1272 du 13 oct. 2015, pris pour l'application du dispositif (CE 24 mai 2017, req. n°s 395321 et 395509).
54. Art. R 15-33-60-1 et s. CPP.
55. V. *infra* n° 296.
56. V. *infra* n° 267.
57. Pour être opératoire l'autorité de chose jugée suppose une unité d'objet (l'application d'une peine), de cause (les faits délictueux) et de parties (la partie poursuivante et le prévenu). V. *infra* n° 562.

Section 2
LA DÉCISION DE NE PAS METTRE EN MOUVEMENT L'ACTION PUBLIQUE

258. Le procureur de la République reçoit les plaintes et dénonciations et il apprécie la suite à leur donner (art. 40 CPP). Le principe de l'opportunité des poursuites laisse toute latitude au procureur de la République, qui peut tout à fait décider de ne pas déclencher les poursuites alors même que l'infraction est avérée. Il s'agira dans ce cas, soit de classer sans suite la procédure, soit de mettre en œuvre une procédure alternative aux poursuites.

I. LE CLASSEMENT SANS SUITE

259. Le choix du procureur de la République de ne pas poursuivre se traduit par une décision de classement sans suite. Le classement sans suite n'étant pas un acte juridictionnel (puisqu'il résulte d'une décision en opportunité, et non en légalité), la décision n'a pas l'autorité de la chose jugée. Ainsi, le procureur de la République peut, jusqu'à l'expiration du délai de prescription, revenir sur sa décision et exercer des poursuites, sans avoir à justifier de la survenance de faits nouveaux[58].

260. Les motifs d'un classement sans suite sont des plus divers. Ils tiennent soit à l'infraction (absence d'infraction ou infraction insuffisamment caractérisée), soit au défaut d'identification de l'auteur des faits, soit à des raisons d'opportunité (absence de préjudice, préjudice réparé, faible trouble à l'ordre public, personnalité de l'auteur de l'infraction).

261. Le classement sans suite est porté à la connaissance de la victime ou du plaignant identifiés, et des personnes visées à l'article 40, alinéa 2 du Code de procédure pénale (ex : fonctionnaire ayant dénoncé l'infraction). Le classement sans suite doit alors indiquer les raisons juridiques (ex : prescription de l'action publique) ou d'opportunité (ex : faible trouble à l'ordre public) qui le justifient[59].

262. Toute personne ayant dénoncé les faits peut former un recours contre la décision de classement auprès du procureur général qui peut enjoindre au procureur de la République d'engager des poursuites par instructions écrites et versées au dossier de la procédure. S'il estime le recours infondé, il doit en informer l'intéressé[60].

II. LES ALTERNATIVES AUX POURSUITES

263. Les alternatives aux poursuites, développées par la pratique, ont été consacrées par la loi n° 93-2 du 4 janvier 1993 à l'article 41-1 du Code de procédure pénale.

58. Cass. crim., 5 déc. 2012, *Bull.* n° 375.
59. Art. 40-2 al. 2 CPP.
60. Art. 40-3 CPP.

Pour élargir encore les possibilités, la loi du 23 juin 1999 renforçant l'efficacité de la procédure pénale est venue ajouter la composition pénale à l'article 41-2. Désormais, le dispositif est double, conditionnant le classement sans suite tantôt par une mesure d'accompagnement du délinquant, tantôt par une mesure de composition.

A. LE CLASSEMENT SOUS CONDITION DE L'ACCOMPAGNEMENT DU DÉLINQUANT

264. Le classement sous condition d'accompagnement du délinquant peut être décidé par le procureur de la République, préalablement à son appréciation sur l'opportunité des poursuites. Aux termes de l'article 41-1 du Code de procédure pénale, le procureur de la République peut opter pour certaines mesures qui lui apparaissent susceptibles d'assurer la réparation du dommage causé à la victime, de mettre fin au trouble résultant de l'infraction *ou* de contribuer au reclassement de l'auteur des faits. La liste de ces mesures est régulièrement allongée. Récemment, elle l'a été par la loi du 13 avril 2016 visant à renforcer la lutte contre le système prostitutionnel et à accompagner les personnes prostituées pour qu'un stage de sensibilisation à la lutte contre l'achat d'actes sexuels puisse être décidé. Ainsi,_le procureur de la République peut, préalablement à sa décision sur l'action publique, directement ou par l'intermédiaire d'un officier de police judiciaire, d'un délégué ou d'un médiateur du procureur de la République :

- Procéder au rappel auprès de l'auteur des faits des obligations résultant de la loi ;
- Orienter l'auteur des faits vers une structure sanitaire, sociale ou professionnelle (ex : stage de citoyenneté, stage de responsabilité parentale, stage de sensibilisation aux dangers de l'usage de produits stupéfiants, stage de sensibilisation à la sécurité routière, ou depuis la loi n° 2014-873 du 4 août 2014, stage de responsabilisation pour la prévention et la lutte contre les violences au sein du couple et sexistes, et depuis la loi du 16 avril 2016, un stage de sensibilisation à la lutte contre l'achat d'actes sexuels) ;
- Demander à l'auteur des faits de régulariser sa situation au regard de la loi ou des règlements ;
- Demander à l'auteur des faits de réparer le dommage résultant de ceux-ci ;
- Faire procéder, à la demande ou avec l'accord de la victime, à une mission de *médiation* entre l'auteur des faits et la victime, au cours de laquelle l'auteur des faits peut s'engager à verser des dommages et intérêts à la victime[61] ;
- En cas d'infraction commise soit contre son conjoint, son concubin ou son partenaire lié par un pacte civil de solidarité, soit contre ses enfants ou ceux de son conjoint, concubin ou partenaire, demander à l'auteur des faits de résider hors du domicile ou de la résidence du couple et, le cas échéant, de s'abstenir de paraître dans ce domicile

61. Depuis la loi n° 2014-873 du 4 août 2014, lorsque des violences ont été commises par le conjoint ou l'ancien conjoint de la victime, son partenaire lié par un pacte civil de solidarité ou son ancien partenaire, son concubin ou son ancien concubin, il n'est procédé à la mission de médiation que si la victime en a fait expressément la demande.

ou cette résidence ou aux abords immédiats de celui-ci, ainsi que, si nécessaire, de faire l'objet d'une prise en charge sanitaire, sociale ou psychologique[62].

265. Parmi ces mesures, celle de la médiation pénale est inspirée d'une pratique d'Amérique du Nord, où elle est utilisée par les procureurs afin de désengorger les tribunaux correctionnels[63]. La pratique ayant pris de l'ampleur en France au début des années 1990, une loi du 4 janvier 1993 l'a légalisée. Il s'agit de rapprocher les points de vue de l'auteur et de la victime en vue d'un accord et d'y amener l'auteur des faits à proposer une réparation des dommages causés. Aussi, le médiateur ne doit pas être le procureur, mais un tiers neutre[64]. Si un accord intervient, le procureur ou son médiateur en dresse un procès-verbal ; et si l'auteur des faits s'est engagé à verser des dommages et intérêts, la victime peut, avec ce procès-verbal, en demander le recouvrement suivant la procédure d'injonction de payer prévue par le Code de procédure civile[65]. Le dossier sera classé une fois les mesures exécutées. Cette forme de justice négociée est à rapprocher de la justice restaurative, inspirée du modèle des pays de la *common law*. La loi n° 2014-896 du 15 août 2014 relative à l'individualisation des peines et renforçant l'efficacité des sanctions pénales a consacré cette forme de justice, en créant un nouvel article 10-1 dans le Code de procédure pénale. Il y est prévu qu'un accord entre victime et auteur puisse intervenir à l'occasion de toute procédure pénale et à tous les stades de la procédure, y compris lors de l'exécution de la peine, sous réserve que les faits aient été reconnus. Il s'agit d'une justice consensuelle, qui prend prioritairement en considération le préjudice infligé à la victime, plutôt que la punition de la violation de la loi pénale. Les parties concernées par l'infraction décident donc en commun, sous le contrôle d'un tiers, de la manière dont il faut réagir aux conséquences de l'infraction.

266. Le prononcé de l'une des mesures de l'article 41-1 du Code de procédure pénale a pour effet de suspendre la prescription de l'action publique. Lorsque les mesures prescrites sont exécutées, le procureur de la République peut décider d'un classement sans suite, le dommage causé par l'infraction étant réparé. La procédure opère ainsi comme une sorte de classement sans suite sous condition. Ainsi, et même si la loi ne l'impose pas[66], la réussite de la médiation ou l'exécution des mesures seront en pratique suivies d'un classement... En cas d'inexécution, en revanche, le procureur de la République *doit* mettre en œuvre une procédure de composition pénale ou engager des poursuites.

62. Mais pour l'application de cette mesure, et depuis la loi n° 2014-873 du 4 août 2014, le procureur de la République recueille ou fait recueillir, dans les meilleurs délais et par tous moyens l'avis de la victime sur l'opportunité de demander à l'auteur des faits de résider hors du logement du couple. Sauf circonstances particulières, cette mesure est prise lorsque sont en cause des faits de violences susceptibles d'être renouvelés et que la victime la sollicite. Le procureur de la République peut préciser les modalités de prise en charge des frais afférents à ce logement pendant une durée qu'il fixe et qui ne peut excéder six mois.

63. M. Giacopelli, « La médiation en matière pénale en France : l'exemple de la médiation-réparation », *RPDP* 2006, p. 37.

64. Cf. art. R. 15-33-30 et s. CPP, fixant les conditions d'habilitation des délégués et des médiateurs du procureur de la République (personnes physiques ou associations).

65. Cass. civ. 1re, 10 avr. 2013, n° 12-13672.

66. Cass. crim., 21 juin 2011, *Bull.* n° 141.

B. LE CLASSEMENT SOUS CONDITION DE PUNITION (ART. 41-2 CPP)

267. Déjà en 1994, le législateur avait envisagé de permettre l'extinction de l'action publique après une procédure d'injonction pénale. Toutefois, l'absence d'intervention d'un magistrat du siège au cours de la procédure avait amené le Conseil constitutionnel à juger celle-ci contraire au principe de la séparation des autorités de poursuite et de jugement. La loi du 23 juin 1999 renforçant l'efficacité de la procédure pénale a repris l'idée, sous l'expression différente de composition pénale, tout en intégrant la jurisprudence constitutionnelle. Désormais consacrée à l'article 41-2 du Code de procédure pénale, la composition pénale est une forme de transaction, par laquelle le procureur de la République propose à la personne ayant reconnu sa culpabilité, d'effectuer certaines mesures présentant un caractère de sanction, sous couvert de validation par un magistrat du siège.

268. Plus précisément, tant que l'action publique n'a pas été mise en mouvement, le procureur peut proposer, directement ou par l'intermédiaire d'une personne habilitée (ex : un délégué du procureur de la République agissant dans une maison de justice et du droit ou un officier de police judiciaire), une composition pénale à toute personne physique – y compris le mineur de plus de treize ans – qui reconnaît avoir commis un délit puni d'une amende ou d'un emprisonnement inférieur ou égal à cinq ans ou bien une contravention[67]. La procédure n'est pas applicable en matière de délits de presse, de délits d'homicides involontaires ou de délits politiques.

269. L'article 41-2 du Code de procédure pénale prévoit un nombre important de mesures que le procureur peut prononcer de manière alternative ou cumulative, et auxquelles peut s'ajouter l'obligation de réparer le préjudice causé à la victime, lorsque celle-ci est identifiée. Ces mesures, augmentées au fil des réformes législatives, peuvent consister à :

- verser une amende de composition au Trésor public, dont le montant, fixé en fonction de la gravité des faits ainsi que des ressources et des charges de la personne, ne peut toutefois excéder le maximum de l'amende encourue ;
- se dessaisir au profit de l'État de la chose qui a servi ou était destinée à commettre l'infraction ou qui en est le produit ;
- remettre son véhicule, pour une période maximale de six mois, à des fins d'immobilisation ;
- remettre au greffe du tribunal de grande instance son permis de conduire, pour une période maximale de six mois, ou suivre un programme de réhabilitation et de sensibilisation comportant l'installation à ses frais d'un éthylotest anti-démarreur sur son véhicule, pour une période minimale de six mois et maximale de trois ans ;
- remettre au greffe du tribunal de grande instance son permis de chasser, pour une période maximale de six mois ;
- accomplir au profit de la collectivité, notamment au sein d'une personne morale de droit public ou d'une personne morale de droit privé chargée d'une mission de

67. Art. 41-2 et 3 CPP.

service public ou d'une association habilitées, un travail non rémunéré pour une durée maximale de soixante heures, dans un délai qui ne peut être supérieur à six mois ;
- suivre un stage ou une formation dans un service ou un organisme sanitaire, social ou professionnel pour une durée qui ne peut excéder trois mois dans un délai qui ne peut être supérieur à dix-huit mois ;
- ne pas émettre, pour une durée de six mois au plus, des chèques autres que ceux qui permettent le retrait de fonds par le tireur auprès du tiré ou ceux qui sont certifiés et ne pas utiliser de cartes de paiement ;
- ne pas paraître, pour une durée qui ne saurait excéder six mois, dans le ou les lieux dans lesquels l'infraction a été commise et qui sont désignés par le procureur de la République, à l'exception des lieux dans lesquels la personne réside habituellement ;
- ne pas rencontrer ou recevoir, pour une durée qui ne saurait excéder six mois, la ou les victimes de l'infraction désignées par le procureur de la République ou ne pas entrer en relation avec elles ;
- ne pas rencontrer ou recevoir, pour une durée qui ne saurait excéder six mois, le ou les coauteurs ou complices éventuels désignés par le procureur de la République ou ne pas entrer en relation avec eux ;
- ne pas quitter le territoire national et remettre son passeport pour une durée qui ne saurait excéder six mois ;
- accomplir, le cas échéant à ses frais, un stage de citoyenneté ;
- en cas d'infraction commise soit contre un conjoint, concubin ou partenaire lié par un pacte civil de solidarité, soit contre ses enfants ou ceux de son conjoint, concubin ou partenaire, résider hors du domicile ou de la résidence du couple et, le cas échéant, s'abstenir de paraître dans ce domicile ou cette résidence ou aux abords immédiats de celui-ci, ainsi que, si nécessaire, faire l'objet d'une prise en charge sanitaire, sociale ou psychologique ;
- accomplir, le cas échéant à ses frais, un stage de sensibilisation aux dangers de l'usage de produits stupéfiants, ou de sensibilisation à la lutte contre l'achat d'actes sexuels ;
- se soumettre à une mesure d'insertion professionnelle ou de mise à niveau scolaire soit auprès d'une personne morale de droit public, soit auprès d'une personne morale de droit privé chargée d'une mission de service public ou d'une association habilitées à mettre en œuvre une telle mesure ;
- se soumettre à une mesure d'injonction thérapeutique, lorsqu'il apparaît que l'intéressé fait usage de stupéfiants ou fait une consommation habituelle et excessive de boissons alcooliques.

270. La personne à qui est proposée une composition pénale est informée qu'elle peut se faire assister par un avocat avant de donner son accord. Lorsqu'elle accepte les mesures proposées, l'accord est constaté dans un procès-verbal, dont le procureur de la République saisit par requête le président du tribunal (correctionnel ou de police) aux fins de validation de la composition. Le magistrat du siège peut refuser la validation s'il estime les mesures proposées trop sévères ou trop clémentes par rapport à ce qui aurait pu être prononcé en cas de poursuites. La proposition du procureur devient alors caduque. Dans tous les cas, la décision du président du tribunal est notifiée à l'auteur des faits et, le cas échéant, à la victime. Elle n'est pas susceptible de recours.

271. L'exécution de la composition pénale éteint l'action publique, qui se trouve interrompue le temps de l'exécution. La composition pénale exécutée est inscrite au bulletin n° 1 du casier judiciaire. Mais elle n'a pas la nature juridique d'une condamnation pénale. Aussi, elle ne peut pas constituer le premier terme d'une récidive[68]. Si la personne n'accepte pas la composition pénale ou si, après avoir donné son accord, elle n'exécute pas intégralement les mesures décidées, le procureur de la République *doit* mettre en mouvement l'action publique.

272. L'ordonnance de validation de la composition n'a pas autorité de la chose jugée au civil. La composition pénale ne fait donc pas échec au droit de la partie civile de délivrer citation directe devant le tribunal correctionnel. Le tribunal, composé d'un seul magistrat exerçant les pouvoirs conférés au président, ne statue alors que sur les seuls intérêts civils. Dans un arrêt du 24 juin 2008, la chambre criminelle a considéré que les termes de l'ordonnance validant la composition pénale ne sont pas contraignants à l'égard de la partie civile. Dans l'hypothèse où elle s'estimerait lésée par les termes de la composition pénale, – procédure durant laquelle elle n'a pas pu faire valoir ses droits suivant les règles du procès équitable –, il lui est possible de délivrer citation directe pour qu'il soit statué sur ses seuls intérêts civils[69]. La victime a également la possibilité, lorsque l'auteur des faits s'est engagé à lui verser des dommages et intérêts, d'en demander le recouvrement suivant la procédure d'injonction de payer.

Section 3
LA DÉCISION DE METTRE EN MOUVEMENT L'ACTION PUBLIQUE

273. Une fois que l'action publique est mise en mouvement, le ministère public n'est plus libre d'en disposer. En effet, exercée au nom et pour le compte de la société, l'action publique est indisponible. Ainsi, le ministère public ne peut revenir sur sa décision et se désister, de même qu'il ne peut transiger avec le délinquant sur le devenir des poursuites. Sauf prévision contraire de la loi, le ministère public choisit librement le moyen par lequel il met en mouvement l'action publique. À cet égard, le législateur met à sa disposition un large éventail de possibilités, qui lui permettent de saisir soit un juge d'instruction, soit une juridiction de jugement sans recourir préalablement à une instruction préparatoire.

68. Cass. crim., 30 nov. 2010, n° 10-80460; Cass., avis, 18 janv. 2010, *Bull. avis* n° 1.
69. Cass. crim., 24 juin 2008, n° 07-87511.

I. LA SAISINE D'UNE JURIDICTION D'INSTRUCTION

274. Le ministère public peut *saisir la juridiction d'instruction* par un réquisitoire introductif d'instance, ou réquisitoire à fin d'informer ou de soit-informé, contre personne dénommée ou non dénommée[70]. L'instruction préparatoire est obligatoire en matière criminelle. Elle n'est en revanche qu'une faculté pour le procureur de la République dans tous les autres cas. Mais en fait, elle s'impose lorsque l'affaire est complexe ou lorsque l'auteur de l'infraction est inconnu (information contre X) ou en fuite (car il est nécessaire de lancer un mandat d'arrêt que seul le juge d'instruction peut signer). Le juge d'instruction saisi par un réquisitoire introductif ne peut refuser d'informer. Sa saisine est irrévocable. Ainsi, le ministère public ne peut plus renoncer aux poursuites ou même préférer saisir directement le tribunal.

II. LA SAISINE D'UNE JURIDICTION DE JUGEMENT

275. En dehors de la matière criminelle où l'instruction est obligatoire, le ministère public peut *saisir une juridiction de jugement* par différents mécanismes. La citation directe est un mécanisme classique de saisine (elle est aussi la seule voie dont dispose la partie civile pour saisir une juridiction de jugement)[71]. Mais la citation directe est aujourd'hui concurrencée par d'autres modes de saisine, plus rapides. Certains de ces modes de saisine laissent subsister l'audience de jugement, tandis que d'autres, qui sont utilisés pour des affaires vraiment simples, impliquent l'absence d'une audience.

A. LA CITATION DIRECTE

276. La citation directe est une assignation du prévenu par exploit d'huissier devant le tribunal correctionnel ou de police[72]. La citation directe peut être utilisée, lorsque le dossier est en état d'être jugé, pour tous les délits et pour toutes les contraventions. Elle doit être délivrée au moins dix jours avant la date de l'audience. Elle énonce le fait poursuivi et vise le texte de la loi qui le réprime. Elle indique le tribunal saisi, le lieu, l'heure et la date de l'audience, et précise la qualité de prévenu (la personne citée peut aussi être un tiers civilement responsable ou un témoin).

277. Par la citation, le prévenu est informé qu'il doit comparaître à l'audience en possession des justificatifs de ses revenus ainsi que de ses avis d'imposition ou de non-imposition, ou les communiquer à l'avocat qui le représente. Depuis la loi n° 2014-535 du 27 mai 2014 portant transposition de la directive du 22 mai 2012, relative au droit à l'information dans le cadre des procédures pénales, le prévenu est également informé qu'il peut se faire assister d'un avocat de son choix ou, s'il en fait la demande, d'un avocat commis d'office, dont les frais seront à sa charge sauf s'il remplit les conditions d'accès à l'aide juridictionnelle, et qu'il a la possibilité de

70. Art. 80 CPP.
71. V. *infra* n° 299.
72. Art. 390 et 550 CPP.

bénéficier, le cas échéant gratuitement, de conseils juridiques dans une structure d'accès au droit.

278. Mais un simple avertissement peut dispenser de la citation, à condition d'être suivi d'une comparution volontaire du prévenu. En effet, c'est cette comparution qui saisit la juridiction. Si le prévenu ne comparait pas, le tribunal, qui n'est pas saisi, ne peut statuer – même par défaut –, et le ministère public doit alors procéder à une citation directe[73]. Admise par le Code d'instruction criminelle en matière contraventionnelle, ce mode de saisine a été étendu aux délits par la jurisprudence[74]. Aujourd'hui, le Code de procédure pénale prévoit cette possibilité pour le tribunal de police (art. 532 CPP) et le tribunal correctionnel (art. 389 CPP). L'avertissement est notifié par le ministère public. Il indique l'infraction poursuivie et vise le texte de loi qui le réprime. L'avertissement peut être utilisé même à l'encontre d'un prévenu en détention provisoire. Mais le jugement doit alors constater le consentement de l'intéressé à être jugé sans citation préalable. Si le prévenu se présente libre, sa simple présence fait présumer son acceptation d'être jugé. En tout cas, l'avertissement ne vaut pas citation à personne. S'agissant d'un simple avis, il ne permet pas d'être sûr que l'intéressé a été touché.

B. LA SAISINE ACCÉLÉRÉE AVEC AUDIENCE

1. La convocation par officier de police judiciaire ou par procès-verbal

279. Le prévenu peut être convoqué devant la juridiction de jugement, sur instructions du procureur de la République, soit par un greffier ou un officier ou agent de police judiciaire, soit, si le prévenu est détenu, par le chef de l'établissement pénitentiaire[75]. Couramment appelée « *COPJ* », cette convocation peut être utilisée en matière de délits et de contraventions. Elle vaut citation à personne. Comme pour la citation, le délai entre la date de la convocation et celle de la comparution devant le tribunal est d'au moins dix jours.

280. La convocation est constatée par un procès-verbal signé par le prévenu qui en reçoit copie. Elle énonce le fait poursuivi, vise le texte de loi qui le réprime et indique le tribunal saisi, le lieu, la date et l'heure de l'audience. Elle précise, en outre, que le prévenu peut se faire assister d'un avocat de son choix ou, s'il en fait la demande, d'un avocat commis d'office, dont les frais seront à sa charge sauf s'il remplit les conditions d'accès à l'aide juridictionnelle, et qu'il a également la possibilité de bénéficier, le cas échéant gratuitement, de conseils juridiques dans une structure d'accès au droit. Elle indique enfin que le prévenu doit comparaître à l'audience en possession des justificatifs de ses revenus, ainsi que de ses avis d'imposition ou de non-imposition. Aux termes de l'article 390-1 du Code de procédure pénale, cette convocation vaut citation à personne, ce qui permettra de juger le prévenu par une décision réputée contradictoire.

73. Cass. crim., 26 avr. 1967, *RSC* 1967, p. 880, obs. J.-H. Robert.
74. Cass. crim., 18 juin 1925, S. 1926, I, 384.
75. Art. 390-1 CPP.

281. En matière correctionnelle, lorsque la personne placée en garde à vue a été déférée devant le procureur de la République, la saisine du tribunal peut aussi se faire par une *convocation par procès-verbal*[76]. Ce mode de saisine généralise à l'ensemble des délits, le procédé du « rendez-vous judiciaire » réservé à l'origine aux hypothèses de flagrant délit. Après lui avoir fait connaître les faits qui lui sont reprochés, et éventuellement recueilli ses déclarations, le procureur de la République invite la personne déférée à comparaître devant le tribunal, dans un délai qui ne peut être inférieur à dix jours – sauf renonciation expresse de l'intéressé en présence de son avocat –, ni supérieur à deux mois. Le procureur de la République informe la personne de son droit à l'assistance d'un avocat de son choix ou commis d'office. L'avocat peut consulter sur-le-champ le dossier et communiquer librement avec le prévenu. Dans le procès-verbal, dont la copie est remise sur le champ au prévenu, le procureur lui notifie les faits retenus à son encontre ainsi que le lieu, la date et l'heure de l'audience. Aux termes de l'article 394 du Code de procédure pénale, cette notification vaut elle aussi citation à personne.

282. À la suite d'une réserve émise par le Conseil constitutionnel à la conformité de ces règles[77], la loi du 27 mai 2014 portant transposition de la directive du 22 mai 2012 relative au droit à l'information dans le cadre des procédures pénales a modifié l'article 393 du Code de procédure pénale afin de mieux garantir les droits de la défense de la personne déférée. Désormais, le procureur de la République avertit la personne de son droit de faire des déclarations, de répondre aux questions qui lui sont posées ou de se taire. Après avoir, le cas échéant, recueilli les observations de la personne ou procédé à son interrogatoire, il entend, s'il y a lieu, les observations de l'avocat, portant notamment sur la régularité de la procédure, sur la qualification retenue, sur le caractère éventuellement insuffisant de l'enquête et sur la nécessité de procéder à de nouveaux actes.

283. Enfin, la convocation par procès-verbal n'autorise pas la détention du prévenu dans l'attente de sa comparution devant le tribunal. Mais si le procureur de la République estime nécessaire de soumettre le prévenu à une ou plusieurs obligations du contrôle judiciaire, ou de le placer sous assignation à résidence avec surveillance électronique, il le traduit sur-le-champ devant le juge des libertés et de la détention. Ce magistrat peut, après audition du prévenu, son avocat ayant été avisé et entendu en ses observations, s'il le demande, prononcer l'une de ces mesures. Cette décision est notifiée verbalement au prévenu et mentionnée au procès-verbal dont copie lui est remise sur-le-champ[78].

76. Art. 393 et s. CPP.
77. Cons. const., 6 mai 2011, QPC, n° 2011-125.
78. Art. 394 CPP.

2. *La comparution immédiate*

284. La comparution immédiate peut être mise en œuvre pour les délits flagrants si la peine maximale encourue est d'au moins six mois d'emprisonnement, ainsi que pour les délits non flagrants si la peine maximale encourue est d'au moins deux ans d'emprisonnement[79]. Elle permet de faire comparaître le prévenu immédiatement après sa présentation au procureur de la République. Jusqu'au moment de cette comparution – qui doit avoir lieu le jour même –, le prévenu est retenu dans les locaux de la juridiction, puis conduit sous escorte à l'audience. Si la réunion immédiate du tribunal est impossible, le procureur de la République peut saisir le juge des libertés et de la détention, en vue d'un éventuel placement en détention provisoire dans l'attente de la comparution devant le tribunal. Le prévenu doit alors comparaître au plus tard le troisième jour ouvrable suivant. À défaut, il est mis d'office en liberté. Le juge des libertés et de la détention peut aussi soumettre le prévenu, jusqu'à sa comparution devant le tribunal, à une ou plusieurs obligations du contrôle judiciaire ou le placer sous assignation à résidence avec surveillance électronique.

285. Devant le tribunal, le prévenu doit consentir à être jugé le jour même en présence de son avocat ou d'un avocat commis d'office. S'il n'y consent pas, ou si l'affaire n'apparaît pas en état d'être jugée, le tribunal renvoie à une prochaine audience qui doit avoir lieu dans un délai compris entre deux et six semaines. De plus, lorsque la peine encourue est supérieure à sept ans, le prévenu peut demander le renvoi à une audience ultérieure, qui devra avoir lieu dans un délai compris entre deux mois et quatre mois.

3. *La comparution sur reconnaissance préalable de culpabilité (CRPC)*

286. Introduite par la loi du 9 mars 2004 portant adaptation de la justice aux évolutions de la criminalité, la procédure de comparution sur reconnaissance préalable de culpabilité, encore appelée « plaider-coupable », a pour finalité de faire participer l'auteur par son aveu au processus judiciaire permettant une meilleure efficacité de la justice ainsi acceptée[80]. La juridiction de jugement n'est saisie ici qu'en vue de l'homologation d'un accord entre le procureur et le prévenu.

287. Le domaine d'application de la comparution sur reconnaissance de culpabilité a été considérablement élargi par la loi du 13 décembre 2011 relative à la répartition des contentieux et à l'allégement des procédures juridictionnelles. Désormais, la procédure peut être mise en œuvre pour tous les délits, quelle que soit la peine encourue[81], sauf les atteintes volontaires ou involontaires à l'intégrité des personnes, les agressions sexuelles punies d'une peine d'emprisonnement supérieure à cinq ans, les délits de presse, les délits d'homicides involontaires, les délits politiques et les délits dont

79. Art. 395 et s. CPP.
80. Art. 495-7 et s. CPP. Ces dispositions ont été jugées constitutionnelles en raison de l'assistance obligatoire de l'avocat tout au long de la procédure. Eu égard à cette garantie, le droit à un procès équitable n'est pas méconnu. En outre, l'article 9 de la Déclaration des droits de l'homme et du citoyen n'interdit pas à une personne de reconnaître librement sa culpabilité. Le juge du siège chargé de l'homologation n'étant lié ni par la proposition du procureur, ni par l'acceptation de la personne concernée, la procédure ne porte pas atteinte au principe de la présomption d'innocence.
81. Avant, seuls les délits punis d'une peine d'amende ou d'un emprisonnement inférieur ou égal à cinq ans.

la procédure de poursuite est prévue par une loi spéciale. Le « plaider-coupable » peut même être utilisé à l'issue d'une instruction, à la demande ou avec l'accord du procureur[82]. Mais la comparution sur reconnaissance de culpabilité n'est pas applicable aux mineurs.

288. Le procureur de la République peut recourir à cette procédure soit d'office, soit à la demande de l'intéressé ou de son avocat. Après que la personne a reconnu les faits qui lui sont reprochés, une proposition de peine lui est faite par le procureur de la République. Il peut s'agir d'une ou plusieurs des peines principales ou complémentaires encourues. Mais s'il s'agit d'une peine privative de liberté, celle-ci est obligatoirement inférieure ou égale à un an et ne peut en tout état de cause excéder la moitié de la peine d'emprisonnement encourue. Dans tous les cas, le procureur peut proposer le sursis ainsi que différentes mesures d'aménagement de la peine (surveillance électronique, semi-liberté, fractionnement de la peine...). Les déclarations par lesquelles la personne reconnaît les faits qui lui sont reprochés, et la proposition de peine du procureur de la République ne peuvent se faire qu'en présence de l'avocat, auquel la personne ne peut renoncer. L'avocat doit pouvoir consulter sur-le-champ le dossier et l'intéressé pouvoir librement s'entretenir avec lui, hors la présence du procureur de la République, avant de faire connaître sa décision. L'intéressé est avisé par le procureur de la République qu'il peut demander à disposer d'un délai de dix jours avant de faire connaître s'il accepte ou s'il refuse la ou les peines proposées (art. 495-8 CPP).

289. Si la proposition de peine est acceptée, la personne est aussitôt présentée devant le président du tribunal de grande instance (ou le juge délégué par lui), saisi par le procureur de la République d'une requête en homologation. Le président du tribunal entend la personne et son avocat. Après avoir vérifié la réalité des faits et leur qualification juridique, il peut décider d'homologuer les peines proposées par le procureur de la République. Il statue le jour même par ordonnance motivée. Si la personne refuse la ou les peines proposées ou si le président du tribunal rend une ordonnance de refus d'homologation, le procureur de la République saisit le tribunal correctionnel, ou requiert l'ouverture d'une information.

290. La mise en œuvre d'une CRPC n'interdit pas au procureur de la République de procéder simultanément à une convocation en justice par officier de police judiciaire, selon les modalités de l'article 390-1 du Code de procédure pénale[83]. La saisine du tribunal devient caduque si la personne accepte la ou les peines proposées dans le cadre de la procédure du « plaider-coupable » et si ces peines sont homologuées.

82. Art. 180-1 CPP.

83. Art. 495-15-1 CPP, créé par L. n° 2009-526 du 12 mai 2009 de simplification et de clarification du droit et d'allégement des procédures ; contra : Cass. crim., 4 oct. 2006, interdisant au procureur, ayant proposé une procédure de CRPC, de convoquer en même temps l'intéressé devant le tribunal correctionnel.

C. LA SAISINE ACCÉLÉRÉE SANS AUDIENCE

1. L'ordonnance pénale

291. Le procureur de la République peut décider de recourir à la procédure simplifiée de l'ordonnance pénale pour les contraventions (art. 524 CPP), ainsi que pour les délits limitativement énumérés par l'article 495 du Code de procédure pénale. Cette liste a toutefois été considérablement étendue par la loi du 13 décembre 2011 relative à la répartition des contentieux et à l'allégement des procédures juridictionnelles. Ainsi le vol simple, le recel, la filouterie, le détournement de gage, les destructions et dégradations de biens, la vente à la sauvette, le délit de fuite à l'occasion de la conduite d'un véhicule et plus globalement tous les délits prévus par le Code de la route, l'usage de stupéfiants, les délits en matière de chèques, l'occupation des espaces communs ou toits d'immeuble, la contrefaçon commise par Internet et pratiques anticoncurrentielles non punies d'une peine d'emprisonnement peuvent faire l'objet de cette procédure.

292. En matière délictuelle, plusieurs conditions doivent toutefois être cumulativement réunies, et l'ordonnance doit être motivée au regard de ces conditions : 1) il résulte de l'enquête de police judiciaire que les faits reprochés au prévenu sont simples et établis, que les renseignements concernant la personnalité, les charges et les ressources de celui-ci sont suffisants pour permettre la détermination de la peine ; 2) il n'apparaît pas nécessaire, compte tenu de la faible gravité des faits, de prononcer une peine d'emprisonnement ou une peine d'amende d'un montant supérieur à la moitié de celui encouru ; 3) le recours à cette procédure n'est pas de nature à porter atteinte aux droits de la victime. En outre, la procédure n'est pas applicable dans un certain nombre d'hypothèses : si le prévenu était âgé de moins de 18 ans au jour de l'infraction ; si la victime a fait directement citer le prévenu avant qu'ait été rendue l'ordonnance ; si le délit a été commis en même temps qu'un délit ou qu'une contravention pour lequel la procédure d'ordonnance pénale n'est pas prévue ; si les faits ont été commis en état de récidive légale.

293. En matière contraventionnelle, la procédure n'est pas applicable : 1) si la contravention est prévue par le Code du travail ; 2) si le prévenu, auteur d'une contravention de la cinquième classe, était âgé de moins de dix-huit ans au jour de l'infraction. Cette procédure ne peut plus être poursuivie lorsque la victime du dommage causé par la contravention a fait citer directement le prévenu avant qu'ait été rendue l'ordonnance.

294. Le ministère public qui choisit cette procédure simplifiée communique au président du tribunal correctionnel ou au juge du tribunal de police le dossier de la poursuite et ses réquisitions. Le président statue sans débat préalable par une ordonnance pénale portant relaxe ou condamnation à une amende ainsi que, le cas échéant, à une ou plusieurs des peines complémentaires encourues, ces peines pouvant être prononcées à titre de peine principale. Le montant maximal de l'amende pour les délits est de la moitié de celui de l'amende encourue, sans pouvoir excéder 5 000 euros. Le juge n'est pas tenu de motiver l'ordonnance pénale.

295. Dès qu'elle est rendue, l'ordonnance pénale est transmise au ministère public qui, dans les dix jours, peut soit former opposition par déclaration au greffe du tribunal, soit en poursuivre l'exécution. Cette ordonnance est portée à la connaissance du prévenu qui dispose d'un délai de quarante-cinq jours à compter de cette notification pour former opposition à l'ordonnance.

2. L'amende forfaitaire

296 L'action publique peut s'éteindre par le paiement d'une amende forfaitaire, qui est une procédure simplifiée, sans comparution, et sans même que la juridiction ne soit saisie. Il s'agit d'un choix du ministère public, qui peut aussi, alors même que la contravention entre dans le champ d'application de l'amende forfaitaire, exercer l'action publique dans les conditions de droit commun[84].

297. Cette procédure a été initialement réservée à la matière contraventionnelle, l'article 529 du Code de procédure pénale renvoyant à une liste fixée par décret en Conseil d'État. Cette liste des contraventions susceptibles de faire l'objet d'une telle procédure ne cesse de s'allonger (art. R. 48-1 CPP). Et si à l'origine, les contraventions des quatre premières classes seulement pouvaient y figurer, la procédure a été étendue en 2011 aux contraventions de la cinquième classe. Surtout, depuis la loi n° 2016-1547 du 18 novembre 2016 de modernisation de la justice du XXIe siècle, cette possibilité est étendue à la matière délictuelle, et notamment pour de nombreux délits routiers. Les nouveaux articles 495-17 à 495-25 du Code de procédure pénale décrivent cette nouvelle procédure, qui n'est toutefois pas applicable si le délit a été commis par un mineur ou en état de récidive légale ou si plusieurs infractions, dont l'une au moins ne peut donner lieu à une amende forfaitaire, ont été constatées simultanément.

298. Le paiement de l'amende forfaitaire peut se faire entre les mains de l'agent verbalisateur au moment de la constatation de l'infraction, ou auprès du service indiqué dans l'avis d'infraction dans les quarante-cinq jours qui suivent cette constatation. Dans ce délai, le contrevenant peut formuler une requête, auprès du ministère public, tendant à son exonération. À défaut de paiement ou d'une requête présentée dans les quarante-cinq jours, l'amende forfaitaire est majorée de plein droit et recouvrée au profit du Trésor public. Dans les trente jours de l'envoi de l'avis invitant le contrevenant à payer l'amende forfaitaire majorée, l'intéressé peut former auprès du ministère public une *réclamation* motivée. Au vu de la réclamation, le ministère public peut soit renoncer à l'exercice des poursuites, soit saisir le tribunal compétent (de police ou correctionnel). En cas de condamnation, l'amende prononcée ne peut être inférieure au montant de l'amende forfaitaire, ou même s'il y a lieu au montant de l'amende forfaitaire majorée[85]. Cette dernière règle a été déclarée conforme au principe d'individualisation des peines. Pour le Conseil constitutionnel, le juge conserve la possibilité de proportionner le montant de l'amende à la gravité de la contravention commise, à la personnalité de son auteur et à ses ressources, tout en restant dans les limites, d'une part, de l'amende forfaitaire, et, d'autre part, du maximum de l'amende encourue.

84. Cass. crim., 12 mars 2002, *Bull.* n° 61.
85. Art. 530-1 CPP ; art. 495-21 CPP.

BIBLIOGRAPHIE POUR ALLER PLUS LOIN

J. Leblois-Hape, « De la transaction pénale à la composition pénale », *JCP* 2000, I, 198.

A. Lepage, « La suspension, substitut ambigu du point de départ de la prescription pour cause de dissimulation de l'infraction », *JCP* 2015, I, 69.

A. Lepage et H. Matsopoulou, « La prescription de l'action publique entre pérennité et innovations. Présentation de la loi n° 2017-242 du 27 février 2017 portant réforme de la prescription en matière pénale », Droit pénal n° 5, mai 2017, dossier 1.

B. Pereira, « Justice négociée : efficacité répressive et droits de la défense ? », *D.* 2005, chron., 2041.

J.-B. Perrier, « La transaction pénale de l'article 41-1-1 du Code de procédure pénale. Bonne idée ou outil dangereux ? », *D.* 2014, chron. 2182 ; « La transaction pénale et les progrès du Conseil constitutionnel », D. 2016, chron. 2545.

C. Saas, « De la composition pénale au plaider-coupable : le pouvoir de sanction du procureur », *RSC* 2004, p. 827.

» Exercice corrigé

CAS PRATIQUE

SUJET : VOUS ÊTES PROCUREUR DE LA RÉPUBLIQUE, QUELLE EST VOTRE POSITION DANS LES QUATRE DOSSIERS QUI SUIVENT ?

Dossier n° 1 : Madame A adresse au procureur de la République un courrier de dénonciation. M. X, commerçant, minorerait depuis deux ans ses recettes soumises à la TVA.

Dossier n° 2 : Monsieur B se plaint de voir la façade de sa maison souillée de graffitis. Il connaît les auteurs de ces dégradations qu'il a dénoncés aux policiers. Une enquête a été ouverte. L'un des auteurs a reconnu les faits, le second a nié sa participation mais il est connu des services de police pour être coutumier de ce genre de faits. Une alternative aux poursuites est-elle envisageable ?

Dossier n° 3 : Monsieur C, chef d'entreprise, est soupçonné de diverses malversations et ses employés sont entendus par la police. Dans un procès-verbal du 30 juin 2015, Monsieur D révèle qu'il a été victime d'une escroquerie réalisée le 18 janvier 2015 par son employeur. L'aide juridictionnelle lui ayant été refusée le 11 février 2016, il n'a pas fait d'autre démarche depuis lors. L'action publique peut-elle être encore déclenchée ?

Dossier n° 4 : Une association de lutte contre le racisme dénonce une discrimination à l'embauche. Un piège a été tendu à un employeur, dont l'association a filmé les réactions en caméra cachée. L'association s'est déjà constituée partie civile par une lettre rédigée au juge d'instruction, au cas où le procureur de la République déciderait d'un classement sans suite.

CORRIGÉ

Dans ce cas pratique, il est demandé de se positionner en tant que *procureur de la République*. Les difficultés sont donc relatives au déclenchement de l'action publique, parfois combinée avec les règles de l'action civile.

Dossier n° 1 : Les faits sont constitutifs de fraude fiscale, délit prévu par l'article 1741 du Code général des impôts. En matière d'impôt direct et de TVA, la mise en mouvement de l'action publique suppose le dépôt d'une plainte par l'Administration des impôts, sur avis conforme de la Commission des infractions fiscales (art. L. 228 LPF). Mais la plainte préalable est une condition d'exercice de l'action publique, et non une condition de l'action publique elle-même. Saisi d'une plainte de l'Administration fiscale, le procureur de la République a plusieurs possibilités. Il peut donner suite à cette plainte soit en la classant, soit en ouvrant une information, soit en diligentant une enquête préliminaire.

Dossier n° 2 : Il s'agit de choisir la voie la plus opportune en fonction de la personnalité du délinquant. Le premier reconnaît les faits : si les faits sont qualifiés de délit (art. 322-1 al. 2 C. pén. pour les tags), la composition pénale semble la mesure la plus adaptée (art. 41-2 CPP). Elle permettra par exemple de demander au délinquant la réalisation d'une mesure de réparation pour pouvoir bénéficier d'un classement sans suite. Le second nie les faits mais est connu des services de police. Une alternative aux poursuites est également envisageable, mais il serait sans doute opportun de procéder préalablement à un rappel à la loi ou à une mesure de réparation du dommage causé à la victime (art. 41-1 CPP).

En outre, et depuis la loi du 15 août 2014, l'officier de police judiciaire peut proposer, sur autorisation du procureur de la République, une transaction, s'agissant d'un délit puni seulement d'une amende et d'une peine de travail d'intérêt général (art. 322-1 al. 2 C. pén. pour les tags). L'amende transactionnelle ne pourra excéder le tiers du montant de l'amende encourue. Le cas échéant, les coauteurs pourront être tenus de réparer le dommage résultant de l'infraction (art. 41-1-1 CPP).

Dossier n° 3 : Il s'agit de savoir si les faits à poursuivre ne sont pas prescrits. Depuis la loi du 27 février 2017, les délits se prescrivent par six ans (art. 8 CPP). La loi s'applique immédiatement, même si elle a pour effet d'aggraver le sort de la personne concernée (art. 112-2 4°CP). Puisque les faits ont été commis le 18 janvier 2015, ils sont en principe prescrits à compter du 18 janvier 2021 à minuit. Or deux actes sont intervenus sur cette période. Tout d'abord, une demande d'aide juridictionnelle : cet acte est sans incidence sur l'écoulement du délai de prescription, car il ne fait pas partie de la liste des causes d'interruption de l'article 9-1 du CPP. Même si cette liste n'est pas exhaustive, et même si la jurisprudence extensive antérieure à la loi de 2017 peut être reconduite, celle-ci n'a jamais pris en considération une demande d'aide juridictionnelle. Ensuite, c'est un procès-verbal d'audition de témoin qui est intervenu : celui-ci en revanche est interruptif (art. 9-2 2° CPP). Puisqu'il a eu lieu le 30 juin 2015, la prescription ne sera acquise qu'au 30 juin 2021. À compter de cette date, il n'est plus possible de déclencher des poursuites ou tout au moins de décider d'un acte d'enquête ayant un effet interruptif de la prescription.

Dossier n° 4: La première question posée est celle de la recevabilité de la preuve. Il s'agit d'une preuve par testing autorisée par l'article 225-3-1 du Code pénal en matière de discrimination. La seconde est relative à l'incidence d'une éventuelle constitution de partie civile de l'association. D'abord, le peut-elle? L'article 2-1 du Code de procédure pénale habilite les associations en ce qui concerne les discriminations, à condition toutefois qu'elle soit déclarée depuis au moins cinq ans, que ses statuts prévoit l'objet de la lutte contre les discriminations, et à condition qu'elle ait reçu l'accord de la personne victime individuellement. Si l'association souhaite déposer une plainte avec constitution de partie civile, elle est soumise en outre à une condition de délai à compter de son dépôt de plainte simple contre récépissé ou par lettre recommandée avec accusé de réception (art. 85 al. 2 CPP). Mais en tout état de cause, la menace de dépôt d'une plainte avec constitution de partie civile par l'association ne doit pas impressionner le procureur, qui reste maître de l'opportunité des poursuites.

LEÇON 7

L'action civile

299. L'action civile est une action en responsabilité civile, qui a pour objet la réparation du préjudice résultant directement de l'infraction (art. 2 CPP). Par opposition à l'action publique, qui est une action d'intérêt général exercée au nom et pour le compte de la société, l'action civile est une action d'intérêt privé appartenant à la victime. Quand une infraction a provoqué, en plus d'un trouble à l'ordre social, un préjudice corporel, matériel ou moral, la personne qui l'a éprouvé a le droit d'en demander réparation en exerçant une action, devant une juridiction civile, mais encore devant une juridiction pénale.

300. L'action civile permet à la victime de devenir partie au procès pénal et de bénéficier des droits de la défense. Dans une décision *Perez c/ France* du 12 février 2004, la Cour EDH a estimé que la partie civile ainsi constituée doit bénéficier des garanties inhérentes au procès équitable. Depuis quelques années, le législateur concède à la victime une place toujours plus importante dans le procès pénal. L'évolution est telle que les victimes apparaissent parfois comme de véritables accusateurs privés. Il est vrai que si en principe l'action civile doit tendre à obtenir une réparation pécuniaire, elle peut aussi n'avoir pas cette finalité. En effet, l'article 418 du Code de procédure pénale prévoit que « la partie civile *peut* à l'appui de sa constitution demander des dommages et intérêts ». C'est donc qu'elle peut aussi ne pas en demander. Depuis un arrêt *Randon* du 22 janvier 1953, la chambre criminelle considère que le droit d'obtenir réparation n'est pas une condition de recevabilité de l'action civile devant le juge pénal, une telle action pouvant très bien n'être motivée que « par le souci de corroborer l'action publique et de participer à la manifestation de la vérité ». L'action civile ne sert alors qu'à établir l'existence de l'infraction et la culpabilité du prévenu : elle « *corrobore l'action publique* »[1]. On parle parfois de l'aspect vindicatif de l'action civile.

301. En outre, l'exercice de l'action civile devant une juridiction pénale déclenche inévitablement l'action publique si celle-ci n'avait pas encore été mise en mouvement. La solution a été dégagée par la chambre criminelle dans l'arrêt *Laurent-Atthalin* du

1. L'art. L. 641-9 I C. com. a consacré cette notion pour le débiteur en liquidation judiciaire, qui « peut se constituer partie civile dans le but d'établir la culpabilité de l'auteur d'un crime ou d'un délit dont il serait victime ».

8 décembre 1906. Elle est désormais consacrée à l'article 1er du Code de procédure pénale. Ce déclenchement de l'action publique par l'action civile permet de vaincre éventuellement l'inertie du parquet. Lorsque les conditions de recevabilité de l'action civile sont remplies (Section 2), son exercice est donc une véritable garantie démocratique (Section 3). Les titulaires de cette action sont nécessairement limités (Section 1).

Section 1
LES TITULAIRES DE L'ACTION CIVILE

302. Parmi les titulaires de l'action civile, certains ont le pouvoir de déclencher l'action publique. D'autres n'ont pas la possibilité d'agir devant la juridiction pénale, même par voie d'intervention. Si la victime de l'infraction a une place privilégiée, d'autres titulaires ont des pouvoirs plus limités.

I. LA VICTIME

303. La victime de l'infraction a l'exercice et la disposition de l'action. Elle peut renoncer, transiger, se désister, acquiescer, et même céder son action à un tiers.

304. Pour pouvoir exercer l'action civile, il faut toutefois avoir la capacité d'ester en justice, ce qui pose difficulté pour certaines personnes physiques ou morales. Ainsi, lorsque la capacité d'exercice fait défaut, l'action civile doit être exercée par le représentant de la victime. Tel est le cas du majeur sous tutelle, frappé d'une incapacité totale d'exercice qui doit être représenté par son tuteur. De même, si le mineur émancipé exerce seul l'action civile, lorsqu'il n'est pas émancipé, il doit être représenté par ses représentants légaux (parents ou tuteur). Toutefois, lorsque ces représentants sont eux-mêmes les auteurs de l'infraction commise sur le mineur, le juge d'instruction ou le procureur de la République désignent un administrateur *ad hoc* qui exerce au nom de la victime mineure les droits reconnus à la partie civile[2].

305. S'agissant des personnes morales, l'action civile est exercée par la voie de leurs représentants. La capacité de jouissance leur est reconnue. Ainsi, les personnes morales de droit public peuvent exercer l'action publique au pénal, même pour un préjudice moral, alors que ce préjudice se distingue difficilement du trouble à l'ordre public défendu par le ministère public. La Cour de cassation a admis que l'État puisse se porter partie civile dans des poursuites pénales exercées contre certains de ses agents pour trafic d'influence et favoritisme au motif qu'il « éprouve un préjudice moral résultant du discrédit que le comportement des prévenus a jeté sur la fonction publique tout entière, et de l'affaiblissement de l'autorité de l'État qui en est résulté » et donc un « préjudice moral distinct de l'atteinte à l'intérêt social »[3].

2. Art. 706-50 CPP.
3. Cass. crim., 10 mars 2004, n° 02-85285.

306. Il est à noter que l'immunité pénale du président de la République, pendant l'exercice de son mandat, ne s'oppose pas à ce qu'il exerce une action civile en sa qualité de victime d'une infraction. Pour la Cour de cassation, « la seule signature des décrets de nomination des juges du siège par le président de la République ne crée pas de dépendance à son égard, puisque ceux-ci sont inamovibles et ne reçoivent ni pressions ni instructions dans l'exercice de leurs fonctions juridictionnelles »[4].

II. LES TIERS SUBROGÉS DANS LES DROITS DE LA VICTIME

307. De jurisprudence constante, l'action civile des créanciers de la victime est irrecevable faute de préjudice direct[5]. De la même manière, les cessionnaires d'une créance de la victime sont exclus du droit d'action civile. Mais l'action des tiers subrogés dans les droits de la victime est parfois admise. Il s'agit essentiellement des assureurs qui ont indemnisé la victime du préjudice causé par l'infraction. L'article 388-1 du Code de procédure pénale leur permet d'exercer l'action civile devant la juridiction répressive. Ils ne peuvent néanmoins exercer cette action que par la voie de l'intervention ou de la mise en cause. Ils ne peuvent donc déclencher les poursuites. En outre, cette possibilité est limitée par la loi aux hypothèses d'homicide et blessures involontaires, et devant la juridiction de jugement.

308. Peuvent encore intervenir au pénal, si la victime elle-même a agi au pénal, les caisses de Sécurité sociale[6], le Fonds de garantie automobile[7], ou le Fonds de garantie des victimes d'actes de terrorisme et d'autres infractions, qui peut se constituer partie civile au pénal, pour un préjudice découlant de l'infraction[8]. En outre, la jurisprudence a étendu la solution au bénéfice de l'employeur, qui peut demander à l'auteur de l'infraction le remboursement des salaires et accessoires versés à la victime (y compris les charges patronales) pendant son inactivité[9].

III. LES HÉRITIERS DE LA VICTIME

309. Lorsque l'infraction a été commise avant le décès de la victime, l'action civile – déjà engagée – est transmise à ses héritiers. Ces derniers peuvent donc continuer l'action introduite au pénal, y compris pour la réparation des souffrances physiques ou morales, par le mécanisme de la reprise d'instance[10]. Cette solution trouve son explication dans le fait que le droit à réparation de la victime est un véritable droit de créance, né dans son patrimoine, puis recueilli à son décès par ses héritiers. En outre, si l'action publique est mise en mouvement par le procureur de la République, les héritiers peuvent exercer aussi l'action civile à la place de la victime décédée

4. Cass., ass. plén., 15 juin 2012, n° 10-85678.
5. Ils peuvent toutefois exercer l'action oblique devant une juridiction civile (art. 1166 C. civ.).
6. Cass. crim., 12 mars 1957, *S.* 1957, 2, p. 222.
7. Art. L. 421-5 C. assur.
8. Art. 706-11 CPP.
9. Cass. crim., 10 mai 1990, *Bull.* n° 183 ; 30 juin 2009, n° 08-88118.
10. Cass. crim., 26 nov. 1998, *Bull.* n° 318.

alors même que cette dernière n'avait pas agi de son vivant, du moment qu'elle n'y avait pas renoncé[11]. Dans ce dernier cas, les héritiers sont des parties civiles par voie d'intervention, mais non par voie d'action.

310. Lorsque l'infraction a entraîné le décès instantané de la victime, la situation est plus complexe, car l'action civile n'est pas entrée dans son patrimoine. Les héritiers ne peuvent donc pas agir pour la réparation de son préjudice, même par voie d'intervention. Ils peuvent cependant exercer une action personnelle pour un préjudice qui leur est propre. La jurisprudence reconnaît, sur le fondement des articles 2 et 3 du Code de procédure pénale, la qualité de victime pénale à tous les proches de la victime immédiate, que celle-ci soit ou non décédée. Elle exige toutefois que le préjudice « découle directement des faits objet de la poursuite »[12]. Ainsi, ce sont plus généralement les conjoints, concubins, parents, descendants, collatéraux ou alliés qui peuvent arguer d'un droit d'action civile pour le préjudice qu'ils ont subi personnellement. La jurisprudence tend même à accueillir de façon extensive les actions civiles des proches. Ainsi a-t-elle considéré comme recevable l'action d'un enfant né d'un viol commis par un père sur sa fille[13] ou celle de l'épouse d'un homme victime de harcèlement moral[14].

311. Si, enfin, l'infraction a été commise après le décès, des règles spécifiques sont prévues pour les délits de diffamation ou injure envers la mémoire des morts[15].

Section 2
LES CONDITIONS DE L'ACTION CIVILE

312. L'action civile devant la juridiction pénale appartient à tous ceux qui ont personnellement souffert du dommage directement causé par l'infraction (art. 2 CPP). La notion d'intérêt à agir est fondamentale, ce qui peut poser difficulté pour la recevabilité de l'action exercée par les groupements dotés de la personnalité morale.

I. LA NOTION D'INTÉRÊT À AGIR

313. L'action civile n'est ouverte qu'à ceux qui ont été personnellement et directement lésés par l'infraction (art. 2 CPP). Il faut donc en principe rapporter la preuve d'un préjudice personnel et direct. De jurisprudence constante, il est encore exigé que le préjudice soit certain.

11. Ass. plén., 9 mai 2008, *Bull.* n° 1.
12. Cass. crim., 9 févr. 1989, *D.* 1989, p. 614, note C. Bruneau.
13. Cass. crim., 4 févr. 1998, *Bull.* n° 42. Dans deux arrêts du 23 sept. 2010, la Cour de cassation juge recevable l'action civile de l'enfant né d'un viol contre l'auteur de cette infraction, en considérant qu'il est une victime par ricochet, ayant subi un préjudice moral, non du fait de sa naissance, mais du fait de la « connaissance qu'il aura des faits en grandissant », des « difficultés de construction », et de l'« éventuelle impossibilité de faire établir son lien de filiation paternelle ».
14. Cass. crim., 5 févr. 2013, n° 11-89125.
15. Art. 34, L. 29 juill. 1881.

A. L'EXIGENCE D'UN PRÉJUDICE CERTAIN

314. Qu'il soit matériel ou moral, le préjudice allégué doit être certain. Cette condition de certitude se réalise lorsque le préjudice est déjà réalisé (préjudice actuel) ou lorsqu'il « apparaît comme la prolongation certaine et directe d'un état des choses actuel et comme étant susceptible d'estimation immédiate »[16] (préjudice futur). Ainsi, la réparation d'un préjudice éventuel ou hypothétique ne peut pas être poursuivie par la voie de l'action civile. Toutefois, il est de jurisprudence constante que devant les juridictions d'instruction, il suffit d'une possibilité de préjudice. Sous réserve que son existence apparaisse possible et qu'il existe une relation directe avec une infraction pénale, le préjudice éventuel suffit à la victime pour exercer son droit de se constituer partie civile devant le juge d'instruction[17]. Il s'agit en effet de favoriser l'exercice de l'action civile pour mettre en mouvement l'action publique ou pour renforcer la poursuite du ministère public. Toutefois, la décision sur la recevabilité d'une action civile au stade de l'instruction n'a pas autorité de la chose jugée au stade du jugement[18].

B. L'EXIGENCE D'UN PRÉJUDICE PERSONNEL DIRECTEMENT CAUSÉ PAR UNE INFRACTION

315. Le préjudice est personnel lorsque la personne qui entend exercer l'action a personnellement souffert de l'infraction. Une difficulté se pose pour les infractions dites « d'intérêt général ». Longtemps la jurisprudence a considéré que ces infractions protègent uniquement l'intérêt général, et nullement un intérêt particulier. Aucune personne ne pouvait ainsi se prétendre victime d'une telle infraction. Après avoir longtemps conclu à l'irrecevabilité de l'action civile pour ces infractions, la jurisprudence considère désormais que la protection de l'intérêt général n'est pas nécessairement exclusive de celle d'intérêts particuliers. La chambre criminelle tend de plus en plus à admettre l'action civile pour ce type d'infraction (ex : non-révélation d'infraction, omission de porter secours, recel de malfaiteur, ouverture illicite de pharmacie...). Il reste cependant quelques infractions d'intérêt général pour lesquelles la chambre criminelle continue d'exclure l'action civile (ex : discrédit sur une décision juridictionnelle, atteinte au secret de la défense nationale).

316. Le préjudice est direct lorsqu'il est rattaché à l'infraction par un lien de cause à effet. Seule la personne qui a directement subi le préjudice que la loi pénale veut éviter par l'incrimination est en principe recevable à se constituer partie civile. Un dommage qui ne résulte pas directement de l'infraction (dommage extra-pénal) ne peut donc être réparé par le juge pénal. Il existe toutefois des exceptions légales à cette règle. Ainsi la victime d'une infraction de chèque peut obtenir le montant non payé du chèque, en plus des dommages et intérêts[19]. De même, la victime d'un démarchage à domicile frauduleux peut obtenir, outre les dommages et intérêts,

16. Cass., req., 1er juin 1932, *S.* 1933, 1, p. 49, note H. Mazeaud.
17. Cass. crim., 15 nov. 1988, *D.* 1989, IR, p. 6.
18. Cass. crim., 15 mai 1997, *Bull.* n° 185.
19. Art. L. 163-9 C. mon. et fin.

une somme égale au montant des paiements effectués[20]. En outre, la jurisprudence adopte une conception large du lien de cause à effet entre l'infraction et le préjudice. Elle considère par exemple que le préjudice moral subi par la victime d'une infraction sexuelle, en raison non pas de l'infraction elle-même, mais des répercussions psychologiques de sa participation au procès relatif à cette infraction, est indemnisable devant les juridictions pénales[21]. Elle admet aussi que le préjudice d'agrément résultant des troubles ressentis dans les conditions d'existence soit réparé. De même, la condition tenant au caractère direct du préjudice est remplie lorsque celui-ci résulte de l'angoisse d'une mort imminente[22]. En outre, cette conception large du caractère direct de la causalité bénéficie aux victimes par ricochet. Ainsi, par exemple, lorsque la victime directe de l'infraction décède immédiatement des suites de ses blessures, le préjudice moral et financier est indemnisable pour ses proches. Il en est de même lorsque l'état de la victime directe est tel que la gravité de ses blessures atteint profondément les conditions de vie de ses proches. En revanche, le préjudice n'est qu'indirect, et l'action civile irrecevable pour le sponsor se plaignant d'une infraction de dopage[23] ou pour le franchiseur se plaignant de l'atteinte portée à son image de marque à la suite d'une infraction d'homicide involontaire imputable à un franchisé, du fait d'un manquement de ce dernier aux règles d'hygiène et de sécurité[24].

DÉCRYPTAGE : SITUATION ILLICITE OU IMMORALE DE LA VICTIME

Un « intérêt légitime juridiquement protégé », selon l'expression de Hering, n'est pas exigé en jurisprudence comme condition de l'action civile. La concubine ou la fiancée ayant perdu son compagnon à la suite d'un homicide est admise de longue date dans son action civile, tout au moins par la chambre criminelle[25]. Une hésitation a pu exister à l'égard de la concubine adultère jusqu'à ce que la chambre criminelle admette la réparation dans un cas où le concubinage avait un « caractère délictueux »[26]. Aujourd'hui, la question ne se pose plus puisque le Code civil reconnaît la situation de l'union de fait (art. 515-8 C. civ.), c'est-à-dire une vie commune présentant un caractère de stabilité et de continuité, sauf pour des concubinages ne remplissant pas ces conditions légales. D'ailleurs, un arrêt de la chambre criminelle du 8 janvier 1985 énonçait déjà ces conditions, en rejetant la demande en réparation émanant des deux concubines du défunt, qui en avait une pour le jour et l'autre pour la nuit[27].

Mais la victime peut encore invoquer un préjudice né d'une situation immorale, comme celle résultant de sa participation à l'infraction. Se pose alors la question de l'application de la règle *nemo auditur propriam turpitudinem allegans*, qui interdit à celui qui a participé à sa propre turpitude de saisir un juge pour en obtenir réparation. Souvent, la jurisprudence écarte l'application de la règle pour recevoir l'action.

20. Art. L. 121-31 C. consom.
21. Cass. crim., 14 déc. 2010, n° 10-80909.
22. Cass. crim., 23 oct. 2012, *Bull.* n° 225.
23. Cass. crim., 29 sept. 2009, *Bull.* n° 160.
24. Cass. crim., 22 mai 2012, n° 11-85507.
25. Pour la chambre civile, l'évolution a été plus tardive.
26. Cass. crim., 19 juin 1975, B. n° 161.
27. Cass. crim., 8 janv. 1985, B. n° 12.

Ainsi, ont pu agir la prostituée contre son souteneur poursuivi pour proxénétisme[28], le salarié victime du délit d'emploi d'un étranger en situation irrégulière[29] ou, en cas de coups réciproques, l'un des participants contre les autres « aucun texte de loi n'interdisant à un prévenu de se porter partie civile contre ses coprévenus »[30]. À plus forte raison encore, l'action civile peut conduire à réparation lorsqu'elle est intentée non par la victime elle-même, mais par ses parents invoquant un droit propre. Ainsi, ont pu agir les parents d'une femme décédée des manœuvres abortives auxquelles elle avait consenti contre l'avorteur[31], ou les parents victimes par ricochet des blessures causées à leur fils au volant d'un véhicule qu'il avait volé[32]. Mais dans certaines hypothèses, la jurisprudence se montre bien plus sévère, notamment à l'égard de celui qui a intentionnellement participé à une infraction. Ainsi, la chambre criminelle décide que l'auteur d'une infraction intentionnelle ne peut se constituer partie civile pour le préjudice que lui aurait causé sa condamnation à l'encontre des personnes qui l'auraient incité à commettre cette infraction[33].

II. L'ACTION CIVILE DES GROUPEMENTS POURVUS DE LA PERSONNALITÉ MORALE

317. L'action civile des groupements pourvus de la personnalité morale est admise sans difficulté lorsque la personne morale agit en réparation d'un dommage qui lui est propre, pour la défense de son patrimoine ou de son honneur. La question se pose en revanche pour la défense des intérêts moraux collectifs, incarnés par des syndicats ou ordres professionnels, ou bien par des associations[34].

A. L'ACTION CIVILE DES SYNDICATS ET ORDRES PROFESSIONNELS

318. Dans un arrêt des chambres réunies du 5 avril 1913, la Cour de cassation avait posé la règle suivant laquelle « l'action civile exercée par un syndicat est recevable dès lors qu'elle a pour objet, non de donner satisfaction aux intérêts individuels d'un ou de plusieurs de ses membres, mais d'assurer la protection de l'intérêt collectif de la profession envisagée dans son ensemble et représentée par le syndicat professionnel ». La solution est aujourd'hui consacrée dans le Code du travail pour les « faits portant un préjudice direct ou indirect à l'intérêt collectif de la profession qu'ils représentent » (art. L. 3132-3 C. trav.). Pour exercer cette action, il n'est pas nécessaire que le syndicat soit représentatif, ni même que la victime atteinte individuellement soit

28. Cass. crim., 7 juin 1945, *Lavaure*, *D.* 1946, p. 149, note R. Savatier.
29. Cass. crim., 11 avr. 2012, *Bull.* n° 87.
30. Cass. crim., 4 juill. 1929, *D.* 1929, I, 429.
31. Cass. crim., 7 juin 1952, *JCP* 1952, II, 7074, note J. Brouchot.
32. Cass. crim., 19 juin 1996, *Bull.* n° 260.
33. Cass. crim., 28 oct. 1997, *Bull.* n° 353.
34. Il en est de même pour une commune dans le ressort de laquelle une infraction a été commise. Elle n'est recevable à agir que si elle démontre l'existence d'un dommage direct et personnel. Dans la négative, seul le parquet peut agir, car c'est lui le défenseur de l'intérêt général. V. Cass. crim., 17 mars 2015, n° 13-87358, à propos de poursuites du chef d'apologie de crimes d'atteintes volontaires à la vie.

membre du syndicat. Mais le syndicat doit avoir pour objet la défense d'une profession atteinte collectivement par l'infraction.

319. Or l'intérêt collectif de la profession se situe entre l'intérêt individuel des adhérents et l'intérêt général défendu par le ministère public. Ainsi, cet intérêt ne doit être ni trop individuel, ni trop général. Par exemple, il n'y a pas d'atteinte à l'intérêt collectif – et l'action civile est irrecevable – quand le préjudice ne s'étend pas à l'ensemble de la profession, mais ne concerne que l'intérêt d'un ou plusieurs membres du syndicat. Cette situation ne doit pas être confondue avec celle dans laquelle un seul membre de la profession est physiquement touché par l'infraction, mais l'intérêt collectif se trouve néanmoins lésé (ex : le meurtre d'un convoyeur de fonds dans l'exercice de ses fonctions pourrait porter atteinte à l'intérêt collectif de la profession de convoyeur de fonds).

320. L'action civile des ordres professionnels est soumise aux mêmes règles que l'action civile des syndicats. Certains ordres professionnels, comme l'Ordre des médecins ou celui des avocats, ont des revendications qui sont proches de celles des syndicats. Ces ordres professionnels peuvent alors conformément aux dispositions légales, exercer l'action civile devant les juridictions pénales (ex : art. L. 4161-4 C. santé pub. pour l'exercice illégal de la médecine, de l'art dentaire, ou de la profession de sage-femme). La Cour de cassation a également admis la constitution de partie civile de l'Ordre des avocats pour un exercice illicite de consultation juridique[35]. D'autres dispositions légales admettent encore la recevabilité de l'action civile de ces ordres professionnels pour des infractions qui portent atteinte aux intérêts collectifs qu'ils défendent. Ainsi, l'article L. 4231-2 du Code de la santé publique prévoit que l'Ordre des pharmaciens peut, devant toutes les juridictions, exercer tous les droits réservés à la partie civile relativement aux faits portant un préjudice à l'intérêt collectif de la profession pharmaceutique. Comme pour les syndicats, il appartient alors au juge pénal de rechercher l'intérêt collectif, par opposition tant à l'intérêt général qu'à l'intérêt individuel.

B. L'ACTION CIVILE DES ASSOCIATIONS

321. Les associations n'ont pas d'action en principe, la Cour de cassation ayant rejeté, dans un arrêt du 18 octobre 1913, le pourvoi d'une association dont l'action civile avait été déclarée irrecevable[36]. Depuis lors la jurisprudence est restée fidèle au principe posé dans cet arrêt, en interprétant avec rigueur les conditions de l'article 2 du Code de procédure pénale. En effet, les associations défendent des intérêts trop généraux, proches de ceux que défend le ministère public. D'ailleurs, dans l'exercice de leur action, elles ne demandent pas toujours réparation, se contentant parfois de l'euro symbolique. Mais par de nombreuses dispositions spéciales, le législateur a conféré des habilitations autorisant les associations à exercer les droits reconnus à la partie civile, en raison d'une atteinte à l'intérêt collectif défendu par elles. Certaines

35. Cass. crim., 8 juin 1995, *Bull.* n° 211.
36. Cass. crim., 18 oct. 1913, *S.* 1920, 1, p. 321.

habilitations figurent dans le Code de procédure pénale, à la suite de l'article 2 (art. 2-1 à 2-23 CPP), tandis que d'autres se trouvent dans les codes propres à la matière concernée (ex : art. L 212-3 CASF, pour les associations familiales relativement aux « faits de nature à nuire aux intérêts moraux et matériels des familles » ; art. L 421-1 C. consom. pour les associations de consommateurs relativement aux « faits portant un préjudice direct ou indirect à l'intérêt collectif des consommateurs »).

322. Le régime de l'action civile exercée par les associations est variable, le législateur n'ayant pas retenu une forme unique d'habilitation. Les conditions que doivent remplir les associations pour exercer l'action civile sont différentes d'un texte à l'autre. Parfois l'action est réservée aux associations reconnues d'utilité publique, souvent aux associations régulièrement déclarées depuis au moins cinq ans à la date des faits. Certaines doivent avoir reçu un agrément. De plus, les infractions autorisant leur action sont tantôt énumérées limitativement (ex : art. 2-1 CPP), tantôt largement admises (ex : associations familiales pour « les faits de nature à nuire aux intérêts moraux et matériels des familles »). Parfois l'action suppose l'accord de la victime (ex : association contre les violences sexuelles ou contre le racisme). Enfin, le rôle des associations est plus ou moins limité. En effet, certaines associations ne peuvent qu'intervenir, après que l'action publique a été mise en mouvement par le ministère public ou la partie lésée, tandis que d'autres peuvent agir, c'est-à-dire déclencher les poursuites.

Section 3
L'EXERCICE DE L'ACTION CIVILE

323. Puisque son préjudice provient d'une infraction pénale, la victime dispose d'un droit d'option entre la voie civile et la voie pénale. Lorsqu'elle choisit la voie pénale, elle se constitue partie civile par voie d'action ou par voie d'intervention.

I. LE DROIT D'OPTION DE LA VICTIME

324. L'option de la victime entre la voie civile et la voie pénale est en principe libre. Exceptionnellement, la victime n'a pas d'option, soit parce que le juge pénal n'est pas compétent (ex : la Cour de justice de la République est incompétente pour juger de l'action civile), soit parce que la juridiction civile est incompétente pour connaître de l'action civile (ex : en matière de diffamation), soit parce que l'action publique est éteinte (les juridictions répressives ne peuvent connaître de l'action civile qu'accessoirement à l'action publique).

325. L'option de la victime est en principe irrévocable, selon l'adage *electa una via non datur recursus ad alteram*. Mais l'irrévocabilité de l'option ne joue que dans le sens de la voie civile vers la voie pénale[37]. De plus, l'interdiction d'opter pour la voie pénale après avoir choisi la voie civile est assortie de quelques tempéraments. D'abord, l'interdiction concerne l'action civile et non pas l'action à fins civiles (ex : l'action en remboursement de prêt devant la juridiction civile peut être suivie d'une action en réparation devant la juridiction pénale). Ensuite, l'interdiction ne s'applique que si l'option a été faite en connaissance de cause, c'est-à-dire si la victime n'ignorait pas – au moment où elle a exercé l'action devant les juridictions civiles – que les faits étaient constitutifs d'une infraction. Il en est de même si la victime apprend que la juridiction pénale est saisie par le ministère public. Avant jugement au fond par la juridiction civile, elle peut abandonner la voie civile pour joindre son action à celle du ministère public. Enfin, l'interdiction ne s'applique pas dans le cas de la saisine d'une juridiction étrangère ou d'une juridiction française incompétente.

326. La règle de l'irrévocabilité n'est pas d'ordre public puisqu'elle a été édictée dans le seul intérêt du prévenu. Elle ne peut donc être soulevée d'office par le juge. Elle doit être invoquée avant toute défense au fond, et ne peut l'être pour la première fois devant la cour d'appel ou la Cour de cassation.

DÉCRYPTAGE : LES GARANTIES D'INDEMNISATION

La victime d'une infraction pénale peut obtenir réparation de son préjudice en dehors de toute action civile, en soumettant sa demande au *Fonds de garantie des victimes d'actes de terrorisme et d'autres infractions* (art. 706-3 et s. CPP). La victime doit démontrer qu'elle a subi un préjudice résultant de l'une des infractions énumérées aux articles 706-3 et 706-14 du Code de procédure pénale. L'indemnisation est décidée par une commission instituée dans le ressort de chaque tribunal de grande instance : la CIVI (Commission d'indemnisation des victimes d'infractions), composée de deux magistrats du siège ainsi que d'une personne de la société civile. Sous peine de forclusion, la victime doit porter sa demande d'indemnisation devant la CIVI dans le délai de trois ans à compter de la commission de l'infraction ou alors, si des poursuites pénales sont exercées, dans le délai d'un an après que la juridiction a définitivement statué sur l'action publique ou sur l'action civile engagée devant la juridiction répressive. La CIVI est dotée de pouvoirs d'enquête. Si elle estime qu'il y a lieu à indemnisation, elle rend une décision favorable qu'elle notifie au fonds de garantie, chargé de verser cette indemnisation dans le délai d'un mois à compter de la notification de la décision. Lorsque des poursuites pénales ont été engagées, la décision de la CIVI peut intervenir avant qu'il ait été statué sur l'action publique. Le fonds ayant indemnisé la victime est ensuite subrogé dans ses droits.

Toute personne physique qui, s'étant constituée partie civile, a bénéficié d'une décision définitive lui accordant des dommages et intérêts en réparation du préjudice qu'elle a subi du fait d'une infraction pénale, mais qui ne peut pas obtenir une indemnisation du Fonds de garantie des victimes des actes de terrorisme et d'autres infractions, peut solliciter une *aide au recouvrement* de ces dommages et intérêts, ainsi que des frais non payés par l'État et qu'elle a déboursés (art. 706-15-1 CPP). En l'absence de paiement volontaire par la personne condamnée dans un délai de

37. Art. 5 CPP : « La partie qui a exercé son action devant la juridiction civile compétente ne peut la porter devant la juridiction répressive ».

deux mois suivant le jour où la décision concernant les dommages et intérêts est devenue définitive, la partie civile peut saisir le fonds de garantie des victimes des actes de terrorisme et d'autres infractions d'une demande d'aide au recouvrement. À peine de forclusion, la demande d'aide au recouvrement doit être présentée dans le délai d'un an à compter du jour où la décision est devenue définitive. Toutefois, le fonds de garantie peut relever la victime de la forclusion pour tout motif légitime (art. 706-15-2 CPP). Le fonds de garantie accorde à la partie civile le paiement intégral des sommes si leur montant total est inférieur ou égal à 1 000 euros. Si le montant est supérieur à 1 000 euros, le fonds accorde une provision correspondant à 30 % du montant, dans la limite de la victime pour le montant qu'il lui a versé, et dispose d'un mandat pour les sommes à recouvrer supérieures à la provision versée (le Service d'aide au recouvrement des victimes d'infractions – SARVI – verse les sommes obtenues du condamné déduction faite des frais de gestion) (art. L 422-7 C. ass.).

En outre, depuis la loi *n° 2010-768 du 9 juillet 2010 visant à faciliter la saisie et la confiscation en matière pénale*, toute personne qui, s'étant constituée partie civile, a bénéficié d'une décision définitive lui accordant des dommages et intérêts en réparation du préjudice qu'elle a subi du fait d'une infraction pénale ainsi que des frais non payés par l'État et qu'elle a déboursés, et qui n'a pas obtenu d'indemnisation de la CIVI, ni d'aide au recouvrement, peut obtenir de l'Agence de gestion et de *recouvrement des avoirs saisis et confisqués* que ces sommes lui soient payées prioritairement sur les biens confisqués au condamné (art. 706-164 CPP).

Ces garanties (« gel des avoirs ») résultent de deux types de disposition. Selon l'article 706-166 du Code de procédure pénale, le juge des libertés et de la détention, sur requête du procureur de la République, peut au cours d'une instruction pour l'une des infractions, punie d'une peine égale ou supérieure à trois ans d'emprisonnement, figurant au sein du titre Ier du livre III du Code pénal (vol, extorsion, chantage, escroquerie, abus de confiance, détournement de gage ou d'objet saisi, organisation frauduleuse d'insolvabilité), ordonner des mesures conservatoires sur les biens, meubles ou immeubles, divis ou indivis, de la personne mise en examen afin de garantir le paiement des amendes encourues ainsi que, le cas échéant, l'indemnisation des victimes. En cas de condamnation, ces mesures conservatoires sont validées, ce qui permet l'inscription définitive des sûretés. En cas de décision de non-lieu, de relaxe ou d'acquittement, ou d'extinction de l'action publique et de l'action civile, les mesures sont levées de plein droit, aux frais du Trésor. De même, en matière de criminalité organisée, l'article 706-103 du Code de procédure pénale prévoit que les infractions entrant dans le champ d'application des articles 706-73 et 706-74 et afin de garantir le paiement des amendes encourues ainsi que, le cas échéant, l'indemnisation des victimes, le juge des libertés et de la détention, sur requête du procureur de la République, peut ordonner, au cours de l'instruction, des mesures conservatoires sur les biens, meubles ou immeubles, divis ou indivis, de la personne mise en examen. Les conditions de validation ou de mainlevée sont les mêmes que dans l'hypothèse précédente.

II. LES MODES D'EXERCICE DE L'ACTION CIVILE

A. LE CHOIX DE LA VOIE PÉNALE

327. Devant les juridictions répressives, l'action civile peut être engagée soit par la voie de l'action, soit par la voie de l'intervention. Si l'action publique a déjà été engagée par le ministère public, la victime ne pourra agir que par la voie de l'intervention. En revanche, si l'action publique n'a pas encore été engagée par le ministère public, la victime aura le choix entre deux possibilités : attendre sans certitude que le ministère public engage l'action publique pour s'y joindre par la voie de l'intervention, ou porter son action civile devant la juridiction répressive par la voie de l'action. Son action déclenchera alors l'action publique (art. 1 al. 2 CPP). Dans les deux cas, on dit qu'il y a constitution de partie civile. Quelle que soit la voie choisie, en effet, la victime devient partie au procès pénal et bénéficie des droits afférents au titre de partie (ex : droits de la défense, exercice des voies de recours...). Dans une décision *Perez c/ France* du 12 février 2004, la Cour EDH a estimé que la partie civile ainsi constituée doit bénéficier des garanties inhérentes au procès équitable. La victime exerçant son action civile devant la juridiction répressive bénéficie en outre des moyens de preuve du ministère public, et du fait que la juridiction répressive statue en une seule fois sur la culpabilité et la réparation.

1. La voie pénale par action

328. La victime peut mettre en mouvement l'action publique, soit au moyen d'une citation directe, soit au moyen d'une plainte avec constitution de partie civile adressée au juge d'instruction.

329. *La citation directe* est impossible en matière criminelle puisque l'instruction y est obligatoire, et, dans tous les cas, lorsque la personne poursuivie est un mineur ou bien une personne inconnue ou en fuite. La citation se fait par exploit d'huissier. C'est un moyen qui est utilisé également par le ministère public pour saisir la juridiction de jugement, en matière correctionnelle et contraventionnelle[38]. Conformément aux dispositions de l'article 551 du Code de procédure pénale, la citation énonce le fait poursuivi et vise le texte de la loi qui le réprime. Elle indique le tribunal saisi, le lieu, l'heure et la date de l'audience, la partie civile devant avoir préalablement obtenu l'accord du ministère public sur ces éléments. Délivrée à la requête de la partie civile, la citation mentionne aussi, s'il s'agit d'une personne physique, ses nom, prénoms, profession et domicile réel ou élu et, s'il s'agit d'une personne morale, sa forme, sa dénomination, son siège social et l'organe qui la représente légalement.

330. *La plainte avec constitution de partie civile* est obligatoire en matière de crime. Elle est nécessaire lorsque l'auteur est inconnu ou en fuite, ou lorsque l'affaire est complexe. Elle est impossible en revanche en matière contraventionnelle[39]. La constitution de partie civile n'est pas soumise à des exigences de forme, mais elle est

38. V. *supra* n° 273.
39. Art. 85 CPP.

faite généralement par une lettre écrite, datée et signée, qui est adressée au juge d'instruction (ou au doyen s'ils sont plusieurs). Depuis la loi du 5 mars 2007 tendant à renforcer l'équilibre de la procédure pénale, la plainte avec constitution de partie civile n'est recevable immédiatement qu'en cas de crime, de délits prévus par la loi sur la presse ou de certains délits en matière électorale. Pour les autres délits, la recevabilité de la plainte est subordonnée à la condition de justifier soit que le procureur de la République a fait connaître, à la suite d'une plainte déposée, qu'il n'engagera pas lui-même des poursuites, soit qu'un délai de trois mois s'est écoulé depuis que cette plainte a été déposée (art. 85 al. 2 CPP). Le juge d'instruction transmet la plainte au procureur de la République (art. 86, al. 1 CPP) pour que celui-ci prenne ses réquisitions, lesquelles tendront à ouvrir une information contre personne dénommée ou non dénommée (art. 86, al. 2). Toutefois, si la plainte n'est pas suffisamment motivée ou justifiée, le procureur de la République peut, avant de prendre ses réquisitions, et s'il n'y a pas été procédé d'office par le juge d'instruction, demander à ce magistrat d'entendre la partie civile et, le cas échéant, d'inviter cette dernière à produire toute pièce utile à l'appui de sa plainte[40]. En outre, la constitution de partie civile peut être contestée par le procureur de la République ou par une partie. En cas de contestation, ou s'il déclare irrecevable la constitution de partie civile, le juge d'instruction statue, après communication du dossier au ministère public, par ordonnance motivée dont l'intéressé peut interjeter appel[41].

331. Dans les deux hypothèses – citation directe ou plainte avec constitution de partie civile –, la mise en mouvement de l'action est subordonnée à *la consignation* d'une somme d'argent, sous peine d'irrecevabilité. Cette consignation garantit le paiement d'une amende civile (jusqu'à 15 000 euros), prononcée par la juridiction en cas d'action abusive ou dilatoire, à la demande du ministère public (art. 88-1 CPP). Le montant de la consignation ainsi que le délai pour le versement de celle-ci sont fixés par le juge d'instruction dans le cas d'une plainte, et par le tribunal dans le cas d'une citation. Le montant prend en considération les ressources de la partie civile. À cette fin et depuis la loi n° 2011-1862 du 13 décembre 2011 relative à la répartition des contentieux et à l'allégement de certaines procédures, les personnes morales à but lucratif qui déposent une plainte avec constitution de partie civile ou citent directement devant le tribunal correctionnel doivent sous peine d'irrecevabilité joindre leur bilan et leur compte de résultat à la plainte ou à la citation[42]. Pour la Cour EDH, une consignation trop élevée priverait la personne du droit d'accès à un tribunal[43]. En même temps, le système de la consignation n'est pas toujours efficace puisque l'amende ne peut dépasser 15 000 euros, alors que certaines parties civiles demandent des expertises extrêmement couteuses. Aussi, la loi du 5 mars 2007 relative à l'équilibre de la procédure pénale prévoit que le juge d'instruction puisse, en cours de procédure, ordonner à la partie civile qui demande la réalisation d'une expertise, de verser préalablement un complément de consignation afin de garantir le paiement des frais y afférant, dans l'hypothèse d'une action abusive ou dilatoire. Dans tous les cas, la somme consignée

40. Art. 86 al. 3 CPP.
41. Art. 87 al. 2 et 3 CPP.
42. Art. 85 et 392-1 CPP.
43. CEDH, 28 oct. 1998, aff. *Ait Mouhoub c/ France.*

est restituée si l'amende n'est pas prononcée par le juge d'instruction ou, en cas d'appel du parquet ou de la partie civile, par la chambre de l'instruction.

2. *La voie pénale par intervention*

332. Lorsque l'action civile est exercée après que la juridiction répressive a déjà été saisie de l'action publique, la victime agit par voie d'intervention. Au stade de l'enquête de police, la victime peut manifester son intention d'intervenir en formulant, auprès d'un OPJ ou d'un APJ, une demande de restitution ou de dommages et intérêts. Cette demande vaudra constitution de partie civile, si le ministère public décide ultérieurement d'engager des poursuites devant le tribunal correctionnel ou de police (art. 420-1 CPP). Au stade de l'instruction préparatoire, la victime peut intervenir à tout moment. Si le juge d'instruction la juge irrecevable, il peut la rejeter par ordonnance motivée susceptible d'appel (art. 86 CPP). Au stade du jugement, la constitution de partie civile peut se faire vingt-quatre heures avant l'audience devant la juridiction de première instance, par lettre recommandée avec accusé de réception ou télécopie. La déclaration est alors immédiatement transmise par le greffier au ministère public, qui cite la partie civile pour l'audience. Mais toute personne s'estimant lésée par un délit, peut, si elle ne l'a pas déjà fait, se constituer partie civile à l'audience jusqu'à la clôture des débats (art. 418 al. 1er CPP). La déclaration de partie civile est consignée par le greffier ou par dépôt de conclusions. L'intervention est en revanche impossible pour la première fois en appel ou devant la Cour de cassation.

B. LE CHOIX DE LA VOIE CIVILE

333. Lorsque la victime choisit d'exercer son action civile devant une juridiction civile, le jugement relatif à l'action publique et le jugement relatif à l'action civile sont dissociés. L'action civile obéit alors aux règles de la procédure civile. L'autonomie du procès civil est toutefois limitée.

334. La première limite provient de la règle selon laquelle *le criminel tient le civil en l'état*. Les juridictions civiles doivent surseoir à statuer dans l'attente de la décision pénale si l'action publique est déclenchée avant ou au cours de l'instance civile (art. 4 CPP). Cette règle a pour finalité d'interdire au juge civil de contredire l'autorité du juge pénal dans les constatations qui représentent le soutien nécessaire de la décision pénale[44]. Mais depuis la loi du 5 mars 2007 tendant à renforcer l'équilibre de la procédure pénale, l'article 4 du Code de procédure pénale vient préciser que « la mise en mouvement de l'action publique n'impose pas la suspension du jugement des autres actions exercées devant la juridiction civile, de quelque nature qu'elles soient, même si la décision à intervenir au pénal est susceptible d'exercer, directement ou indirectement, une influence sur la solution du procès civil ». Une telle limitation de la règle était nécessaire pour éviter les procédures dilatoires, où une action devant la juridiction pénale est mise en mouvement dans le seul but de retarder un jugement civil (ex : employeur déclenchant l'action publique du chef de vol contre un de ses

44. V. *infra* n° 562.

salariés afin de retarder le jugement de la juridiction prud'homale relatif au licenciement de ce même salarié). Seule l'action civile en réparation du dommage causé par l'infraction fait donc l'objet du sursis au jugement.

335. Une seconde limite provient de *l'autorité sur le civil de la chose jugée au criminel*. Le juge civil statuant sur la réparation du dommage issu d'une infraction pénale est tenu de ne pas contredire la décision du juge pénal devenue définitive. Mais l'article 4-1 du Code de procédure pénale, issu de la loi du 10 juillet 2000 tendant à préciser la définition des délits non intentionnels, prévoit la possibilité pour le juge civil d'octroyer réparation sur le fondement des articles 1382 et 1383 du Code civil, même en cas de relaxe du juge pénal du chef d'une infraction non intentionnelle. En outre, seules les décisions répressives statuant au fond sur l'action publique sont susceptibles d'avoir autorité sur le civil. Ainsi, les décisions des juridictions d'instruction, en ce qu'elles ne tranchent pas sur le fond de l'action publique, ne peuvent avoir aucune incidence par exemple sur une procédure d'ordre disciplinaire.

BIBLIOGRAPHIE POUR ALLER PLUS LOIN

F. Alt-Maes, « Le concept de victime en droit civil et en droit pénal », *RSC* 1994, p. 35.

C. Ambroise-Castérot, « Dissociation de l'action civile et recevabilité de l'action vindicative », *RPDP* 2007, chron., p. 379.

L. Boré, « Pour la recevabilité de l'action associative fondé sur la défense d'un intérêt altruiste », *RSC* 197, p. 751.

R. Merle, « La distinction entre le droit de se constituer partie civile et le droit d'obtenir réparation du dommage causé par l'infraction », *in Mélanges Vitu*, 1989, p. 397.

» Exercice corrigé

COMMENTAIRE D'ARRÊT
Cass. crim., 21 juin 2011, n° 10-85671

Aux termes de l'article 469 du Code de procédure pénale, le tribunal correctionnel, saisi par le renvoi d'un juge ou d'une chambre d'instruction, ne peut, d'office ou à la demande des parties, se déclarer incompétent au motif que le fait déféré serait de nature à entraîner une peine criminelle, dès lors que la victime, constituée partie civile, était assistée d'un avocat au moment où le renvoi a été ordonné. Cet article, issu de la loi du 9 mars 2004 portant adaptation de la justice aux évolutions de la criminalité, dite « Perben II », légalise la pratique de la correctionnalisation judiciaire (A. Darsonville, « La légalisation de la correctionnalisation judiciaire », *Dr. pénal* 2007, étude 4). Mais par exception au principe de l'interdiction de l'appel des ordonnances de renvoi, la personne mise en examen ou la partie civile peuvent former appel de la décision, afin de contester la qualification correctionnelle retenue par le juge d'instruction au mépris de la version criminelle des faits (C. pr. pén., art. 186-3). Or cette exception peut poser difficulté en présence de plusieurs parties civiles, qui sont pour l'une la victime physique des actes constitutifs de l'infraction, et pour l'autre une association de défense des intérêts collectifs.

En l'espèce, une instruction ouverte du chef du crime de viol se clôture par un renvoi devant le tribunal correctionnel sous la qualification de harcèlement sexuel. La victime physique des actes d'agression, qui s'était constituée partie civile, et qui était assistée par un avocat au cours de l'instruction, fait appel de la décision de renvoi, mais elle est déclarée irrecevable. Une association de lutte contre les violences sexuelles est admise en revanche dans cette voie de recours. Pour la cour d'appel, en effet, l'association est une victime directe des faits visés à la prévention, en raison de l'atteinte par ces faits à l'intérêt spécifique qu'elle s'est donné pour but de défendre. N'ayant pas été assistée d'un avocat lors de l'instruction, il lui est possible de contester le renvoi conformément à l'article 469 du Code de procédure pénale.

Ce raisonnement est censuré par la chambre criminelle. Après avoir rappelé les dispositions de l'article 469 du Code de procédure pénale, la Haute Juridiction énonce que « la victime des faits, seule visée par ce texte, était constituée partie civile et assistée d'un avocat lorsque le renvoi devant le tribunal correctionnel a été ordonné ». Si l'association est donc bien reconnue dans son action civile (I), elle est dépourvue en revanche de la qualité de victime (II).

I/ L'association reconnue dans son action civile

A/ Une action formellement conditionnée

Si l'action civile des groupements pourvus de la personnalité morale est évidemment admise lorsque la personne morale agit en réparation d'un dommage qui lui est propre, pour la défense de son patrimoine ou de son honneur, elle est en revanche rejetée par principe lorsqu'il s'agit de défendre des intérêts moraux collectifs incarnés par elle.

L'action civile des associations fait figure de dérogation à l'article 2 du Code de procédure pénale puisque les possibilités légales de constitutions de partie civile des associations sont soumises à diverses conditions de forme, non à l'exigence d'un dommage personnellement souffert et directement causé par l'infraction. Ainsi, les articles 2-1 et suivants du Code de procédure pénale, de même que d'autres lois spécifiques, permettent à des associations d'agir au pénal dès lors qu'elles sont reconnues d'utilité publique et régulièrement déclarées, souvent depuis au moins cinq ans à la date des faits. Certaines doivent avoir reçu un agrément et obtenu l'accord de la victime pour exercer leur action. Tel est le cas, aux termes de l'article 2-2 du Code de procédure pénale, des associations contre les violences sexuelles.

En l'espèce, la constitution de partie civile de l'association de lutte contre les violences sexuelles était recevable au regard des conditions formelles posées par l'article 2-2 du Code de procédure pénale. Or la cour d'appel avait considéré qu'elle l'était aussi au titre de l'article 2 du Code de procédure pénale. Il est vrai qu'en dehors des dérogations légales, la jurisprudence admet parfois l'action civile des associations.

B/ Une action exceptionnellement autorisée

Pour admettre la constitution de partie civile d'une association en dehors des cas dérogatoires expressément consacrés dans la loi, la jurisprudence exige que le préjudice invoqué par celle-ci soit distinct de celui qui résulte du trouble causé à l'intérêt général, dont la réparation est assurée par l'exercice de l'action publique. En l'espèce, cette condition n'était pas douteuse, puisque l'association justifiait de l'atteinte à un intérêt spécifique correspondant à l'objet de l'association de soutenir, de défendre et d'intervenir auprès des victimes de discriminations sexistes et de violences sexistes et sexuelles en particulier lorsqu'elles sont commises dans les relations de travail, qu'elles soient majeurs ou mineures, hommes ou femmes.

Mais une action civile en dehors des cas dérogatoires suppose aussi que l'association puisse se prévaloir d'un préjudice direct et personnel. Conformément à l'article 2 du Code de procédure pénale, l'association doit avoir personnellement souffert du dommage directement causé par l'infraction. En l'espèce, le préjudice résultant des faits poursuivis était certain pour l'association. Mais le caractère personnel du dommage posait difficulté. C'est ce que faisait valoir le pourvoi, pour lequel « une association déclarée, et répondant aux conditions de l'article 2-2 du Code de procédure pénale, ne peut avoir plus de droits que la victime des faits que dénoncent les poursuites ». La Cour de cassation lui donne raison, considérant que la victime des faits poursuivis visée par l'article 469 du Code de procédure pénale doit s'entendre de la seule victime directe et personnelle, telle que comprise à l'article 2 du Code de procédure pénale, et non des associations autorisées à agir sur le fondement des articles 2-1 et suivants.

II/ L'association dépourvue de la qualité de victime

A/ Une qualité restrictivement interprétée

Seule doit être prise en compte, au titre de l'article 469 du Code de procédure pénale, la victime des faits, laquelle doit répondre aux conditions posées par l'article 2 du même code : il doit s'agir de la personne ayant personnellement souffert du dommage directement causé par l'infraction.

L'interprétation restrictive des textes accordant des droits à la victime n'est pas nouvelle. Même si la partie civile a vu ses prérogatives s'accroître dans le procès pénal, les pouvoirs conférés à la partie civile sont strictement limités à ses intérêts (Cass. crim., 15 févr. 2011, 2 arrêts, n° 09-87947 et 10-87468).

En l'espèce, seule la victime directe s'était constituée partie civile et était assistée d'un avocat. L'association de lutte contre les violences faites aux femmes, pour sa part, n'était nullement assistée par un avocat. Si cette dernière avait été prise en compte, ce qu'avait retenu la cour d'appel, les conditions de l'article 469 du Code de procédure pénale n'auraient pas été réunies et le tribunal correctionnel aurait pu se déclarer incompétent au motif que les faits déférés étaient de nature criminelle. Mais c'est la solution inverse qui est retenue par la Cour de cassation, ce qui valide la procédure de correctionnalisation judiciaire.

B/ Une qualité opportunément limitée

Même si la correctionnalisation judiciaire est une pratique manifestement illégale, il est opportunément considéré en l'espèce que seule la victime personnelle puisse s'y opposer. Il eut été délicat d'admettre ici que le positionnement de cette victime, seule à avoir souffert physiquement et moralement de l'infraction, soit contrarié par celui d'une association représentant des intérêts collectifs plus éloignés de la réalité des faits.

On peut toutefois s'interroger sur la conformité de l'article 469 du Code de procédure pénale au droit pour toute partie à la procédure à un recours effectif. La Cour de cassation vient de manquer l'occasion de permettre au Conseil constitutionnel de répondre à cette question, en refusant la transmission d'une question prioritaire de constitutionnalité relative à ce texte (Crim., 4 avr. 2013, n° 12-85185). La Haute Juridiction estime que la question est nouvelle mais non sérieuse. En effet, la Cour de cassation relève que « des considérations d'intérêt général imposent, pour une bonne administration de la justice, que d'autres parties civiles que la victime directe ne puissent faire obstacle à l'application de ces principes en déclinant la compétence du tribunal correctionnel ».

LEÇON 8

Le déroulement de l'instruction préparatoire

336. L'instruction préparatoire – qu'on appelle aussi information – consiste à recueillir les preuves de la commission des faits reprochés. En instruisant à charge et à décharge, le juge d'instruction est chargé d'identifier la ou les personnes susceptibles d'avoir commis les faits, et de dire si les charges sont suffisantes pour renvoyer ces personnes devant une juridiction de jugement.

337. Dans ses organes et dans sa fonction, l'instruction est en perpétuelle évolution. Dans le Code d'instruction criminelle de 1808, l'instruction se caractérise par une procédure écrite, secrète et non contradictoire, selon le modèle de l'« *inquisitio* ». Le juge d'instruction est alors un enquêteur, mais non un juge. Il est d'ailleurs placé sous les ordres du parquet. Puis, une loi du 17 juillet 1856 lui confie des pouvoirs juridictionnels. Il en résulte une dualité de fonction pour le juge d'instruction – à la fois juge et enquêteur – qui est reprise par le Code de procédure pénale de 1958. Cette dualité de fonction est sans doute à l'origine des évolutions ultérieures, tendant à limiter l'indépendance du juge d'instruction.

338. Une loi du 8 décembre 1897 est venue la première tempérer le caractère inquisitoire de l'instruction préparatoire en introduisant les droits de la défense dans cette phase de la procédure. Mais c'est surtout sous l'influence de la jurisprudence de la Cour EDH, que les interventions législatives se sont multipliées. Afin de renforcer les droits de la défense, la phase de l'instruction s'est vue attribuer un caractère accusatoire de plus en plus marqué. Parmi de nombreuses réformes, celle opérée par la loi du 15 juin 2000 renforçant la présomption d'innocence est sans doute la plus emblématique. Non seulement cette loi a retiré au juge d'instruction son pouvoir de placement en détention provisoire (confié désormais au juge des libertés et de la détention), mais elle a également eu pour objectif d'introduire le contradictoire dans cette phase de la procédure.

DÉCRYPTAGE : LE SECRET DE L'INSTRUCTION

Le principe du secret de l'instruction se trouve consacré à l'article 11 du Code de procédure pénale selon lequel « toute personne qui concourt à cette procédure est tenue au secret professionnel dans les conditions et sous les peines des articles 226-13 et 226-14 du Code pénal ». La violation du secret de l'instruction constitue donc un délit mais pour les seules personnes qui concourent à la procédure (magistrats, greffiers, policiers, expert...). Autrement dit, les personnes mises en examen, parties civiles ou témoins peuvent révéler leurs connaissances de la procédure sans encourir les peines des articles 226-13 du Code pénal. Ils ne peuvent toutefois communiquer à des tiers les copies de pièces de la procédure auxquelles ils ont eu accès (art. 114-1 CPP, prévoyant une amende de 3 750 euros). Quant aux avocats, leur situation est particulière, car s'ils ne concourent pas à la procédure au sens de l'article 11, ils sont néanmoins tenus au secret professionnel en vertu des règles qui régissent l'exercice de leur profession (art. 5 du décret du 12 juillet 2005 relatif aux règles de déontologie de la profession d'avocat). Depuis la loi du 9 mars 2004, un nouveau délit de « divulgation d'informations judiciaires » s'ajoute au dispositif. L'article 434-7-2 introduit au Code pénal par cette loi punit le fait pour toute personne qui, en raison de ses fonctions, a connaissance d'informations issues d'une enquête ou d'une instruction en cours concernant un crime ou un délit, de révéler sciemment ces informations à des personnes qu'elle sait susceptibles d'être impliquées comme auteurs, coauteurs, complices ou receleurs, dans la commission de ces infractions, lorsque cette révélation est réalisée dans le dessein d'entraver le déroulement des investigations ou la manifestation de la vérité. Mais le législateur a expressément indiqué que cette incrimination ne pouvait porter préjudice aux droits de la défense.

L'article 11 du Code de procédure pénale précise que le principe du secret peut subir des exceptions, lorsque la loi en dispose autrement et sans préjudice aux droits de la défense. Ainsi la publicité des débats devant la chambre de l'instruction peut être imposée. Il en est de même pour l'audience de placement en détention en provisoire devant le juge des libertés et de la détention.

Surtout, la loi du 15 juin 2000 renforçant la présomption d'innocence a ajouté un alinéa 3 à l'article 11 du Code de procédure pénale, selon lequel « afin d'éviter la propagation d'informations parcellaires ou inexactes ou pour mettre fin à un trouble à l'ordre public, le procureur de la République peut, d'office et à la demande de la juridiction d'instruction ou des parties, rendre publics des éléments objectifs tirés de la procédure ne comportant aucune appréciation sur le bien-fondé des charges retenues contre les personnes mises en cause ». Plus récemment, la loi n° 2017-258 du 28 février 2017 relative à la sécurité publique a ajouté au Code de procédure pénale un article 706-25-2, aux termes duquel, pour les procédures ouvertes sur le fondement d'une ou de plusieurs infractions entrant dans le champ d'application de l'article 706-16 du Code de procédure pénale relatives aux actes de terrorisme, le procureur de la République de Paris, à l'enquête, et, après avis de ce dernier, le juge d'instruction parisien, en cas d'information, peuvent communiquer aux services spécialisés de renseignement mentionnés à l'article L. 811-2 du Code de la sécurité intérieure, « de leur [propre] initiative ou à la demande de ces services, copie des éléments de toute nature figurant dans ces procédures et nécessaires à l'exercice des missions de ces services en matière de prévention du terrorisme».

339. L'instruction préparatoire comprend deux phases successives: celle pendant laquelle le juge exerce ses pouvoirs d'investigation (Section 2), qui prépare celle par laquelle le juge procède au règlement de l'instruction (Section 3). Encore convient-il préalablement que le juge d'instruction soit saisi (Section 1).

Section 1

LA SAISINE DU JUGE D'INSTRUCTION

I. SAISINE, COSAISINE ET COLLÈGE DE L'INSTRUCTION

340. La loi n° 2007-291 du 5 mars 2007 tendant à renforcer l'équilibre de la procédure pénale avait prévu d'instaurer de façon systématique la collégialité de l'instruction. L'article 83 du Code de procédure pénale, modifié par cette loi, prévoyait que pour chaque information, une formation collégiale de trois juges d'instruction, dont un magistrat du premier grade exerçant les fonctions de juge coordonnateur, devait être désignée. Ce collège de l'instruction aurait dû exercer les prérogatives confiées au juge d'instruction. Mais l'entrée en vigueur de cet article a été sans cesse reportée, Entre-temps, le projet de loi «justice du XXIe siècle» avait repris l'idée d'instaurer une collégialité de l'instruction, mais de manière plus limitée. La collégialité se serait appliquée aux seules hypothèses où elle est sollicitée: soit par le juge d'instruction en charge de la procédure, soit sur requête du procureur de la République, soit sur demande d'une partie. Mais même limitée à ces hypothèses, la collégialité est matériellement compliquée à mettre en œuvre. Aussi, dans sa dernière version le projet de loi a renoncé purement et simplement à l'instauration d'une juridiction d'instruction collégiale. La loi du 18 novembre 2016 de modernisation de la justice du XXIe siècle a ainsi définitivement abandonné la collégialité.

341. Il n'en reste pas moins qu'une certaine forme de collégialité peut déjà être utilisée par le recours à la cosaisine. Ainsi, lorsque la complexité ou la gravité de l'affaire le justifie, l'information peut donner lieu à une cosaisine, dès l'ouverture de l'instruction, ou même au cours de son déroulement. La cosaisine de juges d'instruction se trouve facilitée par le regroupement des juges d'instruction au sein de pôles de l'instruction dans certains tribunaux depuis la loi du 5 mars 2007 relative à l'équilibre de la procédure pénale (art. 52-1 CPP). La liste des tribunaux dans lesquels existent un pôle de l'instruction et la compétence territoriale des juges d'instruction qui le composent est déterminée par décret (art. D 15-4-4 CPP). Ainsi, les juges d'instruction composant l'un des quatre-vingt-onze pôles de l'instruction sont seuls compétents pour connaître des affaires suffisamment graves ou complexes pour donner lieu à une cosaisine, conformément aux articles 83-1 et 83-2 du Code de procédure pénale (applicables seulement jusqu'au 1er janvier 2017). Le président du tribunal de grande instance dans lequel il existe un pôle de l'instruction peut désigner, dès l'ouverture de l'information, d'office ou si le procureur de la République le requiert dans son réquisitoire introductif, un ou plusieurs juges d'instruction pour être adjoints au juge d'instruction chargé de l'information (art. 83-1 al. 1 CPP).

342. S'il n'a pas été décidé de la cosaisine à l'ouverture de l'instruction, le président du tribunal peut le faire à tout moment de la procédure, soit à la demande du juge chargé de l'instruction, soit, si ce juge donne son accord, d'office ou sur réquisition du ministère public ou même sur requête des parties. Dans un délai d'un mois à compter de la réception de la demande, le président désigne un ou plusieurs juges d'instruction pour être adjoints au juge chargé de l'information (art. 83-1 al. 2 CPP). Lorsque l'instruction a été ouverte dans un tribunal où il n'y a pas de pôle de l'instruction, c'est le président du tribunal où se trouve le pôle territorialement compétent qui procède à la désignation du ou des juges d'instruction cosaisis, mais après que le juge initial se soit dessaisi.

343. En l'absence d'accord du juge d'instruction initialement saisi, la cosaisine peut être ordonnée par le président de la chambre de l'instruction agissant d'office, à la demande du président du tribunal, sur réquisition du ministère public ou sur requête des parties. Lorsque l'instruction a été ouverte dans un tribunal où il n'y a pas de pôle de l'instruction, c'est la chambre de l'instruction, saisie par son président, qui décide de la cosaisine.

344. L'article 83-2 du Code de procédure pénale règle les pouvoirs des juges cosaisis. En cas de cosaisine, le juge d'instruction chargé de l'information coordonne le déroulement de celle-ci. Il a seul qualité pour saisir le juge des libertés et de la détention, pour ordonner une mise en liberté d'office et pour rendre l'avis de fin d'information. Toutefois, cet avis et cette ordonnance peuvent être cosignés par le ou les juges d'instruction cosaisis.

II. INITIATIVE DE LA SAISINE

345. Le juge d'instruction ne dispose pas du pouvoir d'autosaisine, en raison du principe de séparation des fonctions de poursuites et d'instruction. Il doit être saisi soit par un réquisitoire introductif du ministère public, soit par une plainte avec constitution de partie civile de la victime (art. 51 CPP). En matière contraventionnelle, seul le ministère public peut demander l'ouverture d'une information (art. 79 CPP).

346. Qu'il s'agisse d'une plainte ou d'un réquisitoire, l'acte de saisine doit décrire les faits objets de la saisine. Cette description détermine l'étendue de la saisine, conformément au principe de la saisine *in rem* du juge d'instruction. Le réquisitoire introductif doit mentionner quels sont les faits qui paraissent avoir été commis, ou qui pourraient être commis et sur lesquels le juge d'instruction aura à faire la lumière. Pour savoir ce dont le juge est saisi par réquisitoire introductif, il faut parfois se référer aux procès-verbaux de police qui y sont annexés[1]. Ainsi, le simple visa dans le réquisitoire introductif des pièces qui y sont jointes, peut suffire à la détermination des faits reprochés[2]. S'agissant d'une plainte avec constitution de partie civile, les faits faisant l'objet de la plainte doivent tous être examinés par le juge d'instruction[3]. Mais la

1. Cass. crim., 27 juin 1991, *Bull.* n° 285.
2. Cass. crim., 26 févr. 1957, *Bull.* n° 195.
3. Cass. crim., 11 févr. 1992, *Bull.* n° 63.

simple allégation d'une prétendue infraction sans qu'aucune circonstance de faits de celle-ci ne soit précisée n'a pas à être examinée[4]. La saisine du juge d'instruction est irrévocable. Le parquet ne peut plus citer directement la personne devant le tribunal.

III. ÉTENDUE DE LA SAISINE

347. Le juge d'instruction est saisi *in rem*, c'est-à-dire qu'il n'est saisi que des faits qui sont expressément visés dans le réquisitoire introductif ou dans la plainte avec constitution de partie civile. S'il ne peut donc instruire que relativement à ces faits, il est obligé d'instruire relativement à ces faits.

348. Limité dans ses pouvoirs d'investigation aux seuls faits visés dans le réquisitoire ou dans la plainte, le juge d'instruction ne peut étendre de lui-même son information à des faits nouveaux qui apparaîtraient en cours d'information et pour lesquels il ne serait pas saisi. Pour pouvoir instruire sur de tels faits, le juge d'instruction doit en avoir été saisi, soit par une plainte additionnelle de la partie civile, soit par un réquisitoire supplétif du procureur de la République. Ainsi, selon l'article 80 du Code de procédure pénale, le juge d'instruction qui, en cours d'information, découvre des faits nouveaux pour lesquels il n'est pas saisi, doit en informer le procureur de la République. Le ministère public peut alors délivrer un réquisitoire supplétif. Toutefois, avant toute communication au procureur de la République, le juge d'instruction peut consigner la substance de ces nouveaux faits dans un procès-verbal et effectuer d'urgence des vérifications sommaires pour en apprécier la vraisemblance[5]. Pour la chambre criminelle, tout acte non coercitif peut être qualifié de «*vérification sommaire*»[6]. Il peut s'agir par exemple de délivrer une commission rogatoire aux fins de faire consigner des indices ou des déclarations, ou bien encore de prendre des mesures conservatoires. En revanche, tout acte qui porte atteinte aux libertés est interdit. Des perquisitions et saisies sont possibles, mais avec l'assentiment exprès de la personne chez qui l'opération a lieu[7].

349. Le juge d'instruction peut en revanche étendre son information à toute personne même non visée par le réquisitoire introductif ou dans la plainte. La saisine s'étend donc à toutes les personnes impliquées qui lui sont déférées. Le juge d'instruction n'est pas saisi *in personam*. Cependant, si la saisine du juge d'instruction est nominative, elle peut constituer des indices graves ou concordants qui rendent nécessaire une mise en examen ou l'octroi du statut de témoin assisté. Si le réquisitoire vise une personne dénommée, cette personne doit au moins bénéficier du statut de témoin assisté (art. 113-1 CPP). Si une personne est visée dans une plainte avec constitution de partie civile, elle doit être entendue comme témoin assisté, lorsqu'elle en fait la demande (art. 113-2 CPP).

4. Cass. crim., 22 mai 1964, *Bull.* n° 166.
5. Art. 80 al. 3 CPP.
6. Cass. crim., 6 févr. 1996, *Bull.* n° 60 ; 27 mars 2012, n° 11-88321 : les policiers qui, à l'occasion de l'exécution d'une commission rogatoire, acquièrent la connaissance de faits nouveaux peuvent, avant toute communication au juge d'instruction, effectuer d'urgence les vérifications sommaires qui s'imposent, pourvu qu'elles ne présentent pas un caractère coercitif exigeant la mise en mouvement préalable de l'action publique.
7. Cass. crim., 17 mai 1994, *Bull.* n° 186.

350. De plus, le juge d'instruction est maître de la qualification des faits et n'est pas lié par celle proposée par le réquisitoire ou la constitution de partie civile. Il n'est pas saisi *in legem*. Il lui appartient donc de qualifier les faits faisant l'objet de sa saisine. Toutefois, cette qualification n'est pas définitive. La juridiction de jugement pourra qualifier les faits autrement. Pour la chambre criminelle, le rôle du juge d'instruction est de qualifier les faits « sous leur plus haute acception pénale »[8].

Section 2
LA CONDUITE DES INVESTIGATIONS

351. L'initiative des actes d'instruction tendant à la recherche des preuves appartient en principe au juge d'instruction, dont la mission est d'instruire « *à charge et à décharge* »[9]. Pour ce faire, il procède, conformément à la loi, à tous les actes d'information qu'il juge utiles à la manifestation de la vérité. Parmi les nombreux actes d'investigations prévus par le Code de procédure pénale, le juge d'instruction est donc libre de choisir ceux auxquels il veut faire procéder et quand il veut y faire procéder. Cependant les parties privées, tout comme le ministère public, peuvent demander qu'il soit procédé à ces actes (art. 81 et 82 CPP). Le pouvoir d'initiative des parties privées au cours de l'instruction préparatoire s'est même progressivement élargi au fil des réformes législatives.

352. Le juge d'instruction dispose de la possibilité de déléguer certains de ses pouvoirs d'investigation[10] à des membres de la police judiciaire ou à d'autres magistrats par la voie de *commissions rogatoires*[11]. Les personnes auxquelles la commission rogatoire est délivrée procèdent à un ou plusieurs actes d'instruction pour le compte du juge d'instruction. Conséquence du principe de la saisine *in rem*, la commission rogatoire ne peut prescrire que des actes d'instruction se rattachant directement à la répression de l'infraction visée aux poursuites. Mais la chambre criminelle considère que les investigations sur des faits différents se justifient quand elles ont pour objet de préciser les faits en cause et les buts poursuivis par leurs auteurs[12]. En outre, de nouveaux faits, découverts à l'occasion de l'exécution d'une commission rogatoire, peuvent donner lieu à l'ouverture d'une enquête préliminaire ou de flagrance[13].

353. Les magistrats ou officiers de police judiciaire commis pour l'exécution de la commission rogatoire exercent, dans les limites de la commission rogatoire, tous les pouvoirs du juge d'instruction. Toutefois, les officiers de police judiciaire ne peuvent pas procéder aux interrogatoires et confrontations des personnes mises en examen. Ils ne peuvent procéder à l'audition des parties civiles ou du témoin assisté qu'à la demande

8. Cass. crim., 13 mars 1984, *Bull.* n° 107.
9. Art. 81 CPP.
10. Ses pouvoirs de juridiction, incommunicables par essence, ne sont pas susceptibles de faire l'objet de telles délégations.
11. Art. 151 et s. CPP.
12. Cass. crim., 12 févr. 1985, n° 84-93909.
13. Cass. crim., 12 janv. 2005, n° 03-86372 : aucune obligation légale ne pèse sur les officiers de police judiciaire, agissant en exécution d'une commission rogatoire, d'aviser le juge d'instruction de la découverte d'infractions non comprises dans leur saisine s'ils sollicitent immédiatement les instructions du procureur de la République, comme le prescrit l'article 40 du Code de procédure pénale.

de ceux-ci. Pour certains actes d'investigation, la commission rogatoire doit expressément autoriser l'officier de police judiciaire. Ainsi l'interception, l'enregistrement et la transcription de correspondances émises par la voie des télécommunications par un officier de police judiciaire nécessitent une prescription écrite qui précise tous les éléments d'identification de la liaison à intercepter, l'infraction qui motive le recours à l'interception ainsi que la durée de celle-ci[14].

354. Le juge d'instruction fixe le délai dans lequel la commission rogatoire doit lui être retournée avec les procès-verbaux dressés pour son exécution par l'officier de police judiciaire. À défaut, la commission rogatoire et les procès-verbaux doivent lui être transmis dans les huit jours de la fin des opérations exécutées en vertu de celle-ci.

I. LES AUDITIONS, INTERROGATOIRES ET CONFRONTATIONS

355. On parle d'interrogatoire pour la personne mise en examen et d'audition pour le témoin et la partie civile. Les confrontations permettent d'opposer les versions divergentes. Au cours de l'instruction, si le juge peut procéder autant qu'il l'estime utile à la manifestation de la vérité, à ce type d'actes d'investigation, les parties peuvent aussi le saisir d'une demande écrite et motivée tendant à ce qu'il soit procédé à leur audition ou à leur interrogatoire, à l'audition d'un témoin, ou à une confrontation (art. 82-1 CPP). L'interrogatoire est même un droit pour la personne mise en examen. D'abord, le juge d'instruction ne peut procéder à une mise en examen qu'après avoir préalablement entendu les observations de la personne concernée, ou l'avoir mise en mesure de le faire[15]. Ensuite, à l'expiration d'un délai de quatre mois depuis sa dernière comparution, la personne mise en examen qui en fait la demande écrite doit être entendue par le juge d'instruction.

356. Le juge d'instruction fait citer devant lui, par un huissier ou par un agent de la force publique, toutes les personnes dont la déposition lui paraît utile (art. 101 CPP). Toute personne citée pour être entendue comme témoin est tenue de comparaître. Si elle ne comparaît pas ou refuse de comparaître, le juge d'instruction peut, sur les réquisitions du procureur de la République, l'y contraindre par la force publique. Le témoin, qui ne comparaît pas sans excuse ni justification, encourt une amende de 3 750 euros[16]. Le témoin prête serment de dire toute la vérité, rien que la vérité, à l'exception du mineur de 16 ans[17]. Mais le journaliste, entendu comme témoin sur des informations recueillies dans l'exercice de son activité, est libre de ne pas en révéler l'origine[18]. De même, le témoin assisté ne prête pas serment[19]. Sauf l'hypothèse d'une confrontation, les témoins sont entendus séparément en dehors de la présence des parties[20]. Le ministère public n'assiste pas aux auditions des témoins, pas plus que le mis en examen ou la partie civile. Mais l'article 82-2 du Code de procédure pénale permet au mis en examen et à

14. Art. 100 et 100-1 CPP.
15. V. *infra* n° 417.
16. Art. 434-15-1 CP.
17. Art. 103 CPP.
18. Art. 109 CPP.
19. V. *supra* n° 425.
20. Art. 102 CPP.

la partie civile de demander au juge d'instruction l'audition d'un témoin en présence de leur avocat.

357. Le juge d'instruction peut aussi procéder à des confrontations, collectives mais aussi individuelles. La commission d'enquête parlementaire dans l'affaire dite d'*Outreau* avait constaté que les demandes de confrontations séparées avaient été rejetées pour leur préférer les confrontations collectives. Aussi la loi du 5 mars 2007 tendant à renforcer l'équilibre de la procédure pénale a créé un article 120-1 dans le Code de procédure pénale, selon lequel la personne mise en examen ou le témoin assisté, qui sont mis en cause par plusieurs personnes, peuvent demander à être confrontés séparément avec chacune d'entre elles. Le juge d'instruction peut certes rejeter cette demande, mais son refus ne peut être motivé par la seule raison qu'une confrontation collective est organisée.

358. Les interrogatoires et confrontations des personnes mises en examen ne peuvent être réalisés que par le juge d'instruction lui-même[21]. Les auditions de la partie civile ou d'un témoin assisté peuvent être réalisées par un officier de police judiciaire agissant sur commission rogatoire, mais uniquement à la demande de ceux-ci[22]. Seuls les témoins peuvent être entendus sous la contrainte par un OPJ dans le cadre d'une commission rogatoire. Toutefois, lorsqu'il n'existe aucune raison plausible de soupçonner qu'il a commis une infraction, il ne peut être retenu que le temps strictement nécessaire à son audition[23].

359. La personne mise en examen, la partie civile et le témoin assisté ne peuvent être interrogés, entendus ou confrontés – à moins d'y renoncer expressément – qu'en présence de leurs avocats ou ces derniers dûment appelés. Les avocats sont convoqués au plus tard cinq jours ouvrables avant l'interrogatoire ou l'audition de la partie qu'ils assistent. Le dossier de la procédure est mis à leur disposition quatre jours ouvrables au plus tard avant chaque interrogatoire de la personne mise en examen ou chaque audition de la partie civile. Après la première comparution de la personne mise en examen ou la première audition de la partie civile, le dossier est également mis à la disposition des avocats durant les jours ouvrables, sous réserve des exigences du bon fonctionnement du cabinet d'instruction (art. 114 CPP). Après la première comparution ou la première audition, les avocats des parties – ou, si elles n'ont pas d'avocat, les parties elles-mêmes[24] – peuvent se faire délivrer, gratuitement, copie de tout ou partie des pièces et actes du dossier, le cas échéant sous forme numérisée. Seules les copies des rapports d'expertise peuvent être communiquées par les parties ou leurs avocats

21. Art. 152 al. 2 CPP.
22. *Ibidem.*
23. Art. 153 CPP.
24. Art. 114 CPP modifié par la loi n° 2014-535 du 27 mai 2014 portant transposition de la directive 2012/13/UE du Parlement européen et du Conseil, du 22 mai 2012, relative au droit à l'information dans le cadre des procédures pénales. Curieusement, cette même loi n'a pas modifié l'art. 197 CPP, qui continue de réserver la mise à disposition et la délivrance de copies du dossier de la chambre de l'instruction aux seuls avocats des parties. Mais se fondant sur l'article préliminaire du Code de procédure pénale et l'article 6 de la Convention européenne des droits de l'homme, la chambre criminelle considère que « le respect des principes du contradictoire et de l'équilibre des droits des parties interdit à la chambre de l'instruction de statuer sur l'appel d'une ordonnance de refus d'informer du juge d'instruction sans que la partie civile qui a choisi de se défendre sans avocat ait été mise en mesure d'obtenir la délivrance, si elle en a fait la demande, d'une copie du réquisitoire définitif du procureur de la République » (Crim., 19 nov. 2014, pourvoi n° 13-87965).

à des tiers pour les besoins de la défense. En dehors de ce cas, le fait, pour une partie à qui une reproduction des pièces ou actes d'une procédure d'instruction a été remise, de la diffuser auprès d'un tiers est puni d'une amende de 10000 euros[25].

360. Depuis la loi du 5 mars 2007 tendant à renforcer l'équilibre de la procédure pénale, les interrogatoires menés par le juge d'instruction en matière criminelle doivent faire l'objet d'un enregistrement audiovisuel (art. 116-1 CPP). Le législateur permet toutefois de déroger à cette exigence dans l'hypothèse d'une impossibilité technique, sous réserve qu'il soit fait mention de cette impossibilité dans le procès-verbal, qui en précise la nature. Cet enregistrement était également exclu en matière de criminalité organisée, pour les crimes de l'article 706-73, mais le Conseil constitutionnel a déclaré cette exception contraire à la Constitution[26].

II. LES CONSTATATIONS ET VÉRIFICATIONS

361. Comme au stade de l'enquête préliminaire ou de flagrance, des recherches d'indices et d'empreintes peuvent être menées sous commission rogatoire. On retrouvera donc ici des pouvoirs identiques à ceux décrits dans l'enquête de police, en matière de réquisitions, prélèvements d'empreintes, ou procédés d'infiltrations[27]. Mais deux types d'investigation sont spécifiques à l'instruction.

A. LE TRANSPORT SUR LES LIEUX

362. Si les nécessités de l'information l'exigent, le juge d'instruction peut, après en avoir donné avis au procureur de la République de son tribunal, se transporter avec son greffier dans toute l'étendue du territoire national, à effet d'y procéder à tous actes d'instruction, à charge par lui d'aviser, au préalable, le procureur de la République du tribunal dans le ressort duquel il se transporte. Il mentionne sur son procès-verbal les motifs de son transport[28]. Depuis la loi du 13 décembre 2011 relative à la répartition des contentieux et à l'allégement de certaines procédures juridictionnelle, le juge d'instruction peut aussi, si les nécessités de l'instruction l'exigent, dans le cadre d'une commission rogatoire adressée à un État étranger et avec l'accord des autorités compétentes de l'État concerné, se transporter sur le territoire de cet État aux fins de procéder à des auditions. Il en donne préalablement avis au procureur de la République de son tribunal[29].

25. Art. 114-1 CPP.
26. Cons. const., 6 avr. 2012, n° 2012-228/229 QPC.
27. V. *supra* n° 203.
28. Art. 93 CPP.
29. Art. 93-1 CPP.

B. LES EXPERTISES

363. Les expertises ne sont pas de simples mesures d'investigation. Elles impliquent une appréciation de la part de l'expert, qui doit avoir prêté serment. C'est le juge d'instruction qui d'office ou à la demande d'une partie désigne le ou les experts, en précisant leur mission, par des questions techniques[30].

364. La procédure pénale française n'a pas encore consacré l'expertise contradictoire (un expert désigné par chaque partie)[31]. Toutefois, une évolution s'est produite en ce sens avec la loi n° 2007-291 du 5 mars 2007 tendant à renforcer l'équilibre de la procédure pénale. Ainsi lorsque le juge d'instruction ordonne une expertise, il lui appartient d'en adresser une copie sans délai au procureur de la République et aux parties[32], lesquels disposent d'un délai de dix jours pour demander au juge d'instruction « de modifier ou de compléter les questions posées à l'expert ou d'adjoindre à l'expert ou aux experts déjà désignés un expert de leur choix figurant sur une liste »[33]. Mais la règle est exclue en cas d'urgence, lorsque les opérations d'expertise et le dépôt des conclusions ne peuvent être différés pendant le délai de dix jours. Elle ne s'applique pas non plus si la communication risque d'entraver l'accomplissement des investigations, si l'expertise n'a pas d'incidence sur la détermination de la culpabilité, ou si les parties y renoncent expressément. La chambre criminelle exerce un contrôle sévère de ces motifs. Ainsi, le souci légitime de célérité et le fait que le mis en examen soit détenu sont insuffisants à le priver du bénéfice du contradictoire. Il en est de même lorsque le juge se contente d'invoquer « la multiplicité des investigations à accomplir » et la « nécessité de disposer dans les meilleurs délais des conclusions des experts »[34].

365. Depuis la loi du 5 mars 2007 tendant à renforcer l'équilibre de la procédure pénale, afin que les parties puissent exercer un contrôle plus important sur les experts, un rapport provisoire peut être demandé par le juge d'instruction d'office ou sur demande d'une partie. Ce rapport provisoire est communiqué aux parties afin qu'elles puissent faire des observations écrites[35].

366. Une fois le rapport déposé, le juge d'instruction communique aux parties les conclusions de l'expert et fixe un délai, qui ne peut être inférieur à quinze jours, pour recevoir leurs observations, réclamer un complément d'expertise ou même

30. En enquête préliminaire et de flagrance, plusieurs dispositions du Code de procédure pénale organisent le recours à des « personnes qualifiées » pour réaliser des opérations techniques nécessaires à l'enquête « qui ne peuvent être différées », voire à des « expertises ». Les articles 60 (en flagrance) et 77-1 (en préliminaire) préconisent le recours à des « examens techniques ou scientifiques ». Ces derniers sont réalisés à l'initiative de l'officier de police judiciaire soit d'office – en flagrance –, soit sur autorisation du procureur de la République – en préliminaire. Ils peuvent également être directement prescrits par le procureur de la République lui-même. Ces examens scientifiques ou techniques sont des quasi-expertises. V. *supra* n° 203.
31. On trouve toutefois quelques exceptions dans certaines matières. Ex : en matière de fraudes (art. L. 215-9 C. consom.).
32. Le texte prévoyait initialement une communication aux avocats des parties, et non directement aux parties elles-mêmes, mais le Conseil constitutionnel, dans une décision n° 2012-284 QPC du 23 nov. 2012 a déclaré cette disposition contraire à la Constitution.
33. Art. 161-1 CPP. Pour la chambre criminelle, ce texte n'est pas applicable au témoin assisté (Cass. crim., 14 déc. 2011, *Bull.* n° 257).
34. Cass. crim., 13 oct. 2009, n° 09-83669.
35. Art. 167-2 CPP.

une contre-expertise. Lorsqu'il rejette une demande, le juge d'instruction rend une décision motivée qui doit intervenir dans un délai d'un mois à compter de la réception de la demande. Il en est de même s'il commet un seul expert alors que la partie a demandé qu'il en soit désigné plusieurs. Faute pour le juge d'instruction d'avoir statué dans le délai d'un mois, la partie peut saisir directement la chambre de l'instruction. Le juge d'instruction peut également notifier au témoin assisté les conclusions des expertises qui le concernent en lui fixant un délai pour présenter une demande de complément d'expertise ou de contre-expertise. Le juge n'est toutefois pas tenu de rendre une ordonnance motivée s'il estime que la demande n'est pas justifiée, sauf si le témoin assisté demande à être mis en examen[36].

III. LES INVESTIGATIONS INTRUSIVES

367. Certaines de ces investigations sont déjà pratiquées dans l'enquête policière. Des règles spécifiques s'appliquent toutefois ici sous le contrôle du juge d'instruction. D'autres investigations ne peuvent être pratiquées que pendant l'instruction, ce qui donne à cette étape de la procédure un attrait particulier.

A. LES PERQUISITIONS ET SAISIES

368. Déjà pratiquées dans l'enquête préliminaire ou de flagrance, les perquisitions sont soumises dans la phase de l'instruction à quelques spécificités[37]. D'abord, elles s'imposent aux intéressés, dont le consentement n'est pas requis (ce qui est différent dans l'enquête préliminaire). Mais la présence de cette personne, de ses parents ou alliés, ou de deux témoins est nécessaire. Ensuite, les perquisitions peuvent être pratiquées dans tous les lieux où peuvent se trouver des objets ou des données informatiques dont la découverte serait utile à la manifestation de la vérité, y compris donc chez une personne qui n'est pas mise en examen.

369. Comme dans l'enquête policière, la perquisition ne peut se faire que de jour, c'est-à-dire entre 21 heures et 6 heures, sauf en cas de réclamation de l'intérieur, ou exceptions prévues par la loi (art. 95 et 96 renvoyant à l'art. 59 CPP). Toutefois, et selon l'article 706-95 du Code de procédure pénale, lorsque les nécessités de l'instruction relative à l'une des infractions entrant dans le champ d'application de l'article 706-73 ou 706-73-1 l'exigent, le juge d'instruction peut autoriser les officiers de police judiciaire agissant sur commission rogatoire à procéder à des perquisitions, visites domiciliaires et saisies de pièces à conviction en dehors des heures légales. En cas d'urgence, le juge d'instruction peut même autoriser les officiers de police judiciaire à procéder à ces opérations dans les locaux d'habitation : 1) lorsqu'il s'agit d'un crime ou d'un délit flagrant ; 2) lorsqu'il existe un risque immédiat de disparition des preuves ou des indices matériels ; 3) lorsqu'il existe une ou plusieurs raisons plausibles de soupçonner qu'une ou plusieurs personnes se trouvant dans les locaux

36. Art. 167 CPP.
37. Art. 94 et s. CPP.

où la perquisition doit avoir lieu sont en train de commettre des crimes ou des délits entrant dans le champ d'application de l'article 706-73 ou de l'article 706-73-1. Mais l'exécution de la commission rogatoire ne peut, à peine de nullité, avoir un autre objet que la recherche et la constatation des infractions visées dans la décision du juge d'instruction[38]. En outre, la loi du 3 juin 2016 renforçant la lutte contre le crime organisé, le terrorisme et leur financement, et améliorant l'efficacité et les garanties de la procédure pénale étend la possibilité d'une perquisition de nuit dans un lieu habité à l'instruction relative à une infraction de terrorisme « en cas d'urgence » et « lorsque sa réalisation est nécessaire afin de prévenir un risque d'atteinte à la vie ou à l'intégrité physique ».

370. Quant aux saisies, elles peuvent porter sur des données informatiques nécessaires à la manifestation de la vérité[39]. Seul le juge d'instruction, ou l'officier de police judiciaire commis par lui, a le droit de prendre connaissance de ces données avant de procéder à la saisie, en assurant le respect du secret professionnel et des droits de la défense. Le juge d'instruction peut donc saisir des correspondances, mais pas celles émises entre la personne mise en examen et son avocat, sauf si elles ne concernent pas les droits de la défense[40], si elles permettent d'établir la participation de l'avocat à l'infraction[41] ou si elles sont relatives aux activités ayant donné lieu à sa mise en examen[42]. Dans tous les cas, seuls les documents nécessaires à la manifestation de la vérité peuvent être saisis[43].

371. Le juge d'instruction peut aussi ordonner la saisie de tout ou partie des biens pouvant faire l'objet d'une confiscation à l'encontre d'un condamné, afin de garantir l'exécution de cette peine si elle est ultérieurement prononcée (art. 706-141 CPP). Créées par la loi n° 2010-768 du 9 juillet 2010, les saisies pénales conservatoires ont pour but « de garantir l'exécution de la peine complémentaire de confiscation selon les conditions définies à l'article 131-21 du Code pénal ». Leur domaine d'application est large. Ainsi peuvent-elles porter sur tout ou partie des biens d'une personne, sur un bien immobilier, sur un bien ou un droit mobilier incorporel ou une créance. Elles peuvent aussi se faire sans dépossession du bien. Ces saisies spéciales obéissent à un régime autonome décrit aux articles 706-145 et suivants du Code de procédure pénale.

B. LES INTERCEPTIONS DE CORRESPONDANCE TÉLÉPHONIQUE OU NUMÉRIQUE

372. Les interceptions de correspondance téléphonique – les « écoutes téléphoniques » – se trouvent réglementées par les articles 100 à 100-7 du Code de procédure pénale, depuis la loi du 10 juillet 1991 relative au secret des correspondances émises par la voie des télécommunications. Votée après la condamnation de la France par

38. Art. 706-91 et s. CPP.
39. Art. 97 CPP.
40. Cass. crim., 7 mars 1994, *Bull.* n° 87.
41. Cass. crim., 18 juin 2003, *Bull.* n° 123.
42. Cass. crim., 5 oct. 1999, *Bull.* n° 206.
43. Cass. crim., 14 janv. 2003, *Bull.* n° 6.

la Cour EDH dans l'affaire *Kruslin et Huvig* du 24 avril 1990[44], la loi du 10 juillet 1991 a ainsi répondu aux exigences européennes en plaçant les écoutes téléphoniques sous le contrôle d'un magistrat.

373. Sur autorisation du juge d'instruction, les interceptions des correspondances émises par la voie des télécommunications sont possibles en matière criminelle ainsi qu'en matière correctionnelle, si la peine encourue est égale ou supérieure à deux ans d'emprisonnement et si les nécessités de l'information l'exigent. La décision est prise pour une durée maximum de quatre mois, mais elle peut être renouvelée sans toutefois que la durée totale de l'interception puisse excéder un an ou, s'il s'agit d'une infraction prévue aux articles 706-73 et 706-73-1, deux ans, depuis la loi n° 2016-731 du 3 juin 2016. Le juge d'instruction – ou l'officier de police judiciaire commis par lui – transcrit la correspondance utile à la manifestation de la vérité. Cette transcription, sur procès-verbal, est versée au dossier. Mais certaines correspondances sont spécialement protégées. Ainsi, les écoutes téléphoniques ne sont pas valables lorsqu'elles ont lieu sur la ligne d'un avocat pour une conversation liée à l'exercice des droits de la défense, ou sans que le bâtonnier en soit informé. Aucune interception ne peut avoir lieu non plus sur la ligne d'un député ou d'un sénateur sans information du président de l'assemblée concernée. Depuis la loi du 9 mars 2004 portant adaptation de la justice aux évolutions de la criminalité, aucune interception ne peut avoir lieu sur une ligne dépendant du cabinet d'un magistrat ou de son domicile sans que le premier président ou le procureur général de la juridiction où il réside en soit informé. Enfin, la loi du 4 janvier 2010 relative à la protection du secret des sources des journalistes prévoit qu'à peine de nullité, ne peuvent être transcrites les correspondances avec un journaliste permettant d'identifier une source en violation de l'article 2 de la loi du 29 juillet 1881 sur la liberté de la presse.

374. La loi du 3 juin 2016 renforçant la lutte contre le crime organisé, le terrorisme et leur financement, et améliorant l'efficacité et les garanties de la procédure pénale étend les interceptions aux correspondances numériques émises, reçues ou stockées sur une adresse électronique ou au moyen d'un identifiant informatique. Le juge d'instruction peut donc autoriser, par ordonnance motivée, les officiers et agents de police judiciaire commis sur commission rogatoire à réaliser de telles interceptions si les nécessités de l'instruction relative à l'une des infractions entrant dans le champ d'application des articles 706-73 et 706-73-1 l'exigent. Mais surtout, il peut, à propos des mêmes infractions, autoriser les officiers de police judiciaire à utiliser un appareil ou un dispositif technique (un « IMSI-catcher »), afin de recueillir les données techniques de connexion permettant l'identification d'un équipement terminal ou du numéro d'abonnement de son utilisateur, ainsi que les données relatives à sa localisation. L'autorisation est délivrée pour une durée maximale de deux mois, renouvelable dans les mêmes conditions, sans que la durée totale des opérations ne puisse excéder six mois.

---

44. CEDH, 24 avr. 1990, *D.* 1990, p. 353, note J. PRADEL.

C. LES SONORISATIONS ET FIXATIONS D'IMAGE

375. Introduite par la loi n° 2004-204 du 9 mars 2004 portant adaptation de la justice aux évolutions de la criminalité, pour les infractions entrant dans le champ d'application de l'article 706-73 – et désormais de l'article 706-73-1 également –, l'installation d'un dispositif technique destiné à enregistrer des paroles prononcées à titre privé ou confidentiel, dans des lieux ou véhicules privés ou publics, ou à capter des images de personnes se trouvant dans un lieu privé, peut s'effectuer sous l'autorité et le contrôle du juge d'instruction (art. 706-96 CPP). Ce procédé ne peut être utilisé que lorsque les nécessités de l'information l'exigent. Très intrusif, il a néanmoins son équivalent au stade de l'enquête depuis la loi du 3 juin 2016 renforçant la lutte contre le crime organisé et le terrorisme, mais seulement lorsque les nécessités de l'enquête relative à l'une des infractions des articles 706-73 et 706-73-1 l'exigent, et sur autorisation du juge des libertés et de la détention[45]. C'est d'ailleurs cette limitation du champ d'application qui a permis au dispositif d'être conforme aux exigences constitutionnelles[46].

376. La décision de recourir à ce dispositif est prise par une ordonnance motivée du juge d'instruction[47], après avis du procureur de la République, pour une durée maximale de quatre mois, mais qui peut être renouvelée. En vue de mettre en place le dispositif technique, le juge d'instruction peut autoriser l'introduction dans un véhicule ou un lieu privé, y compris hors des heures légales, à l'insu ou sans le consentement du propriétaire ou du possesseur du véhicule ou de l'occupant des lieux ou de toute personne titulaire d'un droit sur ceux-ci. Mais s'il s'agit d'un lieu d'habitation, cette autorisation d'installer le dispositif en dehors des heures légales ne peut être délivrée que par le juge des libertés et de la détention, saisi par le juge d'instruction.

377. Les opérations de surveillance, d'installation et de désinstallation du dispositif technique sont effectuées sous l'autorité et le contrôle du juge d'instruction. Le juge d'instruction ou l'officier de police judiciaire commis par lui dresse procès-verbal de chacune des opérations de mise en place du dispositif technique et des opérations de captation, de fixation et d'enregistrement sonore ou audiovisuel. Ce procès-verbal mentionne la date et l'heure auxquelles l'opération a commencé et celles auxquelles elle s'est terminée. Les enregistrements sont placés sous scellés fermés, et ils sont détruits, à la diligence du procureur de la République ou du procureur général, à l'expiration du délai de prescription de l'action publique.

D. LA CAPTATION DE DONNÉES INFORMATIQUES

378. L'article 706-102-1 du Code de procédure pénale, issus de la loi du 14 mars 2011 d'orientation et de programmation pour la performance de la sécurité intérieure,

45. Les sonorisations et fixations d'images peuvent être autorisées pour un mois, renouvelable une fois, durant l'enquête, et pour deux mois, renouvelables dans la limite de deux ans, durant l'instruction (C. pr. pén., art. 706-98).
46. Cons. const., 2 mars 2004, n° 2004-492 DC.
47. Cass. crim., 6 janv. 2015, n° 14-85448, *D.* 2015. 1738, obs. J. Pradel : « l'ordonnance prévue par l'article 706-96 [...] doit être motivée au regard des éléments précis et circonstanciés résultant de la procédure et [...] l'absence d'une telle motivation de cette atteinte à la vie privée, qui interdit tout contrôle réel et effectif de la mesure, fait grief aux personnes dont les propos ont été captés et enregistrés ».

prévoit que si les nécessités de l'instruction concernant un crime ou un délit entrant dans le champ d'application des articles 706-73 et 706-73-1 l'exigent, le juge d'instruction peut, après avis du procureur de la République, autoriser par ordonnance motivée les officiers et agents de police judiciaire commis sur commission rogatoire à mettre en place un dispositif technique ayant pour objet, sans le consentement des intéressés, d'accéder, en tous lieux, à des données informatiques, de les enregistrer, les conserver et les transmettre, telles qu'elles s'affichent sur un écran pour l'utilisateur d'un système de traitement automatisé de données ou telles qu'il les y introduit par saisie de caractères. En vue de mettre en place ce dispositif technique, le juge d'instruction peut également autoriser l'introduction dans un véhicule ou dans un lieu privé[48], à l'insu ou sans le consentement du propriétaire ou du possesseur du véhicule ou de l'occupant des lieux ou de toute personne titulaire d'un droit sur celui-ci. La transmission du dispositif peut se faire aussi par un réseau de communications électroniques. L'ensemble de ces opérations est effectué sous l'autorité et le contrôle du juge d'instruction. À peine de nullité, l'ordonnance et la commission rogatoire du juge d'instruction précisent l'infraction qui motive le recours à ces opérations, la localisation exacte ou la description détaillée des systèmes de traitement automatisé de données ainsi que la durée des opérations. En outre, ces opérations ne peuvent, à peine de nullité, avoir un autre objet que la recherche et la constatation des infractions visées dans les décisions du juge d'instruction. Cependant, le fait que ces opérations révèlent des infractions autres que celles visées dans ces décisions ne constitue pas une cause de nullité des procédures incidentes.

E. LA GÉOLOCALISATION

379. Une loi du 28 mars 2014 relative à la géolocalisation a inséré un nouveau chapitre dans le Code de procédure pénale pour fixer le régime de cet acte d'investigation. Cette loi fait suite à plusieurs arrêts remarqués de la chambre criminelle de la Cour de cassation considérant que les articles 12, 14 et 41 du Code de procédure pénale, lesquels confient à la police judiciaire le soin de constater les infractions à la loi pénale, d'en rassembler les preuves et d'en rechercher les auteurs sous le seul contrôle du procureur de la République, ne peuvent servir de fondement à une pratique de géolocalisation[49]. Selon la Haute Juridiction, si une telle mesure peut être mise en place sur autorisation et sous le contrôle d'un juge d'instruction dans le cadre d'une information judiciaire, il en est autrement dans le cadre d'une enquête préliminaire diligentée sous le contrôle du procureur de la République, dès lors qu'une telle technique constitue une ingérence dans la vie privée dont la gravité nécessite qu'elle soit exécutée sous le contrôle d'un juge. La loi nouvelle a donc encadré la pratique aussi bien au stade de l'enquête[50] qu'à celui de l'instruction.

48. Mais s'il s'agit d'un lieu d'habitation et que l'opération doit intervenir hors des heures légales de la perquisition domiciliaire, cette autorisation est délivrée par le juge des libertés et de la détention saisi à cette fin par le juge d'instruction (art. 706-102-5 CPP).
49. Cass. crim., 22 oct. 2013, n° 13-81945 et 13-81949 ; 14 janv. 2014, n° 13-84909.
50. V. *supra* n° 207.

380. Il est ainsi possible de recourir à tout moyen technique destiné à la localisation en temps réel, sur l'ensemble du territoire national, d'une personne, à l'insu de celle-ci, d'un véhicule ou de tout autre objet, sans le consentement de son propriétaire ou de son possesseur, si cette opération est exigée par les nécessités d'une instruction relative à un délit de terrorisme ou d'évasion, puni d'un emprisonnement d'au moins trois ans ou relative à un crime ou à un délit puni d'un emprisonnement d'au moins cinq ans. La géolocalisation est également possible dans le cadre d'une procédure d'instruction de recherche des causes de la mort ou de la disparition prévue à l'article 80-4 du Code de procédure pénale ou de recherche d'une personne en fuite[51].

381. L'opération est autorisée par le juge d'instruction, pour une durée maximale de quatre mois, renouvelable dans les mêmes conditions de forme et de durée[52].

Section 3
LE RÈGLEMENT DE L'INSTRUCTION

I. L'INITIATIVE DE LA CLÔTURE

382. Le juge d'instruction apprécie souverainement le moment où l'information est terminée, mais les parties peuvent aussi demander qu'il y soit mis fin. En outre, la clôture de l'instruction peut être de l'initiative du président de la chambre de l'instruction.

A. L'AVIS DE FIN D'INSTRUCTION

383. Dès que l'instruction lui paraît terminée, le juge d'instruction communique le dossier au procureur de la République par une ordonnance de soit-communiqué[53]. Cette ordonnance n'a pas de caractère juridictionnel. Elle est un simple acte d'administration judiciaire. Parallèlement, le juge d'instruction avise les parties, le témoin assisté et leurs avocats, éventuellement par télécopie ou courriel, de la fin de l'instruction[54]. Depuis la loi du 5 mars 2007 tendant à renforcer l'équilibre de la procédure pénale s'enclenche alors tout un processus, qui ne se limite plus à un dialogue entre le juge d'instruction et le ministère public. Ainsi, deux délais s'ouvrent aux parties pour garantir le principe du contradictoire.

384. Dans un premier délai de trois mois – réduit à un mois si une personne mise en examen est détenue –, le procureur de la République adresse ses réquisitions motivées au juge d'instruction. Il s'agit en principe du réquisitoire définitif, dont la copie

51. Art. 230-32 CPP.
52. Art. 230-33 CPP.
53. Art. 175 CPP.
54. Art. 134 et 803-1 CPP.

est adressée aux parties[55]. Dans l'hypothèse où un acte lui paraît encore utile pour la manifestation de la vérité, le procureur de la République peut toutefois prendre un réquisitoire supplétif, demandant au juge d'instruction l'accomplissement de l'acte d'investigation. Pendant le même délai à compter de l'avis de fin d'instruction, les parties (mis en examen et partie civile) peuvent formuler des demandes d'actes, former des requêtes en nullité, et surtout adresser des observations écrites au juge d'instruction (dont copie est adressée au procureur de la République). Le témoin assisté, qui n'est pas une partie à la procédure, n'est pas recevable à formuler des demandes d'actes, mais il dispose de la possibilité de former des requêtes en nullité. À l'expiration du délai, les parties ne sont plus recevables à formuler des demandes d'actes ou à présenter des requêtes en nullité. On dit qu'il y a purge des nullités.

385. Un second délai d'un mois – dix jours si une personne mise en examen est détenue – s'ouvre alors pour permettre au procureur de la République ainsi qu'aux parties pour adresser au juge d'instruction des réquisitions ou des observations complémentaires au vu des observations ou des réquisitions qui ont été communiquées. C'est seulement à l'issue de ce délai que le juge d'instruction peut rendre son ordonnance de règlement.

B. LA DEMANDE DE CLÔTURE DE L'INSTRUCTION PAR LES PARTIES OU LE TÉMOIN ASSISTÉ

386. La personne pise en examen, le témoin assisté ou la partie civile peut, à l'expiration du délai prévisible d'achèvement de l'instruction qui lui a été indiqué, demander la clôture de l'instruction. Cette demande peut également être adressée au juge d'instruction lorsqu'aucun acte d'instruction n'a été accompli pendant quatre mois (art. 175-1 CPP). Ainsi, lorsqu'une personne est mise en examen, le juge d'instruction lui indique le délai prévisible d'achèvement de l'instruction et l'avise de son droit, à l'expiration, de demander la clôture de la procédure (art. 116 CPP). Il en est de même pour la partie civile lors de sa première audition (art. 89-1 CPP), ainsi que pour le témoin assisté (art. 113-4 CPP). Dans tous les cas, si le délai d'achèvement – non prévisible – n'a pas été communiqué, la clôture peut être demandée à l'expiration d'un délai d'un an en matière correctionnelle ou de dix-huit mois en matière criminelle[56].

387. Après réception de la demande de clôture, le juge d'instruction dispose d'un délai d'un mois pour prendre sa décision : soit il y fait droit ; soit il décide, par ordonnance motivée, qu'il y a lieu à poursuivre l'instruction. Dans ce dernier cas, ou à défaut pour le juge d'avoir statué dans le délai d'un mois, la personne mise en examen, le témoin assisté ou la partie civile peut saisir le président de la chambre de l'instruction, qui dispose d'un pouvoir de filtrage. Si le président estime que la chambre de l'instruction doit être saisie, celle-ci décidera du renvoi, de la mise en accusation ou du non-lieu.

55. Art. 175 CPP. Le texte prévoyait initialement une communication aux avocats des parties, et non directement aux parties elles-mêmes, mais le Conseil constitutionnel, dans une décision n° 2011-160 QPC du 9 sept. 2011 a déclaré cette disposition contraire à la Constitution.
56. Art. 116 al. 8 CPP.

Elle pourra aussi évoquer[57] ou renvoyer le dossier de la procédure au même juge d'instruction ou un autre, afin de poursuivre l'instruction. Mais le président de la chambre de l'instruction peut aussi ordonner, par décision motivée, le renvoi du dossier au juge d'instruction.

388. Lorsque le juge d'instruction a déclaré qu'il poursuivait son instruction, une nouvelle demande peut toujours être formée à l'expiration d'un délai de six mois.

C. L'INITIATIVE DU PRÉSIDENT DE LA CHAMBRE DE L'INSTRUCTION

389. Après trois mois depuis le placement en détention provisoire, celle-ci étant toujours en cours, le président de la chambre de l'instruction peut saisir cette juridiction afin qu'elle examine l'ensemble de la procédure. La chambre de l'instruction peut alors en ordonner le règlement.

390. De même, si, à l'issue d'un délai de deux ans à compter de l'ouverture de l'information, celle-ci n'est pas terminée, le juge d'instruction rend une ordonnance motivée, expliquant les raisons de la durée de la procédure, comportant les indications qui justifient la poursuite de l'information et précisant les perspectives de règlement. Cette ordonnance est communiquée au président de la chambre de l'instruction qui peut, par requête, saisir cette juridiction (art. 175-2 CPP).

II. LA DÉCISION DE RÈGLEMENT

A. L'ORDONNANCE DE RENVOI

391. Le renvoi peut être ordonné devant le tribunal de police ou le tribunal correctionnel. Depuis la loi du 13 décembre 2011 relative à la répartition des contentieux et à l'allégement de certaines procédures juridictionnelles, si le juge d'instruction estime que les faits constituent un délit, et si la personne mise en examen reconnaît les faits tout en acceptant la qualification pénale retenue, le juge d'instruction peut aussi, à la demande ou avec l'accord du procureur de la République, du mis en examen et de la partie civile, prononcer par ordonnance le renvoi de l'affaire au procureur de la République aux fins de mise en œuvre d'une comparution sur reconnaissance préalable de culpabilité (art. 180-1 CPP)[58].

392. L'ordonnance de renvoi doit comprendre les motifs permettant de conclure à l'existence de charges suffisantes. Elle doit aussi identifier la ou les personnes objets du renvoi (même dans l'hypothèse où l'information avait été ouverte contre personne non dénommée). L'ordonnance de renvoi couvre les vices de la procédure[59]. Jusqu'à la loi du 9 mars 2004 portant adaptation de la justice aux évolutions de la criminalité, l'ordonnance de renvoi n'était pas susceptible d'appel. Elle l'est désormais du fait de

57. Sur le pouvoir d'évocation de la chambre de l'instruction, v. *infra* n° 478 et s.
58. Sur les modalités de la CRPC, v. *infra* n° 517.
59. Art. 179 al. 6 CPP.

la légalisation de la pratique de correctionnalisation judiciaire[60]. En effet, à défaut d'appel, il est interdit au tribunal correctionnel de revenir sur la qualification délictuelle retenue, sauf s'il apparaît que des faits présentés comme commis de façon involontaire ont en réalité été commis intentionnellement[61].

393. L'ordonnance met fin à la détention provisoire, à l'assignation à résidence avec surveillance électronique ou au contrôle judiciaire. Toutefois, le juge d'instruction peut, par ordonnance distincte spécialement motivée, maintenir le prévenu en détention, sous assignation à résidence avec surveillance électronique ou sous contrôle judiciaire jusqu'à sa comparution devant le tribunal. En tout état de cause, le prévenu en détention est immédiatement remis en liberté si le tribunal correctionnel n'a pas commencé à examiner l'affaire au fond à l'expiration d'un délai de deux mois à compter de la date de l'ordonnance de renvoi, sauf si le tribunal par une décision mentionnant les raisons de fait ou de droit faisant obstacle au jugement de l'affaire, ordonne la prolongation de la détention pour une nouvelle durée de deux mois. Si le prévenu n'a toujours pas été jugé à l'issue de cette nouvelle prolongation, il est remis immédiatement en liberté.

B. L'ORDONNANCE DE MISE EN ACCUSATION DEVANT LA COUR D'ASSISES

394. Si le juge d'instruction estime que les faits retenus à la charge d'une personne mise en examen constituent une infraction qualifiée de crime par la loi, il ordonne sa mise en accusation devant la cour d'assises. L'ordonnance de mise en accusation contient, à peine de nullité, l'exposé et la qualification légale des faits, objet de l'accusation, et précise l'identité de l'accusé. Le juge d'instruction transmet le dossier avec son ordonnance au procureur de la République qui l'envoie au greffe de la cour d'assises[62]. En effet, depuis la loi du 15 juin 2000 renforçant la protection de la présomption d'innocence et les droits des victimes, les crimes ne donnent plus lieu à un second degré d'instruction, comme c'était le cas auparavant devant la chambre d'accusation[63].

395. Lorsqu'elle est devenue définitive, l'ordonnance de mise en accusation couvre, s'il en existe, les vices de la procédure (art. 181, al. 4 CPP).

396. Le contrôle judiciaire ou l'assignation à résidence avec surveillance électronique dont fait l'objet l'accusé continuent à produire leurs effets. Si l'accusé est placé en détention provisoire, le mandat de dépôt décerné contre lui conserve sa force exécutoire et l'intéressé reste détenu jusqu'à son jugement par la cour d'assises. Toutefois, l'accusé détenu en raison des faits pour lesquels il est renvoyé devant la cour d'assises est immédiatement remis en liberté s'il n'a pas comparu devant celle-ci à l'expiration d'un délai d'un an, à compter soit de la date à laquelle la décision

60. A. Darsonville, « La légalisation de la correctionnalisation judiciaire », *Dr. pén.* 2007, étude n° 3.
61. Art. 469 CPP.
62. Art. 181 CPP
63. Mais les décisions de la Cour d'assises sont susceptibles d'un appel ; v. *infra* n° 536.

de mise en accusation est devenue définitive s'il était alors détenu, soit de la date à laquelle il a été ultérieurement placé en détention provisoire. Mais si la comparution de l'accusé est impossible dans ce délai, la chambre de l'instruction, par une décision mentionnant les raisons de fait ou de droit faisant obstacle au jugement de l'affaire, peut ordonner la prolongation de la détention provisoire pour une nouvelle durée de six mois, renouvelable une fois. Si l'accusé n'a toujours pas comparu devant la cour d'assises à l'issue de cette nouvelle prolongation, il est immédiatement remis en liberté.

C. L'ORDONNANCE DE NON-LIEU OU D'IRRESPONSABILITÉ PÉNALE POUR CAUSE DE TROUBLE MENTAL

397. Si le juge d'instruction estime que les faits ne constituent ni crime, ni délit, ni contravention, ou si l'auteur est resté inconnu, ou s'il n'existe pas de charges suffisantes contre la personne mise en examen, il déclare, par une ordonnance, qu'il n'y a pas lieu à suivre[64]. Le non-lieu peut être motivé en droit (inexistence d'une infraction pénale, prescription de l'action publique, cause d'irresponsabilité pénale...) ou en fait (charges insuffisantes pour poursuivre). Dans le premier cas, la décision est irrévocable et a l'autorité de la chose jugée. Dans le second cas, une information peut être ultérieurement ouverte pour charges nouvelles[65]. Lorsque l'ordonnance de non-lieu est motivée par l'existence de l'une des causes d'irresponsabilité pénale prévue par les articles 122-2,122-3,122-4,122-5 et 122-7 du Code pénal ou par le décès de la personne mise en examen, elle précise toutefois s'il existe des charges suffisantes établissant que l'intéressé a commis les faits qui lui sont reprochés (art. 177 al. 2 CPP).

398. En cas de non-lieu, les personnes mises en examen qui sont provisoirement détenues sont mises en liberté. L'ordonnance met fin au contrôle judiciaire. En outre, le juge d'instruction peut ordonner, sur la demande de la personne concernée ou, avec l'accord de cette personne, d'office ou à la demande du ministère public, soit la publication intégrale ou partielle de sa décision de non-lieu, soit l'insertion d'un communiqué informant le public des motifs et du dispositif de celle-ci, dans un ou plusieurs journaux, écrits périodiques ou services de communication au public par voie électronique qu'il désigne[66]. Lorsqu'il rend une ordonnance de non-lieu à l'issue d'une information ouverte sur constitution de partie civile, le juge d'instruction peut, sur réquisitions du procureur de la République et par décision motivée, s'il considère que la constitution de partie civile a été abusive ou dilatoire, prononcer contre la partie civile une amende civile dont le montant ne peut excéder 15 000 euros.

399. La loi du 25 février 2008 relative à la rétention de sûreté et à la déclaration d'irresponsabilité pénale pour cause de trouble mental a institué une procédure nouvelle spécifique au non-lieu motivé par l'existence d'un trouble mental et permettant aux parties de saisir la chambre de l'instruction[67]. Ainsi, lorsqu'au moment

64. Art. 177 al. 1 CPP.
65. V. *infra* n° 562.
66. Art. 177-1 CPP.
67. Art. 706-120 et s. CPP.

du règlement de son instruction, le juge d'instruction estime qu'il existe contre la personne mise en examen des charges suffisantes, mais qu'il y a des raisons plausibles d'appliquer l'article 122-1 alinéa 1er du Code pénal (trouble mental abolissant son discernement), il ordonne, sur la demande du procureur de la République ou d'une partie, que le dossier de la procédure soit transmis par le procureur de la République au procureur général aux fins de saisine de la chambre de l'instruction. Il peut aussi ordonner d'office cette transmission. En l'absence de demande ou de transmission d'office, le juge d'instruction rend une ordonnance d'irresponsabilité pénale pour cause de trouble mental qui précise qu'il existe des charges suffisantes établissant que l'intéressé a commis les faits qui lui sont reprochés (art. 706-120 CPP). Cette ordonnance met fin à la détention provisoire ou au contrôle judiciaire. Si la chambre de l'instruction est saisie, la détention provisoire ou le contrôle judiciaire se poursuit jusqu'à la date de l'audience. La personne mise en examen comparaît – sauf si son état ne le permet pas –, et les débats se déroulent en principe en audience publique. La chambre de l'instruction peut prononcer un non-lieu s'il n'existe pas de charges suffisantes, un renvoi devant la juridiction de jugement compétente si les dispositions de l'article 122-1 alinéa 1er du Code pénal ne sont pas applicables, ou un arrêt d'irresponsabilité pénale pour cause de trouble mental. La chambre de l'instruction peut dans ce cas prononcer une ou plusieurs mesures de sûreté (art. 706-125 CPP). En outre, et à la différence du non-lieu classique, cette décision entraîne l'inscription de l'auteur au fichier des auteurs d'infractions sexuelles et violentes ainsi qu'au bulletin n° 1 du casier judiciaire.

BIBLIOGRAPHIE POUR ALLER PLUS LOIN

B. Bouloc, « De quelques transformations de l'instruction préparatoire », *RPDP* 2000, p. 39.

J. Michaud, « Le "janus" de la magistrature », *RSC* 1974, p. 666.

E. Verny, « Des sonorisations et des fixations d'images décidées par le juge d'instruction », *RPDP* 2004, p. 777.

» Exercice corrigé

DISSERTATION

SUJET : L'INDÉPENDANCE DU JUGE D'INSTRUCTION

Dans *La Comédie humaine*, le personnage de Camusot dépeint le juge d'instruction comme « l'homme le plus puissant de France ». Juge unique et solitaire, il donne l'impression de concentrer tous les pouvoirs de l'instruction, au risque d'en abuser notamment par la décision qui lui incombe du placement en détention provisoire. Protégé par son statut de magistrat du siège, et autonome dans l'exercice de ses fonctions, puisqu'il lui appartient de procéder à tous les actes qu'il juge utiles à la manifestation de la vérité, le juge d'instruction inquiète par l'excessive indépendance qui le caractérise. L'idée de la suppression du juge d'instruction a même été, un temps, avancée.

Au gré des réformes successives, les prérogatives du juge d'instruction ont pourtant été amoindries. Depuis la loi n° 2000-516 du 15 juin 2000, la décision du placement en détention provisoire appartient au juge des libertés et de la détention, et depuis la loi du 5 mars 2007 tendant à renforcer l'équilibre de la procédure pénale, une réflexion sur la collégialité de la juridiction d'instruction a été engagée. Certes, la loi du 5 mars 2007 n'entrera sur ce point jamais en vigueur puisqu'après avoir sans cesse reporté la mise en œuvre concrète de la collégialité, le législateur s'engage désormais dans la voie du maintien du juge unique. En effet, les débats parlementaires relatifs au projet de loi « justice du XXIe siècle » ont souligné les difficultés de mise en œuvre de la collégialité. Malgré tout, depuis plusieurs années le respect du contradictoire et des droits de la défense s'est imposé dans la phase de l'instruction, sous l'influence de la jurisprudence européenne. Ainsi, tandis qu'il exerçait jadis ses prérogatives dans le secret, et sans discussion possible avec les parties, le juge instruit aujourd'hui sous le contrôle de celles-ci, qui ont accès à l'entier dossier de procédure. Les tentations du système accusatoire constituent donc autant de menaces pour l'indépendance du juge d'instruction dans l'exercice de sa fonction. Autrement dit, si l'indépendance du juge d'instruction paraît de prime abord évidente en ce qu'elle résulte de l'absence de subordination statutaire aux pouvoirs législatif et exécutif (CEDH, 28 juin 1984, *Campbell et Fell c/ Royaume-Uni*), elle ne saurait en réalité être affirmée sans nuance.

On peut regretter que la jurisprudence européenne ait conduit à focaliser sur l'indépendance du parquet, notamment au lendemain des décisions *Medvediev* et *Moulin*. En effet, le ministère public n'est pas le seul acteur du procès pénal à susciter des interrogations, quant à l'équilibre des pouvoirs au sein de la procédure pénale. L'indépendance du juge d'instruction est elle aussi questionnée, tant dans l'exercice de ses fonctions (I), que dans la pérennisation de son statut (II).

I/ L'indépendance fonctionnelle

A/ La conduite de l'instruction soumise à l'initiative des parties

En raison de l'indépendance des juridictions d'instruction dans la conduite de leurs informations, l'initiative des actes d'investigation appartient en principe au juge d'instruction qui instruit « à charge et à décharge » (art. 81. CPP). Mais le procureur de la République peut requérir à tout moment tous les actes lui paraissant utiles à la manifestation de la vérité (art. 82 CPP). Surtout, les parties privées, personne mise en examen comme partie civile, peuvent solliciter certains actes, mesures et examens, aussi bien en cours d'instruction, qu'à la clôture de celle-ci, c'est-à-dire alors même que le juge décide que l'information est achevée.

C'est avant tout la nécessité de garantir les droits de la défense qui conduit à relativiser l'indépendance de la juridiction.

La personne mise en examen et la partie civile peuvent demander les actes énumérés par les articles 81, 81-1 et 81-2 du Code de procédure pénale. Parmi les nombreuses sollicitations possibles, on peut citer les auditions, confrontations, transports sur les lieux, mais surtout tout acte paraissant nécessaire à la manifestation de la vérité.

La demande écrite et motivée doit faire l'objet d'une réponse dans un délai d'un mois à compter de la réception, avec une possibilité de saisine directe du président de la chambre de l'instruction à défaut de réponse dans le délai.

Depuis la loi du 5 mars 2007, lorsque l'instruction lui paraît terminée, le juge d'instruction en avise les parties. Sauf si elles y ont renoncé, les parties ont alors un délai de trois mois (un mois en cas de détention provisoire) pour adresser des observations écrites ou demander des mesures : examen médical ou psychologique ou toutes autres mesures utiles, audition, interrogatoire, transport sur les lieux (art. 81 al. 9, 82-1, 156 CPP).

B/ Les pouvoirs de l'instruction partagés avec les autres acteurs de la procédure

Depuis la loi du 15 juin 2000, les décisions de placement en détention (et de prolongation de la détention) sont prises par le juge des libertés et de la détention, qui est un magistrat du siège ayant rang de président ou de vice-président du TGI. Le JLD autorise les atteintes aux libertés dans la phase de l'enquête, mais aussi dans la phase d'instruction. En matière de criminalité organisée, les opérations nocturnes de sonorisation et fixation d'images dans un lieu d'habitation sont autorisées par le JLD (art. 706-96 CPP). Il en est de même des mesures conservatoires sur les biens (art. 706-103 CPP).

Au-delà de l'intervention nécessaire du parquet pour saisir le juge d'instruction (réquisitoire introductif), il faut noter une évolution tendant à confier la mise en état du dossier aux enquêteurs, sous le contrôle du ministère public.

En matière de criminalité organisée, les articles 706-73 et suivants du Code de procédure pénale donnent de tels pouvoirs aux enquêteurs (ex : placement sous écoute téléphonique) qu'il n'est pas forcément utile d'ouvrir une information judiciaire.

Mais même en dehors de ce cas d'enquête dérogatoire, l'institution de pôles spécialisés au sein des parquets a permis, bien avant celle des pôles de l'instruction, de favoriser la direction du procureur dans la mise en état du dossier de procédure et de rendre inutile la saisine d'un juge d'instruction.

II/ L'indépendance statutaire

A/ L'inamovibilité du juge d'instruction

Nommé par décret après avis conforme du Conseil supérieur de la magistrature (dont la composition est différente pour les magistrats du siège et du parquet), il est ensuite désigné par le président du TGI, magistrat du siège. La décision de la cosaisine relève de la compétence du président du TGI, d'office ou à la demande du procureur, lors de l'ouverture de l'instruction, au sein d'un pôle de l'instruction. En cours d'instruction, la cosaisine peut encore être décidée, au sein d'un pôle, avec l'accord du juge initialement saisi. Le président du TGI peut la décider soit d'office, soit sur réquisitoire du ministère public ou sur requête des parties. En cas de désaccord du juge d'instruction ou de refus du président du TGI, la cosaisine peut être ordonnée par le président de la chambre de l'instruction (au sein d'un tribunal doté d'un pôle) ou par la chambre de l'instruction (dans un tribunal sans pôle), statuant dans le délai d'un mois.

La récusation du juge d'instruction suppose une cause légitime de suspicion ou d'intérêt de la justice, ou depuis la loi n°2016-1547 du 18 novembre 2016, un conflit d'intérêts (art. L111-6 COJ). La révocation suppose une faute disciplinaire, difficile à établir comme l'a montré la poursuite disciplinaire du juge d'instruction suite à l'affaire dite d'*Outreau*.

B/ La collégialité de l'instruction

Si la collégialité, qui implique la règle du secret du délibéré, permettrait sans doute de sauvegarder l'indépendance du juge dans une prise de décision anonyme, elle pourrait aussi poser le problème de la légitimité. Quelle conséquence pour le JLD juge unique ou le tribunal correctionnel statuant à juge unique ? La question avait déjà été soulevée par la Commission justice pénale et droits de l'homme, présidée par le professeur Delmas-Marty dans son rapport, remis en 1991, relatif à la mise en état des affaires pénales.

LEÇON 9
La liberté des personnes impliquées au cours de l'instruction

400. Au cours de ses investigations, le juge d'instruction est amené à entendre certaines personnes. Il lui faut leur choisir un statut, car les garanties ne sont pas les mêmes selon que ces personnes sont de simples témoins ou des personnes impliquées (Section 2). Les mesures de contraintes à l'égard de ces personnes seront différentes (Section 3). Mais il est parfois nécessaire pour le juge d'instruction de donner l'ordre de procéder à leur recherche (Section 1).

Section 1
LA RECHERCHE DES PERSONNES IMPLIQUÉES : LES MANDATS

401. Les mandats sont des ordres écrits permettant la recherche, l'arrestation ou la comparution d'une personne impliquée au stade de l'instruction[1]. Le juge d'instruction peut, selon les cas, décerner mandat de recherche, de comparution, d'amener ou d'arrêt. Le juge des libertés et de la détention peut quant à lui décerner mandat de dépôt (art. 122 CPP).

I. LE MANDAT DE RECHERCHE

402. Issu de la loi du 9 mars 2004 portant adaptation de la justice aux évolutions de la criminalité, le mandat de recherche est l'ordre donné à la force publique de rechercher la personne à l'encontre de laquelle il est décerné et de la placer en garde à vue (art. 122 CPP). La personne découverte en vertu d'un mandat de recherche est placée en garde à vue par l'officier de police judiciaire du lieu de la découverte, qui

1. Dans certains cas, le procureur de la République peut également délivrer des mandats, pendant l'enquête de flagrance. De même, le juge d'application des peines peut délivrer mandat d'amener ou d'arrêt (art. 712-17 CPP). Les juridictions de jugement peuvent aussi décerner certains mandats.

en informe immédiatement le juge d'instruction. L'officier de police judiciaire déjà saisi sur commission rogatoire peut procéder à l'audition de la personne, mais celui du lieu où la personne a été découverte peut être requis par le juge d'instruction aux fins d'exécution de tous actes d'instruction nécessaires. Pendant la durée de la garde à vue, la personne peut également être conduite dans les locaux du service d'enquête saisi des faits[2].

403. Le mandat de recherche peut être décerné à l'égard de toute personne à l'encontre de laquelle il existe *une ou plusieurs raisons plausibles de soupçonner* qu'elle a commis ou tenté de commettre une infraction, mais il ne peut l'être à l'égard d'une personne ayant fait l'objet d'un réquisitoire nominatif, d'un témoin assisté ou d'une personne mise en examen[3].

II. LE MANDAT DE COMPARUTION

404. Le mandat de comparution a pour objet de mettre une personne en demeure de se présenter devant le juge d'instruction à la date et à l'heure indiquées par ce mandat (art. 122 CPP). Il s'agit donc d'une convocation, dans des formes solennelles, puisqu'elle est signifiée par huissier ou notifiée par un officier de police judiciaire, devant le juge d'instruction. En pratique, elle fait souvent suite à une première convocation infructueuse. Si l'intéressé ne comparaît pas, le juge d'instruction peut délivrer un mandat d'amener.

405. Le mandat de comparution peut être décerné à l'égard d'une personne à l'encontre de laquelle il existe des *indices graves ou concordants* rendant vraisemblable qu'elle ait pu participer, comme auteur ou complice, à la commission d'une infraction. Le juge d'instruction est tenu d'interroger immédiatement la personne qui fait l'objet d'un mandat de comparution. Mais il doit le faire sous le statut de témoin assisté, sauf à la mettre en examen. En effet, si la personne faisant l'objet du mandat n'a pas encore ce statut, elle doit l'avoir dès son interrogatoire, en raison des indices graves ou concordants qui pèsent sur elle[4].

III. LE MANDAT D'AMENER

406. Le mandat d'amener est l'ordre donné à la force publique de conduire immédiatement devant le juge d'instruction la personne à l'encontre de laquelle il est décerné (art. 122 CPP). Si une telle célérité est possible, la personne est interrogée immédiatement par le juge d'instruction. Lorsque l'interrogatoire ne peut pas être immédiat, les modalités d'exécution du mandat diffèrent suivant le lieu où la personne est retrouvée.

2. Art. 135-1 CPP.
3. Art. 122 CPP.
4. V. *infra* n° 412.

407. Si la personne est retrouvée à moins de 200 km du siège du tribunal du juge mandant, la personne peut être retenue par les services de police ou de gendarmerie pendant une durée maximum de vingt-quatre heures avant d'être présentée au juge d'instruction. À défaut, la remise en liberté s'impose[5].

408. Si la personne est retrouvée à plus de 200 km du siège du tribunal, la personne doit être conduite devant le juge des libertés et de la détention du lieu d'arrestation[6]. Il y a alors transfèrement, afin que la personne puisse comparaître le jour même devant le juge d'instruction saisi de l'affaire[7]. Mais la personne peut refuser d'être transférée immédiatement, et préférer prolonger les effets du mandat d'amener, en attendant, au lieu où elle se trouve, la décision du juge d'instruction saisi de l'affaire. Dans ce cas, elle est conduite à la maison d'arrêt, où elle peut être retenue pour une durée de quatre à six jours. Dans une décision n° 2011-133 QPC du 24 juin 2011, le Conseil constitutionnel a toutefois émis une réserve d'interprétation à l'égard de cette disposition. Il estime en effet que la privation de liberté ne peut pas être envisagée lorsque l'intéressé n'encourt pas au minimum une peine d'emprisonnement correctionnelle.

IV. LE MANDAT D'ARRÊT

409. Le mandat d'arrêt est l'ordre donné par le juge d'instruction à la force publique de rechercher une personne et de la conduire devant lui après l'avoir, le cas échéant, conduite à la maison d'arrêt indiquée sur le mandat, où elle est reçue et détenue (art. 122 CPP). Ce mandat concerne les personnes en fuite ou résidant hors du territoire de la République, qui encourent au moins une peine d'emprisonnement (art. 131 CPP). Le régime du mandat d'arrêt est soumis à la même distinction que le mandat d'amener. Si la personne est arrêtée à moins de 200 km du siège du tribunal du juge mandant, elle doit être présentée au juge d'instruction dans les vingt-quatre heures de son arrestation pour qu'il soit procédé à son interrogatoire et qu'il soit le cas échéant statué sur son placement en détention provisoire. À défaut de présentation dans ce délai, la personne est remise en liberté. Si la personne est arrêtée à plus de 200 km du siège du juge d'instruction qui a délivré le mandat, elle est conduite dans les vingt-quatre heures suivant son arrestation devant le juge des libertés et de la détention[8] du lieu de l'arrestation qui reçoit ses déclarations. Le transfèrement et la comparution devant le juge d'instruction se réalisent ensuite suivant les mêmes modalités que celles applicables au mandat d'amener.

410. Ce mandat d'arrêt ne doit pas être confondu avec le mandat d'arrêt européen. Afin de faciliter l'arrestation des délinquants sur le territoire de l'Union européenne, la loi du 9 mars 2004 portant adaptation de la justice aux évolutions de la criminalité a introduit à l'article 695-11 du Code de procédure pénale le *mandat d'arrêt européen* qui est une décision judiciaire émise par un État membre de l'Union européenne,

5. Art. 125 CPP.
6. La loi du 14 avr. 2011 relative à la garde à vue a substitué dans cet office le JLD au procureur de la République.
7. Art. 127 à 130-1 CPP.
8. Comme pour le mandat d'amener, la loi du 14 avr. 2011 relative à la garde à vue a substitué dans cet office le JLD au procureur de la République.

appelé État membre d'émission, en vue de l'arrestation et de la remise par un autre État membre, appelé État membre d'exécution, d'une personne recherchée pour l'exercice de poursuites pénales ou pour l'exécution d'une peine ou d'une mesure de sûreté privative de liberté.

411. Le mandat d'arrêt se distingue encore du *mandat de dépôt*, qui peut être décerné, par le juge des libertés et de la détention, à l'encontre d'une personne mise en examen et ayant fait l'objet d'une ordonnance de placement en détention provisoire. Le mandat de dépôt est l'ordre donné au chef de l'établissement pénitentiaire de recevoir et de détenir la personne à l'encontre de laquelle il est décerné. Ce mandat permet également de rechercher ou de transférer la personne lorsqu'il lui a été précédemment notifié (art. 122 CPP).

Section 2
LE CHOIX D'UN STATUT POUR LA PERSONNE IMPLIQUÉE

I. LA MISE EN EXAMEN

412. Le statut de mis en examen est ambivalent : d'un côté, il constitue une atteinte à la présomption d'innocence parce qu'il manifeste avant jugement un sentiment de culpabilité – et ce, même si la personne mise en examen est présumée innocente – ; de l'autre, il constitue une garantie de l'exercice de nombreux droits. Le législateur a posé des conditions de la mise en examen et accordé des droits à la personne placée sous ce statut.

A. LES CONDITIONS DE LA MISE EN EXAMEN

1. Les conditions de fond

413. La mise en examen ne doit pas être décidée trop rapidement, ni à l'inverse trop tardivement. La mise en examen d'une personne n'est donc possible que s'il existe à son encontre « des indices graves *ou* concordants » rendant vraisemblable qu'elle ait pu participer, comme auteur ou comme complice, à la commission d'infraction dont le juge d'instruction est saisi (art. 80-1 CPP). Ainsi, pour ordonner la mise en examen, le juge d'instruction relève soit l'existence de plusieurs indices, éventuellement légers, mais concordants, soit l'existence d'un seul indice, à la condition qu'il soit grave. Par exemple, la mise en cause formelle par une victime ou par un témoin constitue un indice grave justifiant à lui seul la mise en examen de la personne. À l'inverse, une mise en cause incertaine par la victime ou par un témoin doit être corroborée par d'autres indices, comme l'impossibilité pour la personne impliquée de préciser son emploi du temps au moment des faits ou sa reconnaissance par d'autres témoins.

414. L'exigence d'indices graves ou concordants est prescrite à peine de nullité. Mais aux termes de l'article 174-1 du Code de procédure pénale, la nullité de la mise en examen fait simplement basculer la personne concernée dans le statut de témoin assisté à compter de son interrogatoire de première comparution, et pour l'ensemble de ses interrogatoires ultérieurs. L'intéressé ayant bénéficié de l'assistance d'un avocat, ses déclarations sont maintenues dans le dossier. Seule la mise en examen est annulée. La principale conséquence d'une telle annulation est donc de mettre fin à la détention provisoire ou au contrôle judiciaire qui aurait pu éventuellement être ordonné. En outre, la personne dont la mise en examen a été annulée ne pourra plus être renvoyée devant la juridiction de jugement, sauf à être remise en examen.

415. Mais la mise en examen ne doit pas non plus être tardive. La mise en examen devient obligatoire pour la personne à l'encontre de laquelle il existe des « indices graves *et* concordants » d'avoir participé aux faits dont le juge d'instruction est saisi (art. 105 CPP). Les personnes à l'encontre desquelles il existe de tels indices ne peuvent donc plus être entendues comme témoins. Si des auditions ont malgré tout été effectuées durant le temps où la mise en examen aurait dû être notifiée, elles sont frappées de nullité.

416. Il est à noter que l'article 80-1 du Code de procédure pénale fait de la mise en examen un statut subsidiaire à celui du témoin assisté. Même en cas d'indices graves ou concordants, ce n'est que s'il estime ne pas pouvoir recourir à la procédure de témoin assisté que le juge d'instruction peut procéder à la mise en examen. Le choix du statut est laissé à son appréciation souveraine, la Cour de cassation n'exerçant aucun contrôle. D'ailleurs, la mise en examen d'une personne n'est pas considérée comme « un acte utile à la manifestation de la vérité » qui peut être demandé par la partie civile[9].

2. Les conditions de forme

417. Préalablement à la décision de mettre en examen, le juge d'instruction doit avoir entendu les observations de la personne concernée, ou tout au moins l'avoir mise en mesure de le faire, assistée par son avocat. La mise en examen ne peut donc intervenir qu'après un interrogatoire de première comparution devant le juge d'instruction ou alors après une audition en tant que témoin assisté (art. 80-1 CPP). Il convient donc de distinguer deux hypothèses.

418. Si la personne n'a pas été préalablement placée sous le statut de témoin assisté, le juge d'instruction procède à *l'interrogatoire de première comparution* (art. 116 CPP). À cet effet, il convoque la personne par lettre recommandée ou par officier de police judiciaire, dans un délai compris entre dix jours et deux mois. Cette convocation donne connaissance à la personne de chacun des faits pour lesquels la mise en examen est envisagée, et de son droit à l'assistance d'un avocat. L'avocat est lui-même convoqué au plus tard cinq jours ouvrables avant l'interrogatoire, et le dossier de procédure est mis à sa disposition quatre jours ouvrables au plus tard avant l'interrogatoire.

9. Cass. crim., 15 févr. 2011, n° 10-87468.

419. Lorsque la personne impliquée est présentée au juge d'instruction, par exemple à la suite d'un placement en garde à vue, le juge d'instruction avise la personne de son droit de choisir un avocat ou de demander qu'il lui en soit désigné un d'office. L'avocat choisi est informé par tout moyen et sans délai. S'il ne peut être contacté ou ne peut se déplacer, la personne est avisée de son droit de demander qu'il lui soit désigné un avocat d'office pour l'assister au cours de la première comparution. Une fois sur place, l'avocat peut consulter sur-le-champ le dossier et communiquer librement avec la personne. Dans cette hypothèse, la personne doit consentir à l'interrogatoire. L'accord pour être interrogé ne peut être donné qu'en présence de l'avocat. Aucun interrogatoire ne peut être réalisé en l'absence de l'avocat.

420. Dans tous les cas, après avoir recueilli les déclarations de la personne ou procédé à son interrogatoire et entendu les observations de son avocat, le juge d'instruction lui notifie sa mise en examen. Il l'informe de ses droits de formuler des demandes d'actes ou des requêtes en nullité. S'il estime que le délai prévisible d'achèvement de l'instruction est inférieur à un an en matière correctionnelle ou à dix-huit mois en matière criminelle, le juge d'instruction donne connaissance de ce délai prévisible à la personne et l'avise qu'à l'expiration dudit délai, elle pourra demander la clôture de la procédure. Dans le cas contraire, il indique à la personne qu'elle pourra demander la clôture de la procédure à l'expiration d'un délai d'un an en matière correctionnelle ou de dix-huit mois en matière criminelle.

421. Dans des hypothèses exceptionnelles d'urgence, résultant soit de l'état d'un témoin en danger de mort, soit de l'existence d'indices sur le point de disparaître, soit de la flagrance ayant conduit le juge d'instruction à se transporter sur les lieux pour ouvrir immédiatement une instruction, il est possible de déroger à ces règles pour procéder à un interrogatoire immédiat ainsi qu'à des confrontations[10].

422. Enfin, dans l'hypothèse où la personne a déjà été entendue comme *témoin assisté*, la mise en examen peut se décider au cours d'un interrogatoire ou en adressant à la personne une lettre recommandée précisant les faits qui lui sont reprochés et l'informant de ses droits. Dans ce cas, si la personne demande à être à nouveau entendue par le juge d'instruction, celui-ci est tenu de procéder à son interrogatoire (art. 113-8 CPP).

B. LES DROITS DE LA PERSONNE MISE EN EXAMEN

423. La personne mise en examen a des droits, notamment celui de se défendre. Lors de l'interrogatoire de première comparution, ce droit est particulièrement garanti par les dispositions de l'article 116 du Code de procédure pénale[11]. Mais les interrogatoires ultérieurs ou les confrontations sont également entourés de garanties pour l'exercice des droits de la défense. Aux termes de l'article 114 du Code de procédure pénale, la personne mise en examen ne peut être interrogée ou confrontée, à moins qu'elle n'y

10. Art. 117 CPP.
11. V. *supra* n° 418.

renonce expressément, qu'en présence de son avocat ou ce dernier dûment appelé. L'avocat est convoqué au plus tard cinq jours ouvrables avant l'interrogatoire tandis que le dossier de la procédure est mis à sa disposition quatre jours ouvrables au plus tard avant chaque interrogatoire. Après la première comparution, le dossier est également mis à tout moment à sa disposition durant les jours ouvrables, sous réserve des exigences du bon fonctionnement du cabinet d'instruction. L'avocat – ou, s'il n'a pas d'avocat, le mis en examen lui-même, depuis la loi du 27 mai 2014 portant transposition de la directive 2012/13/UE relative au droit à l'information dans le cadre des procédures pénales – peut se faire délivrer gratuitement copie de tout ou partie des pièces et actes du dossier, éventuellement sous forme numérisée. Depuis la loi du 5 mars 2007 tendant à renforcer l'équilibre de la procédure pénale, l'enregistrement audiovisuel de tous les interrogatoires – y compris l'interrogatoire de première comparution – est obligatoire en matière criminelle (art. 116-1 CPP)[12].

424. La personne mise en examen bénéficie également du droit de demander au juge d'instruction tout acte lui paraissant nécessaire à la manifestation de la vérité[13] et d'exercer des voies de recours. À cette fin, la personne mise en examen est avisée dans les plus brefs délais de toutes les ordonnances juridictionnelles[14]. En outre, depuis la loi du 5 mars 2007 tendant à renforcer l'équilibre de la procédure pénale, la personne mise en examen peut solliciter du juge d'instruction qu'il revienne sur sa décision de mise en examen pour lui accorder le statut de témoin assisté. Cette demande ne peut être faite qu'à l'issue d'un délai de six mois après la mise en examen, puis tous les six mois. Elle peut aussi être formulée dans les dix jours qui suivent la notification d'une expertise ou un interrogatoire au cours duquel la personne est entendue sur les résultats d'une commission rogatoire ou sur les déclarations de la partie civile, d'un témoin assisté ou d'une autre personne mise en examen (article 80-1-1 CPP).

DÉCRYPTAGE : LE DOSSIER DE PERSONNALITÉ

L'obligation de réunir des éléments sur la personnalité de la personne poursuivie n'a longtemps été obligatoire qu'à l'égard des mineurs, avant d'être étendue au cas de certains délinquants majeurs. Aux termes de l'article 81 du Code de procédure pénale, le juge d'instruction procède ou fait procéder, soit par des officiers de police judiciaire, soit par toute personne habilitée, à une enquête sur la personnalité des personnes mises en examen, ainsi que sur leur situation matérielle, familiale ou sociale. L'enquête est obligatoire en matière de crime. La jurisprudence décide toutefois que même en matière criminelle, le juge peut clore son information lorsqu'il l'estime complète[15]. La mesure devient également obligatoire chaque fois que le juge d'instruction envisage de placer en détention provisoire un majeur âgé de moins de 21 ans au moment de la commission de l'infraction si la peine encourue n'excède pas cinq ans d'emprisonnement (art. 81 al. 6 et 7 CPP). En matière de délit, l'enquête est facultative, mais l'article D. 17 du Code de procédure pénale attire l'attention

---

12. Dans une décision n° 2012-228/229 QPC du 6 avr. 2012, le Conseil constitutionnel a considéré que l'exception prévue à cet enregistrement en matière de délinquance et criminalité organisées était contraire au principe d'égalité.
13. Art. 81 al. 8 et 9 CPP.
14. Art. 183 al. 4 CPP.
15. Cass. crim., 7 nov. 1999, *Bull.* n° 399.

des autorités judiciaires sur l'opportunité d'une telle enquête, même en matière de délit, dans un certain nombre de circonstances, comme par exemple le fait que le mis en examen est âgé de moins de 25 ans ou récidiviste, ou en raison de la nature du délit (tels que coups et blessures volontaires, délits sexuels, incendie volontaire).

L'enquête sur la personnalité des personnes mises en examen, ainsi que sur leur situation matérielle, familiale ou sociale peut être complétée d'une information sur les mesures propres à favoriser l'insertion sociale émanant du service pénitentiaire d'insertion et de probation. En outre, un examen médical, un examen psychologique ou même toute mesure utile peuvent être prescrits par le juge d'instruction, d'office ou à la demande d'une partie. Ces examens constituent même une sorte de droit au profit de la personne mise en examen, puisque le juge d'instruction ne peut la demander que par ordonnance motivée (art. 81 al. 9 CPP). Un dossier de personnalité complète donc le dossier de l'infraction. Ce dossier, qui n'a pas pour but de la recherche des preuves de culpabilité (art. D. 16 CPP), fournit au juge d'instruction, puis éventuellement à la juridiction de jugement, des éléments objectifs sur le mode de vie – passé et actuel – de la personne mise en examen.

Pour les mineurs, il existe un dossier unique de personnalité, contenant l'ensemble des éléments relatifs à leur personnalité recueillis au cours des enquêtes et mesures d'assistance éducative, dont ils ont fait l'objet (art. 5 ord. 2 févr. 1945).

II. LE STATUT DE TÉMOIN ASSISTÉ

425. Le statut de témoin assisté permet de bénéficier de certaines prérogatives accordées à la personne poursuivie, tout en évitant les inconvénients d'une mise en examen, et notamment en évitant de subir les soupçons. Rénové par la loi du 15 juin 2000 renforçant la protection de la présomption d'innocence et les droits des victimes, le statut de témoin assisté est tantôt imposé, tantôt proposé.

426. Ainsi, le juge d'instruction doit obligatoirement accorder le statut de témoin assisté dans quatre hypothèses. Tout d'abord, le statut de témoin assisté s'impose pour la personne qui est nommément visée par un réquisitoire (introductif ou supplétif) si elle n'est pas déjà mise en examen (art. 113-1 CPP). Ensuite, la personne nommément visée par une plainte ou mise en cause par une victime peut exiger d'être placée sous ce statut (art. 113-2 CPP). En outre, la personne contre laquelle a été décerné un mandat de comparution, d'amener ou d'arrêt, doit bénéficier des droits du témoin assisté, sauf si elle est mise en examen (art. 122 CPP). Enfin, lorsque la mise en examen est annulée, la personne est considérée comme témoin assisté à compter de son interrogatoire de première comparution et pour l'ensemble de ses interrogatoires ultérieurs, jusqu'à l'issue de l'information (art. 174-1 CPP).

427. Le statut de témoin assisté est une simple possibilité pour la personne nommément visée par une plainte ou mise en cause par une victime, qui n'exige pas à en bénéficier (art. 113-2 CPP), pour la personne mise en cause par un témoin, ou pour celle contre laquelle il existe des indices graves ou concordants rendant vraisemblable qu'elle ait pu participer comme auteur ou complice à la commission des infractions, à condition dans ce cas qu'elle soit mise en examen (art. 113-2 CPP). En outre, afin de permettre un recours plus fréquent au statut de témoin assisté plutôt qu'à celui de mis en examen, une procédure permet à la personne mise en examen de demander régulièrement au juge d'instruction de revenir sur sa décision et de lui octroyer le statut de témoin assisté (art. 80-1-1 CPP).

428. Le témoin assisté bénéficie de droits semblables à ceux de la personne mise en examen (assistance d'un avocat, demande de confrontation avec les personnes qui le mettent en cause, ou de clôture de la procédure). Depuis la loi du 9 mars 2004 portant adaptation de la justice aux évolutions de la criminalité, le juge d'instruction a la possibilité de notifier au témoin assisté les conclusions des expertises qui le concernent, afin qu'il puisse présenter une demande de complément d'expertise ou de contre-expertise (art. 167 CPP). Le témoin assisté a même le droit de mentir puisqu'il ne prête pas serment (art. 113-7 CPP). Il a en outre le droit de former des requêtes en annulation.

429. Mais il ne peut être placé sous contrôle judiciaire, en assignation à résidence sous surveillance électronique ou en détention provisoire. Il ne peut pas non plus faire l'objet d'une ordonnance de renvoi ou de mise en accusation[16]. Il en résulte qu'il ne peut comparaître devant une juridiction de jugement qu'après avoir été au préalable mis en examen. En outre, le témoin assisté n'est pas une partie au procès. Il ne peut donc pas exercer les voies de recours, notamment l'appel contre les ordonnances du juge d'instruction[17].

Section 3
LES MESURES DE CONTRAINTE À L'ÉGARD DES PERSONNES IMPLIQUÉES

430. L'article 137 du Code de procédure pénale dresse la hiérarchie des mesures de contrainte susceptibles de s'exercer à l'égard des personnes impliquées. En principe, toute personne, même mise en examen, demeure libre, en raison du principe de présomption d'innocence. Toutefois, pour les nécessités de l'instruction, ou à titre de mesure de sûreté, il peut être envisagé d'astreindre la personne à un contrôle judiciaire ou à une assignation à résidence, voire, si les deux premières mesures se révèlent insuffisantes, à un placement en détention provisoire.

I. LA DÉTENTION PROVISOIRE

431. La détention provisoire consiste en l'incarcération de la personne mise en examen, pouvant durer pendant l'instruction, et même jusqu'au jugement irrévocable. Depuis la loi du 15 juin 2000 renforçant la protection de la présomption d'innocence

16. Art. 113-5 CPP.
17. Cass. crim., 14 févr. 2012, *Bull.* n° 45.

et les droits des victimes, ce pouvoir a été ôté au juge d'instruction, pour être confié au juge des libertés et de la détention.

A. LES CONDITIONS DU PLACEMENT EN DÉTENTION

432. Le placement en détention provisoire n'est tout d'abord possible que si l'infraction commise est un crime ou un délit puni d'une peine supérieure ou égale à trois ans (art. 143-1 CPP). La durée de la peine encourue est toutefois indifférente si la personne mise en examen se soustrait volontairement au contrôle judiciaire ou à l'assignation à résidence.

433. Il n'est ensuite justifié que si le contrôle judiciaire ou l'assignation à résidence présente un caractère insuffisant (art. 137, 144 CPP). Le principe est que la personne mise en examen, présumée innocente, reste libre. Il est donc nécessaire de justifier, au regard des éléments précis et circonstanciés résultant de la procédure, que la détention provisoire constitue l'unique moyen de parvenir à l'un ou plusieurs des objectifs énumérés par l'article 144 du Code de procédure pénale, et que ceux-ci ne sauraient être atteints en cas de placement sous contrôle judiciaire ou d'assignation à résidence avec surveillance électronique[18].

434. En effet, l'ordonnance de placement en détention doit être motivée par le fait qu'elle est l'unique moyen de parvenir à l'un ou plusieurs des objectifs suivants : 1) conserver les preuves ou les indices matériels qui sont nécessaires à la manifestation de la vérité ; 2) empêcher une pression sur les témoins ou les victimes ainsi que sur leur famille ; 3) empêcher une concertation frauduleuse entre la personne mise en examen et ses coauteurs ou complices ; 4) protéger la personne mise en examen ; 5) garantir le maintien de la personne mise en examen à la disposition de la justice ; 6) mettre fin à l'infraction ou prévenir son renouvellement ; 7) mettre fin au trouble exceptionnel et persistant à l'ordre public provoqué par la gravité de l'infraction, les circonstances de sa commission ou l'importance du préjudice qu'elle a causé. Ce trouble ne peut toutefois résulter du seul retentissement médiatique de l'affaire, ni justifier un placement en détention pour la matière correctionnelle.

B. LA PROCÉDURE DE PLACEMENT EN DÉTENTION

435. Lorsque le juge d'instruction souhaite, au cours d'une instruction préparatoire, placer en détention provisoire une personne mise en examen, il doit saisir le juge des libertés et de la détention par une ordonnance motivée tendant au placement en détention provisoire. L'accord des deux magistrats (juge d'instruction et juge des libertés et de la détention) est donc nécessaire pour qu'un placement en détention provisoire soit ordonné. Toutefois, le procureur de la République peut saisir directement le juge des libertés et de la détention aux fins de placement en détention provisoire en matière criminelle et pour les délits punis de dix ans d'emprisonnement,

18. Cass. crim., 18 juin 2008, *Bull.* n° 157.

lorsqu'ayant requis du juge d'instruction un placement en détention provisoire, il n'a pas obtenu de réponse favorable. Ses réquisitions doivent dans ce cas être motivées par la nécessité : soit de protéger la personne mise en examen ; soit de garantir le maintien de la personne mise en examen à la disposition de la justice ; soit de mettre fin à l'infraction ou prévenir son renouvellement ; soit de mettre fin au trouble exceptionnel et persistant à l'ordre public provoqué par la gravité de l'infraction, les circonstances de sa commission ou l'importance du préjudice qu'elle a causé[19].

436. Un débat contradictoire a lieu dans le cabinet du juge des libertés et de la détention, après que celui-ci ait informé la personne concernée de son droit de demander un délai pour préparer sa défense et de son droit à l'assistance d'un avocat. L'avocat *doit* être présent à ce débat. Si celui qui est choisi ne peut se déplacer, un avocat est commis d'office[20].

437. Le juge des libertés et de la détention statue après un débat contradictoire au cours duquel il entend les réquisitions du ministère public puis les observations de la personne mise en examen et, le cas échéant, celles de son avocat. Si la personne mise en examen est majeure, le débat contradictoire a lieu et le juge statue en audience publique. Toutefois, le ministère public, la personne mise en examen ou son avocat peuvent s'opposer à cette publicité si l'enquête porte sur des faits visés aux articles 706-73 et 706-73-1, ou si celle-ci est de nature à entraver les investigations spécifiques nécessitées par l'instruction, à porter atteinte à la présomption d'innocence ou à la sérénité des débats ou à nuire à la dignité de la personne ou aux intérêts d'un tiers. Le juge statue sur cette opposition en audience de cabinet par ordonnance motivée, après avoir recueilli les observations du ministère public, de la personne mise en examen et de son avocat. S'il fait droit à cette opposition ou si la personne mise en examen est mineure, le débat a lieu et le juge statue en audience de cabinet.

438. Si la personne mise en examen ou son avocat sollicite un délai pour préparer sa défense, le juge des libertés et de la détention peut, au moyen d'une ordonnance motivée par référence aux motifs du placement en détention, prescrire l'incarcération de la personne pour une durée déterminée qui ne peut en aucun cas excéder quatre jours ouvrables. Dans ce délai, il fait comparaître à nouveau la personne, que celle-ci soit ou non assistée d'un avocat. S'il n'ordonne pas le placement de la personne en détention provisoire, celle-ci est mise en liberté d'office.

439. Pour permettre au juge d'instruction de procéder à des vérifications relatives à la situation personnelle du mis en examen ou aux faits qui lui sont reprochés, lorsque ces vérifications sont susceptibles de permettre le placement de l'intéressé sous contrôle judiciaire ou sous assignation à résidence avec surveillance électronique, le juge des libertés et de la détention peut également décider d'office de prescrire par ordonnance motivée l'incarcération provisoire du mis en examen pendant une durée déterminée qui ne saurait excéder quatre jours ouvrables jusqu'à la tenue du débat contradictoire. À défaut de débat dans ce délai, la personne est mise en liberté

19. Art. 137-1 CPP.
20. Art. 145 CPP.

d'office. L'incarcération provisoire est, le cas échéant, imputée sur la durée de la détention provisoire.

440. En cas d'appel de la décision de placement en détention, un «*référé-liberté*» est possible (art. 187-1 CPP). Cette procédure consiste pour le mis en examen à demander au président de la chambre de l'instruction d'examiner immédiatement son appel sans attendre l'audience de la chambre de l'instruction. Cette demande doit, à peine d'irrecevabilité, être formée en même temps que l'appel devant la chambre de l'instruction. À sa demande, l'avocat de la personne mise en examen présente oralement des observations devant le président de la chambre de l'instruction, lors d'une audience de cabinet dont est avisé le ministère public pour qu'il y prenne, le cas échéant, ses réquisitions, l'avocat ayant la parole en dernier.

441. Le président de la chambre de l'instruction statue au plus tard le troisième jour ouvrable suivant la demande, au vu des éléments du dossier de la procédure, par une ordonnance non motivée qui n'est pas susceptible de recours. Il peut, s'il estime que les conditions prévues par l'article 144 ne sont pas remplies, infirmer l'ordonnance du juge des libertés et de la détention et ordonner la remise en liberté de la personne. Il peut aussi ordonner un placement sous contrôle judiciaire. La chambre de l'instruction est alors dessaisie. Dans le cas contraire, il doit renvoyer l'examen de l'appel à la chambre de l'instruction.

C. LA DURÉE DE LA DÉTENTION

442. L'article 144-1 du Code de procédure pénale dispose que la détention «ne peut excéder une *durée raisonnable*, au regard de la gravité des faits reprochés à la personne mise en examen et de la complexité des investigations nécessaires à la manifestation de la vérité». Mais pour apprécier le caractère raisonnable du délai, il y a lieu de tenir compte aussi des incidents procéduraux dont l'intéressé est en partie responsable[21].

443. Plus précisément, en matière correctionnelle, la détention provisoire ne peut excéder quatre mois si la personne mise en examen n'a pas déjà été condamnée pour crime ou délit de droit commun soit à une peine criminelle, soit à une peine d'emprisonnement sans sursis d'une durée supérieure à un an et lorsqu'elle encourt une peine inférieure ou égale à cinq ans. Dans les autres cas, le juge des libertés et de la détention peut décider de prolonger la détention provisoire pour une durée de quatre mois, renouvelable, la durée totale de la détention ne pouvant toutefois excéder un an. Cette durée totale de la détention peut être portée à deux ans lorsqu'un des faits constitutifs de l'infraction a été commis hors du territoire national ou lorsque la personne est poursuivie pour trafic de stupéfiants, terrorisme, association de malfaiteurs, proxénétisme, extorsion de fonds ou pour une infraction commise en bande organisée et qu'elle encourt une peine égale à dix ans d'emprisonnement. À titre exceptionnel, lorsque les investigations du juge d'instruction doivent être

21. Cass. crim., 12 juin 1997, *Bull.* n° 233.

poursuivies et que la mise en liberté de la personne mise en examen causerait pour la sécurité des personnes et des biens un risque d'une particulière gravité, la chambre de l'instruction peut prolonger cette durée de deux ans pour une durée de quatre mois (art. 145-1 CPP).

444. En matière criminelle, la personne mise en examen ne peut être maintenue en détention au-delà d'un an. Le juge des libertés et de la détention peut prolonger la détention pour une durée de six mois, renouvelable. La personne mise en examen ne peut toutefois être maintenue en détention provisoire au-delà de deux ans lorsque la peine encourue est inférieure à vingt ans de réclusion ou de détention criminelles et au-delà de trois ans dans les autres cas. Les délais sont portés respectivement à trois et quatre ans lorsque l'un des faits constitutifs de l'infraction a été commis hors du territoire national. Le délai est également de quatre ans lorsque la personne est poursuivie pour plusieurs crimes mentionnés aux livres II et IV du Code pénal, ou pour trafic de stupéfiants, terrorisme, proxénétisme, extorsion de fonds ou pour un crime commis en bande organisée. À titre exceptionnel, lorsque les investigations du juge d'instruction doivent être poursuivies et que la mise en liberté de la personne mise en examen causerait pour la sécurité des personnes et des biens un risque d'une particulière gravité, la chambre de l'instruction peut prolonger ces délais pour une durée de quatre mois supplémentaires (art. 145-2 CPP).

445. À tout moment, *la mise en liberté immédiate* peut être ordonnée, dès lors que les conditions de la détention ne sont plus remplies. Cette décision peut être prise aussi bien par le juge d'instruction que par le juge des libertés et de la détention. Autrement dit, si l'accord des deux magistrats est nécessaire au placement en détention provisoire, la décision d'un seul d'entre eux suffit à la mise en liberté. La mise en liberté peut être ordonnée d'office (art. 147 al. 1 CPP) ou requise par le procureur de la République à tout moment (art. 147 al. 2 CPP).

446. Mais dans la pratique, elle est souvent demandée par la personne placée en détention provisoire ou son avocat. La demande est adressée au juge d'instruction, qui communique immédiatement le dossier au procureur de la République aux fins de réquisitions. Le juge d'instruction peut alors ordonner la mise en liberté. Dans le cas contraire, il doit, dans les cinq jours suivant la communication au procureur de la République, transmettre la demande avec son avis motivé au juge des libertés et de la détention. Ce magistrat statue dans un délai de trois jours ouvrables, par une ordonnance comportant l'énoncé des considérations de droit et de fait qui constituent le fondement de cette décision par référence aux dispositions de l'article 144. À défaut pour le juge des libertés et de la détention de statuer dans ce délai, la personne peut saisir directement de sa demande la chambre de l'instruction qui, sur les réquisitions écrites et motivées du procureur général, se prononce dans les vingt jours de sa saisine, sous peine de remise en liberté d'office (art. 148 CPP). En outre, à l'expiration d'un délai de quatre mois depuis sa dernière comparution devant le juge d'instruction ou le magistrat par lui délégué et tant que l'ordonnance de règlement n'a pas été rendue, la personne détenue ou son avocat peut saisir directement d'une demande de mise en liberté la chambre de l'instruction (art. 148-4 CPP).

447. Lorsqu'une ordonnance de mise en liberté d'une personne placée en détention provisoire est rendue contrairement aux réquisitions du procureur de la République, elle est immédiatement notifiée à ce magistrat. Pendant un délai de quatre heures à compter de la notification, la personne ne peut pas être remise en liberté, sauf non-opposition par le procureur (art. 148-1-1 CPP). Le procureur de la République peut alors interjeter appel de l'ordonnance de mise en liberté, tout en saisissant dans le même temps, le premier président de la cour d'appel d'un «*référé détention*». Le premier président de la cour d'appel statue au plus tard le deuxième jour ouvrable suivant la demande, par une ordonnance motivée, sans recours (art. 187-3 CPP). Pendant cette durée, les effets de l'ordonnance de mise en liberté sont suspendus, et la personne reste détenue. Si le délai n'est pas respecté, il y a mise en liberté. Si le magistrat estime que le maintien en détention est manifestement nécessaire, il ordonne la suspension jusqu'à ce que la chambre de l'instruction statue sur l'appel. La chambre doit se prononcer dans les dix jours de l'appel. À défaut, il y a mise en liberté.

II. LE CONTRÔLE JUDICIAIRE

448. Seul l'auteur d'un crime ou d'un délit puni d'emprisonnement peut être soumis à cette mesure, décidée par le juge d'instruction, qui consiste à contrôler le comportement d'une personne mise en examen au travers de différentes obligations de faire ou de ne pas faire dans l'attente du jugement. Le contrôle judiciaire est ordonné par le juge d'instruction, qui statue après avoir recueilli les réquisitions du procureur de la République. Il peut être également ordonné par le juge des libertés et de la détention, lorsqu'il est saisi, par la chambre de l'instruction ou par les juridictions de jugement compétentes. Le placement sous contrôle judiciaire peut intervenir à tout moment de l'instruction. Il peut notamment être ordonné en remplacement d'une détention provisoire ou d'une assignation à résidence avec surveillance électronique comme condition de la mise en liberté.

449. Le contrôle peut être assorti d'une ou plusieurs obligations limitativement énumérées par l'article 138 du Code de procédure pénale. Ces obligations permettent de surveiller l'intéressé, de l'assister ou encore de préserver les intérêts de la victime. Certaines sont des obligations de faire (ex: informer le juge d'instruction de tout déplacement au-delà des limites fixées par l'ordonnance, répondre aux convocations de toute autorité, association ou personne qualifiée désignée par le juge, se soumettre aux mesures socio-éducatives destinées à favoriser l'insertion sociale et à prévenir la récidive, se soumettre à un traitement ou à des soins notamment aux fins de désintoxication; fournir un cautionnement dont le montant et les délais de versement, en une ou plusieurs fois, sont fixés compte tenu notamment des ressources et des charges de la personne mise en examen...). D'autres sont des obligations de ne pas faire (ex: ne pas s'absenter de son domicile ou de sa résidence, ne pas se rendre dans certains lieux, ne pas conduire des véhicules, ne pas rencontrer certaines personnes, ni émettre des chèques, ni exercer certaines activités professionnelles ou sociales...).

450. Le placement sous contrôle judiciaire produit ses effets tant que le juge ne décide pas d'y mettre fin, d'imposer à la personne une ou plusieurs obligations nouvelles, supprimer tout ou partie des obligations comprises dans le contrôle, modifier une ou plusieurs de ces obligations ou accorder une dispense occasionnelle ou temporaire d'observer certaines d'entre elles[22]. Il s'impose ainsi pendant toute la durée de l'instruction jusqu'à l'ordonnance de règlement. À tout moment, la mainlevée du contrôle peut être ordonnée d'office ou à la demande du mis en examen ou du parquet. Il statue sur une telle demande par ordonnance motivée susceptible d'appel dans un délai de cinq jours[23].

451. Si la personne mise en examen se soustrait volontairement aux obligations du contrôle judiciaire, le juge d'instruction peut décerner à son encontre mandat d'arrêt ou d'amener. Il peut également saisir le juge des libertés et de la détention aux fins de placement en détention provisoire. Quelle que soit la peine d'emprisonnement encourue, le juge des libertés et de la détention peut décerner, à l'encontre de cette personne, un mandat de dépôt en vue de sa détention provisoire[24].

III. L'ASSIGNATION À RÉSIDENCE AVEC SURVEILLANCE ÉLECTRONIQUE

452. La loi pénitentiaire du 24 novembre 2009[25] fait de cette mesure une institution autonome. Auparavant, elle était considérée comme une modalité d'exécution du contrôle judiciaire. Cette mesure suppose le consentement de la personne mise en examen, puisqu'elle ne peut être prononcée qu'avec son accord ou à sa demande. En outre, il faut qu'une peine supérieure à deux ans d'emprisonnement soit encourue (art. 142-5 et s. CPP).

453. Cette mesure oblige la personne à demeurer à son domicile ou dans une résidence fixée par le juge d'instruction ou le juge des libertés et de la détention et de ne s'en absenter qu'aux conditions et pour les motifs déterminés par ce magistrat. L'obligation est exécutée sous le régime du placement sous surveillance électronique, à l'aide du procédé intégrant un émetteur pour détecter à distance la présence ou l'absence de la personne dans le lieu désigné pour chaque période fixée. Elle peut également être exécutée sous le régime du placement sous surveillance électronique mobile grâce à un émetteur permettant à tout moment de déterminer à distance la localisation de la personne qui le porte sur l'ensemble du territoire national. Mais le bracelet électronique n'est utilisable qu'à l'égard des personnes mises en examen pour une infraction punie de plus de sept ans d'emprisonnement et pour laquelle le suivi socio-judiciaire est encouru[26], ou – depuis la loi du 9 juillet 2010 relative aux violences faites spécifiquement aux femmes, aux violences au sein des couples et

22. Art. 139 CPP.
23. Art. 140 CPP.
24. Art. 141-2 CPP.
25. L. n° 2009-1436.
26. Art. 142-5 CPP.

aux incidences de ces dernières sur les enfants – pour des infractions de violences ou menaces, punies d'au moins cinq ans d'emprisonnement, commises soit contre son conjoint, son concubin ou son partenaire lié par un pacte civil de solidarité, soit contre ses enfants ou ceux de son conjoint, concubin ou partenaire[27].

454. L'assignation à résidence est ordonnée pour une durée qui ne peut excéder six mois. Elle peut être prolongée pour une même durée. La personne qui ne respecte pas les obligations résultant de l'assignation à résidence avec surveillance électronique peut faire l'objet d'un mandat d'arrêt ou d'amener et être placée en détention provisoire. Enfin, l'assignation à résidence avec surveillance électronique est assimilée à une détention provisoire pour l'imputation intégrale de sa durée sur celle d'une peine privative de liberté.

BIBLIOGRAPHIE POUR ALLER PLUS LOIN

B. Bouloc, « Le silence de la personne mise en examen peut-il justifier sa mise en détention ? », *D.* 1995, chron. 315.

J. Pradel, « Les personnes suspectes ou poursuivies après la loi du 15 juin 2000. Évolution ou révolution ? », *D.* 2001, chron. p. 1039 et 1114.

» Exercice corrigé

CAS PRATIQUE

SUJET

Le 10 août dernier, le juge d'instruction est saisi par un réquisitoire à fin d'informer du chef d'abus de biens sociaux contre le dénommé Franck Stenford, dirigeant et jeune héritier de la brasserie Stenford. Les éléments recueillis par la police lors de l'enquête préliminaire ayant permis de réunir des indices graves et concordants, Franck Stenford est mis en examen et placé en détention provisoire le jour même.

Depuis cette date, la poursuite des investigations par le juge d'instruction a permis de découvrir des faits de corruption et trafic d'influence. En effet, lors d'une perquisition dans le bureau personnel de Franck Stenford, un ordinateur a été saisi, et l'exploitation des fichiers a permis de découvrir des correspondances compromettantes échangées avec le député-maire de la ville.

Le 22 août, le juge d'instruction a donné commission rogatoire pour la mise en place d'un dispositif technique d'enregistrement des paroles prononcées au parloir de la maison d'arrêt où Franck Stenford se trouve détenu, ainsi que dans la voiture de fonction du député-maire. Par une autre commission rogatoire, datée du même jour, le juge d'instruction demande aux enquêteurs de mettre en place un dispositif de

27. Art. 142-12-1 CPP.

captation des données informatiques de l'ordinateur utilisé par l'assistante de Franck Stenford.
Franck Stenford souhaite avant toute chose « sortir de prison ». Comment peut-il obtenir sa mise en liberté ? En outre, Franck Stenford est persuadé que des irrégularités ont été commises en ce début d'instruction. Quelles sont-elles ? Enfin, Franck Stenford souhaiterait que le député-maire soit entendu et éventuellement confronté à lui. Est-ce possible ?

CORRIGÉ

I/ Le placement en détention

Franck Stenford a fait l'objet d'un placement en détention provisoire et souhaite « sortir de prison ». Il convient tout d'abord de rappeler que l'ordonnance de placement en détention provisoire peut faire l'objet d'un appel par le mis en examen et même d'un référé-liberté si l'appel est formé dans le jour suivant la décision de placement. En tout état de cause, la mise en liberté peut être demandée à tout moment et en nombre illimité. La demande est adressée au juge d'instruction, selon la procédure décrite aux articles 148 et suivants du Code de procédure pénale.

II/ Les irrégularités de l'instruction

Plusieurs irrégularités ont été commises en ce début d'instruction, pouvant faire l'objet d'une requête en nullité devant la chambre de l'instruction, à condition d'agir dans le délai de six mois à compter de l'interrogatoire de première comparution.

La première irrégularité concerne la perquisition dans le bureau personnel de Franck Stenford. Si les perquisitions sont possibles en cours d'instruction, selon les modalités décrites aux articles 94 et s. CPP et dans tous les lieux où peuvent se trouver des objets ou des données informatiques dont la découverte serait utile à la manifestation de la vérité, elles sont parfois soumises à certaines conditions. Ainsi, la perquisition effectuée dans le bureau personnel du dirigeant social suppose la présence de ce dernier.

Ensuite, c'est la poursuite de l'instruction pour des faits nouveaux, sans que le procureur n'ait pris de réquisitoire supplétif, qui peut être contestée. En effet, le juge d'instruction étant saisi *in rem*, il ne lui est pas possible de se saisir d'office sur des faits nouveaux. En conséquence, si de tels faits sont découverts, le juge d'instruction doit immédiatement communiquer au procureur les procès-verbaux et plaintes qui les constatent (art. 80 CPP). Dans l'attente d'un réquisitoire supplétif, seules des vérifications sommaires sont possibles. Des actes ayant un caractère coercitif, comme des commissions rogatoires, sont donc entachés de nullité.

Enfin, les commissions rogatoires en date du 22 août sont à examiner. L'une d'elles concerne la mise en place d'un dispositif de sonorisation dans le parloir d'une prison et dans un véhicule. L'autre commission rogatoire a pour objet la mise en place d'un dispositif de captation de données informatiques, tel que le prévoit l'article 706-102-1 du Code de procédure pénale. Ces deux types de commissions rogatoires sont possibles en matière de criminalité organisée, à laquelle les délits de corruption et trafic d'influence sont assimilés (art. 706-1-1 CPP). Mais des conditions strictes sont à respecter. Pour la première commission, si le lieu du parloir ne pose pas de difficulté, celui du véhicule du député n'est pas autorisé (art. 706-96 et 100-7 CPP).

III/ Les demandes d'actes d'investigation

La dernière question posée par Franck Stenford est relative aux demandes d'actes d'investigations. Ces demandes sont possibles par la personne mise en examen, à condition d'être écrites et motivées. En cas de détention provisoire, la demande peut être faite auprès du chef d'établissement (art. 81 al. 10 CPP). Les actes pouvant faire l'objet d'une telle demande sont listés limitativement par les articles 81 alinéa 9, 81-2 et 82-2 du Code de procédure pénale. Or, l'audition de témoin et la confrontation font partie de la liste limitative. S'agissant de l'audition d'un député, il faut également tenir compte de l'article 26 de la Constitution, selon lequel aucun membre du Parlement ne peut faire l'objet, en matière criminelle ou correctionnelle, d'une arrestation ou de toute autre mesure privative ou restrictive de liberté qu'avec l'autorisation du Bureau de l'assemblée dont il fait partie.

LEÇON 10

Le contrôle de l'instruction

455. La chambre de l'instruction a le pouvoir d'annuler les actes irréguliers de l'instruction (Section 1). Les décisions juridictionnelles du juge d'instruction peuvent, quant à elles, faire l'objet d'une voie de recours (Section 2). Mais la chambre de l'instruction dispose aussi d'un véritable pouvoir de contrôle de l'instruction (Section 3).

Section 1
L'ANNULATION DES ACTES IRRÉGULIERS DE L'INSTRUCTION

456. Les irrégularités commises pendant l'instruction sont susceptibles de constituer des fautes disciplinaires ou des infractions pénales. Mais elles constituent aussi des cas de nullité. L'article 170 du Code de procédure pénale prévoit que la chambre de l'instruction peut être saisie, au cours de l'information d'un acte ou d'une pièce de la procédure « aux fins d'annulation ». Toutefois, ces requêtes ne sont pas applicables aux actes de procédure qui peuvent faire l'objet d'un appel (art. 173 al. 4 CPP). La jurisprudence étend la règle aux actes qui sont susceptibles de faire l'objet d'un pourvoi[1]. Sont donc soumis au pouvoir d'annulation de la chambre de l'instruction tous les actes de recherche des preuves accomplis par le juge d'instruction ou ses délégués (par commission rogatoire) et tous ceux accomplis pendant la phase de l'enquête de police en ce qu'ils font partie de la procédure d'instruction.

457. La théorie des nullités est particulièrement complexe. Il convient de présenter son domaine, avant d'envisager sa mise en œuvre et ses effets.

1. Cass. crim., 11 oct. 1990, *Bull.* n° 338.

I. LE DOMAINE DES NULLITÉS

458. Il convient de distinguer les *nullités textuelles*, qui sont par définition expressément prévues par la loi (ex : en matière de perquisition, fouille, saisie, vérification d'identité, écoute téléphonique portant sur la ligne d'un avocat...), et les *nullités substantielles*, dont le principe est consacré par la loi, mais qui sont dégagées par la jurisprudence. Certaines des nullités substantielles tiennent à la méconnaissance des principes touchant à l'ordre public (ex : incompétence du juge d'instruction, absence de date ou de signature d'un acte du juge d'instruction, absence de serment de l'expert...), d'autres de ces nullités tiennent à l'atteinte portée aux droits de la défense (appréciées au cas par cas puisqu'il faut constater une atteinte effective aux intérêts de la partie qu'elles concernent). Les nullités textuelles présentent l'avantage de la prévisibilité. Les nullités substantielles apportent une certaine souplesse, en couvrant les hypothèses d'atteintes à une règle fondamentale de procédure, dont celles relatives à la protection des droits de la défense. Les articles 170 et suivants du Code de procédure pénale consacrent ces différentes sortes de nullité.

459. Pour éviter l'utilisation de ces dispositions à des fins dilatoires, le législateur ajoute, dès 1975, un article 802 au Code de procédure pénale, selon lequel : « En cas de violation des formes prescrites par la loi à peine de nullité ou d'inobservation des formalités substantielles, toute juridiction, y compris la Cour de cassation, qui est saisie d'une demande d'annulation ou qui relève d'office une telle irrégularité, ne peut prononcer la nullité que lorsque celle-ci a eu pour effet de porter atteinte aux intérêts de la partie qu'elle concerne ». C'est dire que l'annulation implique la preuve d'un grief. En posant une telle exigence, l'article 802 consacre la règle « *pas de nullité sans grief* » déjà admise en procédure civile. Mais deux limites devaient aussitôt tempérer cette règle.

460. La première limite concerne les nullités substantielles lorsqu'elles tiennent à la méconnaissance des principes touchant à l'ordre public. À cet égard, la solution ne s'imposait pas avec évidence. En effet, l'article 802 pose l'exigence d'un grief aussi bien d'ailleurs pour les nullités textuelles que pour les nullités substantielles, mais sans distinguer pour ces dernières si elles tiennent à la méconnaissance des principes touchant à l'ordre public ou à l'atteinte portée aux droits de la défense. De plus, l'article 171, modifié par la loi n° 93-1013 du 24 août 1993, consacre expressément la condition d'un grief à propos des seules nullités substantielles, et sans précision là encore de la nature de la formalité substantielle méconnue : « Il y a nullité lorsque la méconnaissance d'une formalité substantielle prévue par une disposition du présent code ou toute autre disposition de procédure pénale a porté atteinte aux intérêts de la partie qu'elle concerne ». L'interprétation de ces textes par la jurisprudence a conduit à considérer que s'agissant des *violations de l'ordre public*, il y a nullité même en l'absence de grief (ex : nomination irrégulière du juge d'instruction[2], absence de date sur un réquisitoire introductif[3], incompétence de la juridiction[4]...).

2. Cass. crim., 15 juin 1982, *Bull.* n° 161.
3. Cass. crim., 23 avr. 1971, *Bull.* n° 115.
4. Cass. crim., 17 janv. 2006, *Bull.* n° 19.

461. La seconde limite à la règle « pas de nullité sans grief » est relative à l'appréciation du grief. En principe, celui-ci est apprécié *in concreto*. Autrement dit, ce qui compte n'est pas la gravité de la violation, mais l'importance du préjudice dans l'espèce jugée. C'est l'« atteinte aux intérêts de la partie qu'elle concerne » qui doit être apprécié. Or, la jurisprudence considère que la violation de certaines règles porte en elle le grief. Il y a alors « *nécessairement atteinte aux droits de la défense* ». Tel est le cas par exemple lorsque le procureur de la République ne précise pas les motifs d'une garde à vue[5], en cas de retard dans la notification des droits du gardé à vue[6], de dépassement de la durée légale de la garde à vue[7], d'absence de convocation de l'avocat au débat contradictoire en vue d'un placement en détention provisoire[8], de violation de la règle selon laquelle la défense a toujours la parole en dernier[9].

II. LA MISE EN ŒUVRE DES NULLITÉS

462. La procédure d'annulation ne peut être mise en œuvre que dans la mesure où la partie qui invoque la nullité n'a pas préalablement renoncé à ce droit. En effet, selon l'article 172 du Code de procédure pénale, la partie envers laquelle une formalité substantielle a été méconnue peut renoncer à s'en prévaloir et régulariser ainsi la procédure. (ex : possibilité de renoncer à l'assistance d'un avocat lors des interrogatoires effectués par le juge d'instruction prévue par l'article 114 alinéa 1 du Code de procédure pénale). Cette renonciation doit être expresse. Elle ne peut être donnée qu'en présence de l'avocat ou ce dernier dûment appelé.

463. L'article 170 du Code de procédure pénale attribue le droit de formuler des requêtes en nullité aux parties privées (personne mise en examen et partie civile), et depuis la loi du 9 mars 2004 portant adaptation de la justice aux évolutions de la criminalité, au témoin assisté. Si l'une des parties privées – ou le témoin assisté – estime qu'une nullité a été commise, elle saisit la chambre de l'instruction par requête motivée, dont elle adresse copie au juge d'instruction qui transmet le dossier de la procédure au président de la chambre de l'instruction. Lorsque la personne mise en examen est détenue, la requête peut être faite au moyen d'une déclaration auprès du chef de l'établissement pénitentiaire. Mais l'irrégularité ne peut être invoquée que par la partie que l'acte concerne (art. 171, 802 CPP). Considérant qu'un acte peut aussi porter atteinte aux intérêts d'un tiers, et sous la pression de la jurisprudence de la Cour EDH[10], la Cour de cassation décide qu'une partie peut obtenir la nullité d'un acte dont un tiers a été l'objet si cet acte porte atteinte à ses propres intérêts[11]. Cette exception ne joue pas en matière de garde à vue, où la jurisprudence continue de juger que la nullité ne peut être invoquée que par l'intéressé[12].

5. Cass. crim., 25 juin 2013, n° 13-81977.
6. Cass. crim., 24 juin 2009, *Bull.* n° 136.
7. Cass. crim., 17 mars 2004, *Bull.* n° 69.
8. Cass. crim., 4 déc. 2007, *Bull.* n° 297.
9. Cass. crim., 3 avr. 2001, *Bull.* n° 102.
10. CEDH, 29 mars 2005, aff. *Matheron c/ France.*
11. Cass. crim., 6 sept. 2006, *Bull.* n° 208.
12. Cass. crim., 14 févr. 2012, *Bull.* n° 42.

464. L'initiative de l'annulation d'un acte peut également venir des autorités judiciaires. Si le procureur de la République estime qu'une nullité a été commise, il requiert du juge d'instruction communication de la procédure en vue de sa transmission à la chambre de l'instruction, présente requête aux fins d'annulation à cette chambre et en informe les parties. Outre la possibilité pour le ministère public de formuler une requête en nullité, la juridiction d'instruction elle-même peut souhaiter l'annulation d'un acte. Ainsi, la chambre de l'instruction a la possibilité de relever la nullité d'office. En outre, l'article 173 du Code de procédure pénale prévoit que, s'il apparaît au juge d'instruction qu'un acte ou une pièce de la procédure est frappé de nullité, il saisit la chambre de l'instruction aux fins d'annulation. Le juge qui désire utiliser cette procédure doit prendre l'avis du procureur de la République et informer les parties (art. 173 CPP).

465. Afin que les nullités interviennent le plus tôt possible dans une procédure, le législateur a enserré la possibilité de s'en prévaloir dans des délais restreints. Des *délais de forclusions* sont même imposés aux parties et témoins assistés. Ainsi, tant que l'information n'est pas clôturée, les parties sont recevables à demander la nullité. À compter de l'envoi de l'avis de fin d'information, les parties ne disposent plus que d'un délai d'un mois si la personne est détenue, et trois mois dans les autres cas, pour formuler des requêtes en nullité. Une fois ce délai expiré, les nullités se trouvent purgées et ne peuvent plus être invoquées. En outre, l'article 173-1 du Code de procédure pénale fixe un délai spécifique pour contester la régularité des actes d'enquête les plus anciens. Sous peine d'irrecevabilité, la personne mise en examen doit faire état des moyens pris de la nullité des actes accomplis avant son interrogatoire de première comparution ou de cet interrogatoire lui-même dans un délai de six mois à compter de la notification de sa mise en examen, sauf dans le cas où elle n'aurait pu les connaître. Il en est de même s'agissant des moyens pris de la nullité des actes accomplis avant chacun de ses interrogatoires ultérieurs. Le témoin assisté et la partie civile sont soumis aux mêmes délais à compter de leur première audition puis des auditions ultérieures. En outre, les parties doivent veiller à concentrer tous les moyens de nullité. Lorsque la chambre de l'instruction est saisie, tous moyens pris de nullité de la procédure qui lui est transmise doivent lui être proposés. À défaut, les parties ne sont plus recevables à en faire état, sauf dans le cas où elles n'auraient pu les connaître (art. 174 al. 1 CPP).

466. Enfin, en cas de requête déposée par une partie privée, il existe un pouvoir de *filtrage du président de la chambre de l'instruction*. Dans les huit jours de la réception du dossier par le greffe de la chambre de l'instruction, le président peut, par ordonnance non susceptible de recours (sauf excès de pouvoir), constater que la requête est irrecevable en application des règles de délai ou de forme, ou même pour un défaut de motivation de celle-ci. S'il constate l'irrecevabilité de la requête, le président de la chambre de l'instruction ordonne que le dossier de l'information soit renvoyé au juge d'instruction (art. 173 CPP).

DÉCRYPTAGE : LES NULLITÉS PEUVENT-ELLES ÊTRE SOULEVÉES AU COURS DE LA PHASE DE JUGEMENT ?

En principe, les nullités ne peuvent être soulevées devant la juridiction de jugement que dans l'hypothèse où il n'y a pas eu d'instruction préparatoire. En effet, à l'issue de l'instruction préparatoire, les nullités sont purgées et ne peuvent plus être invoquées. Devant la Cour d'assises, l'exception tirée d'une nullité autre que celles purgées par l'arrêt de renvoi devenu définitif et entachant la procédure qui précède l'ouverture des débats doit, à peine de forclusion, être soulevée dès que le jury de jugement est définitivement constitué (art. 305-1 CPP). En matière correctionnelle ou contraventionnelle, les nullités soulevées devant les juridictions de jugement doivent, à peine d'irrecevabilité, être soulevées *in limine litis,* c'est-à-dire avant toute défense au fond (art. 385 al. 6 CPP). Si la procédure en première instance a été pleinement contradictoire, la nullité ne peut être invoquée pour la première fois en appel[13]. Enfin, les nullités affectant la compétence juridictionnelle peuvent être soulevées à tout état de la procédure, y compris pour la première fois devant la Cour de cassation[14].

III. LES EFFETS DES NULLITÉS

467. La chambre de l'instruction décide si l'annulation doit être limitée à tout ou partie des actes ou pièces de la procédure viciée ou s'étendre à tout ou partie de la procédure ultérieure (art. 174 CPP). La détermination de l'étendue d'une nullité découle donc de l'appréciation que fait la chambre de l'instruction du lien de causalité entre l'acte nul et les actes ultérieurs de la procédure.

468. Les actes ou pièces annulés sont retirés du dossier d'information et classés au greffe de la cour d'appel. Les actes ou pièces de la procédure partiellement annulés sont cancellés après qu'a été établie une copie certifiée conforme à l'original, qui est classée au greffe de la cour d'appel. Il est interdit de tirer des actes et des pièces ou parties d'actes ou de pièces annulés aucun renseignement contre les parties, à peine de poursuites disciplinaires pour les avocats et les magistrats (art. 174 CPP).

13. Cass. crim., 22 nov. 2011, *Bull.* n° 237.
14. Cass. crim., 18 mai 1983, n° 82-93410.

Section 2
LES VOIES DE RECOURS CONTRE LES DÉCISIONS JURIDICTIONNELLES DE L'INSTRUCTION

I. L'APPEL CONTRE LES ORDONNANCES DU JUGE D'INSTRUCTION ET DU JUGE DES LIBERTÉS ET DE LA DÉTENTION

469. Si le ministère public peut interjeter appel de toute ordonnance juridictionnelle du juge d'instruction ou du juge des libertés et de la détention (art. 185 CPP), la personne mise en examen et la partie civile ne peuvent interjeter appel que dans les cas spécialement prévus par la loi (art. 186 CPP)[15]. Cet appel est en outre filtré dans certains cas par le président de la chambre de l'instruction. Pour le Conseil constitutionnel, ces différences de traitement ne méconnaissent pas en elles-mêmes l'équilibre des droits des parties[16].

470. Limité, le droit d'appel de la personne mise en examen est prévu contre les ordonnances de refus d'octroi du statut de témoin assisté, de recevabilité de la constitution de partie civile, de rejet d'une demande après une expertise, de mise en accusation, de placement en détention provisoire, sous contrôle judiciaire ou d'assignation à résidence (art. 186 CPP). La personne mise en examen peut aussi faire appel d'une ordonnance de rejet d'examen médical ou psychologique, ou d'une mesure de réinsertion sociale, de rejet d'une demande d'acte, de refus de constater la prescription de l'action publique, ou encore de rejet d'une demande d'expertise (art. 186-1 CPP). Elle peut enfin interjeter appel d'une ordonnance de renvoi devant le tribunal correctionnel, dans le cas où elle estime que les faits renvoyés devant ce tribunal constituent un crime qui aurait dû faire l'objet d'une ordonnance de mise en accusation devant la cour d'assises (art. 186-3 CPP).

471. La partie civile peut interjeter appel, de façon limitative, des ordonnances de non-informer, de non-lieu et des ordonnances faisant grief à ses intérêts civils. Toutefois, son appel ne peut pas porter sur une ordonnance ou sur la disposition d'une ordonnance relative à la détention de la personne mise en examen ou au contrôle judiciaire. La partie civile peut aussi interjeter appel de l'ordonnance par laquelle le juge a, d'office ou sur déclinatoire, statué sur sa compétence (art. 186 CPP). Comme la personne mise en examen, elle peut encore faire appel d'une ordonnance de rejet d'examen médical ou psychologique, ou d'une mesure de réinsertion sociale, de rejet d'une demande d'acte, de refus de constater la prescription de l'action publique, de rejet d'une demande d'expertise (art. 186-1 CPP), et de renvoi devant le tribunal correctionnel, dans le cas où elle estime que les faits renvoyés devant ce tribunal constituent un crime qui aurait dû faire l'objet d'une ordonnance de mise en accusation devant la cour d'assises (art. 186-3 CPP).

15. Le témoin assisté, qui n'a pas la qualité de partie, ne peut pas former appel contre les ordonnances du juge d'instruction (Cass. crim., 14 févr. 2012, *Bull.* n° 45).
16. Cons. const., 13 juill. 2011, n° 2011-153 QPC.

472. Le procureur de la République doit faire appel dans les cinq jours qui suivent la notification de la décision. Le procureur général ainsi que les parties privées ont dix jours (art. 185 et 186 CPP).

473. L'appel a un effet suspensif et dévolutif. L'effet suspensif signifie que l'exécution de l'ordonnance attaquée se trouve suspendue pendant le délai de l'appel – excepté celui du procureur général – et une fois l'appel interjeté, jusqu'à la décision de la chambre de l'instruction[17]. Mais l'appel ne suspend pas le cours de l'instruction préparatoire, qui se poursuit y compris, le cas échéant, jusqu'au règlement de celle-ci. Le président de la chambre de l'instruction peut toutefois décider, par une décision insusceptible de recours, que l'instruction ne soit pas poursuivie avant qu'il ait été statué sur l'appel ou la demande. De plus, lorsque l'appel porte sur l'ordonnance de clôture de l'instruction, il a un effet suspensif jusqu'à ce que la chambre de l'instruction ait statué (art. 187 CPP). Par l'effet dévolutif de l'appel, la chambre de l'instruction est saisie des points de fait et de droit sur lesquels l'appel est interjeté. S'agissant des parties privées, la chambre criminelle rappelle régulièrement le caractère limitatif de l'appel. Elle voit dans cet appel un droit exceptionnel dont on ne peut s'autoriser pour faire juger des demandes étrangères à son unique objet. C'est la règle dite de « *l'unique objet* ». Par exemple, sur un appel de refus de mise en liberté, la personne mise en examen ne peut alléguer l'irrégularité du réquisitoire introductif[18], ou même contester la décision initiale de placement en détention provisoire[19].

II. LE POURVOI EN CASSATION CONTRE LES ARRÊTS DE LA CHAMBRE DE L'INSTRUCTION

474. Le pourvoi ne peut être formé que par une partie à la procédure (partie privée ou ministère public). Si le ministère public peut se pourvoir contre tous les arrêts de la chambre de l'instruction, dès lors qu'il s'agit de l'action publique (et non d'intérêts civils), la personne mise en examen ne peut former de pourvoi que contre les arrêts qui lui portent grief, notamment ceux portant atteinte à sa liberté. La partie civile, quant à elle, ne peut pas se pourvoir contre les arrêts relatifs à la liberté de la personne mise en examen. Jusqu'en 2010, son droit était encore plus limité, puisque l'article 575 du Code de procédure pénale précisait qu'elle ne pouvait se pourvoir en cassation qu'en présence d'un pourvoi du ministère public. La Cour EDH avait considéré que cette limitation n'était pas une violation du droit à un procès équitable puisque la partie civile n'occupe qu'une place accessoire dans le procès pénal et qu'elle peut toujours obtenir réparation devant le juge civil[20]. Mais cette limitation du droit de la partie civile a été déclarée inconstitutionnelle au regard des articles 6 et 16 de la Déclaration des droits de l'homme et du citoyen. Saisi d'une question prioritaire de constitutionnalité, le Haut Conseil a conclu à l'abrogation de l'article 575.

17. L'effet suspensif se retrouve dans la procédure de référé-détention que la loi du 9 sept. 2002 a consacrée à l'article 187-3 CPP.
18. Cass. crim., 19 sept. 1989, *Bull.* n° 322.
19. Cass. crim., 2 oct. 2012, *Bull.* n° 202.
20. CEDH, 3 déc. 2002, *Berger c/ France.*

475. Le pourvoi formé contre une décision de la chambre de l'instruction doit invoquer une violation de la loi correspondant à l'un des cas d'ouverture à cassation. En principe, il peut porter sur toutes les décisions juridictionnelles rendues en dernier ressort. Mais le président de la chambre criminelle dispose d'un droit de filtrage. S'il constate qu'il a été formé un pourvoi contre une décision qui n'est pas susceptible de voie de recours, il rend une ordonnance de non-admission du pourvoi. Sa décision n'est pas susceptible de recours (art. 567-1 CPP).

476. Lorsque la Cour de cassation annule un arrêt d'une chambre de l'instruction statuant sur un appel d'une ordonnance de règlement, elle renvoie le procès et les parties devant une autre chambre de l'instruction qui devient compétente pour la poursuite de l'ensemble de la procédure. Lorsque la Cour de cassation annule un arrêt de chambre de l'instruction autre que celui relatif au règlement de l'instruction, la compétence de la chambre de l'instruction de renvoi est limitée – sauf si la Cour de cassation en décide autrement – à la solution du contentieux qui a motivé sa saisine et, après décision définitive, il est fait retour du dossier à la chambre de l'instruction primitivement saisie (art. 609-1 CPP).

Section 3
LES POUVOIRS DE CONTRÔLE DE LA CHAMBRE DE L'INSTRUCTION

477. Quelle que soit l'occasion qui a amené la Chambre de l'instruction à être en possession du dossier d'instruction, elle peut en profiter pour examiner la façon dont l'instruction a été conduite. La chambre de l'instruction peut exercer un pouvoir de contrôle de régularité de la procédure, mais aussi un contrôle d'opportunité.

I. LE CONTRÔLE DE RÉGULARITÉ

478. En dehors d'une saisine par l'une des parties à la procédure ou par le témoin assisté d'une requête en annulation, la chambre de l'instruction peut examiner d'office la régularité de la procédure lorsqu'elle est valablement saisie de la totalité du dossier (art. 206 CPP). Cette possibilité est ouverte à la chambre de l'instruction lorsqu'elle statue sur le règlement d'une procédure (par ex. en cas d'appel contre une ordonnance de règlement), lorsqu'elle use de son pouvoir d'évocation de l'affaire (art. 207 al. 2 CPP : la chambre devient seule compétente pour prendre les décisions juridictionnelles), ou lorsqu'elle a été saisie à l'initiative de son président (détention provisoire depuis trois mois et absence d'avis de fin d'information : art. 223-1 CPP). Dans ces hypothèses, la chambre de l'instruction peut contrôler la régularité des actes de procédure, y compris ceux de l'enquête préliminaire ou de flagrance.

479. Si elle découvre une cause de nullité, elle prononce la nullité de l'acte qui en est entaché et, éventuellement, celle de tout ou partie de la procédure ultérieure. Après annulation, elle peut soit user de l'évocation, soit renvoyer le dossier de la procédure au même juge d'instruction ou à tel autre, afin de poursuivre l'information.

II. LE CONTRÔLE D'OPPORTUNITÉ

480. La chambre de l'instruction peut contrôler l'opportunité des mesures décidées par le juge d'instruction. Ce pouvoir est toutefois exclu en matière de détention provisoire. Dans cette matière en effet, la chambre de l'instruction ne peut évoquer. Lorsqu'elle statue sur l'appel contre une ordonnance de placement en détention provisoire, le procureur général fait sans délai retour du dossier au juge d'instruction, quelle que soit la décision sur l'appel de la chambre de l'instruction (art. 207 CPP). Mais dans les autres domaines, la chambre de l'instruction peut exercer un contrôle d'opportunité, dans trois hypothèses. La première est celle où elle infirme une ordonnance ; la seconde est celle où elle est saisie directement ; la troisième celle où elle est saisie par son président (art. 207 al. 2 CPP).

481. La saisine directe de la chambre de l'instruction est une possibilité ouverte aux parties dans le cas tout d'abord où le juge d'instruction a rejeté – ou bien n'a pas répondu à – une demande de règlement de la procédure à l'expiration du délai prévisible d'achèvement[21]. Saisi directement, le président de la chambre de l'instruction décide alors dans un délai de huit jours, et par ordonnance non susceptible de recours, s'il y a lieu ou non de saisir la chambre de l'instruction. Dans l'affirmative, toutes les parties ayant été convoquées, la chambre de l'instruction peut soit régler la procédure, soit instruire par elle-même en évoquant, soit renvoyer le dossier de la procédure au même juge d'instruction ou à tel autre, afin de poursuivre l'information (art. 207-1 CPP). La saisine directe est également prévue lorsqu'un délai de quatre mois – deux mois si la personne est détenue – s'est écoulé depuis le dernier acte d'instruction. Les parties peuvent alors saisir la chambre de l'instruction afin qu'en évoquant, elle exerce ses pouvoirs juridictionnels (art. 221-2 CPP). Le président de la chambre de l'instruction peut aussi saisir cette chambre, d'office, à la demande du ministère public ou de la personne mise en examen, lorsqu'un délai de trois mois s'est écoulé depuis le placement en détention provisoire, l'instruction étant toujours en cours, et l'avis de fin d'information n'étant pas délivré (art. 221-3 CPP). En outre, la saisine directe est possible à la suite d'une demande de certaines mesures par les parties ou par le ministère public (art. 81, 82, 82-1 CPP) ou d'un refus d'expertise (art. 156 CPP).

482. Dans ces hypothèses, l'utilisation du pouvoir d'évocation par la chambre de l'instruction conduit au dessaisissement du juge d'instruction. La chambre devient seule compétente pour prendre les décisions juridictionnelles. En outre, elle s'empare de la totalité de la procédure, lui permettant d'exercer un contrôle d'opportunité sur les

21. L'article 175-1 du Code de procédure pénale prévoit la possibilité pour la personne mise en examen, le témoin assisté ou la partie civile, de demander au juge d'instruction le règlement de la procédure à l'expiration du délai prévisible d'achèvement de la procédure préalablement indiqué par le juge d'instruction ou lorsqu'aucun acte d'instruction n'a été accompli pendant un délai de quatre mois. Mais si le juge d'instruction rejette cette demande ou s'il n'y répond pas, les parties peuvent adresser leur demande au président de la chambre de l'instruction.

mesures déjà prises. Elle peut ainsi ordonner tout acte d'information supplémentaire (arrêt de plus ample informé).

BIBLIOGRAPHIE POUR ALLER PLUS LOIN

B. Bouloc, « Observations sur les nullités en matière de procédure pénale », *in Mélanges P. Couvrat*, PUF, 2001, p. 417.

C. Lacroix, « L'accès à la chambre criminelle de la Cour de cassation par les parties civiles : de la nécessité de modifier l'article 575 du Code de procédure pénale », *Dr. pén.* 2007, étude 2.

» Exercice corrigé

DISSERTATION

SUJET : L'ADAGE « PAS DE NULLITÉ SANS GRIEF ».

CORRIGÉ

Selon l'article 170 du Code de procédure pénale, la chambre de l'instruction peut être saisie en toute matière et aux fins d'annulation d'un acte ou d'une pièce par le juge d'instruction, le procureur de la République, les parties ou le témoin assisté. Il n'en a pas toujours été ainsi. Pendant longtemps, la requête en nullité fut réservée aux magistrats, les parties privées devant attendre la fin de l'instruction pour agir. Ce n'est que depuis 1993 que les parties privées ont, tout comme le ministère public et le juge d'instruction, le droit de requête en annulation des actes d'investigation irréguliers : ceux qui sont accomplis par le juge d'instruction ou ses délégués (par commission rogatoire) et ceux qui sont accomplis pendant la phase de l'enquête de police en ce qu'ils font partie de la procédure d'instruction.

Mais comme dans l'ensemble de la procédure pénale – ici sans doute plus qu'ailleurs –, il s'agit de parvenir au meilleur équilibre possible entre deux intérêts divergents : celui des droits de la défense, en permettant aux parties privées un droit de requête suffisamment compréhensif, et celui de la justice pénale qui doit être en mesure de progresser dans la recherche de la vérité, sans se heurter à des contraintes excessives, de nature à donner prise à des mesures dilatoires. Aussi, l'article 171 du Code de procédure pénale précise-t-il dans sa version issue de la loi du 24 août 1993 : « Il y a nullité lorsque la méconnaissance d'une formalité substantielle prévue par une disposition du présent code ou toute autre disposition de procédure pénale a porté atteinte aux intérêts de la partie qu'elle concerne ». La même exigence se retrouve à l'article 802, dans une section du Code de procédure pénale consacrée aux dispositions générales, s'appliquant aussi bien aux juridictions d'instruction que de jugement : « En cas de violation des formes prescrites par la loi à peine de nullité ou d'inobservation des formalités substantielles, toute juridiction, y compris la Cour de cassation, qui est saisie d'une demande d'annulation ou qui relève d'office une telle irrégularité, ne peut prononcer la nullité que lorsque celle-ci a eu pour effet de porter atteinte aux intérêts de la partie qu'elle concerne». C'est dire que l'annulation implique la preuve d'un grief. En posant une telle exigence, ces deux articles consacrent la règle «pas de nullité sans grief».

De la comparaison des deux textes naît cependant une ambiguïté. Si l'article 171 ne traite que des nullités substantielles, l'article 802 soumet à l'exigence aussi bien les nullités substantielles que les nullités textuelles. Or les premières qui tiennent tantôt à la méconnaissance des principes touchant à l'ordre public (ex: incompétence du juge d'instruction, absence de date ou de signature d'un acte du juge d'instruction, absence de serment de l'expert...), tantôt à l'atteinte portée aux droits de la défense (appréciées au cas par cas puisqu'il faut constater une atteinte effective aux intérêts de la partie qu'elles concernent), sont une catégorie jurisprudentielle, qui présente l'inconvénient de l'imprévisibilité. Le législateur semble donc avoir laissé au juge le soin de la délimitation de l'adage. Consacré dans la loi (I), l'adage reste largement soumis à l'interprétation de la jurisprudence (II).

I/ Consécration de l'adage dans la loi

A/ Les précautions de la loi

Redoutant les moyens dilatoires, le législateur a pris un certain nombre de précautions pour éviter la multiplication des requêtes. La recevabilité de celles-ci est soumise au filtrage du président de la chambre de l'instruction, qui dans les huit jours de la réception, rend une ordonnance insusceptible de recours. Des délais de forclusion sont également imposés aux parties, qui doivent par ailleurs veiller à concentrer tous les moyens de nullité.

Mais la requête doit surtout être motivée. Selon le Code de procédure pénale, la simple constatation de la violation d'une règle ne doit pas provoquer la nullité, tout au moins, selon l'article 171, lorsqu'il s'agit d'une nullité substantielle.

B/ Les distinctions de la loi

On peut opérer une distinction, celle du code de 1958 dans sa rédaction d'origine, entre deux types de nullité: les unes textuelles, car expressément prévues par le code; les autres substantielles, car bien que non prévues, elles résultent implicitement de la substance (en réalité l'importance) de la règle méconnue. Visées de façon générale dans la formulation de l'article 171, elles doivent être déterminées au cas par cas par le juge.

On peut aussi distinguer entre les nullités sans grief, qualifiées d'ordre public, et les nullités à grief. Les premières sanctionnent une norme d'ordre public et à ce titre ne nécessite pas la démonstration par la partie requérante d'une atteinte à ses intérêts. Les secondes sanctionnent les violations des autres normes, pour le prononcé desquelles on exige la démonstration d'un grief. C'est une telle distinction que semble consacrer la réforme de 1993.

On peut encore combiner les deux distinctions. Mais la difficulté est que le législateur manque ici de clarté, conduisant la jurisprudence à une interprétation hésitante.

II/ Interprétation de l'adage en jurisprudence

A/ Le recours à la présomption

L'application de la double distinction légale conduit nécessairement à des ambiguïtés. En effet, la généralisation de l'exigence d'un grief, comme semble le suggérer l'article 802, à l'ensemble des cas de nullités, conduit à une restriction excessive des droits des parties. L'adage « pas de nullité sans grief » conduit à apprécier l'importance du préjudice, et non pas la gravité de la violation. Mais dans ces conditions, trop peu de requêtes peuvent aboutir. Aussi la jurisprudence considère que la violation de certaines règles porte en elle le grief. Il y a alors « nécessairement atteinte aux droits de la défense ».

La jurisprudence applique ce raisonnement aussi bien aux nullités textuelles qu'aux nullités substantielles, lorsqu'elles sanctionnent par exemple des règles concernant les droits de la défense. Sans doute s'agit-il de redonner une certaine cohérence au système, mais au risque pour la Cour de cassation de se transformer en juge du fait.

B/ L'apparition d'une nouvelle distinction

Les nullités substantielles ne tiennent pas seulement à la méconnaissance des règles portant atteinte aux droits de la défense. Certaines sont relatives à la méconnaissance des principes touchant à l'ordre public. Quant aux nullités textuelles, elles sont pour la plupart protectrices des règles d'ordre public. Certes, l'article 802 pose l'exigence d'un grief aussi bien pour les nullités textuelles que pour les nullités substantielles. La loi du 24 août 1993 reprend même expressément l'exigence à l'article 171 du Code de procédure pénale à propos des nullités substantielles. Mais cette exigence doit-elle s'imposer à toutes les nullités, y compris celles relatives à l'ordre public ? La jurisprudence a considéré que s'agissant des violations de l'ordre public il y a nullité même en l'absence de grief (ex : nomination irrégulière du juge d'instruction[22], absence de date sur un réquisitoire introductif[23], incompétence de la juridiction[24]...). En dépit des hésitations de la jurisprudence, il semblerait qu'à l'ancienne distinction des nullités textuelles et substantielles, une nouvelle distinction s'impose : celle des nullités d'intérêt privé, auxquelles on applique l'adage, et des nullités d'ordre public, auxquelles l'adage ne s'applique pas.

22. Cass. crim., 15 juin 1982, *Bull.* n° 161.
23. Cass. crim., 23 avr. 1971, *Bull.* n° 115.
24. Cass. crim., 17 janv. 2006, *Bull.* n° 19.

LEÇON 11

La procédure devant la juridiction de jugement

483. Si la procédure devant la juridiction de jugement obéit à des principes directeurs communs[1], elle est aussi extrêmement variable dans ses formes selon le type de juridiction : cour d'assises (Section 1), tribunal correctionnel (Section 2) et tribunal de police (Section 3).

Section 1

LA PROCÉDURE DEVANT LA COUR D'ASSISES

484. À la procédure ordinaire se substitue, si l'accusé n'est pas à la disposition de la justice, celle du jugement par défaut.

I. LA PROCÉDURE ORDINAIRE

485. Au terme d'une procédure préalable de préparation se déroule l'audience qui va conduire, après délibération, au prononcé d'un arrêt.

A. LA PROCÉDURE ANTÉRIEURE À L'AUDIENCE

486. Avant l'audience, des formalités de notification, d'interrogatoire de l'accusé et de vérification de mise en état de l'affaire doivent être effectuées (art. 269 et s. CPP). Si l'accusé ne se présente pas au jour fixé pour y être interrogé par le président, sans excuse valable, le président peut décerner à son encontre un mandat d'arrêt. Avant d'interroger l'accusé sur son identité et de s'assurer que celui-ci a reçu notification de la décision de mise en accusation, le président l'informe, depuis la loi du 27 mai 2014 relative au droit à l'information dans le cadre des procédures pénales,

1. V. *supra* n° 112.

de son droit d'être assisté par un interprète. L'accusé est ensuite invité à choisir un avocat pour l'assister dans sa défense. Si l'accusé ne choisit pas son avocat, le président ou son délégué lui en désigne un d'office. Les débats ne peuvent s'ouvrir moins de cinq jours après *l'interrogatoire de l'accusé*. Durant cette période, l'accusé communique librement avec son avocat qui a accès au dossier de la procédure. Il est par ailleurs délivré gratuitement aux accusés et parties civiles copie des pièces du dossier de la procédure[2].

487. Ministère public, partie civile et accusé se signifient mutuellement la liste des personnes qu'ils désirent faire entendre en qualité de témoins et les noms des experts appelés à rendre compte de leurs travaux au plus tard vingt-quatre heures avant l'ouverture des débats. En outre, le président peut, si l'instruction lui semble incomplète ou si des éléments nouveaux ont été révélés depuis sa clôture, ordonner tous les actes d'information qu'il estime utiles. Il y est procédé soit par le président, soit par un de ses assesseurs, soit par un juge d'instruction qu'il délègue à cette fin. Les actes d'instruction ordonnés dans le cadre du supplément d'information obéissent strictement aux règles de droit commun de l'instruction préparatoire. Les procès-verbaux et autres pièces ou documents réunis au cours du supplément d'information sont déposés au greffe et joints au dossier de la procédure. Ils sont mis à la disposition du ministère public et des parties. Si l'affaire ne lui paraît pas en état d'être jugée, le président peut, soit d'office, soit sur réquisition du ministère public, ordonner le renvoi à une session ultérieure.

488. Au plus tard l'avant-veille de l'ouverture des débats, la liste des jurés de session est signifiée à l'accusé. Cette liste doit contenir des indications suffisantes pour permettre l'identification des jurés, à l'exception de celles concernant leur domicile ou résidence. Au jour indiqué pour chaque affaire, la cour prend séance et fait introduire l'accusé. Le jury de jugement est formé en audience publique. Depuis la loi du 10 août 2011 sur la participation des citoyens au fonctionnement de la justice pénale et le jugement des mineurs, il comprend *six jurés en première instance, et neuf en appel*. Les jurés sont tirés au sort à partir de la liste des jurés de session. L'accusé ou son avocat d'abord, le ministère public ensuite, récusent tels jurés qu'ils jugent à propos, à mesure que leurs noms sortent de l'urne. Lorsque la cour d'assises statue en premier ressort, l'accusé ne peut récuser plus de quatre jurés et le ministère public plus de trois. Lorsqu'elle statue en appel, l'accusé ne peut récuser plus de cinq jurés et le ministère public plus de quatre. Ni l'accusé, ni le ministère public n'ont à exposer leurs motifs de récusation. Une fois le jury désigné, le président adresse aux jurés le discours suivant : « Vous jurez et promettez d'examiner avec l'attention la plus scrupuleuse les charges qui seront portées contre X, de ne trahir ni les intérêts de l'accusé, ni ceux de la société qui l'accuse, ni ceux de la victime ; de ne communiquer avec personne jusqu'après votre déclaration ; de n'écouter ni la haine ou la méchanceté, ni la crainte ou l'affection ; de vous rappeler que l'accusé est présumé innocent et que le doute doit lui profiter ; de vous décider d'après les charges et les moyens

2. Art. 279 CPP, modifié par L. n° 2014-535 du 27 mai 2014 relative au droit à l'information dans le cadre des procédures pénales. Auparavant, seuls les copies des procès-verbaux constatant l'infraction, des déclarations écrites des témoins et des rapports d'expertise, faisaient l'objet d'une communication.

de défense, suivant votre conscience et votre intime conviction, avec l'impartialité et la fermeté qui conviennent à un homme probe et libre, et de conserver le secret des délibérations, même après la cessation de vos fonctions». Chacun des jurés répond en levant la main: «Je le jure». Ces formalités accomplies, le président déclare le jury définitivement constitué.

489. Dès que le jury de jugement a été constitué, et avant l'ouverture des débats, l'exception tirée d'une nullité autre que celles déjà purgées et entachant la procédure qui précède l'ouverture des débats doit, à peine de forclusion, être soulevée (art. 305-1 CPP). L'exception est jugée par arrêt incident motivé, le ministère public entendu, la défense en ses observations et l'accusé ayant la parole en dernier. La cour peut soit rejeter l'incident et passer outre en poursuivant l'audience, soit prononcer l'annulation de la procédure et renvoyer l'affaire à une session ultérieure si l'irrégularité n'est pas réparable.

490. L'accusé doit comparaître personnellement, mais il n'est plus contraint, depuis la loi du 15 juin 2000, de se constituer prisonnier la veille de l'audience.

B. LE DÉROULEMENT DE L'AUDIENCE

491. Le déroulement de l'audience a été modifié par la loi du 10 août 2011 sur la participation des citoyens au fonctionnement de la justice pénale et le jugement des mineurs. Depuis le 1er janvier 2012, ce n'est plus le greffier qui donne lecture de la décision de mise en accusation. C'est le président de la cour d'assises qui expose de manière concise les faits reprochés à l'accusé et les éléments à charge et à décharge figurant dans le dossier. À l'issue de sa présentation, il donne lecture de la qualification légale des faits objets de l'accusation (art. 327 CPP).

492. L'oralité des débats est un principe essentiel du procès criminel. En effet, c'est par le débat et non d'après les pièces de la procédure que se forme la conviction des jurés. Les débats sont soumis au principe de publicité. Toutefois, lorsque les poursuites sont exercées du chef de viol ou de tortures et actes de barbarie accompagnés d'agressions sexuelles, le huis clos est de droit si la victime partie civile ou l'une des victimes parties civiles le demande; dans les autres cas, notamment si la publicité est dangereuse pour l'ordre ou pour les mœurs, le huis clos ne peut être ordonné que si la victime partie civile ou l'une des victimes parties civiles ne s'y oppose pas. De plus, le président peut interdire l'accès de la salle d'audience aux mineurs ou à certains d'entre eux (art. 306 CPP). Depuis la loi du 10 août 2011 sur la participation des citoyens au fonctionnement de la justice pénale et le jugement des mineurs, et par dérogation au huitième alinéa de l'article 20 de l'ordonnance n° 45-174 du 2 février 1945 relative à l'enfance délinquante, la cour d'assises des mineurs peut décider de la publicité des débats si la personne poursuivie, mineure au moment des faits, est devenue majeure au jour de l'ouverture des débats et que cette dernière, le ministère public ou un autre accusé en fait la demande. En outre, les débats doivent en principe se dérouler de manière continue jusqu'à ce que la cause soit terminée par l'arrêt de la cour d'assises. Ils peuvent toutefois être suspendus de manière discrétionnaire par le président pendant le temps nécessaire au repos des juges, de l'accusé et de la partie civile. C'est le principe de la continuité des débats. La loi du 20 juin 2014 relative à la réforme des procédures de révision et de réexamen d'une condamnation pénale définitive a imposé que les débats de la cour d'assises fassent l'objet d'un enregistrement sonore sous le contrôle du président (art. 308 CPP)[3]. Le président peut également, à la demande de la victime ou de la partie civile, ordonner que l'audition ou la déposition de ces dernières fasse l'objet, dans les mêmes conditions, d'un enregistrement audiovisuel. Les supports de cet enregistrement sont placés sous scellés et déposés au greffe de la cour d'assises.

493. Le président a la police de l'audience et la direction des débats. Il rejette tout ce qui tendrait à compromettre leur dignité ou à les prolonger inutilement. Il peut ordonner l'expulsion de ceux qui troublent l'ordre de la salle d'audience. Pendant les débats, le président dispose d'un pouvoir discrétionnaire qui lui permet de prescrire tout ce qu'il juge utile à la découverte de la vérité.

494. Les débats commencent par l'interrogatoire de l'accusé, qui comparaît libre et seulement accompagné de gardes pour l'empêcher de s'évader. Pendant le déroulement de l'audience, la cour peut, sur réquisition du ministère public, décerner mandat de dépôt ou d'arrêt si l'accusé se soustrait aux obligations du contrôle judiciaire ou s'il apparaît que la détention est l'unique moyen d'assurer sa présence ou d'empêcher des pressions sur les victimes ou les témoins. Dès le début de l'audience, la cour peut aussi, sur les réquisitions du ministère public, ordonner le placement de l'accusé sous contrôle judiciaire. À tout moment, la personne peut demander sa mise en liberté à la cour.

495. Puis, le président ordonne à l'huissier de faire l'appel des témoins cités par le ministère public, par l'accusé et la partie civile dont les noms ont été signifiés. Lorsqu'un témoin cité ne comparaît pas, la cour peut ordonner que ce témoin soit immédiatement amené par la force publique ou renvoyer l'affaire à la prochaine session. Avant de commencer leur déposition, les témoins prêtent le serment « de parler sans haine et sans crainte, de dire toute la vérité, rien que la vérité ». Certains témoins ne peuvent toutefois jamais être entendus sous serment. Tel est le cas des ascendants, descendants, alliés ou conjoint de l'accusé ou de la partie civile, ainsi que des mineurs de moins de seize ans. L'audition des témoins ne doit pas être interrompue. Enfin, viennent les auditions des experts.

496. Les assesseurs et les jurés peuvent poser des questions à l'accusé, aux témoins et experts, en demandant la parole au président, sans manifester leur opinion. Le

3. Le Conseil constitutionnel a déclaré inconstitutionnelle l'exclusion, par le législateur, de tout recours en nullité en cas de violation de l'obligation d'enregistrement sonore des débats de cour d'assises. En conséquence, il a abrogé, avec report d'effet au 1er septembre 2016, les dispositions du dernier alinéa de l'article 308 du Code de procédure pénale (Cons. const., 20 nov. 2015, n° 2015-499 QPC). Profitant du vote de la loi renforçant la lutte contre le crime organisé, le terrorisme et leur financement, et améliorant l'efficacité et les garanties de la procédure pénale, le législateur a inséré un alinéa 3 dans l'article 308, lequel précise désormais que « le défaut d'enregistrement sonore, lorsque celui-ci est obligatoire (...) constitue une cause de cassation de l'arrêt de condamnation s'il est établi qu'il a eu pour effet de porter atteinte aux intérêts du demandeur au pourvoi ».

ministère public, les avocats des parties, l'accusé et la partie civile peuvent poser des questions à l'accusé, à la partie civile, aux témoins et à toutes les personnes appelées à la barre, en demandant la parole au président.

497. Une fois les débats terminés, la partie civile – ou son avocat – est entendue. Le ministère public prend ensuite ses réquisitions. Enfin, l'accusé et son avocat présentent leur défense. La réplique est permise à la partie civile et au ministère public, mais l'accusé ou son avocat ont toujours la parole les derniers. Le président déclare les débats terminés et donne lecture des questions auxquelles la cour et le jury ont à répondre. Les questions sont posées à la cour et au jury par le président, par écrit sur la feuille des questions. Les questions sont posées de la manière suivante : « L'accusé est-il coupable d'avoir commis tel fait ? » pour chaque fait spécifié. Chaque circonstance aggravante ou cause légale d'exemption ou de diminution de peine fait l'objet d'une question distincte. Lorsqu'est invoquée l'existence d'une cause d'irresponsabilité pénale, chaque fait spécifié dans le dispositif de la décision de mise en accusation fait l'objet de deux questions : « 1° L'accusé a-t-il commis tel fait ? 2° L'accusé bénéficie-t-il pour ce fait de la cause d'irresponsabilité pénale prévue par... ? ».

498. Avant que la cour d'assises se retire, le président donne lecture de l'instruction affichée en gros caractères dans le lieu le plus apparent de la chambre des délibérations : « Sous réserve de l'exigence de motivation de la décision, la loi ne demande pas compte à chacun des juges et jurés composant la cour d'assises des moyens par lesquels ils se sont convaincus, elle ne leur prescrit pas de règles desquelles ils doivent faire particulièrement dépendre la plénitude et la suffisance d'une preuve ; elle leur prescrit de s'interroger eux-mêmes dans le silence et le recueillement et de chercher, dans la sincérité de leur conscience, quelle impression ont fait, sur leur raison, les preuves rapportées contre l'accusé, et les moyens de sa défense. La loi ne leur fait que cette seule question, qui renferme toute la mesure de leurs devoirs : "Avez-vous une intime conviction ?" ».

C. LA DÉLIBÉRATION

499. La délibération a lieu en chambre du conseil. La cour et le jury, qui délibèrent en commun, ne peuvent sortir de la chambre des délibérations qu'après avoir pris leur décision. Ils votent par bulletins écrits et par scrutins distincts et successifs, sur le fait principal d'abord, et s'il y a lieu, sur les causes d'irresponsabilité pénale, sur chacune des circonstances aggravantes, sur les questions subsidiaires et sur chacun des faits constituant une cause légale d'exemption ou de diminution de la peine. Le président dépouille chaque scrutin en présence des membres de la cour et du jury. Il constate sur-le-champ le résultat du vote. Immédiatement après le dépouillement de chaque scrutin, les bulletins sont brûlés. Les bulletins blancs ou nuls sont comptés comme favorables à l'accusé. Toute décision défavorable à l'accusé se forme à la majorité de six voix au moins lorsque la cour d'assises statue en premier ressort (six jurés et trois juges), et à la majorité de huit voix au moins lorsque la cour d'assises statue en appel (neuf jurés et trois juges).

500. En cas de réponse affirmative sur la culpabilité, le président donne lecture aux jurés des dispositions des articles 132-18 et 132-24 du Code pénal. La cour d'assises délibère alors sur l'application de la peine. La décision sur la peine se forme à la majorité absolue des votants. Toutefois, le maximum de la peine privative de liberté encourue ne peut être prononcé qu'à la majorité de six voix au moins lorsque la cour d'assises statue en premier ressort et qu'à la majorité de huit voix au moins lorsque la cour d'assises statue en appel. Si le maximum de la peine encourue n'a pas obtenu cette majorité, il ne peut être prononcé une peine supérieure à trente ans de réclusion criminelle lorsque la peine encourue est la réclusion criminelle à perpétuité et une peine supérieure à vingt ans de réclusion criminelle lorsque la peine encourue est de trente ans de réclusion criminelle. Si, après deux tours de scrutin, aucune peine n'a réuni la majorité des suffrages, il est procédé à un troisième tour au cours duquel la peine la plus forte proposée au tour précédent est écartée. Si, à ce troisième tour, aucune peine n'a encore obtenu la majorité absolue des votes, il est procédé à un quatrième tour et ainsi de suite, en continuant à écarter la peine la plus forte, jusqu'à ce qu'une peine soit prononcée. Mais la cour statue sans les jurés sur les dommages et intérêts (art. 371 CPP).

501. Depuis la loi n° 2011-939 du 10 août 2011, l'article 365-1 du Code de procédure pénale prévoit que le président ou l'un des magistrats assesseurs par lui désigné rédige la motivation de l'arrêt, sur un document annexé à la feuille des questions appelé feuille de motivation. En cas de condamnation, la motivation consiste dans l'énoncé des principaux éléments à charge qui, pour chacun des faits reprochés à l'accusé, ont convaincu la cour d'assises. Ces éléments sont ceux qui ont été exposés au cours des délibérations menées par la cour et le jury, préalablement aux votes sur les questions. Cette exigence de motivation fait suite à une décision du 13 janvier 2009 *Taxquet c/ Belgique* de la Cour EDH, considérant que l'absence de motivation constitue une violation du droit à un procès équitable. La position européenne avait toutefois été nuancée dans un arrêt de la grande chambre rendu le 16 novembre 2010 dans la même affaire, puisque la Cour avait finalement considéré que « la non-motivation du verdict d'un jury populaire n'emporte pas, en soi, violation du droit de l'accusé à un procès équitable ». Saisi également de cette question par la voie de la QPC, le Conseil constitutionnel avait d'ailleurs jugé, dans une décision du 1er avril 2011, que la procédure pénale relative au prononcé des condamnations en matière criminelle était conforme aux exigences constitutionnelles. En imposant la motivation des verdicts rendus par la cour d'assises, le législateur a fait preuve d'un certain zèle[4].

D. LA DÉCISION

502. La cour d'assises rentre ensuite dans la salle d'audience. Le président fait comparaître l'accusé, donne lecture des réponses faites aux questions, et prononce l'arrêt portant condamnation, absolution ou acquittement (art. 366 CPP). Après avoir prononcé l'arrêt, le président avertit l'accusé de la faculté qui lui est accordée d'interjeter appel et lui fait connaître le délai (dix jours à compter du prononcé de l'arrêt). Si

4. V. *supra* n° 123.

l'accusé est exempté de peine ou acquitté, s'il est condamné à une peine autre qu'une peine ferme privative de liberté, ou s'il est condamné à une peine ferme privative de liberté couverte par la détention provisoire, il est mis immédiatement en liberté s'il n'est retenu pour aucune autre cause. Dans les autres cas, tant que l'arrêt n'est pas définitif et, le cas échéant, pendant l'instance d'appel, l'arrêt de la cour d'assises vaut titre de détention jusqu'à ce que la durée de détention ait atteint celle de la peine prononcée.

503. Si la cour d'assises prononce un arrêt de déclaration d'irresponsabilité pénale pour cause de trouble mental, au sens de l'article 122-1 alinéa premier du Code pénal, elle peut ordonner, par décision motivée, l'admission en soins psychiatriques de la personne (art. 706-135 CPP), ou des mesures de sûreté, pendant une durée qu'elle fixe et qui ne peut excéder vingt ans (706-136 CPP).

II. LA PROCÉDURE DE DÉFAUT

504. Depuis la loi du 9 mars 2004 portant adaptation de la justice aux évolutions de la criminalité, la procédure de défaut remplace la procédure de contumace. Cette ancienne procédure, qui consistait, à l'issue d'un débat non contradictoire, à déclarer l'accusé « rebelle à la loi » et à le priver de tous ses droits civiques, tandis que ses biens étaient mis sous séquestre, a été déclarée contraire à l'article 6 de la Conv. EDH[5]. Le législateur a donc remplacé cette procédure par une procédure de défaut, qui toutefois ne s'applique pas devant la Cour d'assises d'appel (art. 379-7 CPP, issu de la loi n° 2016-731 du 3 juin 2016), ni lorsque l'absence de l'accusé est constatée cours des débats alors que les interrogatoires de ce dernier sur les faits et sur sa personnalité ont déjà été réalisés (art. 379-2 CPP modifié par la loi n° 2016-731 du 3 juin 2016).

505. Est jugé par défaut l'accusé en fuite ou qui ne se présente pas sans excuse valable, à moins que la cour ne décide de renvoyer l'affaire à une session ultérieure, après avoir décerné mandat d'arrêt contre l'accusé si un tel mandat n'a pas déjà été décerné (art. 379-2 CPP). Dans cette procédure, la cour statue sur l'accusation sans l'assistance des jurés. Si un avocat est présent pour assurer la défense des intérêts de l'accusé, il peut intervenir et plaider comme dans la procédure ordinaire. En l'absence d'avocat pour assurer la défense des intérêts de l'accusé, la cour statue sur l'accusation après avoir entendu la partie civile ou son avocat et les réquisitions du ministère public. En cas de condamnation à une peine ferme privative de liberté, la cour décerne mandat d'arrêt contre l'accusé, sauf si celui-ci a déjà été décerné.

506. La personne condamnée par défaut ne peut pas faire appel (art. 379-5 CPP). Mais si elle se constitue prisonnière ou si elle est arrêtée avant que la peine ne soit éteinte par la prescription, l'arrêt de la cour d'assises est non avenu dans toutes ses dispositions et il est procédé à un nouvel examen de son affaire selon la procédure ordinaire. Le mandat d'arrêt délivré contre la personne condamnée par défaut vaut

5. CEDH, 13 févr. 2001, aff. *Krombach c/ France.*

mandat de dépôt. Elle demeure donc détenue jusqu'à sa comparution devant la cour d'assises, qui doit intervenir dans le délai d'un an à compter de son placement en détention. À défaut, la personne est immédiatement remise en liberté (art. 379-4 CPP).

Section 2
LA PROCÉDURE DEVANT LE TRIBUNAL CORRECTIONNEL

I. LA PROCÉDURE ORDINAIRE

507. Devant le tribunal correctionnel, les audiences sont en principe publiques. Toutefois, le tribunal peut décider que les débats auront lieu à huis clos, si la publicité est dangereuse pour l'ordre, la sérénité des débats, la dignité de la personne ou les intérêts d'un tiers (art. 400 CPP). Des règles spécifiques s'appliquent aux juridictions pour mineurs (art. 14 ord. 2 févr. 1945).

508. Le prévenu, cité à personne ou ayant connaissance de la citation, doit comparaître en personne, à moins de fournir une excuse qui doit être reconnue valable par la juridiction devant laquelle il est appelé. S'il est en détention, il est conduit à l'audience par la force publique. S'il ne comparaît pas sans excuse valable, il est jugé par jugement contradictoire à signifier. Si toutefois un avocat se présente, même sans mandat de représentation, pour assurer la défense du prévenu non comparant et non excusé, il doit être entendu (art. 410 CPP). Mais le tribunal peut préférer contraindre le prévenu à comparaître lorsque la peine encourue est égale ou supérieure à deux ans. Dans ce cas, il ordonne le renvoi et décerne un mandat d'amener ou d'arrêt. Le prévenu peut également demander à être jugé en son absence par lettre adressée au président du tribunal, en étant représenté par son avocat ou un avocat commis d'office. Cette possibilité joue quelle que soit la peine encourue, et quelles que soient les conditions dans lesquelles le prévenu a été cité. L'avocat du prévenu, qui peut intervenir au cours des débats, est entendu dans sa plaidoirie et le prévenu est alors jugé contradictoirement (art. 411 CPP). Mais ici encore, le tribunal peut considérer que la comparution du prévenu est indispensable et renvoyer l'affaire à une audience ultérieure pour ordonner cette comparution.

509. Dès le début de l'audience, le président ou l'un des assesseurs constate l'identité du prévenu et donne connaissance de l'acte qui a saisi le tribunal. Depuis la loi du 27 mai 2014 relative au droit à l'information dans le cadre des procédures pénales, le prévenu est informé de son droit d'être assisté par un interprète, ainsi que de son droit, au cours des débats, de faire des déclarations, de répondre aux questions qui lui sont posées ou de se taire (art. 406 CPP). Si l'avocat n'est en principe pas obligatoire en matière correctionnelle (sauf pour le majeur protégé ou pour celui qui est atteint d'une infirmité de nature à compromettre sa défense), le président informe le prévenu, s'il n'a pas reçu cette information avant l'audience, qu'il peut, à sa demande, bénéficier d'un avocat commis d'office (art. 417 CPP).

510. Toute personne qui prétend avoir été lésée par un délit, peut, si elle ne l'a déjà fait, se constituer partie civile à l'audience même. La déclaration de partie civile doit alors, à peine d'irrecevabilité, être faite avant les réquisitions du ministère public sur le fond. La victime peut également se constituer partie civile par lettre recommandée avec avis de réception ou par télécopie parvenue au tribunal vingt-quatre heures au moins avant la date de l'audience. La partie civile n'est pas tenue de comparaître, et l'avocat n'est pas obligatoire. Dans tous les cas, le tribunal apprécie la recevabilité de sa constitution.

511. Avant de procéder à l'audition des témoins, le président interroge le prévenu et reçoit ses déclarations. Le ministère public, les avocats des parties, le prévenu et la partie civile peuvent poser directement des questions à toute personne appelée à la barre, en demandant la parole au président. Les témoins produits par les parties poursuivantes sont entendus les premiers. Avant de commencer leur déposition, les témoins prêtent le serment de dire toute la vérité, rien que la vérité. Après chaque déposition, le président, le ministère public et les parties posent au témoin les questions qu'ils jugent nécessaires. Le tribunal peut ordonner qu'il soit procédé à des expertises ainsi qu'à tous transports utiles en vue de la manifestation de la vérité.

512. Les débats sont toujours suivis de la plaidoirie de la partie civile, des réquisitions du parquet et de la plaidoirie de l'avocat de la défense. L'avocat de la partie civile ou le ministère public peuvent répliquer, mais l'avocat de la défense ou le prévenu doivent avoir la parole les derniers (art. 460 CPP).

513. Le jugement est rendu soit à l'audience même, soit à une date ultérieure. Si le tribunal conclut à la relaxe, les mesures de détention provisoire et de contrôle judiciaire prennent fin. Le tribunal demeure cependant compétent pour statuer sur l'action civile. Si le tribunal estime que le fait constitue un délit, il prononce la peine et statue, s'il y a lieu, sur l'action civile. Lorsque le prévenu est détenu, le tribunal peut, par décision spéciale et motivée, maintenir la détention. Si le prévenu est libre et si la peine prononcée est supérieure à un an sans sursis, le tribunal peut, par décision spéciale et motivée, décerner mandat de dépôt ou d'arrêt. En revanche, en cas de condamnation d'une personne libre à une peine d'emprisonnement inférieure ou égale à un an ou pour laquelle la durée de détention restant à subir est inférieure ou égale à un an, un avis de convocation à comparaître devant le juge de l'application des peines, dans un délai compris entre dix et trente jours, en vue de déterminer les modalités d'exécution de la peine, est remis au condamné. Si le tribunal juge que les faits méritent une qualification contraventionnelle, il prononce la peine et statue, s'il y a lieu, sur l'action civile. S'il estime enfin que les faits sont de nature à entraîner une peine criminelle, et s'il n'a pas été procédé à une correctionnalisation, le tribunal renvoie le ministère public à se pourvoir. Il peut décerner, par la même décision, mandat de dépôt ou d'arrêt contre le prévenu.

II. LES PROCÉDURES ACCÉLÉRÉES

514. Plusieurs procédures permettent en matière correctionnelle d'obtenir un jugement rapide. Elles ont déjà été étudiées en tant que mode de saisine des juridictions[6]. Mais elles présentent aussi d'importantes singularités relatives à l'audience.

A. LA COMPARUTION IMMÉDIATE

515. La comparution immédiate peut être mise en œuvre pour les délits flagrants punis d'au moins six mois d'emprisonnement et pour les délits non flagrants punis d'au moins deux ans d'emprisonnement[7]. Elle permet de faire comparaître le prévenu immédiatement après sa présentation au procureur de la République. Mais le prévenu ne peut être jugé le jour même qu'avec son accord recueilli en présence de son avocat. Si le prévenu ne consent pas ou si l'affaire n'apparaît pas en état d'être jugée, le tribunal renvoie à une prochaine audience qui doit avoir lieu dans un délai compris entre deux et six semaines. Lorsque la peine encourue est supérieure à sept ans, le prévenu peut demander que l'affaire soit renvoyée à une audience qui devra avoir lieu dans un délai qui ne peut être inférieur à deux mois sans être supérieur à quatre mois[8].

516. A la demande des parties ou d'office, le tribunal peut commettre l'un de ses membres ou un juge d'instruction pour procéder à un supplément d'information. Le tribunal peut même, s'il estime que la complexité de l'affaire nécessite des investigations supplémentaires approfondies, renvoyer le dossier au procureur de la République, afin qu'il requière l'ouverture d'une information. Dans tous les cas, le tribunal peut placer ou maintenir le prévenu sous contrôle judiciaire, ou alors en détention provisoire par décision spécialement motivée.

B. LA COMPARUTION SUR RECONNAISSANCE PRÉALABLE DE CULPABILITÉ

517. Introduite par la loi du 9 mars 2004 portant adaptation de la justice aux évolutions de la criminalité[9], la procédure de comparution sur reconnaissance préalable de culpabilité, encore appelée « plaider-coupable », a pour finalité de faire participer l'auteur par son aveu au processus judiciaire permettant une meilleure efficacité de la justice ainsi acceptée[10]. Le domaine d'application de cette procédure a été considérablement élargi par la loi du 13 décembre 2011 relative à la répartition des contentieux

6. V. *supra* n° 273.
7. Art. 395 et s. CPP.
8. Art. 397-1 CPP.
9. La loi a été soumise au contrôle a priori du Conseil constitutionnel. En effet, plusieurs critiques étaient formulées, notamment celle selon laquelle la procédure mettrait la personne concernée en situation de subir une pression réelle sous la menace d'une aggravation de la sanction encourue en cas de refus de la proposition du procureur. Mais pour le Conseil constitutionnel, l'avocat, dont l'assistance est obligatoire, est présent tout au long de la procédure. Eu égard à cette garantie, le droit à un procès équitable n'est pas méconnu. En outre, l'article 9 de la Déclaration des droits de l'homme et du citoyen n'interdit pas à une personne de reconnaître librement sa culpabilité. Le juge du siège chargé de l'homologation n'étant lié ni par la proposition du procureur, ni par l'acceptation de la personne concernée, la procédure ne porte pas atteinte au principe de la présomption d'innocence.
10. Art. 495-7 et s. CPP.

et à l'allégement des procédures juridictionnelles. Désormais, la procédure peut être mise en œuvre pour tous les délits, quelle que soit la peine encourue[11], sauf les atteintes à l'intégrité des personnes et les agressions sexuelles lorsqu'elles sont punies d'une peine d'emprisonnement d'une durée supérieure à cinq ans, les délits de presse, les délits d'homicides involontaires, les délits politiques ou délits dont la procédure de poursuite est prévue par une loi spéciale. De plus, la procédure n'est pas applicable aux mineurs de dix-huit ans.

518. Après que la personne ait reconnu les faits qui lui sont reprochés, une proposition de peine lui est faite par le procureur de la République. Il peut s'agir d'une ou plusieurs des peines principales ou complémentaires encourues. Quant aux peines privatives de liberté, le procureur ne peut proposer qu'une peine d'emprisonnement d'une durée inférieure ou égale à un an, sans pouvoir excéder la moitié de la peine d'emprisonnement encourue. Dans tous les cas, le procureur peut proposer le sursis ainsi que différentes mesures d'aménagement de la peine (surveillance électronique, semi-liberté, fractionnement de la peine...). La proposition doit toujours être faite en présence de l'avocat de l'intéressé, qui ne peut y renoncer. Le prévenu peut demander à disposer d'un délai de dix jours avant de faire connaître sa décision quant à l'acceptation ou au refus des peines proposées. Le procureur de la République peut alors requérir un placement sous contrôle judiciaire ou en détention provisoire dans l'attente de la décision. Il doit pour cela présenter la personne devant le juge des libertés et de la détention.

519. Si l'intéressé refuse la peine proposée, le procureur de la République saisit le tribunal correctionnel, ou requiert l'ouverture d'une instruction. En revanche, si la proposition de peine est acceptée, la personne est aussitôt présentée devant le président du tribunal de grande instance ou le juge délégué par lui pour que les peines proposées soient homologuées. Le magistrat entend la personne et son avocat, et après avoir vérifié la réalité des faits et leur qualification juridique, il peut décider d'homologuer les peines proposées. Les peines proposées par le ministère public ne peuvent en revanche être modifiées par lui. L'ordonnance d'homologation ayant les mêmes effets qu'un jugement de condamnation, elle est immédiatement exécutoire. Mais le président du tribunal peut également rendre une ordonnance de refus d'homologation. Tout se passe alors comme si l'intéressé avait refusé la peine proposée : le procureur de la République saisit le tribunal correctionnel ou requiert l'ouverture d'une information.

DÉCRYPTAGE : LA PRÉSENCE DU MINISTÈRE PUBLIC À L'AUDIENCE D'HOMOLOGATION

La place du procureur de la République à l'audience d'homologation a suscité des difficultés au lendemain de la loi du 9 mars 2004. La loi prévoyait initialement que l'audience d'homologation devait se dérouler en chambre du conseil. Ainsi, rien n'était prévu quant à la participation ou non du procureur de la République à cette

11. Avant, seuls les délits punis d'une peine d'amende ou d'un emprisonnement inférieur ou égal à cinq ans.

audience. Le Conseil constitutionnel ayant imposé la publicité de l'audience d'homologation, la question de la présence obligatoire du procureur de la République n'était pas tranchée. Par une circulaire en date du 2 septembre 2004, le ministère de la justice avait fait connaître sa position en faveur du caractère non obligatoire de la présence du parquet. Cependant, dans un avis du 18 avril 2005, la Cour de cassation prenait la position contraire pour décider que « le procureur de la République est, conformément aux termes de l'article 32 du Code de procédure pénale, tenu d'assister aux débats de cette audience de jugement, la décision devant être prononcée en sa présence ». Le 19 avril 2005, une nouvelle circulaire réitérait la position de la chancellerie. Mais le syndicat des avocats de France présentait deux requêtes tendant à l'annulation des deux circulaires. Par deux ordonnances du 11 mai 2005, le juge des référés du Conseil d'État ordonnait la suspension immédiate de ces deux circulaires, donnant ainsi un caractère impératif à la présence du ministère public lors de l'audience d'homologation. Une intervention législative s'imposait. Ainsi, une loi du 26 juillet 2005 a modifié l'article 495-9 du Code de procédure pénale pour préciser que la procédure d'homologation se déroule au cours d'une audience publique et que la présence du procureur de la République à cette audience n'est pas obligatoire.

C. L'ORDONNANCE PÉNALE

520. Le procureur de la République peut décider de recourir à la procédure simplifiée de l'ordonnance pénale pour les délits limitativement énumérés par l'article 495 du Code de procédure pénale. Cette liste a été considérablement étendue par la loi du 13 décembre 2011 relative à la répartition des contentieux et à l'allégement des procédures juridictionnelles. Entrent désormais dans la liste des infractions pouvant faire l'objet d'une ordonnance pénale : le vol simple et le recel, la filouterie, le détournement de gage, les destructions et dégradations de biens, la vente à la sauvette, le délit de fuite à l'occasion de la conduite d'un véhicule et plus globalement tous les délits prévus par le Code de la route et pour les transports, l'usage de stupéfiants, les délits en matière de chèques, l'occupation des espaces communs ou toits d'immeuble, la contrefaçon commise par Internet et pratiques anticoncurrentielles non punies d'une peine d'emprisonnement.

521. Le ministère public qui choisit cette procédure simplifiée communique au président du tribunal le dossier de la poursuite et ses réquisitions. Le président statue sans débat préalable. S'il estime qu'un débat contradictoire est utile ou qu'une peine d'emprisonnement devrait être prononcée, le juge renvoie le dossier au ministère public. En matière de délit, l'ordonnance doit être obligatoirement motivée. Elle peut porter relaxe ou condamnation à une amende ainsi que, le cas échéant, à une ou plusieurs des peines complémentaires encourues, ces peines pouvant être prononcées à titre de peine principale. Le montant maximal de l'amende pouvant être prononcée est de la moitié de celui de l'amende encourue sans pouvoir excéder 5 000 euros. L'emprisonnement en revanche ne peut pas être prononcé.

522. Dès qu'elle est rendue, l'ordonnance pénale est transmise au ministère public qui, dans les dix jours, peut soit former opposition par déclaration au greffe du tribunal, soit en poursuivre l'exécution. Cette ordonnance est portée à la connaissance du prévenu par lettre recommandée avec demande d'avis de réception. Elle peut également être portée à la connaissance du prévenu par le procureur de la République, directement ou par l'intermédiaire d'une personne habilitée. Le prévenu est informé qu'il dispose d'un délai de quarante-cinq jours à compter de cette notification pour former opposition à l'ordonnance. En cas d'opposition l'affaire est portée à l'audience du tribunal de police dans les formes de la procédure ordinaire. À défaut d'opposition, l'ordonnance pénale produit les effets d'un jugement passé en force de chose jugée. Cependant, elle n'a pas l'autorité de la chose jugée à l'égard de l'action civile en réparation des dommages causés par l'infraction. La partie lésée a toujours la possibilité de citer directement le contrevenant devant le tribunal de police, lequel statue alors sur les seuls intérêts civils.

Section 3
LA PROCÉDURE DEVANT LE TRIBUNAL DE POLICE

I. LA PROCÉDURE ORDINAIRE

523. Les principes directeurs de la procédure de jugement sont tout autant applicables devant le tribunal de police que devant le tribunal correctionnel. Ainsi les principes de publicité et du contradictoire, la constitution de partie civile, et le jugement suivent les règles prévues pour le tribunal correctionnel. Toutefois, quelques spécificités doivent être signalées.

524. Avant le jour de l'audience, le président peut, sur la requête du ministère public ou de la partie civile, estimer ou faire estimer les dommages, dresser ou faire dresser des procès-verbaux, faire ou ordonner tous actes requérant célérité (art. 534 CPP). Devant le tribunal de police, le prévenu, qui n'est pas obligé de comparaître personnellement, peut se faire représenter par un avocat ou par un fondé de procuration spéciale (art. 544 CPP).

525. Les contraventions sont prouvées soit par procès-verbaux ou rapports, soit par témoins à défaut de rapports et procès-verbaux. Sauf dans les cas où la loi en dispose autrement, les procès-verbaux ou rapports établis par les officiers et agents de police judiciaire et les agents de police judiciaire adjoints, ou les fonctionnaires ou agents chargés de certaines fonctions de police judiciaire auxquels la loi a attribué le pouvoir de constater les contraventions, font foi jusqu'à preuve contraire (art. 537 CPP).

526. Si la juridiction estime que le fait constitue une contravention, elle prononce la peine et statue s'il y a lieu sur l'action civile. Si elle estime que le fait constitue un crime ou un délit, elle se déclare incompétente et renvoie le ministère public à se pourvoir de façon appropriée. Si le tribunal de police estime que le fait ne constitue aucune infraction à la loi pénale, ou que le fait n'est pas établi, ou qu'il n'est pas imputable au prévenu, il renvoie celui-ci des fins de la poursuite, en prononçant une relaxe (art. 541 CPP).

II. LA PROCÉDURE DE L'ORDONNANCE PÉNALE

527. L'ordonnance pénale en matière correctionnelle suit des règles similaires à celles prévues en matière correctionnelle. Mais en cette matière, le juge n'est pas tenu de motiver son ordonnance (art. 526 al. 2 CPP).

528. Le ministère public qui choisit la procédure simplifiée communique au tribunal de police le dossier de la poursuite et ses réquisitions. Le juge statue sans débat préalable par une ordonnance pénale portant soit relaxe, soit condamnation à une amende ainsi que, le cas échéant, à une ou plusieurs des peines complémentaires encourues. S'il estime qu'un débat contradictoire est utile, le juge renvoie le dossier au ministère public aux fins de poursuite dans les formes de la procédure ordinaire.

529. Le ministère public peut, dans les dix jours de l'ordonnance, former opposition à son exécution par déclaration au greffe du tribunal. Le prévenu, quant à lui, a trente jours à compter de la date d'envoi de la lettre pour former opposition à l'exécution de l'ordonnance (art. 527 CPP). En cas d'opposition formée par le ministère public ou par le prévenu, l'affaire est portée à l'audience du tribunal de police dans les formes de la procédure ordinaire (art. 528 CPP).

BIBLIOGRAPHIE POUR ALLER PLUS LOIN

P. Bilger, « La cour d'assises aujourd'hui », *RPDP* 2007, p. 867.

D. Commaret, « La défense du prévenu absent », *RSC* 2003, p. 809.

G. Di Marino, « Le prévenu ou l'accusé absent », *RPDP* 2003, p. 677.

A. Jacobs et V. Malabat, « Procès d'assises et procès équitable », *RTDH* 2011, p. 695.

» Exercice corrigé

QUESTIONS À RÉPONSES COURTES

1/ Que signifie l'expression « Le juge de l'action est juge de l'exception » ?

L'article 384 du Code de procédure pénale autorise le tribunal correctionnel à examiner « toutes exceptions proposées par le prévenu pour sa défense, à moins que la loi n'en dispose autrement, ou que le prévenu excipe d'un droit réel immobilier ». Tous les incidents de procédure peuvent donc être réglés par le tribunal répressif, sauf en matière de droit réel immobilier, auquel on peut ajouter les questions de nullité, de filiation, et de nullité du mariage. Ces hypothèses constituent des questions préjudicielles obligeant le tribunal à surseoir à statuer. Toutes ces exceptions doivent être présentées avant toute défense au fond.

2/ Quelles sont les conséquences d'une non-comparution sur la qualification du jugement ?

La non-comparution n'entraîne pas systématiquement un jugement par défaut. En effet, le législateur a eu le souci de limiter les situations d'instabilité juridique, ouvrant le droit à l'opposition. Aussi, et bien que le prévenu ne soit pas présent à l'audience, le jugement pourra être contradictoire si le prévenu a usé de la faculté que lui offre l'article 411 CPP, quelle que soit la peine encourue, d'adresser au président du tribunal une lettre par laquelle il demande « à être jugé en son absence en étant représenté ». Une solution identique de jugement contradictoire vaut, depuis la loi du 9 mars 2004, même sans demande du prévenu à être jugé en son absence, si celui-ci ayant été cité à personne ou ayant eu connaissance de la citation régulière à domicile, en mairie ou à la suite de recherches menées par un OPJ ou un APJ, un avocat se présente pour assurer sa défense. En outre, le jugement sera réputé contradictoire (ou « contradictoire à signifier », selon l'expression légale) lorsque le prévenu, régulièrement cité à personne ou ayant eu connaissance de la citation régulière à domicile, en mairie ou à la suite de recherches menées par un OPJ ou un APJ, ne comparaît pas, n'est pas excusé, et qu'aucun avocat ne se présente à l'audience pour le représenter. En définitive, le jugement par défaut ne sera rendu que si la citation n'ayant pas été délivrée à personne et le prévenu n'ayant pas eu connaissance de la citation régulière à domicile, en mairie ou à la suite de recherches menées par un OPJ ou un APJ, il n'a pas comparu en personne, et aucun avocat ne s'est présenté pour le représenter, intervenir aux débats et être entendu dans sa plaidoirie.

3/ La motivation est-elle obligatoire pour toutes les juridictions répressives ?

La motivation est obligatoire pour le tribunal correctionnel (art. 485 CPP), pour le tribunal de police (art. 543 CPP), et pour la cour d'assises depuis le 1er janvier 2012 (art. 365-1 CPP). La motivation est contrôlée par la Cour de cassation, qui semble toutefois laisser aux cours d'assises une grande latitude quant à la « feuille de motivation » pour fonder la condamnation (Cass. crim., 9 janv. 2013, n° 12-81626). Parce qu'ils fondent l'intime conviction, les motifs doivent exister et être suffisants. L'insuffisance de motif équivaut à leur absence.

À la motivation générale, le législateur exige parfois une motivation particulière, dans le but d'obliger la juridiction à réfléchir aux enjeux du prononcé d'une peine. En matière correctionnelle, la juridiction doit spécialement motiver le choix d'une peine d'emprisonnement sans sursis. Aucune obligation similaire n'existe en matière criminelle. Par trois arrêts du 8 février 2017, la chambre criminelle a affirmé que, selon l'article 365-1 du Code de procédure pénale, « en cas de condamnation par une cour d'assises, la motivation consiste dans l'énoncé des principaux éléments à charge qui l'ont convaincue de la culpabilité de l'accusé » et elle a ajouté « qu'en l'absence d'autre disposition légale le prévoyant, la cour et le jury ne doivent pas motiver le choix de la peine qu'ils prononcent dans les conditions définies à l'article 362 » du même code[12]. En outre, selon la Cour de cassation, il n'y a pas lieu à renvoi au Conseil constitutionnel d'une question prioritaire de constitutionnalité portant sur la conformité à la Constitution des articles 132-19 et 132-24 du Code pénal, en ce que l'exigence de motivation spéciale de l'emprisonnement ferme ne s'applique pas en matière criminelle (Cass. crim., QPC, 20 nov. 2013, n° 12-86630).

12. Cass. crim. 8 févr. 2017, n° 15-86914,16-80389 et 16-80391.

LEÇON 12

La décision de la juridiction de jugement

530. Une fois rendue, la décision peut être critiquée par la mise en œuvre de voies de recours. Certaines sont des voies de recours ordinaires (Section 1) ; d'autres, des voies de recours extraordinaires (Section 2). Enfin, devenue définitive, la décision emporte effet de la chose jugée (Section 3).

Section 1

LA CRITIQUE DE LA DÉCISION PAR L'EXERCICE DES VOIES DE RECOURS ORDINAIRES

I. L'OPPOSITION

531. L'opposition est ouverte contre les jugements et arrêts rendus par défaut en matière correctionnelle et de police, et empêchant ceux-ci d'acquérir l'autorité de la chose jugée. L'opposition est une voie de rétractation, permettant à la juridiction qui a rendu la décision de se rétracter. Cette voie de recours est prévue pour les jugements rendus par le tribunal correctionnel (art. 489 à 494-1 CPP), de police (art. 544 et 545 CPP), pour les arrêts de cour d'appel (art. 515 CPP) et de la chambre criminelle (art. 579 et 589 CPP). S'agissant des arrêts rendus par la procédure de défaut par la cour d'assises, ce n'est pas l'opposition qui est applicable, mais la purge du défaut[1].

532. L'opposition doit être fondée sur un intérêt. Par exemple, un prévenu ne peut faire opposition sur un jugement de relaxe. De même si la partie a déjà interjeté appel, elle ne peut plus former opposition. L'opposition est une voie de recours pouvant être exercée par le prévenu, le civilement responsable et la partie civile. Le ministère public, présent à l'audience, n'a pas d'intérêt à agir. Le délai pour faire opposition est en principe de dix jours si le prévenu réside en France métropolitaine, et d'un mois

1. V. *supra* n° 424.

dans le cas contraire (art. 491 CPP). Le même délai s'applique au civilement responsable et à la partie civile. Pour le prévenu, ce délai court à compter de la signification à personne, ou tout au moins de la signification faite à domicile, à étude d'huissier de justice ou à parquet. Toutefois, s'il s'agit d'un jugement de condamnation et s'il ne résulte pas, soit de l'avis constatant remise de la lettre recommandée ou du récépissé, soit d'un acte d'exécution quelconque, que le prévenu a eu connaissance de la signification, l'opposition tant en ce qui concerne les intérêts civils que la condamnation pénale reste recevable jusqu'à l'expiration des délais de prescription de la peine (art. 492 CPP).

533. L'opposition anéantit la décision rendue par défaut, mais ses effets varient selon que l'opposant comparaît ou non. Si l'opposant comparaît, l'affaire est de nouveau examinée. La juridiction qui avait statué précédemment est de nouveau saisie. Mais elle est entièrement libre de sa décision sur le fond, par rapport à celle qu'elle avait initialement rendue. Ainsi, elle peut par exemple aggraver ou atténuer la condamnation. Si l'opposant ne comparaît pas en personne ou par avocat, on entre dans la situation de l'itératif défaut (art. 494, 494-1 CPP). L'opposition est alors non avenue, et le premier jugement doit être exécuté. Il n'est plus possible de former à nouveau opposition, selon la règle « opposition sur opposition ne vaut ». Il y a toutefois une exception à cette règle, en cas de condamnation à une peine privative de liberté sans sursis, le tribunal peut ordonner le renvoi de l'affaire à une prochaine audience sans qu'il y ait lieu à délivrance de nouvelles citations et donner l'ordre à la force publique de rechercher et de conduire l'opposant devant le procureur de la République du siège du tribunal qui, soit le fait comparaître à l'audience de renvoi, soit le met en demeure de s'y présenter. Dans tous les cas, l'appel ou le pourvoi en cassation, selon le cas, et si le délai n'est pas expiré, restent possibles.

534. Depuis la loi du 13 décembre 2011 relative à la répartition des contentieux et à l'allégement de certaines procédures juridictionnelles, la personne condamnée selon la procédure simplifiée de l'ordonnance pénale a la possibilité de former opposition contre le jugement rendu par défaut sur son opposition à ladite ordonnance (art. 495-4 CPP en matière de délit ; art. 528 CPP en matière de contravention). Auparavant, si le prévenu était absent à l'audience, le jugement rendu par défaut n'était pas susceptible d'opposition[2], ce qui n'était pas justifiable au regard du droit pour toute personne à ce que sa cause soit entendue équitablement, la seule voie ouverte (pourvoi en cassation) ne pouvant se substituer à un examen au fond de la procédure.

II. L'APPEL

535. L'appel est une voie de réformation, qui permet de faire rejuger l'affaire par une juridiction supérieure.

536. *En matière criminelle*, les arrêts rendus par la cour d'assises en premier ressort peuvent faire l'objet d'un appel depuis la loi n° 2000-516 du 15 juin 2000 renforçant

2. Cass. crim., 5 janv. 2010, *Bull.* n° 1 ; 25 mai 2011, n° 10-87135, *Bull.* n° 108.

la protection de la présomption d'innocence et les droits des victimes (art. 380-1 et s. CPP). Cet appel est porté devant une autre cour d'assises désignée par la chambre criminelle de la Cour de cassation et qui procède au réexamen de l'affaire dans son entier. La cour d'assises d'appel comporte neuf jurés (et non plus douze depuis la loi du 10 août 2011 sur la participation des citoyens au fonctionnement de la justice pénale et le jugement des mineurs).

537. S'agissant des arrêts de condamnation, le droit d'appel principal n'appartient qu'à l'accusé et au ministère public. Le ministère public dispose en outre d'un droit d'appel incident en cas d'appel principal de l'accusé. S'agissant des arrêts d'acquittement, le droit d'appel est ouvert au seul ministère public, et le législateur réserve l'exercice de ce droit uniquement au procureur général. La cour d'assises statuant en appel ne peut, sur le seul appel de l'accusé, aggraver le sort de ce dernier. Pendant les délais d'appel et durant l'instance d'appel, il est sursis à l'exécution de l'arrêt sur l'action publique. Toutefois, le mandat de dépôt continue de produire ses effets à l'encontre de la personne condamnée à une peine privative de liberté.

538. L'appel sur l'action civile est ouvert à toutes les parties, à l'exclusion du ministère public. Cet appel est porté devant la chambre des appels correctionnels. L'appelant ne peut voir son sort aggravé sur son seul appel. Pendant les délais d'appel et durant l'instance d'appel, il est sursis à l'exécution de l'arrêt sur l'action civile.

539. Dans tous les cas, l'appel doit être interjeté dans le délai de dix jours à compter du prononcé de l'arrêt. En cas d'appel d'une partie, les autres parties ont un délai supplémentaire de cinq jours pour interjeter appel. La déclaration d'appel doit être faite au greffe de la cour d'assises qui a rendu la décision attaquée. Lorsque l'appelant est détenu, l'appel peut être fait au moyen d'une déclaration auprès du chef de l'établissement pénitentiaire. Dans le mois qui suit la réception de l'appel, la chambre criminelle, après avoir recueilli les observations écrites du ministère public et des parties ou de leurs avocats, désigne la cour d'assises chargée de statuer en appel.

540. *En matière correctionnelle*, l'appel est toujours ouvert pour le prévenu, le procureur de la République et le procureur général (art. 496 CPP). La partie civile ne peut faire appel qu'au regard des intérêts civils.

541. L'appel doit être interjeté dans un délai de dix jours à compter du prononcé du jugement. En cas d'appel d'une des parties, les autres parties ont un délai supplémentaire de cinq jours. Le procureur général bénéficie toutefois d'un délai plus long. Dans un arrêt *Ben Naceur c/ France* du 3 octobre 2006, la Cour EDH a constaté une violation de l'article 6 de la convention, en particulier du principe de l'égalité des armes. La chambre criminelle a donc aligné sa jurisprudence sur le droit européen en affirmant à son tour que le délai d'appel du procureur général contre les jugements du tribunal correctionnel, plus long que celui reconnu aux parties, viole le principe de l'égalité des armes. Aussi, la loi pénitentiaire du 24 novembre 2009 a réduit le délai d'appel du procureur général de deux mois à vingt jours. Pendant les délais d'appel et durant l'instance d'appel, il est sursis à l'exécution du jugement.

542. L'appel est porté devant la chambre des appels correctionnels de la cour d'appel. Il est jugé à l'audience sur le rapport oral d'un conseiller. Le prévenu est interrogé, et les témoins sont entendus selon les règles applicables devant le tribunal correctionnel. Après que l'appelant ou son représentant a sommairement indiqué les motifs de son appel, les parties en cause ont la parole dans le même ordre que celui prévu devant le tribunal correctionnel. Si la cour estime que l'appel n'est pas fondé, elle confirme le jugement attaqué. Mais la cour ne peut, sur le seul appel du prévenu, du civilement responsable ou de la partie civile, aggraver le sort de l'appelant. Elle ne peut non plus faire droit à une demande nouvelle de la partie civile. Si le jugement est réformé parce que la cour estime qu'il n'y a ni crime, ni délit, ni contravention, ou parce que le fait n'est pas établi ou qu'il n'est pas imputable au prévenu, elle renvoie celui-ci des fins de la poursuite, en prononçant la relaxe. Si le jugement est annulé parce que la cour estime que le fait ne constitue qu'une contravention, elle prononce la peine et statue, s'il y a lieu, sur l'action civile. Si le jugement est annulé parce que la cour estime que le fait est de nature à entraîner une peine criminelle, la cour d'appel se déclare incompétente. Elle renvoie alors le ministère public à se pourvoir.

543. *En matière contraventionnelle*, l'appel est partiellement ouvert au prévenu, au procureur de la République, au procureur général et à l'officier du ministère public, en fonction de l'amende encourue (amende du montant prévu pour les contraventions de cinquième classe, soit 1 500 euros) ou de la peine prononcée (suspension du permis de conduire ou amende supérieure à celle des contraventions de deuxième classe, soit 150 euros)[3]. La partie civile ne peut faire appel qu'au regard des intérêts civils (art. 546 CPP).

544. Le délai d'appel est en principe de dix jours, à compter du jugement rendu contradictoirement. L'appel est porté à la cour d'appel. Les formes et délais sont les mêmes que ceux de l'appel correctionnel. La cour est cependant composée du seul président de la chambre des appels correctionnels, siégeant à siège unique (art. 547 CPP).

Section 2
LA CRITIQUE DE LA DÉCISION PAR L'EXERCICE DES VOIES DE RECOURS EXTRAORDINAIRES

545. Ouvertes dans les seuls cas spécifiés par la loi, les voies de recours extraordinaires sont nombreuses en procédure pénale. Outre le pourvoi en cassation, il existe une procédure de pourvoi en révision, ainsi que le réexamen d'une décision pénale consécutif au prononcé d'un arrêt de la cour EDH.

3. Mais lorsque le tribunal est saisi de plusieurs contraventions lui permettant de prononcer plusieurs amendes, il y a lieu de totaliser les amendes prononcées pour déterminer si le jugement est susceptible d'appel (Cass. crim., 8 mars 2012, n° 11-85333).

I. LE POURVOI EN CASSATION

546. Le pourvoi en cassation est un recours formé contre une décision rendue en dernier ressort, et dont la légalité est contestée en droit. Le recours est porté devant la chambre criminelle de la Cour de cassation. Dans l'intérêt des parties, il est ouvert à l'encontre de tous les jugements et arrêts rendus en dernier ressort[4]. Les causes d'ouverture sont limitées (art. 591 CPP). Dans l'intérêt de la loi, il est réservé au procureur général près la Cour de cassation ou près la cour d'appel ou sur ordre du garde des Sceaux (art. 620 CPP).

A. LE POURVOI EN CASSATION DANS L'INTÉRÊT DES PARTIES

547. Les arrêts de la chambre de l'instruction et les arrêts et jugements rendus en dernier ressort en matière criminelle, correctionnelle et de police peuvent être annulés en cas de violation de la loi sur pourvoi en cassation formé par le ministère public ou par la partie à laquelle il est fait grief (art. 567 CPP). Le pourvoi suppose donc un intérêt à agir. Ainsi le ministère public peut se pourvoir en ce qui concerne l'action publique, et la partie civile en ce qui concerne ses seuls intérêts civils. La partie poursuivie peut former un pourvoi contre la décision la condamnant, sur l'action publique ou sur l'action civile. En outre, les arrêts d'acquittement de la cour d'assises ne peuvent faire l'objet que d'un pourvoi dans l'intérêt de la loi (art. 572 CPP). Le délai pour former le pourvoi est en principe de cinq jours à compter du prononcé de la décision contradictoire.

548. Le pourvoi n'est ouvert que dans certains cas limitativement énumérés par la loi, qui constituent une violation de la loi (art. 567 CPP). Ces cas doivent être présentés par le demandeur au pourvoi sous la forme de moyens de cassation. Un premier cas d'ouverture relève de la constitution irrégulière de la juridiction qui a statué (art. 592 CPP). Par exemple, la décision n'a pas été rendue par le nombre de juge prescrit, ou a été rendue sans que le ministère public ait été entendu. Le second cas est celui de l'incompétence (ex : crime jugé par une juridiction correctionnelle) et de l'excès de pouvoir de la juridiction qui a statué (ex : juridiction qui prend une décision relative à des personnes non déférées devant elle). Le troisième cas provient de l'inobservation des formes prescrites à peine de nullité[5]. Le quatrième cas est celui de la violation de la loi pénale de fond (art. 591 CPP). Lorsque la peine prononcée est la même que celle portée par la loi qui s'applique à l'infraction, nul ne peut demander l'annulation de l'arrêt sous le prétexte qu'il y aurait erreur dans la citation du texte de la loi (art. 598 CPP). Il s'agit d'appliquer ici la théorie de la peine justifiée pour limiter les pourvois et les annulations[6].

---

4. S'agissant du pourvoi formé contre un arrêt de la chambre de l'instruction, v. *supra* n° 469.
5. V. *supra* n° 456.
6. Cette théorie est appliquée également aux erreurs dans la qualification de l'infraction, dans la qualité d'auteur ou de complice, et dans la distinction entre infraction consommée et infraction tentée. En d'autres termes, la Cour de cassation fait une interprétation extensive de l'article 598 du Code de procédure pénale. Récemment, la Cour de cassation a refusé de transmettre au Conseil constitutionnel une question prioritaire de constitutionnalité relative à cette théorie déduite de l'article 598 du Code de procédure pénale (Cass. crim., QPC, 19 mai 2010, n° 09-87651). Il semble toutefois que le déclin de celle-ci ait commencé avec un arrêt d'Assemblée plénière du 8 juill. 2005 (n° 99-83846, *Bull.* Ass. plén, n° 1).

549. Le pourvoi en cassation dispose d'un effet suspensif. Pendant les délais du recours en cassation et, s'il y a eu recours, jusqu'au prononcé de l'arrêt de la Cour de cassation, il est sursis à l'exécution de l'arrêt de la cour d'appel, sauf en ce qui concerne les condamnations civiles, et à moins que la cour d'appel ne confirme le mandat de dépôt ou d'arrêt décerné par le tribunal, ou ne décerne elle-même ce type de mandat. En outre, en cas d'acquittement, d'exemption de peine ou de condamnation soit à l'emprisonnement assorti du sursis simple ou du sursis avec mise à l'épreuve, soit à l'amende, le prévenu détenu est, nonobstant pourvoi, mis en liberté immédiatement après l'arrêt. Il en est de même en cas de condamnation à une peine d'emprisonnement, lorsque la détention provisoire a été ordonnée ou maintenue dès que la durée de la détention aura atteint celle de la peine prononcée (art. 569 CPP). Quant à l'effet dévolutif du pourvoi, il est limité dans la mesure où seules les questions de droit sont soumises à la Cour de cassation.

550. La chambre criminelle statue sur le rapport d'un conseiller-rapporteur qui se prononce sur la base des mémoires (ampliatifs et en défense), et qui a rédigé un projet d'arrêt. La France a été condamnée par la Cour EDH pour sa pratique de la communication à l'avocat général, et non aux parties, de ces documents[7]. En outre les parties n'avaient pas communication des conclusions de l'avocat général présent au délibéré. Désormais, et sur l'initiative du premier président de la Cour de cassation, en 2002, l'avocat général ne participe plus au délibéré, et toutes les parties ont communication du rapport du conseiller-rapporteur.

B. LE POURVOI EN CASSATION DANS L'INTÉRÊT DE LA LOI

551. Aux termes de l'article 621 du Code de procédure pénale, lorsqu'il a été rendu par une cour d'appel ou d'assises ou par un tribunal correctionnel ou de police, un arrêt ou jugement en dernier ressort, sujet à cassation, et contre lequel néanmoins aucune des parties ne s'est pourvue dans le délai déterminé, le procureur général près la Cour de cassation peut d'office et nonobstant l'expiration du délai se pourvoir, mais dans le seul intérêt de la loi, contre ledit jugement ou arrêt. La Cour se prononce sur la recevabilité et le bien-fondé de ce *pourvoi dans l'intérêt de la loi*. Si le pourvoi est accueilli, la cassation est prononcée, sans que les parties puissent s'en prévaloir et s'opposer à l'exécution de la décision annulée. De plus, les arrêts d'acquittement prononcés par la cour d'assises ne peuvent faire l'objet d'un pourvoi que dans le seul intérêt de la loi, et sans préjudicier à la partie acquittée (art. 572 CPP).

552. Mais l'article 620 du Code de procédure pénale prévoit également que sur l'ordre formel du ministre de la Justice, le procureur général près la Cour de cassation peut dénoncer à la chambre criminelle des actes judiciaires, arrêts ou jugements contraires à la loi, afin qu'ils soient annulés. Ce *pourvoi en annulation* a donc un domaine plus large et des effets plus puissants que celui de l'article 621. En effet, l'annulation peut profiter au condamné.

7. Affaires *Slimane Kaid c/ France* du 25 janv. 2000 et *Voisine c/ France* du 8 févr. 2000.

II. LE POURVOI EN RÉVISION

553. La loi n° 2014-640 du 20 juin 2014 relative à la réforme des procédures de révision et de réexamen d'une condamnation pénale définitive a profondément remanié les règles s'appliquant au pourvoi en révision. Le but est d'assouplir les règles et de favoriser ainsi l'usage de cette voie de recours. Ainsi, désormais, les personnes pour lesquelles le pourvoi en révision est ouvert peuvent, avant même de saisir la juridiction compétente d'une demande en révision, adresser une demande écrite et motivée au procureur de la République, tendant à ce qu'il soit procédé à tous actes qui leur paraissent nécessaires à la production d'un fait nouveau ou à la révélation d'un élément inconnu au jour du procès. La demande doit porter sur des actes déterminés et, lorsqu'elle concerne une audition, préciser l'identité de la personne dont l'audition est souhaitée (art. 626 CPP). En outre, dans le but de pallier la disparition des preuves des procédures initiales, l'enregistrement sonore systématique des débats de cour d'assises est imposé par la nouvelle loi[8]. De la même manière, après condamnation définitive par une cour d'assises, le ministère public doit désormais, lorsqu'il envisage d'ordonner la remise au service des domaines ou à l'AGRASC des objets placés sous main de justice ou qu'il envisage leur destruction, en avertir préalablement le condamné afin que celui-ci puisse manifester son opposition (art. 41-6 CPP).

554. Le pourvoi en révision n'est ouvert que contre les sentences de condamnation, en matière criminelle ou délictuelle. Il est ouvert au bénéfice de toute personne reconnue coupable d'un crime ou d'un délit lorsque, après une condamnation, vient à se produire un fait nouveau ou à se révéler un élément inconnu de la juridiction au jour du procès de nature à établir l'innocence du condamné ou à faire naître un doute sur sa culpabilité. Auparavant, le pourvoi en révision était ouvert dans quatre cas énumérés limitativement, dont l'un, de caractère général, et provenant d'un fait nouveau de nature à faire naître un doute sur la culpabilité, était de loin le plus important en pratique[9]. Le pourvoi n'est soumis à aucune condition de délai.

555. La révision peut être demandée par le ministre de la Justice, par le condamné ou, en cas d'incapacité, par son représentant légal, et, après la mort ou l'absence déclarée du condamné, par son conjoint, le partenaire lié par un pacte civil de solidarité, son concubin, ses enfants, ses parents, ses petits-enfants ou arrière-petits-enfants, ou ses légataires universels ou à titre universel. Elle peut être demandée aussi, depuis la loi du 20 juin 2014, par le procureur général près la Cour de cassation et les procureurs généraux près les cours d'appel (art. 623 CPP).

556. La demande en révision est adressée à la Cour de révision et de réexamen, composée de dix-huit magistrats de la Cour de cassation, dont le président de la

8. V. *supra* n° 484.

9. Art 622 CCP anc. énumérait les quatre cas suivants : 1) après une condamnation pour homicide sont représentées des pièces propres à faire naître de suffisants indices sur l'existence de la prétendue victime de l'homicide ; 2) après une condamnation pour crime ou délit, un nouvel arrêt ou jugement a condamné pour le même fait un autre accusé ou prévenu et que, les deux condamnations ne pouvant se concilier, leur contradiction est la preuve de l'innocence de l'un ou de l'autre condamné ; 3) un des témoins entendus a été, postérieurement à la condamnation, poursuivi et condamné pour faux témoignage contre l'accusé ou le prévenu ; le témoin ainsi condamné ne peut pas être entendu dans les nouveaux débats ; 4) après une condamnation vient à se produire ou à se révéler un fait nouveau ou un élément inconnu de la juridiction au jour du procès, de nature à faire naître un doute sur la culpabilité du condamné.

chambre criminelle, qui la préside. Les dix-sept autres magistrats sont désignés, par l'assemblée générale de la Cour de cassation. Chacune des chambres de la Cour de cassation y est représentée par trois de ses membres (art. 623 CPP). Au sein de cette cour est désignée la commission d'instruction, composée de cinq magistrats (art. 624 CPP). La commission d'instruction se prononce sur la recevabilité des demandes. Elle peut ordonner l'exécution d'un supplément d'information aux fins de procéder à tout acte d'information utile à l'instruction de la demande, à l'exception de l'audition de toute personne à l'égard de laquelle il existe des raisons plausibles de soupçonner qu'elle a commis ou tenté de commettre une infraction. Surtout, le requérant lui-même peut, au cours de l'instruction de sa demande, saisir la commission d'une demande écrite et motivée tendant à ce qu'il soit procédé à tous actes qui lui paraissent nécessaires pour l'instruction de sa requête. La commission statue sur la demande, par une décision motivée et non susceptible de recours, dans le délai de trois mois à compter de la réception de la demande (art. 624-5 CPP). Après avoir recueilli les observations écrites ou orales du requérant ou de son avocat, celles du ministère public ainsi que, si elle intervient à l'instance après en avoir été dûment avisée, celles de la partie civile constituée au procès dont la révision ou le réexamen est demandé ou de son avocat, le requérant ou son avocat ayant la parole le dernier, la commission saisit la formation de jugement de la cour de révision et de réexamen si la demande lui paraît recevable. Lorsque la demande est manifestement irrecevable, son président peut la rejeter par une ordonnance motivée non susceptible de recours. La commission statue par une décision motivée non susceptible de recours. Ici encore, la loi du 20 juin 2014 a apporté de sensibles modifications. Auparavant, une commission composée de cinq magistrats de la Cour de cassation, était chargée de procéder à l'instruction du pourvoi avant saisine de la chambre criminelle, qui devait statuer comme Cour de révision.

557. La commission d'instruction prend en compte l'ensemble des faits nouveaux ou des éléments inconnus sur lesquels ont pu s'appuyer une ou des requêtes précédemment présentées. Si elle estime qu'un fait nouveau s'est produit ou qu'un élément inconnu au jour du procès s'est révélé, elle saisit la formation de jugement de la cour de révision et de réexamen (art. 624-2 CPP). Cette formation de jugement examine la demande au fond et statue, par un arrêt motivé non susceptible de recours, à l'issue d'une audience publique au cours de laquelle sont recueillies les observations orales ou écrites du requérant ou de son avocat, celles du ministère public ainsi que, si elle intervient à l'instance, après en avoir été dûment avisée, celles de la partie civile constituée au procès dont la révision ou le réexamen est demandé ou de son avocat. Le requérant ou son avocat a la parole le dernier (art. 624-3 CPP). La formation de jugement peut statuer elle-même au fond lorsqu'il n'est pas possible de procéder à de nouveaux débats (ex : décès de la personne concernée). Dans les autres cas, elle peut annuler la condamnation prononcée et renvoyer l'accusé ou le prévenu devant une juridiction différente de celle dont émane la décision annulée, mais de même ordre et de même degré, afin qu'il soit procédé à de nouveaux débats contradictoires (art. 624-7 CPP).

558. La loi du 20 juin 2014 est aussi de nature à renforcer les droits de la défense au cours de cette procédure. Ainsi le requérant est représenté dans la procédure et assisté au cours des débats par un avocat choisi par lui ou, à sa demande, commis d'office. Si le requérant n'a pas d'avocat, le président de la commission d'instruction lui en désigne un d'office. La victime peut être représentée dans la procédure et assistée au cours des débats par un avocat choisi par elle ou, à sa demande, commis d'office (art. 624-4 CPP). En outre, le requérant et la partie civile peuvent se faire délivrer gratuitement copie de tout ou partie des pièces et actes du dossier, éventuellement sous forme numérisée (art. 624-6 CPP).

III. LE RÉEXAMEN APRÈS ARRÊT DE LA COUR EUROPÉENNE DES DROITS DE L'HOMME

559. Introduit par la loi du 15 juin 2000 renforçant la protection de la présomption d'innocence et les droits des victimes, le réexamen après arrêt de la Cour européenne des droits de l'homme peut être exercé par toute personne reconnue coupable d'une infraction s'il résulte d'un arrêt rendu par la Cour européenne des droits de l'homme que la condamnation a été prononcée en violation de la Convention européenne de sauvegarde des droits de l'homme et des libertés fondamentales ou de ses protocoles additionnels, et si, par sa nature et sa gravité, la violation constatée entraîne, pour le condamné, des conséquences dommageables auxquelles la satisfaction équitable ne pourrait mettre un terme. Le réexamen peut être demandé dans un délai d'un an à compter de la décision de la Cour européenne des droits de l'homme. Le réexamen d'un pourvoi en cassation peut être demandé dans les mêmes conditions. (art. 622-1 CPP). La loi du 20 juin 2014 relative à la réforme des procédures de révision et de réexamen d'une condamnation pénale définitive a ici aussi remanié les règles s'appliquant au recours.

560. Le réexamen peut être demandé par le ministre de la Justice, par le condamné ou, en cas d'incapacité, par son représentant légal, et, après la mort ou l'absence déclarée du condamné, par son conjoint, le partenaire lié par un pacte civil de solidarité, son concubin, ses enfants, ses parents, ses petits-enfants ou arrière-petits-enfants, ou ses légataires universels ou à titre universel. Il peut être demandé aussi, depuis la loi du 20 juin 2014, par le procureur général près la Cour de cassation et les procureurs généraux près les cours d'appel.

561. Comme pour le pourvoi en révision, la demande est adressée à la Cour de révision et de réexamen. La même commission d'instruction se prononce sur la recevabilité de la demande, avec les mêmes pouvoirs d'instruction, et les mêmes droits pour le requérant.

Section 3
LES EFFETS DE LA DÉCISION

562. L'autorité de la chose jugée signifie qu'il n'est plus possible de remettre en question ou de contredire une décision dans une nouvelle instance. « *Res judicata pro veritate habetur* » : la chose jugée est tenue pour être la vérité.

I. L'AUTORITÉ DE LA CHOSE JUGÉE AU CRIMINEL SUR LE CRIMINEL

563. Plusieurs dispositions du Code de procédure pénale y font référence. Ainsi, l'article 6 la place parmi les causes d'extinction de l'action publique. En outre, l'article 368 interdit de reprendre en accusation une personne acquittée, à raison des mêmes faits, même sous une qualification différente. Le principe selon lequel nul ne peut être jugé deux fois pour un même fait est exprimé par l'adage *non bis in idem*. Il se trouve consacré dans le Protocole n° 7 additionnel à la Convention européenne des droits de l'homme (art. 4 § 1). En cas de nouvelles poursuites pour les mêmes faits, l'exception de la chose jugée, qui est d'ordre public, pourrait être soulevée, même d'office, par la juridiction de jugement. Il faut toutefois distinguer deux types de décisions. Si les décisions des juridictions de jugement sont pleinement soumises au principe, celles des juridictions d'instruction le sont de façon beaucoup plus limitée.

A. L'AUTORITÉ DES DÉCISIONS DE L'INSTRUCTION

564. L'autorité est différente pour les décisions de non-lieu et pour celles de renvoi ou de mise en accusation.

565. S'agissant des *ordonnances ou arrêts de non-lieu*, il faut encore distinguer selon qu'ils sont motivés en fait ou en droit. Motivées en droit, ces décisions ont une autorité définitive. En principe de nouvelles poursuites sont impossibles sauf si la décision se fonde uniquement sur la situation actuelle (ex : découverte d'une circonstance aggravante qui criminalise l'infraction, de sorte que la prescription n'est plus acquise). Motivées en fait, ces décisions n'ont qu'une autorité provisoire. Il peut donc y avoir réouverture de l'instruction sur charge nouvelle (art. 188 CPP). Les charges nouvelles sont « des déclarations des témoins, pièces et procès-verbaux qui, n'ayant pu être soumis à l'examen du juge d'instruction, sont cependant de nature soit à fortifier les charges qui auraient été trouvées trop faibles, soit à donner aux faits de nouveaux développements utiles à la manifestation de la vérité » (art. 189 CPP). Pour la jurisprudence, la formule n'est pas limitative et doit être entendue largement. Mais la réouverture ne peut être faite que par le ministère public (art. 190 CPP). Elle ne peut pas être requise par la partie civile. Or, la chambre criminelle a refusé de transmettre une question prioritaire de constitutionnalité relative à la constitutionnalité de cette restriction au regard des droits de la défense, des principes d'égalité et de séparation des pouvoirs[10].

566. S'agissant des *ordonnances et arrêts de renvoi ou de mise en accusation*, l'autorité est limitée à l'objet des décisions, qui est de saisir la juridiction de jugement. La juridiction de jugement saisie peut donc déclarer l'action publique éteinte, modifier la qualification des faits ou retenir une cause d'irresponsabilité pénale.

10. Cass. crim., QPC, 9 mars 2011, n° 11-80630. Pour la Cour de cassation, la question n'est ni nouvelle ni sérieuse dès lors que « les articles 190 et 196 du Code de procédure pénale réservent le droit pour la partie civile, qui n'est pas dans une situation identique à celle du ministère public, d'exercer son action devant la juridiction civile, après clôture de l'information par une décision de non-lieu pour insuffisances de charges ». Pour une analyse critique de cette décision, V. Malabat, « Égalité des parties dans le procès pénal », *JCP* G 2011, doctr. 567.

B. L'AUTORITÉ DES DÉCISIONS DES JURIDICTIONS DE JUGEMENT

567. L'autorité de la chose jugée des décisions de jugement est de principe. Lorsqu'une décision est devenue irrévocable, aucune autre poursuite fondée sur les mêmes faits ne peut être exercée à l'égard des mêmes personnes. Pour que la deuxième poursuite soit impossible, il faut donc qu'il y ait entre elle et la première une identité d'objet, une identité de parties, et une identité de cause (ou de faits). Si les deux premières conditions ne soulèvent pas de difficulté en droit pénal, la troisième relative à l'identité des faits n'est pas évidente à caractériser.

568. Lorsque les faits ont été déférés à une cour d'assises, l'article 368 du Code de procédure pénale apporte une solution qui ne fait pas de doute : « aucune personne acquittée légalement ne peut plus être reprise ou accusée à raison des mêmes faits, même sous une qualification différente ».

569. Mais si les faits ont été déférés à une juridiction correctionnelle ou de police, aucun texte équivalent à l'article 368 ne permet d'apporter une réponse. Dès lors, il convient de sous-distinguer selon que les faits à l'origine de la seconde poursuite sont exactement les mêmes ou partiellement les mêmes que ceux objets de la première :

- Lorsque les faits sont exactement identiques, aucune nouvelle poursuite, même sous une qualification différente, n'est possible. En effet, la juridiction de jugement, saisie *in rem*, aurait dû apprécier les faits sous toutes les qualifications possibles pour choisir la meilleure. Dès lors, une nouvelle poursuite est impossible, que la première ait abouti à une relaxe ou à une condamnation. Ainsi par exemple, de nouvelles poursuites sous la qualification d'agression sexuelle sont exclues après relaxe du chef de harcèlement sexuel[11]. Mais certaines décisions sont troublantes, comme dans l'affaire du sang contaminé, où de nouvelles poursuites des mêmes faits sont possibles sous la qualification d'empoisonnement[12].
- Lorsque les faits ne sont pas exactement les mêmes que ceux objets de la première poursuite, alors une seconde poursuite semble possible. Tout d'abord, une nouvelle poursuite paraît possible si la commission d'une infraction perdure après condamnation. Tel peut être le cas des infractions continues[13] ou des infractions d'habitude[14]. En outre, de nouvelles poursuites doivent être permises si la première poursuite n'a jugé qu'une partie des faits, englobés dans un ensemble délictueux. Une seconde poursuite permet alors de saisir le reste de l'activité illicite. Par exemple, après une relaxe du chef d'abus de confiance, une seconde poursuite pour abus de biens sociaux est recevable[15]. Enfin, de nouvelles poursuites sont possibles si après condamnation, il y a découverte d'une circonstance nouvelle qui qualifie le fait de façon plus grave. Peu importe que les faits nouvellement appréhendés ne constituent une infraction que par combinaison aux faits déjà

11. Cass. crim., 19 janv. 2005, *Bull.* n° 25, visant pourtant – de façon symbolique – l'art. 4 protocole n° 7 additionnel à la Conv. EDH exprimant la règle *non bis in idem*.
12. Cass. crim., 22 juin 1994, n° 93-83900.
13. Cass. crim., 5 oct. 1972, *D.* 1974, 113, note J. Robert, à propos d'une ouverture illicite de débit de boissons.
14. À partir de deux faits nouveaux après la première condamnation, de nouvelles poursuites doivent être possibles.
15. Cass. crim., 2 avr. 1990, n° 88-81264.

jugés. Telle est la solution de la Cour de cassation dans l'affaire *Thibaud*[16], où un individu avait d'abord été condamné pour homicide involontaire sur la personne de son épouse, qu'il avait brûlée en approchant de son lit une lampe à pétrole. Par la suite, il était apparu qu'il avait en réalité agi intentionnellement, en imbibant le lit de pétrole avant d'y mettre le feu pendant que sa femme était endormie.

II. L'AUTORITÉ DE LA CHOSE JUGÉE AU CRIMINEL SUR LE CIVIL

570. Le principe, consacré en jurisprudence dès le XIXe siècle[17], signifie que les constatations opérées par le juge répressif de façon certaine, dans une décision définitive, et qui représentent le soutien nécessaire de la décision pénale, ont au civil autorité de la chose jugée. Cette règle s'impose au juge pénal, qui statue sur l'action civile après avoir statué sur l'action publique. Elle s'impose aussi au juge civil saisi de la seule action civile. Le principe n'est cependant consacré clairement dans aucune disposition légale, si ce n'est le rattachement implicite à l'article 4 alinéa 2 du Code de procédure pénale, selon lequel il est sursis au jugement de l'action civile tant qu'il n'a pas été prononcé définitivement sur l'action publique lorsque celle-ci a été mise en mouvement. Or ce sursis à statuer est désormais limité. En effet, pour contrer la stratégie de certains plaideurs qui déclenchaient l'action publique aux seules fins de retarder un jugement civil, la loi du 5 mars 2007 tendant à renforcer l'équilibre de la procédure pénale a modifié l'article 4, afin que la mise en mouvement de l'action publique n'impose pas la suspension du jugement des autres actions exercées devant la juridiction civile, de quelque nature qu'elles soient, même si la décision à intervenir au pénal est susceptible d'exercer, directement ou indirectement, une influence sur la solution du procès civil. Autrement dit, le sursis à statuer est limité aux seules actions civiles, en réparation du dommage causé par l'infraction. Pour les autres actions, le juge civil peut statuer immédiatement. Ainsi, il peut juger immédiatement de la contestation d'un licenciement, alors même que l'employeur a déposé une plainte avec constitution de partie civile pour vol contre son employé. Il peut juger immédiatement du divorce, tandis qu'un des époux s'est porté partie civile du chef de faux témoignage suite à une enquête civile liée à la procédure de divorce.

571. L'autorité de la chose jugée au pénal sur le civil ne s'impose que relativement aux faits constatés qui constituent le soutien nécessaire de la condamnation pénale[18]. Ainsi, les dispositions civiles d'une décision pénale n'ont pas cette autorité. De même, les constatations du juge répressif qui n'étaient pas nécessaires pour fonder sa décision ne font pas autorité sur le juge civil.

572. En outre, si la décision de la juridiction pénale de relaxe ou d'acquittement fondée sur l'inexistence de faits délictueux (ou absence de tout lien entre les faits et le prévenu) s'impose au juge civil, elle ne s'impose pas en revanche lorsqu'elle est seulement fondée sur le défaut d'attention. Ainsi un acquittement ou une relaxe fondés

16. Cass. crim., 25 mars 1954, S. 1955, I, 89, note J. BROUCHOT.
17. Cass. civ., 7 mars 1855, *D.* 1855, 1, 439.
18. Cass. crim., 5 mai 1920, *D.* 1920, 1, 5.

sur le défaut d'intention criminelle permet au juge civil d'accorder une réparation sur la base d'une faute non intentionnelle. En effet, la décision civile ne contredit pas alors la décision pénale. Après acquittement, la cour d'assises peut accorder réparation à la victime, en cas de faute distincte de l'accusé (art. 372 CPP). L'acquittement ou la relaxe fondés sur un trouble mental n'empêchent pas la réparation (art. 414-3 C. civ.).

573. En raison de l'identité des fautes civiles et pénales, le juge civil ne pouvait jadis accorder une réparation sur le fondement de l'article 1383 du Code civil lorsque le juge pénal avait prononcé une relaxe pour défaut de faute non intentionnelle. La loi du 10 juillet 2000 tendant à préciser la définition des délits non intentionnels a introduit un article 4-1 au Code de procédure pénale, selon lequel l'absence de faute pénale non intentionnelle au sens de l'article 121-3 du Code pénal ne fait pas obstacle à l'exercice d'une action devant les juridictions civiles afin d'obtenir la réparation d'un dommage sur le fondement de l'article 1383 du Code civil (ou en application de l'article L. 452-1 du Code de la Sécurité sociale en cas de faute inexcusable de l'employeur). Cette disposition vient ainsi compléter l'article 470-1 du Code de procédure pénale, qui permet déjà à la juridiction pénale saisie, à l'initiative du ministère public ou sur renvoi d'une juridiction d'instruction, de poursuites exercées pour une infraction non intentionnelle et prononçant une relaxe, d'accorder, en application des règles du droit civil, réparation de tous les dommages résultant des faits qui ont fondé la poursuite.

BIBLIOGRAPHIE POUR ALLER PLUS LOIN

L. Boré, « Feu la peine justifiée ? », *D.* 2011, p. 251.

A. Giudicelli, « Principe de l'autorité de la chose jugée au pénal sur le civil », *RSC* 2003, p. 125.

J.-F. Renucci, « Le réexamen d'une décision définitive dans l'intérêt des droits de l'homme », *D.* 2000, p. 655.

» Exercice corrigé

CAS PRATIQUE

SUJET

À la suite d'un accident de la circulation qui a permis son arrestation, Franck Stenford a été traduit devant le tribunal correctionnel pour vol aggravé. En effet, le véhicule qu'il conduisait au moment de l'accident venait d'être volé sur le parking d'un supermarché à une femme enceinte de six mois. La victime du vol, s'est jointe à l'action du ministère public pour réclamer des dommages et intérêts. Franck Stenford n'a pas comparu à l'audience et n'a pas souhaité que son avocat se présente pour assurer sa défense. Le tribunal a prononcé une condamnation pour vol aggravé par l'état de grossesse de la victime. En conséquence, la peine a été fixée à deux ans d'emprisonnement dont un avec sursis, ainsi qu'une amende de 15 000 euros. Les dommages et intérêts ont été fixés à 12 000 euros.

Franck Stenford a interjeté appel de ce jugement, huit jours après que celui-ci lui soit signifié. La victime a interjeté appel à son tour, quatre jours plus tard. Le procureur général quant à lui a fait appel un mois plus tard.

La cour d'appel a confirmé la condamnation prononcée par les premiers juges, en reprenant mot pour mot les motifs des premiers juges. Elle n'a pas répondu à l'argument présenté par l'avocat de Franck Stenford, selon lequel il n'avait pas lui-même volé le véhicule, mais l'avait seulement commandité, de sorte qu'il n'avait pas pu se rendre compte de l'état de grossesse de la victime. En outre, la cour d'appel a considéré la partie civile irrecevable dans son appel. Celle-ci contestait non pas le montant des dommages et intérêts, mais le quantum de la peine prononcée par les premiers juges, qu'elle estimait trop clément eu égard à la gravité des faits.

Dans les cinq jours, Franck Stenford a formé un pourvoi en cassation sur le fondement de la violation de la loi. La partie civile a déclaré à son tour son pourvoi au greffe de la cour d'appel, mais n'a pas déposé de mémoire contenant les moyens de cassation.

Qu'en pensez-vous ?

CORRIGÉ

Plusieurs questions sont soulevées ici : certaines sont relatives à la procédure d'appel, et d'autres à celle du pourvoi en cassation.

I/ Analyse de l'appel

Un appel a été interjeté par les parties privées (prévenu et partie civile) ; un autre par le procureur général.

A/ L'appel des parties privées

L'appel principal est celui du prévenu, Franck Stenford, puisqu'il a interjeté appel le premier, huit jours après que le jugement lui soit signifié. Il est à noter que le jugement est réputé contradictoire (ou « contradictoire à signifier », selon l'expression légale) lorsque le prévenu, régulièrement cité à personne ou ayant eu connaissance de la citation régulière à domicile, en mairie ou à la suite de recherches menées par un OPJ ou un APJ, ne comparaît pas, n'est pas excusé, et qu'aucun avocat ne se présente à l'audience pour le représenter. Dans une telle hypothèse, le délai d'appel (dix jours) ne commence à courir qu'à compter de la signification du jugement quel qu'en soit le mode (art. 498 CPP). L'appel de Franck Stenford a donc été interjeté dans les délais. Encore faut-il que Franck Stenford ait un intérêt à agir. Ici, l'intérêt ne fait pas de doute. Son appel consiste à remettre en cause sa participation aux faits en tant qu'auteur.

La partie civile ayant interjeté appel quatre jours plus tard, soit douze jours après la signification du jugement, aucune difficulté ne se pose quant au délai de recevabilité. En effet, en cas d'appel d'une des parties, les autres parties ont un délai supplémentaire de cinq jours (art. 500 CPP). Certes, son appel ne se limite pas à ses seuls intérêts civils. Mais dans la mesure où elle n'est pas la seule appelante, la juridiction ne devait pas se limiter à se prononcer sur la seule action civile.

B/ L'appel du procureur général

Le procureur général bénéficie d'un délai plus long pour faire appel. Dans un arrêt *Ben Naceur c/ France* du 3 octobre 2006, la Cour EDH a constaté une violation de l'article 6, en particulier du principe de l'égalité des armes. La chambre criminelle a aligné sa jurisprudence sur le droit européen en affirmant à son tour que le délai d'appel du procureur général contre les jugements du tribunal correctionnel, plus long que celui reconnu aux parties, viole le principe de l'égalité des armes. Aussi, la loi pénitentiaire du 24 novembre 2009 a réduit le délai d'appel du procureur général de deux mois à vingt jours (art. 505).

Du fait de l'appel du ministère public, la cour d'appel dispose des pouvoirs les plus étendus sur l'action publique (art. 505 al. 2 *in fine*; comp. art. 505 CPP en cas d'appel du procureur de la République). Elle peut aggraver les pénalités ou au contraire faire preuve de mansuétude.

II/ Analyse du pourvoi

Le pourvoi est une voie de recours extraordinaire qui n'est ouverte que dans certains cas. Il est soumis à des conditions de fond comme de forme.

A/ Les conditions de fond

Le pourvoi n'est ouvert que dans certains cas limitativement énumérés par la loi (art. 567 CPP). Ces cas doivent être présentés par le demandeur au pourvoi sous la forme de moyens de cassation. Parmi les cas d'ouverture, Franck Stenford invoque celui de la violation de la loi pénale de fond (art. 591 CPP). Toutefois, l'article 598 CPP prévoit que si la peine prononcée est la même que celle portée par la loi qui s'applique à l'infraction, nul ne peut demander l'annulation de l'arrêt sous le prétexte qu'il y aurait erreur dans la citation du texte de la loi. Cette théorie de la peine justifiée permet de limiter les pourvois et les annulations. Mais elle est appliquée de façon très extensive en jurisprudence et notamment dans l'hypothèse d'une erreur dans la qualité d'auteur ou de complice. Il y a donc peu de chance que le moyen développé par Franck Stenford dans son pourvoi aboutisse, même si le déclin de cette théorie semble avoir commencé avec un arrêt d'Assemblée plénière du 8 juillet 2005 (n° 99-83846, *Bull. Ass. plén.*, n° 1).

B/ Les conditions de forme

Le ministère public et les parties ont cinq jours francs après celui où la décision attaquée a été prononcée pour se pourvoir en cassation. Ici, le délai a été respecté. Les parties doivent déclarer leur pourvoi au greffe de la juridiction qui a rendu la décision attaquée (art. 576 CPP). Puis elles déposent un mémoire contenant les moyens de cassation. Le dépôt d'un tel mémoire n'est toutefois obligatoire qu'en cas de pourvoi contre un arrêt de la chambre de l'instruction (art. 567-2 CPP). La partie civile n'était donc pas obligée de le déposer (art. 584 CPP).

INDEX

Les numéros renvoient aux paragraphes

» TABLE DES MATIÈRES

Composition : Soft Office

Imprimé en France - JOUVE, 1, rue du Docteur Sauvé, 53100 MAYENNE
N° 2617476P - Dépôt légal : septembre 2017